Führungsethik

Thomas Kottmann • Kurt Smit

Führungsethik

Erkenntnisse aus der
Soziobiologie, Neurobiologie
und Psychologie für
werteorientiertes Führen

Thomas Kottmann
Kurt Smit
Kottmann & Partner
Paderborn, Deutschland
www.kottmann-partner.de

ISBN 978-3-658-06732-8   ISBN 978-3-658-06733-5 (eBook)
DOI 10.1007/978-3-658-06733-5

Die Deutsche Nationalbibliothek verzeichnet diese Publikation in der Deutschen Nationalbibliografie; detaillierte bibliografische Daten sind im Internet über http://dnb.d-nb.de abrufbar.

Springer Gabler
© Springer Fachmedien Wiesbaden 2014
Das Werk einschließlich aller seiner Teile ist urheberrechtlich geschützt. Jede Verwertung, die nicht ausdrücklich vom Urheberrechtsgesetz zugelassen ist, bedarf der vorherigen Zustimmung des Verlags. Das gilt insbesondere für Vervielfältigungen, Bearbeitungen, Übersetzungen, Mikroverfilmungen und die Einspeicherung und Verarbeitung in elektronischen Systemen.

Die Wiedergabe von Gebrauchsnamen, Handelsnamen, Warenbezeichnungen usw. in diesem Werk berechtigt auch ohne besondere Kennzeichnung nicht zu der Annahme, dass solche Namen im Sinne der Warenzeichen und Markenschutz-Gesetzgebung als frei zu betrachten wären und daher von jedermann benutzt werden dürften.

Lektorat: Ulrike M. Vetter

Gedruckt auf säurefreiem und chlorfrei gebleichtem Papier

Springer Gabler ist eine Marke von Springer DE. Springer DE ist Teil der Fachverlagsgruppe Springer Science+Business Media
www.springer-gabler.de

Vorwort

Götz Werner

»Der Wille zum Sinn bestimmt unser Leben! Wer Menschen motivieren will und Leistung fordert, muss Sinnmöglichkeiten bieten.«
Viktor Frankl

Die Frage, wer „führen" soll und was gute Führung ist, bewegt uns. Jede Kultur hat eigene Konzepte entwickelt und Antworten gefunden. Der ehemalige Präsident der Vereinigten Staaten, Dwight D. Eisenhower, sagte vor rund 60 Jahren sinngemäß: Führung ist die Kunst, einen Menschen dazu zu bringen, das zu tun, was man will, weil er es selbst will. Die Antwort auf die Frage nach Führung wurzelt im jeweiligen Welt- und Menschenbild. Heute hat sich die Art und Weise, wie Menschen auf Führung reagieren, sehr verändert. Eine gute Führungskraft muss sich also fragen, welches Welt- und Menschenbild sie hat, und sich bewusst machen, dass Führung stets angemessen auf die Herausforderungen der jeweiligen Zeit reagieren muss.

Unsere ganze Sozietät besteht aus sozialen Organismen. Und ein Organismus, also auch ein Unternehmen, ist kein Gebilde, in dem es ein Unten und Oben gibt. Es ist eine Prozessorganisation mit einer horizontalen Struktur, in der entlang der Wertschöpfungskette geleistet wird. Ein sozialer Organismus wird dann zu einer Gemeinschaft, wenn Menschen auf ein gemeinsames Ziel hinarbeiten. Dieses gemeinsame Ziel kann nur aus einem bewussten Vorgang kommen. Und deshalb heißt, eine Gemeinschaft, ein Unternehmen zu führen, Bewusstsein zu führen.

Jeder Mensch findet viele Gründe, warum er am Morgen im Bett liegen bleiben sollte. Als Unternehmer und als Führungskraft hat man die Aufgabe, solche Rahmenbedingungen zu schaffen, dass ein Mitarbeiter sagt: »Ich stehe auf, ich werde gebraucht, auf mich kommt es an.« Die Aufgabe ist also, so viel Sinn zu vermitteln, dass der Mensch sagt: »Hier steige ich ein, andere verlassen sich auf mich!«

Wenn man beobachtet, wie ein Flugzeug startet, dann merkt man, dass es nicht durch den Druck abhebt. Wenn nur die Schubleistung wäre, würde es immer schneller immer weiter fahren. Die Maschine ist aber so konstruiert, dass ein Sog es in die Lüfte erhebt und so die Schwerkraft der Erde überwindet. Auf ein Unternehmen übertragen stellt sich die Frage: Wie können Verhältnisse geschaffen werden, dass im Einzelnen ein Sog entsteht? Dass jeder die Möglichkeit hat, über sich hinauszuwachsen. Wenn man diesen Fragen ernsthaft nachgeht, dann hat das Folgen für die Art und Weise, wie man miteinander umgeht.

Es braucht eine Atmosphäre von Respekt und Wertschätzung und die Erkenntnis, dass ein Unternehmen ein Lebensschauplatz ist, an dem jeder Mensch einen Freiraum braucht, um sich seiner eigenen Intentionen klar zu werden. Und es braucht eine fragende Haltung. Wenn das ein Unternehmen jeden Tag umtreibt, bringt es die Beteiligten enorm weiter. In den Vereinigten Staaten wird oft gefragt: »Does it work?« Diese Haltung ist in unserer Zeit nicht ausreichend. Die Know-why-Frage ist die spannende, die Bewusstsein befördert. Das Erkennen des Sinns hat eine enorme Sogwirkung. Das ist auf unser ganzes Zusammenleben übertragbar. Wenn Menschen einen Sinn erkennen und bereit sind, aufgeschlossen mit Aufgaben umzugehen, dann fördert das innovative Lösungen; neue Produkte können kreiert und kreative Dienstleistungen angeboten werden.

Möge es Ihnen, liebe Leser, die Sie die Frage nach dem, was gute Führung ausmacht, umtreibt, gelingen, aus den Erfahrungen der Menschen, die an diesem Buch mitgewirkt haben, Erkenntnisse für Ihr tägliches Führen abzuleiten. Das ist eine wesentliche Aufgabe für Führungskräfte und kann gar nicht oft genug geübt werden.

Prof. Götz W. Werner, Gründer und Aufsichtsrat von dm-drogerie markt

Inhaltsverzeichnis

Vorwort 5

Einleitung 13

1. **Die Evolution der Kooperation** 21
   1.1 Die unterste Ebene: Gene.. 23
   1.2 Replikatoren: Gene und Meme 27
   1.3 Eine Theorie der Kooperation 31
   1.4 Kooperation in Unternehmen 48
   1.5 Unternehmenskulturen im Lichte der Kooperationstheorie.......... 66
   1.6 Weitere angeborene Verhaltensregeln 76

2. **Die Neurobiologie des Führens** 81
   2.1 Neuroplastizität 81
   2.2 Wachstum und Verbundenheit 86
   2.3 Angst.. 88
   2.4 Im Gespräch mit dem Neurobiologen Gerald Hüther................... 90

3. **Psychologische Betrachtungen**..111
   3.1 Flourishing – das Entfalten von Potenzialen............................... 111
   3.2 Psychopathen in der Chefetage? 118
   3.3 Die Psychologie der Macht 128
   3.4 Empathie 133

4. **Unser Führungsmodell: Transkooptionale Führung** 141
   4.1 Vertrauen 145
   4.2 Sicherheit 150
   4.3 Organisation 152
   4.4 Coaching 154
   4.5 Transparenz 156
   4.6 Transkooptionale Führung im Überblick –
       Vergleich mit der Transformationalen Führung 158

5. **Praktische Führungserfahrungen –
   was Führungspersönlichkeiten sagen** 165
   5.1 Einleitung 165
   5.2 Roland Berger 167
   5.3 Titus Dittmann 178
   5.4 Heinz Dürr 188
   5.5 Hans-Olaf Henkel 201
   5.6 Claus Hipp 222
   5.7 Roland Koch 227
   5.8 Leo Lübke 236
   5.9 Helmut Maucher 241
   5.10 Kathrin Menges 251
   5.11 Jens Odewald 263
   5.12 Uwe Rotermund 268
   5.13 Petra Roth 277
   5.14 Thomas Rusche 283
   5.15 Henning Scherf 295
   5.16 Carl-Heiner Schmid 309
   5.17 Gunter Thielen 315
   5.18 Ulrich Weber 328
   5.19 Christiane Woopen 336

6. **Theorie im Praxistest – Unser Führungsmodell und
   die Aussagen von Führungspersönlichkeiten** 343
   6.1 Vertrauen 343
   6.2 Sicherheit 345
   6.3 Organisation 345
   6.4 Coaching 346
   6.5 Transparenz 346
   6.6 Transformation von der *Nehmer*- zur *Geber*-Kultur 347

6.7 Fazit 350

Literaturverzeichnis 351

Die Autoren 355

Einleitung

Mittlerweile sind ganze Regalwände in den Bibliotheken mit Werken zum Thema „Mitarbeiterführung" gefüllt. Verschiedenste Konzepte vom autoritären Führungsstil, „Management by Exception" über Transaktionale Führung bis hin zur Transformationalen Führung werden von den Autoren propagiert. Doch welcher Führungsstil ist der richtige und warum? Gerade die „Know-why-Frage" befördert Bewusstsein und hat eine enorme Sogwirkung, wie Götz Werner im Vorwort so treffend bemerkte. Deshalb interessiert uns die Antwort auf die Frage nach dem Warum ganz besonders, auch wenn das Beleuchten der Hintergründe mit beträchtlichen Mühen – verglichen mit einem einfachen Akzeptieren des Wie – verbunden ist. Wir sind jedoch davon überzeugt, dass sich der mit diesen Mühen verbundene Erkenntnisgewinn durchaus lohnt, und möchten Sie daher zu einer Entdeckungsreise durch die faszinierende Welt der wissenschaftlichen Grundlagen des Führens einladen. Diese Grundlagen werden im Wesentlichen von drei wissenschaftlichen Fachrichtungen getragen, die etwas über das Handeln des Menschen aussagen können. Die daraus gewonnenen Antworten auf die Warum-Frage bilden unsere Motivation, um der Vielzahl existierender Literatur ein weiteres Buch hinzuzufügen.

Oftmals wird zu wenig zwischen den verschiedenen Personengruppen differenziert, die geführt werden müssen. Meistens wird „Führung" mit „Mitarbeiterführung" gleichgesetzt, was eine unzulässige Vereinfachung darstellt. Um erfolgreich zu sein, muss ein Manager zusätzlich über effiziente Strategien verfügen, um Kunden, Lieferanten, die Medien, in einigen Fällen sogar die Gesetzgebung (Lobbyarbeit) und schließlich vor allem sich selbst zu führen.

Diese „effizienten Strategien" basieren auf grundlegenden Regeln, von denen wir zeigen, dass sie einerseits wissenschaftlich ableitbar sind und andererseits mit den praktischen Erfahrungen besonders erfolgreicher Führungskräfte übereinstimmen. Aus diesem Grunde interviewten wir Persönlichkeiten, die ihre Führungskompetenz in Politik und/oder Wirtschaft bewiesen haben, sowie Wissenschaftler, die uns halfen, unser Verständnis der zugrunde liegenden Mechanismen zu vertiefen.

Führung bedeutet, andere Menschen, aber auch sich selbst, zur Mitwirkung an dem Erreichen festgelegter Ziele zu bewegen. Es geht also darum, das Handeln zu beeinflussen. Die philosophische Disziplin, die sich mit dem Handeln des Menschen befasst, heißt Ethik. Deshalb wählten wir als Titel unseres Buches „Führungsethik", wobei wir uns eines gewissen, jedoch nicht ganz offensichtlichen, Pleonasmus durchaus bewusst sind.

Vor diesem Hintergrund wird deutlich, dass die notwendige Voraussetzung für den Erfolg einer Führungskraft die Fähigkeit ist, mit einer hohen Treffsicherheit das Handeln der Mitmenschen unter gegebenen Bedingungen vorauszusagen. Dies ist gleichbedeutend damit, die Bedingungen gegebenenfalls so zu ändern, dass das gewünschte Handeln erzeugt wird. Bei den von uns befragten Führungskräften fanden wir diese Fähigkeit einerseits als Teil ihrer Persönlichkeitsstruktur vor, d. h., sie verfügten über ein hohes Maß an Empathie und Intuition, auf deren Basis sie durch ihre Erfahrung ihre Fähigkeit zur Voraussage menschlichen Handelns immer weiter verbesserten. Andererseits hatten sich die meisten unserer Interviewpartner intensiv mit den grundlegenden Fragen des Führens auseinandergesetzt. Verallgemeinernd können wir sagen, dass der Erfolg jener Führungskräfte aus drei Komponenten besteht:

Einleitung

Begabung (Empathie, Intuition), innerer Einstellung (Haltung) und rationaler Analyse der Führungsproblematik, wobei diese Komponenten additiv sind.

Die Frage, zu welchem Anteil Begabungen erlernt bzw. trainiert werden können und wie hoch der genetische (angeborene) Beitrag ist, darf zurzeit noch nicht als endgültig wissenschaftlich geklärt betrachtet werden. Deshalb vertreten wir den „agnostischen Standpunkt", dass jeweils die Hälfte des Anteils jener Begabungen erlernt und angeboren ist. Unstrittig ist jedoch, dass Menschen in der Lage sind, durch entsprechende Einsichten ihre innere Haltung zu ändern. Diesen Punkt werden wir noch bei unseren neurobiologischen Betrachtungen vertiefen. Zusammen mit der „rationalen Analyse" kommen wir zu dem Ergebnis, dass 2,5 von 3 Komponenten erfolgreicher Führung auf Einsicht, d. h. auf dem Verständnis der Führungsproblematik beruhen. Mit anderen Worten: Es gibt keine „von Natur aus schlechten" Führungskräfte, sondern lediglich solche, die sich in den Turbulenzen des Tagesgeschäftes zu wenig mit dem Thema auseinandersetzen und ihm eine niedrige Priorität einräumen. Vor dem Hintergrund, dass das „Führen" Hauptaufgabe einer Führungskraft ist, wird deutlich, dass hier ein systematischer Fehler vorliegt.

Neueste Umfragen der Unternehmensberatung Gallup bestätigen diese Schieflage[1]. Laut dieser Studie machen 67 % der Beschäftigten nur noch Dienst nach Vorschrift. Jeder sechste hat innerlich sogar gekündigt, d. h. sie identifizieren sich nicht mehr mit dem Unternehmen. Wege zu finden, diese Missstände zu beheben, war eine unserer Motivationen, uns intensiv mit dem Thema Führungsethik zu beschäftigen.

Die Grundlagen einer jeden Wissenschaft werden von Theorien und Modellen gebildet, die die Wirklichkeit zwar nicht exakt beschreiben, die zugrundeliegenden Prinzipien jedoch zu erklären vermögen. Jeder VWL-Student muss sich mit Wirtschaftstheorien beschäftigen, jeder Mediziner muss die Grundlagen der Chemie verstanden haben, doch kaum eine Führungskraft hat sich je mit den

---

1 Die Zeit 15 (2014), S. 23

wissenschaftlichen Theorien und Modellen zum Thema „Führen" auseinandergesetzt. Das wollen wir mit diesem Buch nachholen. Wie gesagt, nur wenn man das Warum versteht erkennt man die Sinnhaftigkeit, so und nicht anders zu handeln. Oder mit den Worten Viktor Frankls, die Götz Werner im Vorwort zitiert: „Der Wille zum Sinn bestimmt unser Leben."

Es mag Leser geben, die unsere Ausführungen zu den Grundlagen für zu theoretisch, zu weit entfernt von der Praxis halten. Diesen Lesern raten wir durchzuhalten, denn der Praxisbezug ist extrem hoch und die Details, die man aus den wissenschaftlichen Modellen ableiten kann, sind von enormer Aussagekraft. Deshalb lohnt es, sich die Mühe zu machen, diese Modelle, ihren Gültigkeitsbereich und ihre Grenzen zu durchdringen und zu interpretieren.

Es gibt im Wesentlichen drei naturwissenschaftliche Disziplinen, die sich mit dem Handeln des Menschen, d. h. mit Ethik beschäftigen. Der immense Fortschritt auf diesen Gebieten führte dazu, dass sich diese drei Wissenschaftsbereiche immer weiter überschneiden und schließlich der eine die Kernaussagen der jeweils anderen begründen kann. Dies veranlasste den Nobelpreisträger Eric Kandel sein Buch „Auf der Suche nach dem Gedächtnis" mit dem Untertitel „Die Entstehung einer neuen Wissenschaft des Geistes" zu versehen[2]. Diesem Gedanken folgen auch wir, indem wir die Führungsproblematik aus den drei wissenschaftlichen Blickwinkeln beleuchten und die „interdisziplinären" Zusammenhänge durch Querverweise deutlich machen, um der Vision Kandels, der einen Wissenschaft des Geistes, Rechnung zu tragen.

Seit Charles Darwin[3] wissen wir, dass sämtliche Tier- und Pflanzenarten (inklusive des Menschen) aus primitiveren Spezies hervorgegangen sind. Der Mechanismus der natürlichen Selektion hat im Laufe Hunderter Jahrmillionen unsere äußere Gestalt, unsere Organe und das Nervensystem mit der „Gehirn" genannten zentralen Schaltstelle geschaffen, inklusive der Biochemie, die jede einzelne Zelle funktionieren lässt. Darüber hinaus hat die natürliche Selektion

---

2 Kandel (2006)
3 Darwin (1859)

auch für eine Grundvernetzung unserer Nervenzellen gesorgt, die ein angeborenes Verhalten bewirken, das man „Instinkte" nennt. Diese Sichtweise deckt sich mit den Erfolgen bei der Verschmelzung der behavioristischen Psychologie (der Untersuchung des Verhaltens von Tieren) mit der kognitiven Psychologie (dem Verständnis komplexer geistiger Phänomene beim Menschen) Anfang der 1960er Jahre. Die gemeinsamen Elemente dieser beiden psychologischen Stoßrichtungen basieren letztlich auf der gemeinsamen Stammesgeschichte von Mensch und Tier. Folglich liefern die Antworten auf die Frage, welche Verhaltensweisen im jeweiligen biologischen Kontext zum Überleben und zu einer größeren Zahl von Nachkommen beigetragen haben, ein hervorragendes Verständnis des angeborenen Verhaltens von Tieren und Menschen. Dies ist der Forschungsgegenstand der Soziobiologie[4].

Da das Fühlen das Denken und das Denken das Handeln bestimmt, müssen wir zunächst einmal den Ursprung und die Struktur der menschlichen Gefühle verstehen. Weil der Mensch ein im Sozialverband lebendes Wesen ist, spielt der soziale Kontext bei diesen Betrachtungen eine wesentliche Rolle. Aus diesem Grunde beleuchten wir die Führungsproblematik zunächst aus der soziobiologischen Perspektive. An dieser Stelle möchten wir von vornherein klarstellen, dass die Soziobiologie nicht in der Lage ist, die menschliche Ethik vollständig zu erklären – sie liefert jedoch eine moralische Grammatik, wie wir detailliert erläutern werden. Speziell für unser Thema „Führen" ist jedoch „Kooperation" (Altruismus/Egoismus) besonders interessant. Genau dieser Aspekt menschlichen Handelns wird von Axelrods Theorie der Kooperation[5], die thematisch in die Spieltheorie[6] einzuordnen ist, hinreichend gut erläutert. Diese Theorie eignet sich sowohl zur Erklärung der Verbreitung angeborenen Verhaltens über die Gene als auch zum Verständnis der Verbreitung

---

4   Für eine Vertiefung des Themas empfehlen wir das Buch von Voland (2013).
5   Axelrod erläutert diese Theorie der „Evolution der Kooperation" ausführlich in seinem gleichnamigen Werk (Axelrod, 2009). Die Überschrift unseres 1. Kapitels ist eine Hommage an die Arbeiten Axelrods.
6   Einen hervorragenden Überblick über das Thema erhält man bei Rieck (2012).

erlernten Verhaltens über die Meme. Die soziobiologischen Aspekte sind also nur eine Seite der Medaille. Die Anwendung der Kooperationstheorie auf die Führungsproblematik ist Gegenstand des 1. Kapitels.

Die Neurobiologie beschreibt den Zusammenhang zwischen Fühlen und Denken, woraus das Handeln resultiert, und liefert uns daher wertvolle Hinweise, wie Menschen motiviert und schließlich für ein gemeinsames Ziel „begeistert" werden können.

Der Schwerpunkt der klassischen Psychologie als empirischer Wissenschaft ist die Erforschung des menschlichen Verhaltens. Damit bildet sie die Klammer um die sozio- sowie neurobiologischen Erkenntnisse und das „Handeln".

Wir kommen zu dem Ergebnis, dass diese drei vollkommen unterschiedlichen wissenschaftlichen Ansätze bezüglich unseres Themas zu konsistenten Kernaussagen im Sinne Kandels führen. Dies ist ein starkes Indiz dafür, dass die grundlegenden Führungsregeln, die wir daraus abgeleitet haben, der „Wahrheit" im Sinne von „unter gegebenen Umständen optimale Führung" recht nahekommen.

Abschließend überprüfen wir diese wissenschaftliche Theorie des „Führens" im „Experiment", wozu wir herausragende Führungskräfte nach ihren praktischen Erfahrungen befragt haben.

Die ersten drei Kapitel des Buches beschreiben die für unser Thema relevanten Grundlagen der oben genannten drei Wissenschaftsdisziplinen. In Kapitel 4 extrahieren wir die Essenzen aus den theoretischen ersten drei Kapiteln und konstruieren unser Modell der Transkooptionalen Führung – ein Begriff, den wir aus den Worten „Transformation" und „Kooperation" zusammengesetzt haben, worauf wir detailliert eingehen werden. Aus dem sich so ergebenden Gesamtbild leiten wir die Regeln zum nachhaltig erfolgreichen Führen von Mitarbeitern, Kunden, Lieferanten, dem Umfeld und „last but not least" sich selbst ab. Im 5. Kapitel schließlich kommen unsere Gesprächspartner zu Wort und erläutern, was aus ihrer Sicht eine gute Führungskraft ausmacht. Allein schon die unser Thema begleitenden Geschichten aus dem Leben dieser Persönlichkeiten stellen einen besonderen Wert dar, den wir Ihnen nicht vorenthalten wollen, weshalb wir die Interviews praktisch ungekürzt wiedergeben. Wir analysierten diese Interviews im Hinblick auf Übereinstimmungen mit unserem Modell, kennzeichneten die entsprechenden Textstellen und ziehen unser Fazit am Ende des Kapitels.

In Abschnitt 2.4 äußert sich Gerald Hüther über die neurobiologischen Grundlagen des Führens. Bei unseren Betrachtungen werden wir mehrfach darauf referenzieren.

Die Evolution der Kooperation   1

Die Basis für den Erfolg eines Unternehmens ist die Kooperation der daran mitwirkenden Menschen. Auf dieses Eingangsstatement mag man einwenden, dass die Produkte des Unternehmens und das Marktumfeld ebenso wichtig für den Erfolg sind. Doch auch die Entwicklung von im jeweiligen Marktumfeld erfolgreichen Produkten ist ohne die Kooperation der Mitarbeiter (inklusive Führungskräften) unmöglich, wie die nun folgenden Überlegungen zeigen.

Kein einzelner Mensch ist in der Lage, ein modernes Produkt wie beispielsweise ein Auto, einen Computer oder einen Fernseher herzustellen. Sämtliche „Segnungen" unserer modernen Zivilisation wären ohne Kooperation niemals entwickelt worden. Betrachten wir dies am Beispiel eines Autos: Generationen von Wissenschaftlern haben ihre Ergebnisse über Jahrhunderte freimütig der Allgemeinheit zur Verfügung gestellt, ohne auch nur einen Bruchteil des Wertes, den ihre Arbeit für die Menschheit hatte, im Gegenzug erhalten zu haben. Die Entwicklung der klassischen Mechanik, der Thermodynamik und die Fortschritte in den Bereichen Chemie und Elektrotechnik sind die Grundvoraussetzungen dafür, dass Volkswagen heute in der Lage ist, einen Golf zu bauen.

Doch selbst wenn man all jene naturwissenschaftlichen Erkenntnisse als gegeben hinnimmt, verfügt heute kein einzelner Mensch über das Wissen, wie man einen VW Golf herstellt. Der eine weiß, wie man ein Armaturenbrett produziert, jedoch ohne zu wissen, wie man die dazu notwendigen Kunststoffe synthetisiert. Ein anderer verfügt über die Kenntnisse, wie man den Brennraum eines Zylinders optimal gestaltet, er hat jedoch höchstwahrscheinlich keine Ahnung, wie man eine Motorelektronik programmiert. Auf diese Weise lassen sich Hunderte oder sogar Tausende Wissensgebiete aufzählen, von denen ein einzelner Mensch bestenfalls einige wenige beherrscht. Ohne das Zusammenarbeiten – ein anderes Wort für „Kooperation" – vieler Tausender Menschen gäbe es Produkte wie Autos, Computer oder Kühlschränke nicht.

Wenn die Grundlage des Funktionierens unserer Zivilisation im Allgemeinen und eines Unternehmens im Speziellen Kooperation ist, kann man das Thema Führen auf die Fragestellung reduzieren, wie man andere und sich selbst dazu bringt, in möglichst optimaler Weise zu kooperieren. Um diese Frage zu beantworten, muss zunächst einmal geklärt werden, was Kooperation eigentlich ist und unter welchen Bedingungen sie entsteht.

Die erste der beiden letztgenannten Fragen ist leicht zu beantworten: Kooperation bedeutet, dass der Einzelne seine egoistischen Interessen hinter denen anderer zumindest zum Teil zurückstellen muss. Man muss sich an Absprachen halten, obwohl der Aufwand dafür hoch sein kann, man muss anderen bei der Arbeit helfen, auch wenn dies nicht unmittelbar zur Bewältigung der eigenen Aufgaben beiträgt. Ein solches Verhalten nennen wir altruistisch. Doch wie ist das möglich, in einer Welt voller egoistischer Gene, in der jedes Lebewesen einen hohen Anreiz hat, seine Eigeninteressen durchzusetzen, weil dieses Verhalten einen – wenn auch manchmal kleinen – Beitrag zum eigenen Überleben liefert?

Wir behaupten an dieser Stelle, dass Kooperation eines der Grundprinzipien des Lebens überhaupt ist und unter bestimmten Bedingungen auf allen Ebenen vorkommt: zwischen Genen, zwischen Individuen, zwischen Gruppen und sogar zwischen Staaten. Mit anderen Worten: Die Kooperation von Genen führt zu komplexen Lebewesen, deren Kooperation wiederum zu Gemeinschaften, Unternehmen und Staaten führt. Im Folgenden werden wir die Bedingungen, unter denen Kooperation zustande kommt, auf den unterschiedlichen Ebenen näher beleuchten.

1.1 Die unterste Ebene: Gene

Das Werk von Charles Darwin „The Origin of Species" aus dem Jahre 1859 (deutsch: Über die Entstehung der Arten) hat unser Verständnis der Biologie grundlegend verändert, und nicht nur das – Darwin gab erstmals eine rational begründete Antwort auf die grundlegende Frage: „Warum gibt es Menschen?"

Seine Kernaussage „Survival of the Fittest" ist erstens schwierig ins Deutsche zu übersetzen, weil es keine exakt passende Entsprechung des Wortes „Fit" gibt. Gängige Übersetzungen lauten: „Das Überleben des Stärksten" oder „Das Überleben des am besten Angepassten". Zweitens hört sich das oberflächlich betrachtet an wie: „Der Starke muss sich nach den Gesetzen der Natur gegen den Schwachen durchsetzen. Deshalb ist das sein gutes Recht!" Dies ist eine verhängnisvolle Fehlinterpretation der Theorie Darwins, weil sich „fittest" nicht auf ein Individuum oder eine Gruppe bezieht, sondern auf die Gene, die zur Zeit Darwins noch nicht entdeckt waren. Wie wir sehen werden, führen „egoistische Gene"[1] unter bestimmten Bedingungen zwangsläufig zu kooperierenden, d. h. altruistisch handelnden, Individuen.

Diesen entscheidenden Punkt möchten wir nun näher beleuchten. Wenn also das Leben aus einem Wettbewerb besteht, in dem sich der Starke gegen den Schwachen durchsetzt und deshalb mehr Nachkommen hat, die seine Stärken erben (mit anderen Worten: Stärken werden von der Natur zum Überleben selektiert, Schwächen zum Aussterben), welchen Grund könnte es dann dafür geben, dass Individuen zumindest teilweise auf ihre egoistischen Interessen verzichten, um zu kooperieren? Bei einigen Ameisenvölkern geht diese Kooperationsbereitschaft bis zur Selbstaufgabe: Ameisensoldaten

---

[1] Mit diesem Begriff beziehen wir uns auf das Buch *Das egoistische Gen* (2009) von Richard Dawkins

stürzen sich in selbstmörderischem Kampf auf Angreifer, um ihre Artgenossen zu schützen.

Als Erklärung für den in der Natur beobachteten Altruismus wurde die Gruppenselektion vorgeschlagen. Nach dieser auf den ersten Blick naheliegenden Theorie verhalten sich die Mitglieder einer Gruppe untereinander zum Wohle der Gemeinschaft altruistisch. Schließlich ist es leicht einzusehen, dass sich eine Gruppe von Individuen, die ihre eigennützigen Interessen einem gemeinsamen Ziel unterordnen, gegenüber einer anderen Gruppe, die ausschließlich aus egoistischen Individuen besteht, durchsetzen wird. Die natürliche Selektion wirkt nach diesen Vorstellungen auf die Gesamtfitness der Gruppe, die maßgeblich von der Bereitschaft der Mitglieder abhängt, Eigeninteressen zum Wohle der Gemeinschaft unterzuordnen.

Diese Idee einer Gruppenselektion ist nicht nur falsch, sie hatte auch fatale Konsequenzen. Auf dem Glauben der Überlegenheit einer Gruppe über eine andere basiert die Rassenideologie der Nationalsozialisten, wobei der unspezifische Begriff „Gruppe" mit dem ebenso unspezifischen Begriff „Rasse" gleichgesetzt wurde.

Wo genau liegt der Denkfehler? Stellen wir uns eine Gruppe bestehend aus altruistisch handelnden Individuen vor. Wenn sich nun ein einzelnes dieser Individuen dafür entscheidet, sich gegenüber den Mitgliedern der Gruppe egoistisch zu verhalten, so werden ihm mehr Ressourcen, speziell Nahrung, zur Verfügung stehen, als allen anderen. Folglich wird der Egoist mehr Nachkommen haben, an die er sein egoistisches Verhalten mit hoher Wahrscheinlichkeit vererben wird. Auf diese Weise würde sich egoistisches Verhalten innerhalb der Gruppe verbreiten oder mit anderen Worten: Altruistisches Verhalten ist evolutionär nicht stabil in dem Sinne, dass es leicht von Egoisten ausgenutzt und unterwandert werden kann. Die Theorie der Gruppenselektion ist also logisch inkonsistent, weil sie nicht erklärt, warum innerhalb der Gruppen Altruismus vorherrschen sollte oder: Warum Gruppen aus altruistischen Individuen evolutionär stabil sein sollen.

Doch natürliche Selektion auf der Ebene des Individuums kann Altruismus und Kooperation ebenso wenig erklären. Warum sollten beispielsweise Eltern die erheblichen Kosten zur Aufzucht ihrer Nachkommen aufwenden, anstatt die dazu notwendigen Ressourcen für sich selbst zu beanspruchen? Wenn die natürliche Selektion immer stärkere und gesündere Individuen zum Ziel hätte, warum sind wir dann nicht alle längst unsterblich?

Wir müssen also nach einer anderen Einheit statt der Gruppe oder dem Individuum suchen, auf die die natürliche Selektion wirkt. Diese Einheit ist das Gen. Seine chemischen Bestandteile – nur vier voneinander verschiedene Moleküle, die man „Nukleotide" nennt –, sind bei allen Pflanzen und Tieren gleich. Lediglich die Reihenfolge, in der diese vier Nucleotide Ketten (die DNS[2]) bilden, unterscheidet sich von einem Lebewesen zum anderen.

Man kann die Gene als Konstruktionspläne oder Blaupausen der Körper der jeweiligen Tier- oder Pflanzenart verstehen. Diese „Konstruktion" beinhaltet nicht nur die äußere Form des Lebewesens, sondern auch den Aufbau seiner Organe und die „Grundprogrammierung" des Nervensystems mit dem Gehirn als zentraler Schaltstelle. Auf diese Weise bestimmen die Gene auch das angeborene Verhalten von Mensch und Tier, das allgemein als „Instinkte" bezeichnet wird.

Diejenigen Gene, die das Lebewesen in seiner jeweiligen Umwelt mit körperlichen und geistigen Eigenschaften versehen, die zu einer größeren Zahl von Nachkommen führen, finden innerhalb der Population Verbreitung, wohingegen diejenigen Gene mit in dieser Hinsicht schlechteren Eigenschaften an weniger Nachkommen weitergegeben werden und schließlich aus dem Genpool der Population verschwinden. Dies ist die korrekte Interpretation von „Survival of the Fittest".

Interessanterweise liefert gerade die Evolutionstheorie, die das Bild vom egoistischen Gen hervorgebracht hat, eine hervorragende Erklärung dafür, warum sich Kooperation zwischen Genen unweigerlich verbreiten *muss*. Wenn sich zwei Gene a und b, die einem Lebewesen die Eigenschaften A und B verleihen, gemeinsam besser verbreiten als einzeln, so ist die Kombination (Kooperation)

---

[2] Desoxyribonukleinsäure. Sie kommt normalerweise in Form einer schraubenförmigen Doppelhelix vor.

für beide Gene von Vorteil. Beispielsweise machen Gene für die Entwicklung einer Muskulatur nur Sinn, wenn gleichzeitig Gene für die Entwicklung eines Versorgungssystems mit Nährstoffen (z. B ein Blutkreislauf) für die Muskulatur existieren. Gene sind nämlich nicht immer egoistisch – komplexe Lebensformen wie der Mensch sind das Ergebnis ihrer Kooperation, wie der Golf das Ergebnis der Kooperation der VW-Mitarbeiter ist.

Kommen wir zurück zu der für unser Thema bedeutsamen initialen Vernetzung des Nervensystems inklusive Gehirn durch die Gene. Erst auf Basis dieser angeborenen Grundprogrammierung (Instinkte) ist ein späteres Lernen möglich, denn Lernen bedeutet letztlich die Vernetzung von bereits Vorhandenem (siehe Kapitel 2).

Ein ganzer Zweig der Biologie beschäftigt sich mit dem angeborenen Verhalten: die Soziobiologie. Wie bereits in der Einleitung erwähnt, sollte man nicht erwarten, aus der Soziobiologie das Handeln des Menschen, und damit seine Ethik, *vollständig* ableiten zu können. Dazu sind über die Verbreitung von Genen hinausgehende Betrachtungen notwendig, die wir im nächsten Abschnitt anstellen werden: die Verbreitung von Memen[3] – hier handelt es sich um einen weiteren Anwendungsfall der Evolutionstheorie auf Informationsmuster, die nicht in Form von Molekülketten, sondern in Form neuronaler Vernetzungen abgespeichert sind und in andere Gehirne durch Imitation kopiert werden können.

Wir haben weiter oben gesehen, dass zwei (oder mehr) Gene kooperieren, wenn sie sich *gemeinsam* besser verbreiten. Die Frage, die sich nun stellt, ist die, ob Gene einen Vorteil im Sinne ihrer Verbreitung davon haben, Lebewesen so zu programmieren, dass diese sich ebenfalls kooperativ verhalten. Bevor wir uns dieser Frage im übernächsten Abschnitt widmen, schauen wir uns die Funktionsweise der Evolutionstheorie etwas genauer an.

---

3 Siehe Dawkins (2001), S. 304 - 322

1.2 Replikatoren: Gene und Meme

Das oben beschriebene Konzept der Evolution der Gene kann man folgendermaßen abstrahieren: Wenn in einer gegebenen Umwelt Informationseinheiten, nennen wir sie Replikatoren, mit der Eigenschaft existieren, sich selbst kopieren zu können (oder zu veranlassen, dass sie von ihrer Umwelt kopiert werden), so werden notwendigerweise Kopierfehler (Mutationen) auftreten[4]. Diese Mutationen können zu einer verbesserten oder verschlechterten Kopierfähigkeit der Replikatoren in einer Umwelt mit begrenzten Ressourcen führen. Replikatoren mit positiven Mutationen werden sich verbreiten, diejenigen mit schlechten aussterben. Dies ist im Prinzip das grundlegende Gesetz des Lebens[5].

Eine Sorte Replikatoren haben wir im vorherigen Abschnitt kennengelernt: die Gene. Nun stellt sich die Frage, ob es außerdem noch weitere Replikatoren gibt. Ein Vorschlag dafür stammt ebenfalls von Richard Dawkins (siehe oben). Menschliche Ideen, also kulturelle Informationseinheiten, sind ebenfalls Replikatoren. Stellen wir uns einen Frühmenschen vor, der Funken schlagende Feuersteine einen Abhang hinunterrollen und dabei trockenes Gras entzünden sah. Diese Beobachtung mag ihn dazu inspiriert haben, einen Haufen trockenes Gras aufzuschichten und unmittelbar darüber zwei Feuersteine aneinanderzuschlagen. Selbstverständlich wurde diese Idee, Feuer zu entfachen, von den Artgenossen unseres Frühmenschen als nachahmenswert empfunden und daher übernommen (die Idee, wie man Feuer entfacht, kopierte sich in ihre Gehirne). Das Wissen, wie man Feuer entzündet, ist ein erfolgreiches Informationsmuster im Sinne seiner eigenen Reproduktion. Das Wissen, dass in China ein bestimmter Sack Reis umgefallen ist, interessiert jedoch außer dem unglücklichen Bauern niemanden, weshalb sich diese Information nicht verbreiten wird.

---

4 Diese Kopierfehler können vielfältige Ursachen haben. Bei Genen: die zufällige Anwesenheit aggressiver chemischer Substanzen, die den Kopiervorgang stören. Ein anderes Beispiel ist der Einfall von hochenergetischer Strahlung (Erdradioaktivität, Höhenstrahlung).

5 Dawkins (1983) bleibt eine Beweisführung für diese Behauptung nicht schuldig.

Die Fähigkeit, Feuer zu entzünden, ist nicht angeboren, also keine durch die Gene erzeugte Grundvernetzung unseres Nervensystems, sondern sie wurde erlernt und von einem Menschen an den anderen (horizontal) und von Generation zu Generation (vertikal) weitergegeben. Eine solche erlernte Fähigkeit, eine Idee oder kulturelles Gedankengut, die von einem menschlichen Gehirn zum nächsten in Form neuronaler Muster kopiert wird, weil sie in der durch die neuronalen Strukturen menschlicher Gehirne definierten Umwelt sinnvoll ist, bezeichnet Dawkins als „Mem" in Analogie zum Gen.

Ein anderes Beispiel für ein erfolgreiches Mem ist der Glaube an ein Leben nach dem Tod. Es geht dabei nicht darum, ob der Inhalt des Mems in irgendeiner Form der Realität entspricht, sondern nur darum, dass das Mem mit der Umwelt, bestehend aus den bereits existierenden Denkstrukturen (angeboren oder erlernt) des Gehirns, kompatibel ist. In diesem Fall wird das Mem nicht verworfen sondern bereitwillig antizipiert, d. h. in Form eines neuronalen Musters abgespeichert.

Die Vorstellung eines Weiterlebens nach dem Tod ist deshalb besonders geeignet, von menschlichen Gehirnen kopiert zu werden, weil sie die Angst vor dem Tod mildert – wobei es sich bei dieser Angst um eine durch die Gene verursachte Grundvernetzung des Nervensystems handelt – und weil sie speziell in Kombination mit weiteren Memen Sinnhaftigkeit vermittelt.

Ein solches weiteres Mem, das hervorragend mit dem Glauben an ein Leben nach dem Tod kooperiert, ist der Glaube an einen Gott. Diese beiden Meme sind voneinander unterschiedlich, weil man sich ein Leben nach dem Tod ohne einen Gott vorstellen kann und weil auch die Existenz eines Gottes, der kein Leben nach dem Tod gewährt, denkbar ist. Die Kombination dieser beiden Meme ist jedoch besonders verführerisch. Sie verstärken sich gegenseitig. Dies ist ein gutes Beispiel für miteinander kooperierende Meme, weil sie sich in Kombination besser von einem Gehirn zum nächsten kopieren als einzeln.

Damit sind wir auch schon bei der Frage, unter welchen Umständen Replikatoren kooperieren oder konkurrieren. Schließlich erscheint Konkurrenz auf der einen Seite allgegenwärtig, auf der anderen Seite

1.2 Replikatoren: Gene und Meme

wurden durch Kooperation wahre Wunder bewirkt. Man denke nur an das Zusammenspiel von Genen, die hochkomplexe Organe, Extremitäten und Nervensysteme hervorgebracht haben, die nur im Zusammenspiel miteinander Sinn machen. Oder nehmen wir die exponentiell wachsende Vielfalt an Memen, die unser Verständnis der Natur bilden. Sie ergänzen sich und bauen aufeinander auf. Neue, bislang nicht da gewesene Kombinationen dieser Meme, was man durchaus als „Kreativität" bezeichnen könnte, sind die treibende Kraft des Fortschritts, ermöglichen plötzlich völlig neue Sichtweisen und führen zur Entwicklung neuer Technologien – ihre Kombination bewirkt viel mehr, als es die einzelnen Komponenten jemals könnten. Diese Entstehung neuer Eigenschaften durch die Kooperation seiner Einzelteile nennt man Emergenz. Kein Wassermolekül ist flüssig, ein paar Millionen davon (bei Zimmertemperatur) schon. Kein Atom hat eine Temperatur, ein paar Millionen davon schon. Kein Neuron hat Bewusstsein, in paar Milliarden davon schon. Kein Gen erzeugt ein Lebewesen, das essen, rennen, lieben, hassen kann, sich seiner eigenen Existenz bewusst ist und über Emergenz nachdenken kann. Rund zwanzigtausend davon schon.

Das Zusammenspiel von Genen oder Memen ist ein klassischer Fall von Synergie: Das Ergebnis ist mehr als die Summe der Einzelteile, wobei neue Eigenschaften emergieren können. Offensichtlich ist die Ursache dieser Kooperation, dass sich zueinander passende Replikatoren besser verbreiten als solche, die nicht miteinander kompatibel sind.

Diese Kompatibilität hängt trivialerweise von der Beschaffenheit der anderen Replikatoren ab, mit denen ein bestimmter Replikator kooperieren soll – und natürlich von der Umwelt. Ein Gen für lange Beine beispielsweise ist mit den übrigen Genen eines Maulwurfs inkompatibel (die gemeinsame Replikationsrate würde sich verschlechtern), während es zu denen einer Giraffe hervorragend passt. Das Mem „Jesus war ein göttliches Wesen" verträgt sich gut mit den übrigen Memen der christlichen Religion, jedoch weit weniger gut mit den Memen des Islam, der in Jesus lediglich einen Propheten sieht. Das Mem „Die natürliche Selektion wirkt auf die Gruppe" verträgt sich gut mit der Ideologie des Nationalsozialismus, es passt jedoch nicht zu den Memen der modernen Evolutionstheorie, die Replikatoren als das ausgemacht hat, worauf die natürliche Selektion wirkt. Gruppen und Individuen sind jedoch keine Replikatoren.

Wir können also zusammenfassend festhalten, dass es genau dann zur Kooperation von Replikatoren kommt, wenn die gemeinsame Replikationsrate höher ist als die der einzelnen Replikatoren. Logisch gesehen handelt es sich hier um eine Und-Verknüpfung zweier Informationseinheiten.

Zur Konkurrenz zwischen Replikatoren kommt es genau dann, wenn es sich um eine Oder-Verknüpfung handelt. Nehmen wir zwei Gene, die zu unterschiedlichen Beinlängen eines Tieres führen, das häufig vor Räubern flüchten muss. Dann wird sich dasjenige Gen, das sich näher am optimalen Kompromiss zwischen möglichst hoher Geschwindigkeit und Zerbrechlichkeit der Beine befindet, auf Kosten der Verbreitung des anderen Gens in der Population durchsetzen. Es kann also nur das eine *oder* das andere Gen gewinnen.

In der Spieltheorie nennt man dies ein „Null-Summen-Spiel". Schach fällt in diese Kategorie. Wenn Weiß gewinnt, verliert Schwarz notwendigerweise (Weiß *oder* Schwarz gewinnt). Bei dieser Art von Spielen macht Kooperation selbstredend keinen Sinn. Letztere kommt dann zum Tragen, wenn beide Spieler durch Zusammenarbeit mehr gewinnen können, als wenn beide die Zusammenarbeit verweigern. Eine Theorie dieser Nicht-Null-Summen-Spiele schauen wir uns im nächsten Abschnitt an.

Bevor wir uns dieser Theorie zuwenden, möchten wir darauf hinweisen, dass der Titel von Dawkins Buch „Das egoistische Gen" mit der Betonung auf „Gen" wohl eher provozieren sollte, denn Gene sind nur in Null-Summen-Spielen egoistisch (im Sinne von: Sie konkurrieren, statt zu kooperieren), in Nicht-Null-Summen-Spielen hingegen verhalten sie sich kooperativ.

Nun wenden wir uns der am Ende des vorherigen Abschnitts gestellten Frage zu, ob Gene einen Vorteil davon haben, Lebewesen so zu programmieren, dass sie miteinander kooperieren. Könnten auf Basis einer solchen Grundprogrammierung vielleicht auch Meme des kooperativen Verhaltens entstehen? Um diese Fragen zu beantworten, beschäftigen wir uns zunächst mit der Spieltheorie und einer daraus abgeleiteten Theorie der Kooperation.

1.3 Eine Theorie der Kooperation

Um die Auswirkungen von Kooperation und dem Verweigern von Kooperation (Defektion) sowie die Bedingungen, unter denen diese Verhaltensweisen entstehen, quantitativ fassen zu können, brauchen wir zunächst ein möglichst einfaches Modell für Nicht-Null-Summen-Spiele. Natürlich kann man schon zu Beginn einwenden, dass ein Modell niemals die Wirklichkeit exakt widerspiegeln kann. Doch diese wahre Aussage muss uns nicht daran hindern, grundlegende Prinzipien aus dem Modell abzuleiten, sofern wir uns die Mühe machen, uns zu vergegenwärtigen, an welchen Stellen das Modell von der Realität abweicht und welche Auswirkungen dies haben kann. Genau das werden wir in dem auf diesen Abschnitt folgenden tun.

Der amerikanische Politologe Robert Axelrod untersuchte eingehend das einfache Nicht-Null-Summen-Spiel „Gefangenen-Dilemma"[6]. Das Spiel erhielt seinen Namen anhand eines populären Beispiels: Zwei Personen werden beschuldigt, gemeinsam ein schweres Verbrechen (zum Beispiel einen Bankraub) begangen zu haben. Beide werden in getrennten Räumen verhört. Wenn der eine (X) den anderen (Y) verrät und Y schweigt, so kommt X nach der Kronzeugenregelung frei und Y erhält eine langjährige Gefängnisstrafe. Wenn beide schweigen, so kann man ihnen nur ein leichtes Vergehen nachweisen (zum Beispiel unerlaubter Waffenbesitz). In diesem Fall wird gegen beide nur eine Bewährungsstrafe verhängt. Falls jedoch beide den anderen verraten, werden sie zu milden Gefängnisstrafen verurteilt, weil sie immerhin geständig waren.

Das Spiel lässt sich in Tabelle 1.1 zusammenfassen.

---

6 Axelrod (2009)

Tabelle 1.1 Das Gefangenen-Dilemma

Y\X	kooperiert	kooperiert nicht
kooperiert	beide Bewährungsstrafe	X kommt frei
		Y lange Gefängnisstrafe
kooperiert nicht	X lange Gefängnisstrafe	beide milde Gefängnisstrafe
	Y kommt frei	

Es handelt sich hier zweifellos um ein Dilemma. Betrachten wir dazu die Sache zunächst aus dem Blickwinkel der Gemeinschaft der beiden Gefangenen: Wenn beide kooperieren, kommen beide auf freien Fuß. Wenn beide nicht kooperieren, erhalten beide eine (milde) Gefängnisstrafe. Aus dem Blickwinkel der Gemeinschaft lautet die beste Strategie also: kooperieren.

Doch betrachten wir das Spiel aus der Sicht eines der Gefangenen:

Wenn der andere kooperiert und ich nicht, so komme ich ohne irgendeine Strafe frei. Falls ich jedoch kooperiere, erhalte ich immerhin eine Bewährungsstrafe. Folglich ist es besser, nicht zu kooperieren.

Wenn der andere jedoch nicht kooperiert, ich jedoch schon, so erhalte ich eine lange Gefängnisstrafe. Falls ich ebenfalls nicht kooperiere, komme ich mit einer milden Gefängnisstrafe davon. Also ist es auch in diesem Falle besser, nicht zu kooperieren.

Das Dilemma besteht also darin, dass es aus dem Blickwinkel der Gemeinschaft besser ist zu kooperieren, aus der Perspektive des Einzelnen jedoch besser, nicht zu kooperieren.

Dieses Nicht-Null-Summen-Spiel kann man durch ein Punkteschema verallgemeinern, das neben Gefängnisstrafen auch ausgezahlte Geldbeträge, Überlebenswahrscheinlichkeiten, die Anzahl von Nachkommen oder ähnliche Dinge repräsentieren kann.

1.3 Eine Theorie der Kooperation

Tabelle 1.2 Verallgemeinertes Nicht-Null-Summen-Spiel

Y\X	kooperiert	kooperiert nicht
kooperiert	X erhält 3 Punkte (B)	X erhält 5 Punkte (A)
	Y erhält 3 Punkte (B)	Y erhält 0 Punkte (S)
kooperiert nicht	X erhält 0 Punkte (S)	X erhält 1 Punkt (V)
	Y erhält 5 Punkte (A)	Y erhält 1 Punkt (V)

Die 3 Punkte für die wechselseitige Kooperation nennen wir „Belohnung" (B), die 5 Punkte für den erfolgreichen Betrug „Anreiz" (A), die 0 Punkte für den Betrogenen „Strafe" (S), den einen Punkt für die wechselseitige Verweigerung der Kooperation (Defektion) nennen wir „V".

Die absolute Höhe der Anzahl der Punkte ist nicht von Bedeutung. Ihr Verhältnis zueinander schon. Es muss gelten: $A > B > (A+S)/2 > V > S$. Der tiefere Sinn dieser Ungleichung wird im weiteren Verlauf dieses Abschnitts deutlich werden.

Veranschaulichen wir uns diese Ungleichung an einem konkreten Beispiel: Nehmen wir an, zwei Bauern verhandeln miteinander in vorchristlicher Zeit über den gemeinsamen Bau je eines Blockhauses. Dabei sollten wir im Hinterkopf behalten, dass die Bauern Konkurrenten um die Ressourcen Nahrung, Land und Geschlechtspartnerinnen sind. Es ist jedoch leicht einzusehen, dass beide zusammen weniger als die halbe Zeit für den Bau eines Hauses brauchen, die ein einzelner Bauer dafür brauchen würde. Während der eine einen Holzbalken festhält, kann der andere ihn befestigen. Würde jeder sein Blockhaus alleine bauen, müsste er aufwendige Haltegerüste herstellen, die den jeweiligen Balken vor der Befestigung fixieren.

Der Einfachheit halber sollen die beiden Bauern ihre Entscheidung, zu kooperieren oder nicht zu kooperieren, gleichzeitig treffen und eine dritte Partei (ein König) sorgt für die Einhaltung dieser Entscheidungen.

Der Arbeitsaufwand, um ein Haus alleine zu bauen sei 4 (A(allein) = 4). Der Wert des Hauses muss größer als 4 sein, sonst würde schließlich niemand ein Haus errichten. Also legen wir den Wert des Hauses mit 5 fest. Der Arbeitsaufwand für jeden einzelnen Bauern, um ein Blockhaus gemeinsam mit dem anderen herzustellen, muss geringer sein als die Hälfte des Aufwandes, wenn er dies alleine macht (A(gemeinsam) < A(alleine)/2, also setzen wir: A(gemeinsam) = 1.

Betrachten wir nun den Fall, dass die beiden Bauern kooperieren. Jeder von ihnen besitzt am Ende des „Spiels" ein Haus im Wert von 5 Punkten. Jeder hatte einen Aufwand von einem Punkt für den Bau des eigenen Hauses und einem Punkt für den Bau des Hauses des anderen. In Summe ergeben sich 5 − 1 − 1 = 3 Punkte für jeden Bauern.

Wenn jeder die Zusammenarbeit verweigert, muss jeder sein Haus alleine bauen, er hat also am Ende einen Wert von 5 Punkten geschaffen, während sein Aufwand 4 Punkte betrug, also 5 − 4 = 1.

Falls ein Bauer kooperiert, der andere jedoch nicht, so besitzt der Kooperierende am Ende des „Spiels" zwar ein Haus, doch sein Aufwand betrug 4 Punkte für den Bau des eigenen (ohne die Hilfe des anderen Bauern) und einen Punkt für das Errichten des anderen Blockhauses. Daraus ergibt sich 5 − 4 − 1 = 0.

Der Nicht-Kooperierende hingegen besitzt ebenfalls ein Haus im Wert von 5 Punkten, sein Aufwand für die Herstellung war jedoch nur ein Punkt und er hat den weiteren Punkt für die Herstellung des Haus des anderen eingespart. (Dies ist die Belohnung für den Betrug. Er kann die eingesparte Zeit zu seinem weiteren Vorteil in den Bereichen, in denen er mit dem anderen Bauern konkurriert, nutzen. Zum Beispiel Nahrungsbeschaffung, Geschlechtspartnerinnen-Suche.) In der Bilanz ergibt dies: 5 − 1 + 1 = 5.

Wir haben hier ein durchaus realistisches Beispiel für die Werte in der Kooperationstabelle 1.2. Wenn dieses Nicht-Null-Summen-Spiel nur ein einziges Mal gespielt wird, so ist klar, dass es aus Sicht jedes der beiden Bauern sinnvoll ist, nicht zu kooperieren, obwohl beide am Ende besser dastehen würden, wenn sie beide kooperiert hätten (Dilemma).

Doch nehmen wir nun an, es handele sich bei den beiden Spielern nicht um Bauern, sondern um Bauunternehmer. Mit anderen Worten: Das Spiel wird nicht nur einmal, sondern beliebig oft hintereinander gespielt. Wenn es die optimale Strategie ist, beim einmaligen Spiel nicht zu kooperieren (d. h. zu defektieren), was ist dann die beste Strategie für sich beliebig oft wiederholende Spiele?

Diese Frage ist erstens für das Thema dieses Buches äußerst interessant, denn die immer wiederkehrende Interaktion der Mitarbeiter (inklusive Führungskräften) heutiger Unternehmen ist im Prinzip nichts anderes als eine komplexe Version der Kooperation der beiden antiken Bauunternehmer, und zweitens ist sie keineswegs trivial. Ihr widmete sich Axelrod in einem aufsehenerregenden Experiment: Er lud Wissenschaftler der unterschiedlichsten Disziplinen (Psychologie, Ökonomie, Physik, Biologie, Mathematik, Informatik und Soziologie) zu einem Computerturnier ein. Er bat die Teilnehmer darum, Programme einzusenden, die eine Strategie zum wiederholten Gefangenen-Dilemma nach Tabelle 1.2 enthielten. Dabei galten folgende Randbedingungen:

1. Es bestand keine Möglichkeit, von einer anderen Strategie Kooperation einzufordern (zum Beispiel auf Basis vorangegangener eigener Kooperation). Jede Strategie war also absolut frei darin, bei jedem Zug zu tun, was der Programmierer wollte.
2. Es existierte kein Mechanismus, um herauszufinden, was der andere Spieler im gegenwärtigen Zug tun würde. Programmregeln wie „Tu das gleiche wie der andere" waren somit ausgeschlossen.
3. Das wiederholte Spiel gegen einen anderen Spieler konnte nicht vom Spieler selbst abgebrochen werden. Die Anzahl der Spiele wurde also nicht durch die Spieler bestimmt, sondern durch die Spielleitung.
4. Eine Änderung der Auszahlung des anderen Spielers konnte nicht im Nachhinein gefordert werden. „Der hat mich betrogen, also nehmt ihm die Punkte wieder weg!"
5. Jede Strategie durfte sich die vorausgegangenen Züge des laufenden Spiels merken (die eigenen und die des Gegners).

Für die erste Runde seines Computerturniers erhielt Axelrod 14 Zusendungen. Er selbst fügte noch eine fünfzehnte hinzu: eine Zufallsstrategie, die willkürlich zwischen „Kooperation" und „Kooperation verweigern" wechselte. Sie diente als eine Art „Null-Linie", denn eine Strategie, die schlechter abschnitt als absolute Willkür, musste schon ziemlich schlecht sein. Jedes Computerprogramm spielte gegen jedes der 14 anderen und gegen sich selbst. Das Turnier bestand also aus $15 \cdot 15 = 225$ Paarungen mit jeweils 20 Zügen pro Spiel (was den Programmierern nicht bekannt sein darf, weil sonst die beste Strategie für den letzten Zug Defektion ist, woraus sich für den vorletzten Zug ebenfalls Defektion ergibt usw., d. h., bei Kenntnis der Anzahl der Züge mit jedem anderen Spieler würde ein rational agierender Spieler immer defektieren).

Unter den eingereichten Programmen befanden sich ziemlich lange, in die ihre Entwickler teils äußerst tiefgründige Überlegungen hineingesteckt hatten. Interessanterweise gewann das einfachste Programm von ihnen das Computerturnier, gemessen an der Anzahl der Zeilen des Programmcodes. Es stammte von dem renommierten Psychologen und Spieltheoretiker Anatol Rapoport aus Toronto. Seine Strategie begann im ersten Zug mit kooperieren und kopierte im darauf folgenden lediglich den vorherigen Zug der Gegenseite. Mit anderen Worten: Wenn die gegnerische Strategie im vorherigen Zug kooperiert hatte, so kooperierte Rapoports Programm im aktuellen. Falls die gegnerische Strategie die Zusammenarbeit verweigert hatte, verweigerte sein Gewinnerprogramm im aktuellen Zug. Ihrem Verhalten entsprechend erhielt diese Strategie den Namen „Tit for Tat (wie du mir, so ich dir)".

Axelrod bezeichnete Strategien, die ebenso wie „Tit for Tat" niemals als erste die Kooperation verweigerten, als „nett". Acht der 15 am Turnier teilnehmenden Strategien waren nett. Verblüffenderweise belegten diese Programme die ersten acht Plätze, während die „gemeinen", also jene, die als erste Zusammenarbeit verweigerten, mit großem Abstand die hinteren Plätze belegten.

Es wurde ein zweites Turnier ausgetragen, wobei den Programmierern die Ergebnisse des ersten Turniers bekannt waren. Diesmal erhielt Axelrod 62 Einsendungen. Wieder fügte er die Zufallsstrategie

1.3 Eine Theorie der Kooperation

als Null-Linie hinzu und ließ jedes Programm gegen jedes andere und sich selbst antreten. „Tit for Tat" gewann erneut. Vor diesem Hintergrund macht es Sinn, dass wir uns die „Charaktereigenschaften" dieser Strategie etwas genauer anschauen.

Eine Eigenschaft wurde bereits erwähnt: „Tit for Tat" verweigert niemals als Erster die Zusammenarbeit; sie ist *nett*.

Sie ist *provozierbar* in dem Sinne, dass sie auf unkooperatives Verhalten Vergeltung im nächsten Zug übt.

Sie ist *verzeihend (nicht nachtragend)*, denn wenn ein „Übeltäter" nach dem Verweigern von Kooperation wieder zu Kooperation wechselt, so verhält sich auch „Tit for Tat" sofort wieder kooperativ.

Die Strategie erhält niemals mehr Punkte als ihr Gegenspieler. Spielt sie gegen ein nettes Programm, so kommt es zu sich ständig wiederholender beidseitiger Kooperation (beide Spieler erhalten pro Zug je 3 Punkte). Gegen eine ständig die Zusammenarbeit verweigernde Strategie bekommt „Tit for Tat" im ersten Zug 0 Punkte (die Gegenseite 5), bei allen weiteren Zügen erhalten beide Seiten je einen Punkt. Am Ende eines Spiels gegen eine gemeine Strategie hat „Tit for Tat" demnach sogar weniger Punkte auf dem Konto als der gemeine Gegenspieler. Rapoports Programm gewann also nicht, weil es in einem einzelnen Spiel mehr Punkte als der andere Spieler holte (es waren immer gleich viele oder weniger), sondern weil es im Durchschnitt über alle Spiele die meisten Punkte gewann. Wir können also festhalten, dass die Strategie von „Tit for Tat" nicht darin besteht, den Gegenspieler zu besiegen (schließlich handelt es sich nicht um ein Null-Summen-Spiel wie Schach), sondern darin, *gemeinsam* mit dem Gegenspieler möglichst viele Punkte zu holen. Dies bedeutet, dass es „Tit for Tat" nichts „ausmacht", dass der Gegenspieler mindestens genauso viele Punkte bekommt wie es selber. Mit anderen Worten: „Tit for Tat" ist *nicht neidisch*.

Diese vier Charaktereigenschaften *(nett, provozierbar Übeltäter zu bestrafen, verzeihend und nicht neidisch)* kommen den Moralvorstellungen der meisten Menschen schon ziemlich nahe, besonders vor dem Hintergrund, dass „Tit for Tat" nicht mit gemeinen Strategien kooperiert, wodurch diese aus der Population ferngehalten werden. Einer netten Strategie, die immer kooperiert, unabhängig davon, ob der Gegenspieler defektiert, gelingt das nicht. Im Gegenteil – sie fördert den Erfolg gemeiner Strategien, indem sie sich ausnutzen lässt. „Tit for Tat" ermöglicht es, dass ein Klima der Zusammenarbeit entsteht.

Doch schauen wir uns zunächst an, wie „Tit for Tat" im Spiel gegen eine andere interessante Strategie abschneidet: Diese Strategie soll sich genauso wie „Tit for Tat" verhalten, nur dass sie im ersten Zug die Kooperation verweigert (das heißt, sie ist eine gemeine Strategie). Wir werden später auf sie unter der Bezeichnung *Tauscher* zurückkommen. In jedem Zug wird die eine Strategie kooperieren (erhält 0 Punkte), die andere nicht kooperieren (erhält 5 Punkte). Im Durchschnitt erhalten beide Strategien je Zug (A + S)/2 = 2,5 Punkte. Das sind weniger als die 3 Punkte, die jede Partei bei beidseitiger Kooperation bekommen würde. Dies spiegelt die Verhältnisse im realen Leben wider. Denken Sie dazu an unsere beiden antiken Bauunternehmer: Wenn jeder von ihnen bei jedem zweiten Zug sein Blockhaus alleine bauen muss, schaffen beide nicht so viel, als wenn sie zusammenarbeiten. Deshalb ist in der weiter oben aufgeführten Ungleichung B > (A + S)/2.

In den vorangegangenen Abschnitten haben wir gesehen, dass die Gene den Bauplan für die Ausbildung des Nervensystems inklusive des Gehirns enthalten und somit dessen Grundprogrammierung vorgegeben. Vor diesem Hintergrund stellt sich die Frage, welche Strategie beim Gefangenen-Dilemma die erfolgreichste ist, wenn die Auszahlung nicht in Punkten, sondern in der Anzahl Nachkommen besteht. Mit diesem Gedanken wandte sich Axelrod auf Empfehlung von Richard Dawkins an den Biologen W. D. Hamilton, der ebenfalls an der Michigan-Universität arbeitete. Sie untersuchten obige Fragestellung und veröffentlichten ihre Ergebnisse im Jahre 1981 in der Zeitschrift „Science"[7]. Für ihren wegweisenden Artikel erhielten sie den Newcomb-Cleveland-Preis der American Association for the Advancement of Science.

Wieder ließen sie die 62 Strategien der zweiten Turnierrunde plus der Zufallsstrategie gegeneinander antreten. Diesmal bestand das

---

7 Axelrod, Hamilton (1981)

Turnier jedoch aus vielen „Generationen", in denen jede Strategie gegen jede andere antrat. In der ersten Runde war jede Strategie gleich häufig vorhanden. Am Ende dieser ersten Generation wurden jedoch jeder Strategie die Punkte in Form einer Anzahl Nachkommen ausgezahlt. Die zweite Generation enthielt demnach diejenigen Strategien umso häufiger, je mehr Punkte sie in der vorherigen Generation angesammelt hatte. Auf diese Weise wurden die erfolgreichen Strategien immer häufiger, während die erfolglosen irgendwann ausstarben (genau genommen eine triviale Aussage, weil für einen Darwinisten die Verbreitung einer Eigenschaft innerhalb der Population das Maß für Erfolg definiert).

Durch diese Simulation der natürlichen Selektion erzeugte Axelrod eine evolutionäre Sequenz, bei der sich das „moralische Klima" mit der Zu- bzw. Abnahme der Anzahl der unterschiedlichen Strategien innerhalb der Population änderte. Die netten Strategien vermehrten sich, die gemeinen gingen zugrunde. Nach ungefähr 1000 Generation änderte sich das Verhältnis nicht mehr. Es blieben neben „Tit for Tat" nur noch fünf weitere Strategien übrig, die allesamt nett und provozierbar waren.

Dass es nicht zu einer weiteren Verschiebung der zahlenmäßigen Verhältnisse kam, wird sofort verständlich, wenn man bedenkt, dass nette Strategien gegeneinander „immer kooperieren" spielen. In einem moralischen Klima ausschließlich netter Strategien sind diese durch ihr Verhalten nicht mehr voneinander unterscheidbar.

Die Anzahl der meisten gemeinen Strategien innerhalb der Population nahm von Beginn der Simulation an ab. Unter ihnen gab es nur eine einzige, die „Harrington" genannt wurde, die über die 200. Generation hinaus überlebte. Zu Beginn der Simulation stieg ihre Anzahl bis ungefähr zur 150. Generation sogar an. Nachdem sie ihren Zenit überschritten hatte, ging sie langsam zugrunde und verschwand mit der 1000. Generation vollständig. Der Grund für ihren anfänglichen Erfolg waren die zu sehr „gutherzigen" Strategien, die nur in geringem Maße oder überhaupt nicht provozierbar waren, weil sie ihrem Gegenspieler das Verweigern von Zusammenarbeit zu häufig (oder immer) durchgehen ließen. In diesem Fall gedieh „Harrington" prächtig durch das Abräumen der vollen 5 Punkte in den entsprechenden Zügen. Doch durch das Aussterben dieser von Dawkins bezeichneten „Trottel", die sich ausnutzen ließen, verlor „Harrington" das Umfeld, in dem sie gedeihen konnte. Sie stand nun nur noch netten, aber provozierbaren Strategien gegenüber, die sich nicht ausnutzen ließen.

Interessant in diesem Zusammenhang ist auch der folgende Gedankengang: In einem durch ausschließlich nette Strategien geprägten Klima unterscheidet sich auch die uneingeschränkt edelmütige Strategie (die Bezeichnung stammt von Dawkins) „immer zusammenarbeiten" nicht von den anderen (weil jeder mit jedem in jedem Zug kooperiert). Doch für die Gemeinschaft der netten Strategien ist sie in dem Sinne schädlich, weil sie, wie weiter oben bereits erwähnt, es gemeinen Strategien erlaubt, in die Population einzudringen. Sobald dies geschieht, vermehrt sich die gemeine Strategie hauptsächlich auf Kosten der uneingeschränkt edelmütigen, weshalb ihre Anzahl im Vergleich zu den provozierbaren Strategien sinkt, wodurch wiederum die gemeinen Strategien zurückgedrängt werden (die erst gar nicht Fuß gefasst hätten, wenn die uneingeschränkt edelmütige Strategie nicht gewesen wäre). Vor diesem Hintergrund stellt sich die Frage, ob die Bezeichnung „edelmütig" überhaupt passend ist, weil andere hinter ihr aufräumen müssen.

Die Computerturniere Axelrods haben gezeigt, dass sich nette Strategien wie insbesondere „Tit for Tat" innerhalb der Population, bestehend aus den 62 bzw. 14 eingesandten plus der Zufallsstrategie, gegen die gemeinen durchsetzen. In diesen Populationen waren jedoch von vornherein mehrere nette Strategien vorhanden, die voneinander durch Kooperation profitieren konnten. Nehmen wir nun an, unsere Ausgangspopulation bestünde lediglich aus der gemeinsten aller Strategien: „Verweigere immer die Zusammenarbeit."

Eine einzelne „Tit for Tat"-Strategie kann sich innerhalb einer solchen Population nicht durchsetzen. Im ersten Zug wird sie 0 Punkte erhalten, die gemeine jedoch 5, in allen weiteren Zügen erhalten beide je einen Punkt. „Tit for Tat" wird also in jedem Spiel weniger Punkte erzielen als die jeweilige gemeine Strategie, weshalb sie weniger Nachkommen haben und deshalb schnell aussterben wird. Wie soll es dann einer netten Strategie gelingen, jemals in eine

Population von gemeinen Strategien einzudringen? Dies kann offensichtlich nur dann geschehen, wenn sich irgendwo innerhalb der gemeinen Population eine kleine Gruppe netter Strategien bildet, die durch wechselseitige Kooperation voneinander profitiert, wobei die Mitglieder dieser Gruppe hinreichend oft gegeneinander (bzw. miteinander) spielen, anstatt gegen einen gemeinen Nachbarn.

Ein solches Szenario ist keineswegs unrealistisch. Viele biologische Arten neigen dazu, sich ihr ganzes Leben lang in der Nähe ihres Geburtsortes aufzuhalten. Den Grad der Ausprägung dieses Verhaltens nennt man „Viskosität". Wenn man einmal von der Moderne absieht, zeigten auch menschliche Gesellschaften ein hohes Maß an Viskosität: Überall auf der Welt verbrachten die meisten Menschen ihr Leben nur wenige Kilometer von ihrem Geburtsort entfernt. Viskosität führt dazu, dass genetisch nahe verwandte Individuen auch räumlich nah zusammenleben. Wenn sich also irgendwo innerhalb einer gemeinen Population eine nette Strategie entwickelte und an zunächst nur wenige Nachkommen weitergegeben wurde, so entstand eine Keimzelle netter Strategien, die aufgrund ihrer räumlichen Nähe besonders häufig miteinander interagierten.

Axelrod zeigte, dass der Kooperationsvorteil bereits zu einer Vermehrung von „Tit for Tat" führt, wenn nur ein geringer Prozentsatz der Interaktionen mit einem Mitglied der Gruppe statt einem gemeinen Nachbarn stattfindet. Diese Gruppe wird sich dementsprechend innerhalb der gemeinen Population ausbreiten und Letztere schließlich ganz verdrängen. Bei Axelrod (2009)[8] findet man unter der Überschrift „Territorialität" eine ausführliche Beschreibung von Computersimulationen, wie sich nette Strategien unter verschiedenen Bedingungen in ursprünglich gemeinen Population ausbreiten. Umgekehrt funktioniert das übrigens nicht: Eine gemeine Strategie kann sich nie wieder in einer Population ausbreiten, die einmal von provozierbaren netten Strategien vereinnahmt worden ist.

Um diesen Ausbreitungsmechanismus zu erklären, haben wir stillschweigend mit der genetischen nahen Verwandtschaft räumlich nah beieinander lebender Individuen argumentiert. Doch ist „Tit

---

8 S. 142 ff.

for Tat" tatsächlich als Verhalten bei Nicht-Null-Summen-Spielen genetisch codiert? Damit sich bei Gefangenen-Dilemma-Spielen in menschlichen Gesellschaften nette und provozierbare Strategien wie „Tit for Tat" verbreiten, bedarf es lediglich einer Grundprogrammierung unseres Nervensystems durch ein Gen mit der Regel: „Imitiere den Erfolgreichen!" (im Hinblick auf Fortpflanzungserfolg). Dass sich ein solches Gen in einer Population verbreitet, ist selbsterklärend. Da wir gesehen haben, dass „Tit for Tat" die erfolgreichste Strategie (d. h. zum größtmöglichen Fortpflanzungserfolg führende) für das wiederholte Gefangenen-Dilemma ist, würde das Gen „Imitiere den Erfolgreichen!" bei einem Lebewesen mit hinreichenden kognitiven Fähigkeiten, wie dem Menschen, zur Ausbildung des Mems „Spiele ‚Tit for Tat' bei Nicht-Null-Summen-Spielen" führen. Wir können also davon ausgehen, dass sich die Grundelemente von „Tit for Tat" *(nett, provozierbar, verzeihend und Neid als negativ angesehene Charaktereigenschaft)* in menschlichen Gesellschaften verbreiten.

Doch ist die Ursache dafür wirklich nur ein Gen für die grundlegende Regel „Imitiere den Erfolgreichen!"? Hat also irgendwann einmal eine kleine Gruppe Primaten rein zufällig „Tit for Tat" gespielt, was aufgrund des Erfolges dann von anderen imitiert wurde? Oder gibt es über das entsprechende Mem hinaus tatsächlich eine genetische Grundprogrammierung dafür, „Tit for Tat" zu spielen? Diese Frage ist für uns von besonderer Bedeutung, weil, wie wir im 2. Kapitel sehen werden, das Fühlen das Denken und das Denken das Handeln bestimmt. Der Teil unseres Gehirns, in dem das Fühlen stattfindet, ist entwicklungsgeschichtlich der älteste und wird auch „Limbisches System" genannt[9]. Dort befinden sich die so genannten „Gefühlszentren", die ähnlich strukturiert sind wie bei anderen Wirbeltieren. Besitzen diese Gefühlszentren also bereits die oben erwähnte Grundprogrammierung durch die Gene, um „Tit for Tat" (oder eine ähnliche genetische Strategie) zu spielen? Diese Frage können wir beantworten, wenn wir bei primitiveren Lebewesen, die, nach allem, was wir wissen, nicht über die kognitiven

---

9 Eine anschauliche Einführung in die Struktur des menschlichen Gehirns findet man bei Carter (2010).

Fähigkeiten verfügen, entsprechende Meme zu entwickeln, „Tit for Tat" als Strategie für wiederholte Gefangenen-Dilemma-Spiele beobachten können oder eben nicht.

Derartiges Verhalten kommt in der Natur in der Tat recht häufig vor. Axelrod und Hamilton haben dafür eine ganze Reihe zum Teil recht ausgefallener Beispiele angeführt. Einige besonders interessante möchten wir im Folgenden kurz erläutern, weitergehende Informationen dazu findet man auch in dem Buch von Dawkins (2001).

Axelrod nennt einen Fall dafür, dass sogar Pflanzen Vergeltung üben können, denen wohl niemand die kognitiven Fähigkeiten zuspricht, Meme zu verbreiten. Es handelt sich um Feigenbäume. Die Feigen haben ein kleines Loch, in das Gallwespen hineinkriechen können. Im Innern finden sie einen Hohlraum, dessen Wände mit einer großen Zahl von Blüten bedeckt sind. Die Wespe bestäubt einige der Blüten, während sie in andere Eier legt, die dann von den Larven gefressen werden. Doch warum sollte die Wespe ihre Eier nicht in alle Blüten legen, was die Zahl ihrer Nachkommen maximieren würde? Was sollte der dumme Feigenbaum schon dagegen tun? Eine ganze Menge. Es wurde beobachtet, dass die Bäume eine Feige bereits im Frühstadium abstoßen, wenn eine Wespe in zu viele Blüten Eier gelegt hat, statt sie zu bestäuben. Durch diese Vergeltungsmaßnahme des Baums geht die gesamte Nachkommenschaft der Wespe zugrunde. Es handelt sich hier um ein klassisches Gefangenen-Dilemma. Es ist im Interesse der Wespen, in *alle* Blüten Eier zu legen, während es im Interesse der Bäume ist, dass *alle* Blüten bestäubt werden. Kooperation bedeutet, dass jeder auf die maximal mögliche „Punktzahl" verzichtet und stattdessen einen für beide Seiten akzeptablen Kompromiss eingeht. Dies ist ein schönes Beispiel für ein Gefangenen-Dilemma, das zwischen Angehörigen vollkommen unterschiedlicher Arten gespielt wird.

Ein anderes, ziemlich außergewöhnliches Beispiel für „Tit for Tat" zwischen Individuen der gleichen Spezies wurde von Fischer (1980)[10] beschrieben. Das Geschlecht von Seebarschen wird nicht wie bei Menschen bei der Befruchtung der Eizelle durch die Chromosomen

---

10 S. 620-633

bestimmt. Jeder Seebarsch kann somit die Rolle eines Männchens oder die eines Weibchens übernehmen. Die Fische leben in der Regel als monogame Paare zusammen. Es kostet jedoch deutlich mehr Ressourcen (Energie, Nährstoffe), bei der Fortpflanzung Eier abzulegen, als Spermien beizusteuern. Folglich ist es im eigenen Interesse jedes Tieres, als Männchen an der Paarung teilzunehmen. Trotzdem kommt es zu Kooperation zwischen beiden Partnern, indem einmal der eine, einmal der andere die Rolle des Weibchens übernimmt. Nicht zu kooperieren würde bedeuten, darauf zu bestehen, weiterhin als Männchen zu agieren, obwohl man an der Reihe wäre, den weiblichen Part zu übernehmen. Fischer beobachtete jedoch, dass sich die Seebarsche in schöner Regelmäßigkeit darin abwechseln. Außerdem konnte er feststellen, dass Paare umso schneller auseinandergingen, je ungleicher die Geschlechterrollen verteilt waren.

Als letztes Beispiel aus dem Tierreich möchten wir das in der Literatur viel und zum Teil kontrovers zitierte Verhalten bestimmter Vampirfledermausarten aufführen, über das erstmalig von Wilkinson (1984) berichtet wurde. Nachts gehen die Tiere auf die Jagd und suchen sich ein Opfer, dem sie Blut absaugen. Das funktioniert jedoch nicht immer. Rund ein Drittel der Jungtiere und 7 % der Erwachsenen finden bei ihrem nächtlichen Ausflug kein Opfer. Sie kehren mit leerem Magen zurück. Das ist durchaus dramatisch, weil die Tiere nur ca. drei Tage ohne Nahrung überleben können. Doch ihre erfolgreichen Artgenossen zeigen ein kooperatives Verhalten: Sie würgen einen Teil des erbeuteten Blutes hoch und füttern damit jene Artgenossen, denen ein Erfolg versagt geblieben war. In einer der darauf folgenden Nächte kann die Situation umgekehrt sein. Handelt es sich deshalb dabei um ein Gefangenen-Dilemma?

Dabei ist erstens zu beachten, dass der „Wert" einer bestimmten Menge Blutes davon abhängt, in welchem Maße das Tier ausgehungert ist. Für eine satte Fledermaus sind die Kosten für die Abgabe eines Teils ihrer Beute relativ gering, während der Wert für einen Artgenossen, der kurz vor dem Verhungern steht, extrem hoch ist. Damit sind die notwendigen Randbedingungen gegeben, um eine Tabelle wie Tabelle 1.2 zu konstruieren.

Damit jedoch „Tit for Tat" gespielt werden kann, müssen die Fledermäuse in der Lage sein, sich gegenseitig zu erkennen. Nur dann ist es möglich, den vorherigen Zug des anderen Spielers zu kopieren. Wilkinson führte Experimente durch, die ohne Zweifel belegten, dass Fledermäuse ihre Artgenossen eindeutig identifizieren können.

In der Literatur ist jedoch ein Disput darüber entbrannt, ob die wechselseitige Kooperation der Fledermäuse ihre Ursache nicht eher in der Verwandtenselektion als im Vorliegen eines „Tit for Tat"-Szenarios hat (siehe z. B. bei Voland (2013)[11]). Es könnte sich hier um einen Streit um des Kaisers Bart handeln, weil „Tit for Tat" sich möglicherweise aus der Verwandtenselektion entwickelt hat.

Um diesen Gedanken zu entwickeln, betrachten wir das Konzept der Verwandtenselektion etwas genauer. Bei der geschlechtlichen Fortpflanzung erhält ein Kind exakt 50 % der mütterlichen und 50 % der väterlichen Gene. Folglich ist es im Interesse der Gene eines jeden Elternteils, dass die Nachkommenschaft überlebt, weil es jedes Gen des Vaters oder der Mutter mit einer Wahrscheinlichkeit von 50 % weitergibt. Ein Gen, das die Eltern zum Altruismus gegenüber den Kindern anhält, wird sich folglich in der Population verbreiten. Betrachten wir diesen elterlichen Altruismus etwas genauer. Dabei sollten wir bedenken, dass die Auszahlungen im Gefangenen-Dilemma-Spiel in unterschiedlichen Währungen erfolgen können (siehe Nahrung für die Wespenlarven oder bestäubte Blüten im Beispiel weiter oben). Eltern bieten ihren Kindern Ressourcen wie Nahrung, Sicherheit und Zuneigung. Sie schränken ihre Kooperation bis hin zur Bestrafung jedoch ein, wenn das Kind nicht seinerseits Kooperation durch Ressourcen wie Zuneigung und Gehorsam dokumentiert. Speziell das Einfordern von Gehorsam der Kinder macht biologisch durchaus Sinn, weil sich die Überlebenschancen des Kindes erhöhen, wenn es dazu angehalten wird, auf den Erfahrungsschatz der Älteren zuzugreifen. „Gehe nicht in dem See schwimmen, der ist voller Krokodile" erhöht die Wahrscheinlichkeit des Kindes, das fortpflanzungsfähige Alter zu erreichen und damit

---

11 S. 70 ff.

die Wahrscheinlichkeit der Weitergabe des von den Eltern geerbten Gens für das Einfordern von Gehorsam gegenüber den eigenen Kindern. Ein solches Verhalten den Nachwuchs zu erziehen, beobachtet man nicht nur bei Menschen, sondern auch bei vielen in Sozialverbänden lebenden Tierarten.

Diesen Sachverhalt möchten wir kurz aus einer anderen Perspektive beleuchten: Ein Gen, das die Handlungsanweisung bei Eltern erzeugt „Verhalte dich aufopfernd gegenüber deinen Kindern!", passt hervorragend zu einem anderen Gen mit der Handlungsanweisung „Fordere von deinen Kindern Gehorsam ein (und sanktioniere entsprechendes Fehlverhalten)!", weil beide Gene das gleiche „Ziel" haben: die Erhöhung der Überlebenswahrscheinlichkeit des Kindes. Dazu passt eine weitere Handlungsanweisung: „Verzeihe Fehlverhalten und kooperiere sofort wieder, sobald das Kind Einsicht zeigt (d. h. seinerseits wieder kooperiert)!", weil nachtragendes Verhalten die Überlebenswahrscheinlichkeit des Kindes senken würde. Hier haben wir ein weiteres Beispiel für die Kooperation von Genen, die sich gegenseitig verstärken und deshalb gemeinsam besser verbreiten als einzeln. Diese drei Handlungsanweisungen kann man zusammenfassen durch: „Kooperiere mit deinen Kindern und kopiere ihre vorherigen Züge!", was damit identisch ist, „Tit for Tat" zu spielen.

Die Geschwister eines Elternteils haben ebenfalls 50 % der Gene miteinander gemeinsam. Folglich ist in diesem Fall Altruismus ebenfalls im Interesse der Gene. Die Währung, in der Kooperation von einem Bruder oder einer Schwester erwartet wird, kann sich natürlich von derjenigen unterscheiden, mit der ein Kind „zahlt". Da Geschwister ungefähr gleich alt sind und sich ihre Fähigkeiten im Allgemeinen in etwa gleichen, werden sich auch die Währungen, in denen beim Gefangenen-Dilemma-Spiel ausgezahlt wird, angleichen. Damit sind wir schon ziemlich nah bei unserem weiter oben geschilderten Blockhaus-Beispiel, in dem durch die Zusammenarbeit erhebliche Synergien zu beiderseitigem Vorteil entstehen.

Diese Bereitschaft zur Kooperation dürfte nach dem Konzept der Verwandtenselektion mit abnehmendem Verwandtschaftsgrad ebenfalls abnehmen. Mit einem Halbbruder hat man nur noch 25 % der Gene gemeinsam, mit einem Vetter lediglich 12,5 %. Wie wir beim Thema Territorialität gesehen haben, verbreitet sich eine nette Strategie auch dann, wenn der Großteil der Interaktionen mit gemeinen Strategien erfolgt. Wenn wir der Einfachheit halber davon ausgehen, dass die Wahrscheinlichkeit für „Tit for Tat" im Spiel zwischen Eltern und Kindern sowie zwischen Geschwistern 100 % beträgt, dann würde sie für die Interaktion mit Halbgeschwistern 50 % und mit Vettern oder Cousinen 25 % betragen. Das ist immer noch erheblich mehr als die wenigen Prozent, die Axelrod für die territoriale Verbreitung von „Tit for Tat" ausgerechnet hat. Folglich können wir davon ausgehen, dass sich die Wahrscheinlichkeiten für die Interaktion zwischen den verschiedenen Verwandtschaftsgraden durch die natürliche Selektion nach dem gleichen Mechanismus anheben, bis sich „Tit for Tat" unabhängig vom Verwandtschaftsgrad in der gesamten Population durchsetzt.

Wir vertreten daher die Ansicht, dass die Verwandtenselektion ein ausgezeichneter Kandidat für einen Kondensationspunkt bildet, der schließlich zur Ausbreitung von netten Strategien, speziell „Tit for Tat", in der gesamten Population führt. Zurück zur Diskussion über die Kooperation zwischen Vampirfledermäusen: Die Frage, ob ihr altruistisches Verhalten auf Verwandtenselektion oder auf einem „Tit for Tat"-Szenario beruht, ist wenig sinnvoll, wenn Erstere der Ursprung von Letzterem ist.

Wir haben also guten Grund für die Annahme, dass sich „Tit for Tat" als genetisch codierte Handlungsanweisung verbreitet hat. Zusätzlich erfolgt eine Verbreitung auf der Ebene der Meme durch Imitation des Erfolgreichen.

Nun wenden wir uns der Frage zu, inwieweit wir unsere Betrachtungen zum Gefangenen-Dilemma auf moderne menschliche Gesellschaften im Allgemeinen und die Führungsproblematik im Speziellen übertragen können und in welchen Fällen wir weitergehende Überlegungen anstellen müssen.

1.4 Kooperation in Unternehmen

Wenn man die Flugbahn des Wurfs eines Steines oder die einer Kanonenkugel berechnen will, so kann man dies auf einfache Weise mithilfe der Gesetze der klassischen Mechanik tun. Natürlich ist die Beschreibung einer solchen Flugbahn derart berechnet nicht exakt – sie liefert jedoch in den meisten Fällen hinreichend gute Ergebnisse. Trotzdem sollte man sehr genau wissen, an welchen Stellen die Wirklichkeit vom Modell abweicht und für welche Fälle diese Abweichungen ein signifikantes Ausmaß annehmen.

So wird die Luftreibung dazu führen, dass die tatsächliche Flugbahn kürzer ist als berechnet. Wir wissen auch, dass dieser Effekt proportional zum Quadrat der Geschwindigkeit zunimmt, dass er also umso signifikanter wird, je höher die Geschwindigkeit des Geschosses ist.

Die Anziehungskraft der Erde nimmt mit dem Quadrat des Abstandes zur Erdoberfläche ab. Bei sehr großen Geschwindigkeiten und daraus resultierenden großen Flughöhen kann dieser Effekt sogar dazu führen, dass das Geschoss überhaupt nicht mehr zur Erde zurückfällt, sondern in eine Umlaufbahn um die Erde gerät oder das Schwerefeld der Erde sogar verlässt, um in den Weiten des Alls zu verschwinden.

Für noch höhere Geschwindigkeiten müssen sogar relativistische Effekte berücksichtigt werden, und selbst bei niedrigen Geschwindigkeiten muss man bedenken, dass sich die Erde während der Flugdauer des Geschosses ein wenig unter ihm hinweg dreht, was ebenfalls eine Abweichung von der klassischen Flugbahn bedeutet.

Doch die klassische Rechnung ist für die meisten Anwendungsfälle hinreichend genau. So sind sämtliche Berechnungen für das Apollo-Programm auf Basis der klassischen Mechanik durchgeführt worden (weil man weiß, dass Luftreibung im Weltraum keine Rolle spielt und dass die Geschwindigkeiten der Raketen viel zu niedrig sind, als dass relativistische Effekte eine Rolle spielen würden).

Das Gefangenen-Dilemma als Modell für Nicht-Null-Summen-Spiele und die Computerturniere Axelrods zur Ermittlung einer optimalen Strategie verhalten sich analog zur klassischen Mechanik als Modell zur Beschreibung der Bewegung von Körpern. Beide Modelle liefern sehr gute Ergebnisse, solange man sich darüber im Klaren ist, welche Effekte zu Abweichungen des jeweiligen Modells von der Wirklichkeit führen können. Vor diesem Hintergrund betrachten wir „Tit for Tat" als ein Paradigma für stabile Kooperation innerhalb einer Population. Daher möchten wir im Folgenden die Anwendung dieser Strategie auf menschliche Gesellschaften erläutern und ein besonderes Augenmerk darauf legen, welche Effekte unsere Basisstrategie „Tit for Tat" in welcher Weise in eine noch bessere Strategie ändern könnten.

Zunächst möchten wir ein paar Worte darauf verlieren, dass unserer Meinung nach „Tit for Tat" besser ist als sein Ruf. Die deutsche Übersetzung „Wie du mir, so ich dir" erweckt den Eindruck, als handele es sich um so etwas wie ein Tauschgeschäft. Doch die Strategie „Tit for Tat" ist nicht darauf ausgerichtet, genauso viel oder sogar mehr zu bekommen als der „Gegenspieler". Das Design von „Tit for Tat" lässt es überhaupt nicht zu, dass diese Strategie mehr Punkte erhält als ihr Gegenüber. Im besten Fall erreicht sie die gleiche Punktzahl, in allen anderen Fällen sogar weniger. Dies ist nicht das Verhalten eines *Tauschers*.

Noch weniger zutreffend ist die alttestamentarische Interpretation „Auge um Auge, Zahn um Zahn". Vor dem Hintergrund des ziemlich rachsüchtigen Gottes des Alten Testamentes und der Androhung ewiger Verdammnis bei Todsünden ist darunter wohl eher nicht das verzeihende, nicht nachtragende „Tit for Tat" zu verstehen, sondern: „Kooperiere, aber wenn der andere nicht kooperiert, so füge ihm maximalen Schaden zu, selbst wenn dich das ein Auge oder einen Zahn kostet!" Als Computerprogramm für ein Turnier lässt sich eine solche „nette" (sie verweigert die Zusammenarbeit nie als Erste), aber extrem „rachsüchtige" (sie ist ewig nachtragend und vergibt nie) Strategie formulieren als: „Kooperiere, solange der andere kooperiert, wenn er jedoch zum ersten Mal verweigert, kooperiere nie wieder!" Eine solche Strategie nahm tatsächlich unter dem Namen „Friedman" an Axelrods Turnier teil. Unter allen netten Strategien erreichte sie die zweitniedrigste Punktzahl (Platz 52 der zweiten Runde des Turniers, Axelrod 2009, S. 173).

Nachdem wir uns ein wenig um die Reputation von „Tit for Tat" gekümmert haben, schauen wir uns näher an, in welchen Fällen wir „Luftreibung" oder die „Erdrotation" berücksichtigen müssen und wie sie sich auswirken.

Eine erste wichtige Abweichung der Realität von der idealisierten Computersimulation Axelrods ist die Möglichkeit von Irrtümern. Diese können auf zwei Ebenen von Bedeutung sein: Erstens, ein in Wirklichkeit kooperativer Zug des Gegenspielers könnte als verweigern gedeutet werden oder umgekehrt. Zweitens, einer oder beide Spieler könnte fälschlicherweise davon ausgehen, ein Null-Summen-Spiel zu spielen.

Schauen wir uns den Effekt des ersten Irrtums an: Der Zug eines Gegners wird falsch gedeutet. Nehmen wir dabei an, dass beide Spieler „Tit for Tat" verwenden. Wenn Spieler Nummer 2 einen eigentlich kooperativen Zug von Spieler Nummer 1 als Verweigerung interpretiert, so wird Nummer 2 im nächsten Zug mit Defektion antworten. Daraufhin wird Nummer 1 im darauf folgenden Zug ebenfalls nicht kooperieren. Es folgt eine Kette beidseitiger Verweigerung der Zusammenarbeit, bis durch einen erneuten Irrtum Defektion als Kooperation interpretiert wird. Diese unter Umständen lange Kette abwechselnder Verweigerung, die beide Seiten wertvolle Punkte kostet, könnte vermieden werden, wenn zumindest eine von beiden Seiten eine nachsichtigere Strategie als „Tit for Tat" spielen würde. Doch Vorsicht: Zu sehr verzeihende Strategien können leicht durch gemeine ausgenutzt werden, so dass Erstere dazu beitragen, dass sich Letztere in der Population ausbreiten können. Daher könnte es durchaus Sinn machen, die erste Defektion des anderen Spielers als Irrtum zu interpretieren und dementsprechend im nächsten Zug mit Kooperation zu antworten. Falls der andere dann im weiteren Verlauf des Spiels erneut die Zusammenarbeit verweigert, sollte man mit hoher Wahrscheinlichkeit ebenfalls nicht kooperieren, wobei diese Wahrscheinlichkeit bei jeder weiteren Defektion des Gegners steigen sollte. Wie dem auch sei, dieser „Reibungsverlust" durch Irrtum führt nicht zu einer Veränderung der Spielbedingungen, die für gemeine Strategien nützlich wären, sondern – im Gegenteil – zu einem Umfeld, das noch nachsichtigere Strategien als „Tit for Tat" mit einer noch höheren Punktzahl belohnt (mit der obigen Mahnung, nicht zu nachsichtig zu werden).

Den zweiten Irrtum kann man häufig beobachten: Ein Spieler denkt, ein Null-Summen-Spiel zu spielen, obwohl er sich mitten in einem Nicht-Null-Summen-Spiel befindet. Das bedeutet, dass er aus seiner falschen Grundannahme heraus das für ihn einzig Richtige tut: Er sieht den anderen als Konkurrenten und verweigert dementsprechend die Zusammenarbeit. Es kommt daher – wie im Beispiel oben – zu einer endlosen Folge von Defektionen, weil eine oder beide Seiten nicht erkannt haben, was für ein Spiel sie da eigentlich spielen. Einen solchen Typen kennen wir alle aus dem Arbeitsleben: Er nimmt Unterstützung gerne an, ohne selbst welche zu gewähren, und er versucht, andere vor dem Chef schlecht aussehen zu lassen, um selbst gut dazustehen. Mit anderen Worten: Er sieht Kollegen als Wettbewerber und nicht als das, was sie sind: Kooperationspartner. Derartige Menschen sind für ein Unternehmen sehr schädlich, weil sie die Basis dessen unterminieren, was den Erfolg eines Unternehmens ausmacht: Kooperation. Falls es nicht gelingt, einen solchen Kollegen von der Schädlichkeit seines Tuns für sich und andere zu überzeugen – wie man das am besten macht, ist eine der Hauptstoßrichtungen unserer Coachings –, kann man sich nur noch von einem solchen Mitarbeiter trennen (was das allerletzte Mittel sein sollte, weil sich Fluktuation schädlich auf das Kooperationsverhalten auswirkt, wie wir in Abschnitt 1.5 sehen werden).

Damit sind wir bei einer weiteren Abweichung des Computermodells von der Realität: Die Teilnehmer des Spiels können über ihre Züge hinaus mit dem anderen kommunizieren. Wenn der Gegenspieler defektiert, so kann man mit ihm reden, um herauszufinden, ob es sich um einen Irrtum handelte oder ob der andere die Zusammenarbeit bewusst verweigert. Auch in dem Fall, dass jemand den Spieltyp (Nicht-Null-Summen-Spiel) nicht verstanden hat, kann man ihm den Sachverhalt erklären. In beiden Fällen führt Kommunikation zu einer Stärkung der netten Strategien gegenüber den gemeinen.

Kommunikation hat noch einen weiteren positiven Effekt, der im Computermodell nicht berücksichtigt wurde: Tratsch! Menschen neigen dazu, sich ausführlich über das Verhalten von Dritten zu unterhalten. Es spricht sich also schnell herum, wer sich kooperativ verhält und wer sich auf Kosten anderer Vorteile zu verschaffen versucht. Dieser Effekt verschärft zusätzlich die glücklicherweise ohnehin schon miesen Bedingungen für gemeine Strategien. Im Computermodell bestimmt die Spielleitung, wie viele Züge ein Spiel hat. Im realen Leben werden die kooperativen Spieler Interaktionen mit unkooperativen Zeitgenossen vermeiden, und wenn sie dazu gezwungen sind, werden sie bereits von Beginn an ebenfalls defektieren. Doch auch hier ist Vorsicht geboten: Wie wir alle wissen, muss Tratsch nicht immer der Wahrheit entsprechen. Ein Gerücht in die Welt zu setzen, kann sogar Teil einer gemeinen Strategie sein, um einen vermeintlichen Wettbewerber zu diskreditieren. Im Durchschnitt sollte jedoch die durch Kommunikation verbreitete Reputation eines Spielers der Wahrheit entsprechen und so die Bedingungen für nette Strategien weiter verbessern.

Einen negativen Effekt auf die Verbreitung netter Strategien hat die Fähigkeit des Menschen, andere zu täuschen. Jemand kann erfolgreich den Anschein erwecken, freundlich und kooperativ zu sein, um dann im für ihn passenden Moment die Kooperationsbereitschaft des anderen auszunutzen, die Zusammenarbeit zu verweigern und die vollen 5 Punkte einzuheimsen. Die Kunst besteht darin, diese *Täuscher* rechtzeitig zu enttarnen (siehe Abschnitt 3.2). Sie sind meistens daran zu erkennen, dass sie um ihre Person großes Aufheben machen und ihre Leistungen ständig in den Vordergrund stellen.

Unsere Überlegungen passen sehr gut zu den Ergebnissen des Organisationspsychologen Adam Grant (2013), der die Strategien untersuchte, die von den Menschen auf den unterschiedlichen Sprossen der Erfolgsleiter verwendet werden. Dazu teilt er Menschen zunächst in drei Klassen ein:

Geber erwarten nicht, dass sie bei der Interaktion mit anderen so viel zurückbekommen, wie sie investieren. Ihnen geht es um den gemeinsamen Erfolg.

Nehmer helfen anderen nur dann, wenn sie davon überzeugt sind, dass ihnen mehr zurückgezahlt wird, als sie investiert haben.

Tauscher betrachten es als fair, wenn das Verhältnis gegenseitiger Gefälligkeiten ausgeglichen ist. Grant führt an, *Tauscher* würden nach dem Prinzip „Wie du mir, so ich dir" verfahren, womit er die „Tit for Tat"-Strategie meint. Dies halten wir, wie weiter oben bereits angedeutet, für eine Fehlinterpretation, weil sich „Tit for Tat" überhaupt nicht daran orientiert, wie hoch der Gewinn des anderen im Vergleich zum eigenen ist. Stattdessen verfolgt diese Strategie lediglich das Ziel, in der Interaktion mit vielen Spielern möglichst viele Punkte zu erreichen (was für den anderen zu mindestens genau so vielen Punkten führt, wie man selbst erhält). Es geht „Tit for Tat" also niemals darum, einen einzelnen anderen Spieler zu besiegen oder *zumindest* gleich viele Punkte zu erhalten. Lediglich der Durchschnitt der Punkte in allen Spielen ist relevant, woraus sich der Gewinn für die Gemeinschaft ergibt.

Natürlich lassen sich Menschen nicht einfach in Kategorien pressen, und auch Grant weist darauf hin, dass die Übergänge zwischen den oben definierten Typen fließend sind. Der Schwerpunkt des Verhaltens im Umgang miteinander lässt sich jedoch eindeutig zuordnen (siehe z. B Miles et al. 1989). Deshalb konnte der Organisationspsychologe interessante Gesetzmäßigkeiten aus dieser Kategorisierung ableiten.

Grant kam zu dem für uns nur wenig überraschenden Ergebnis, dass an der Spitze der Karriereleiter hauptsächlich *Geber* zu finden sind[12]. *Tauscher* und *Nehmer* landen im Mittelfeld. Interessanterweise waren es wieder *Geber*, die die Schlusslichter bildeten. Es muss sich also um zwei grundsätzlich voneinander verschiedene Sorten *Geber* handeln; Grant nennt sie „*selbstlose*" und „*fremdbezogene*" *Geber*. Erstere sind die Erfolglosen. Schauen wir uns die Strategien dieser beiden *Geber*-Typen sowie der *Tauscher* und *Nehmer* etwas genauer an:

Bei seiner spieltheoretischen Zuordnung macht Grant jedoch unserer Ansicht nach einen grundsätzlichen Fehler. Wie bereits erwähnt, ordnet er den *Tauschern* fälschlicherweise die „Tit for

---

12 Grant (2013), S. 17-19

Tat"-Strategie zu. Über die beiden *Geber*-Typen schreibt er[13]: „Während *selbstlose Geber* den Fehler begehen, den anderen immer zu vertrauen, beginnen *fremdbezogene Geber* mit Vertrauen als Grundeinstellung, aber sie sind bereit gegenüber Leuten, die durch Verhalten oder Ruf als *Nehmer* erscheinen, ihre Reziprozitätsform anzupassen. [...] Im Umgang mit *Nehmern* in den *Tauscher*-Modus zu wechseln dient dem Selbstschutz. Aber [...] es kann ratsam sein, wieder in den *Geber*-Modus zurückzukehren und den sogenannten *Nehmern* die Chance zu geben, etwas wettzumachen." *Fremdbezogene Geber* machen ihr Kooperationsverhalten also vom Verhalten des Gegenspielers abhängig, während *selbstlose Geber* auf geradezu naive Weise praktisch immer kooperieren.

Dies ist eine sehr schöne Beschreibung der „Tit for Tat"-Strategie für *fremdbezogene Geber*: mit Vertrauen beginnen, im Umgang mit *Nehmern* die Zusammenarbeit verweigern, ihnen jedoch die Chance geben, wieder zu kooperieren (verzeihend sein).

Vor diesem Hintergrund kommen wir zu folgender Analyse der von Grant beschriebenen Reziprozitätstypen:

Fremdbezogene Geber: Sie verwenden die „Tit for Tat"-Strategie, weshalb es nach unseren spieltheoretischen Betrachtungen nicht verwundert, dass sie sich an der Spitze der Karriereleiter befinden. Schließlich sorgen sie für die Entstehung und Aufrechterhaltung dessen, was den Erfolg eines Unternehmens ausmacht: Kooperation. Wir möchten jedoch darauf hinweisen, dass im realen Leben eine großzügigere „Tit for Tat"-Variante noch erfolgreicher sein dürfte, um einen endlosen Schlagabtausch der gegenseitigen Defektion aufgrund von Irrtümern und Missverständnissen zu vermeiden.

Nehmer und Tauscher: Diese beiden Typen sind sich sehr ähnlich (und haben deshalb auch ähnlich mittelmäßigen Erfolg), weil sie dazu tendieren, Nicht-Null-Summen-Spiele als Null-Summen-Spiele misszuverstehen. Daher agieren sie bevorzugt im Wettbewerbs-Modus. Die *Nehmer* unterscheiden sich von den *Tauschern* lediglich durch ihr gesteigertes Selbstbewusstsein und ihre oftmals höhere Intelligenz. Während *Tauscher* bei dem Versuch, eine höhere Punktzahl als der

---

[13] Grant (2013), S. 310

Gegenspieler zu erreichen, immer wieder auf die Nase gefallen sind und sich deshalb damit begnügen, die gleiche Punktzahl zu erreichen (was sie vor sich selbst mit „Fairness" begründen), gelingt es den *Nehmern* häufiger, ihr Gegenüber zu täuschen und über den Tisch zu ziehen. Die besonders Geschickten unter ihnen kann man durchaus neben den *fremdbezogenen Gebern* in den Vorstandsetagen wiederfinden. Bei diesen besonders „begabten" *Täuschern* (nicht mit *Tauschern* zu verwechseln) handelt es sich um die im 3. Kapitel beschriebenen Zeitgenossen mit psychopathischen Eigenschaften.

Selbstlose Geber: Sie verfolgen die Strategie, (fast) immer zu kooperieren, weitgehend unabhängig vom Verhalten des anderen Spielers. Natürlich sind uns *selbstlose Geber* sympathisch, weshalb es schwerfällt, Kritik an ihnen zu üben. Ihre Strategie ist jedoch anfällig, ausgebeutet zu werden, was dazu führt, dass sie sich am unteren Ende der Karriereleiter wiederfinden. Und schlimmer noch: Sie bilden die hauptsächliche Quelle des Erfolges der *Nehmer* und tragen so, ohne es zu wollen, zur Verbreitung unkooperativen Verhaltens innerhalb der Population bei.

Es stellt sich hier die Frage, warum die unterschiedlichen Reziprozitätstypen überhaupt in der Bevölkerung vorkommen. Schließlich haben wir gesehen, dass sich „Tit for Tat" in einer Population unterschiedlicher Strategien zwangsläufig ausbreiten muss. Warum also spielen wir dann nicht alle „Tit for Tat"?

Die genetische Kodierung einer Verhaltensweise kann nur eine „Faustregel" bedeuten und niemals alle Eventualitäten berücksichtigen, weil die Informationsmenge, die in unseren Genen abgespeichert werden kann, dazu bei Weitem nicht ausreicht. Wäre in unserem Genom genug Speicherplatz für alle Eventualitäten vorhanden, hätte sich unser komplexes Gehirn erst gar nicht entwickeln müssen, denn unsere Gene könnten uns in jeder Situation genau sagen, was zu tun für uns (bzw. für die Reproduktion unserer Gene) das Beste wäre. Dieser Sachverhalt wird sofort verständlich, wenn wir einen Blick auf die Länge des menschlichen Genoms werfen: Es besteht aus etwas mehr als drei Milliarden Basenpaaren, die jeweils eine Informationsmenge von 2 Bit kodieren. Der Informationsgehalt des menschlichen Genoms beträgt demnach weniger als 800 Millionen

Byte (1 Byte = 8 Bit). Das ist weniger als 1/1.000 dessen, was heute übliche PC-Festplatten zu speichern vermögen, und nur ein Teil dieser Informationsmenge steht für die Codierung von Verhaltensregeln zur Verfügung.

Eine Faustregel wie „Spiele ‚Tit for Tat' in Nicht-Null-Summen-Spielen" bedarf jedoch der Interpretation des jeweiligen Spielers unter Berücksichtigung der Situation, in der er sich gerade befindet. Handelt es sich überhaupt um ein Nicht-Null-Summen-Spiel? Was geht in meinem Gegenüber vor? Wie hoch ist die Wahrscheinlichkeit für zukünftige Interaktionen mit dem gleichen Spieler (denken Sie daran, dass bei einem Spiel, das nur aus einem Zug besteht, Defektion die beste Strategie ist, dass also der „Schatten der Zukunft" bedeutsam ist)? Wie denken meine Mitmenschen darüber, wenn ich die Zusammenarbeit verweigere? Werden sie deshalb im Spiel mit mir ebenfalls defektieren?

All diese Fragen – und je nach Situation noch viele weitere –, die erheblichen Einfluss auf das tatsächliche Verhalten haben, werden nicht durch Gene, sondern durch unsere Erfahrungen, unsere Intuition (Vorbewusstsein) und auch durch rationale Überlegungen mit der allen Denkmustern innewohnenden Fehleranfälligkeit beantwortet. Aus diesem Grunde brauchen wir uns über das unterschiedliche Verhalten von Menschen in ähnlichen Situationen nicht zu wundern. Dies ändert jedoch nichts an der Tatsache, dass „Tit for Tat" eine hervorragende Strategie in Situationen ist, in denen Kooperation von beiderseitigem Vorteil ist. Genau dies ist in Unternehmen der Fall, weil die Grundlage ihres Funktionierens Kooperation ist, wie wir gesehen haben. Deshalb sind diejenigen, die dies intuitiv oder durch rationale Überlegung erkannt haben, erfolgreicher als andere.

Hinzu kommt der Effekt, der von der genetischen Grundprogrammierung „Imitiere den Erfolgreichen!" verursacht wird. Dieser Effekt bewirkt, dass genetisch bedingtes „Tit for Tat"-Verhalten durch die Verbreitung eines analogen Mems verstärkt wird, aber auch dass *Nehmer* als *Täuscher* auftreten – schließlich ist ihnen der Erfolg der *fremdbezogenen Geber* nicht verborgen geblieben.

1.4 Kooperation in Unternehmen

Wir haben hier ein einleuchtendes Beispiel dafür, wie sich Kultur, also Meme, auf der Basis des evolutionär entstandenen genetischen Gerüstes einer „moralischen Grammatik" verbreiten. Dieser Mechanismus läßt sich mit der Verbreitung der Sprachen vergleichen: Trotz der Vielfalt der Sprachen haben alle über die verschiedenen Völker, Kontinente und Epochen hinweg eines gemeinsam: die Grundstruktur der Grammatik. Wir haben es demnach mit einer „angeborenen" Sprachfähigkeit zu tun, die sich durch Sozialisation in den verschiedenen, konkret existierenden Sprachen manifestiert. Ähnlich entstehen existierende Moralvorstellungen auf Basis der moralischen Grammatik nur durch Sozialisation, weshalb sich die gelebte Moral in unterschiedlichen Kulturkreisen voneinander unterscheidet[14].

Wäre dem nicht so, gäbe es also nur eine einzige universelle Ethik, die sich aus der universellen, angeborenen moralischen Grammatik ergeben würde, so könnten wir uns dieses Buch im Prinzip schenken, weil die Art und Weise des Miteinanders in einem Unternehmen unverrückbar durch unsere evolutionäre Vergangenheit festgelegt und damit unveränderlich wäre. Wir könnten uns hier die Finger wund schreiben, wie Unternehmensführung besser zu machen sei – keine Führungskraft würde dadurch ihr Verhalten ändern. Da jedoch die Ausbildung von Ethik der Sozialisation bedarf, wird das Ausmaß der tatsächlich gelebten Kooperation in Unternehmen von dessen gelebter Kultur, deren Strukturierung und Aufrechterhaltung die wichtigste Aufgabe der Unternehmensführung ist, und nicht von Biologie bestimmt, die lediglich die Richtung, die Grammatik, vorgibt. Es versteht sich von selbst, dass diejenige Kultur die erfolgreichste sein wird, die ein Höchstmaß an Kooperation fördert und gleichzeitig gemeine Strategien zurückdrängt.

Kommen wir zurück zu Adam Grant und seinen Ergebnissen bezüglich des Erfolges der vier definierten Reziprozitätstypen. Wir schließen uns dieser Einteilung der Menschen bezüglich ihres Kooperationsverhaltens an, damit unsere eigenen Überlegungen mit den Ergebnissen anderer Arbeiten direkt vergleichbar sind.

---

14 Zur Vertiefung dieser Thematik empfehlen wir Hauser (2006) und Mikhail (2007).

Zunächst einmal wollen wir überprüfen, ob und wenn ja unter welchen Umständen die wohl begründeten Erkenntnisse Grants, dass *fremdbezogene Geber* ganz oben, *Tauscher* und *Nehmer* in der Mitte und *selbstlose Geber* ganz unten auf der Erfolgsleiter stehen, durch die Theorie der Kooperation erklärt werden können. Um dies zu tun, müssen zunächst die Strategien der vier Reziprozitätstypen für das Gefangenen-Dilemma festgelegt werden.

Weiter oben haben wir ausführlich begründet, weshalb „Tit for Tat" das Verhalten der *fremdbezogenen Geber* (F) in geradezu idealer Weise widerspiegelt.

Die *selbstlosen Geber* (S) kooperieren praktisch immer, d. h., sie können nicht „nein" sagen. Deshalb weisen wir ihnen (trivialerweise) die Strategie „Kooperiere immer" zu.

Tauscher (T) legen großen Wert darauf, in jedem Spiel nicht schlechter abzuschneiden als der Gegner. Gleichzeitig sind sie jedoch nicht darauf erpicht, den anderen brutal auszunutzen. Sie sind durchaus bereit zu kooperieren, wenn der Gegenspieler seine Kooperationsbereitschaft zuvor eindeutig dokumentiert hat. *Tauscher* unterscheiden sich von den *fremdbezogenen Gebern* im Wesentlichen durch ihr anfängliches Misstrauen. Würden sie von Anfang an kooperieren, liefen sie schließlich Gefahr, vom anderen beim ersten Zug über den Tisch gezogen zu werden, indem der andere 5 Punkte einheimst, sie hingegen jedoch 0. Dieser Rückstand ließe sich gegen einen weiterhin defektierenden Gegner nie wieder wettmachen, was der Maxime des *Tausches* widerspräche, niemals mit weniger Punkten als der andere nach Hause zu gehen. Dieses Verhalten wird sehr anschaulich durch eine leicht modifizierte „Tit for Tat"-Strategie wiedergegeben: „Defektiere im ersten Zug, kopiere danach den jeweils vorangegangenen Zug des Gegners."

Während *fremdbezogene Geber* mit einem Vertrauensvorschuss beginnen, indem sie im ersten Zug kooperieren, beginnen *Tauscher* ein Spiel mit Misstrauen. Nach diesem ersten Zug sind beide Strategien identisch. Dieser kleine Unterschied beim Verhalten im ersten Zug hat jedoch dramatische Auswirkungen. Während „Tit for Tat" in jedem einzelnen Spiel weniger oder höchstens genauso viele Punkte wie der Gegner erhält, heimst die *Tauscher*-Strategie mehr oder mindestens genauso viele Punkte wie der Gegner ein. Die T-Strategie ist unschlagbar in dem Sinne, dass keine andere Strategie existiert, die im Spiel gegen T mehr Punkte erhält. Während F eine nette Strategie ist, weil sie niemals als erste defektiert, gehört T zur gemeinen Sorte, weil sie im ersten Zug die Zusammenarbeit verweigert, ohne provoziert worden zu sein.

Nehmer (N) haben eines mit *Tauschern* gemein: Sie akzeptieren es nicht, in einem Spiel weniger Punkte zu bekommen, als der Gegner. Sie unterscheiden sich von den *Tauschern* jedoch dadurch, dass sie die Kooperation von anderen nicht durch eigene Kooperation würdigen, sondern – im Gegenteil – Kooperation brutal ausnutzen, um die in jedem Zug maximal möglichen 5 Punkte zu erhalten. Deshalb weisen wir den *Nehmern* die Strategie „Defektiere immer" zu. N kann ebenso wie T durch keine andere Strategie beim direkten Wettbewerb geschlagen werden. Im Hinterkopf behalten wir, dass die *Nehmer* im wahren Leben etwas besser abschneiden dürften, als in der Simulation, weil es zumindest den Geschickten unter ihnen gelegentlich gelingen dürfte, tatsächliche Defektion als Kooperation aussehen zu lassen.

Wir haben für die vier Reziprozitätstypen die folgenden Strategien definiert:

F:= „Kooperiere im ersten Zug, kopiere danach den vorausgegangenen Zug des Gegners."
S:= „Kooperiere immer."
T:= „Defektiere im ersten Zug, kopiere danach den vorausgegangenen Zug des Gegners."
N:= „Defektiere immer."

Wie in den Simulationen Axelrods besteht ein Spiel aus 20 Zügen. Daraus ergibt sich die folgende Punkteverteilung:

F und S kooperieren im Spiel immer gegeneinander oder gegen sich selbst. Dies ergibt 3 Punkte pro Zug, d. h. 60 Punkte pro Spiel.

T und N defektieren im Spiel immer gegeneinander oder gegen sich selbst. Dies ergibt 1 Punkt pro Zug, d. h. 20 Punkte pro Spiel.

F gegen T: Im ersten Zug kooperiert F, T defektiert (0 Punkte für F, 5 Punkte für T). Danach kopieren beide Strategien den vorausgegangenen Zug des Gegners, d. h. F defektiert, T kooperiert im zweiten Zug, im dritten ist es umgekehrt, und so geht es weiter bis zum 20. Zug. Die beiden Strategien erhalten also abwechselnd bei jedem Zug 0 bzw. 5 Punkte, was im Durchschnitt 2,5 Punkten entspricht. Daraus folgt, dass diese beiden Strategien im Spiel gegeneinander jeweils 50 Punkte erhalten.

F gegen N: Im ersten Zug kooperiert F, N defektiert (0 Punkte für F, 5 Punkte für N). Danach defektieren beide Seiten in jedem Zug (1 Punkt für jeden). Wir haben also $5 + 19 \cdot 1 = 24$ Punkte für N und $0 + 19 \cdot 1 = 19$ Punkte für F.

S gegen T: Im ersten Zug kooperiert S (wie immer), T defektiert. Danach kooperieren beide. Somit ergeben sich $0 + 19 \cdot 3 = 57$ Punkte für S und $5 + 19 \cdot 3 = 62$ Punkte für T.

S gegen N: S kooperiert in jedem Zug, N defektiert in jedem Zug, das ergibt 0 Punkte für S und 100 Punkte für N.

Aus diesen Spielergebnissen ergibt sich Tabelle 1.3.

Jede Zeile gibt an, wie viele Punkte die entsprechende Strategie im Spiel gegen die anderen und sich selbst bekommt, die Summe jeder Spalte bezeichnet die Anzahl der Punkte, die der jeweilige Gegenspieler beim Spiel gegen die entsprechende Strategie erhält (also wie viel die Strategie den anderen gibt). An der Gesamtpunktzahl beim Spiel eine Strategie gegen jede andere und sich selbst erkennen wir, dass der *fremdbezogene Geber* mehr gibt (194 Punkte), als er erhält (189 Punkte). Die Differenz zwischen Geben und Nehmen fällt beim *selbstlosen Geber* erwartungsgemäß krass aus: Er erhält 177 Punkte, gibt jedoch 282. Der *Tauscher* bekommt seinem Naturell entsprechend etwas mehr, als er gibt (152 gegenüber 147 Punkten). Die Absahner sind die *Nehmer*. Sie erhalten 164 Punkte, während die anderen mit 59 Punkten abgespeist werden. Diese Betrachtungen sollen uns als Plausibilitätsprüfung dienen, dass die Zahlen auch tatsächlich die entsprechenden Charaktereigenschaften der Reziprozitätstypen widerspiegeln. Dies ist offensichtlich der Fall.

Wir haben jetzt ein Modell, um die Produktivität eines Unternehmens in Abhängigkeit von der Zusammensetzung der Belegschaft

1.4 Kooperation in Unternehmen

Tabelle 1.3 Geben und Nehmen der vier Reziprozitätstypen

	F	S	T	N	**Summe**
F	60	60	50	19	189
S	60	60	57	0	177
T	50	62	20	20	152
N	24	100	20	20	164
Summe	194	282	147	59	

simulieren zu können. Nehmen wir an, unser Unternehmen hat 400 Mitarbeiter und jeder spielt gegen jeden der 399 anderen[15].

Beginnen wir die Simulation mit dem Fall, dass es sich bei diesen Mitarbeitern ausschließlich um *Nehmer* und *Tauscher* handelt. Die Gesamtzahl der Punkte[16], die in diesem Fall von dem Unternehmen erwirtschaftet wird, ist für unsere Betrachtungen die Null-Linie, weil sich bei ausschließlicher Defektion die minimal mögliche Punktzahl ergibt. Wir erhalten: P(Minimum) = 3.192.000 Punkte.

Besteht die Belegschaft jedoch nur aus *fremdbezogenen* und *selbstlosen Gebern*, so findet ausschließlich Kooperation statt, was zur Maximalpunktzahl in Höhe von P(Maximum) = 9.576.000 Punkten führt. Dies ist natürlich exakt dreimal so viel wie die Null-Linie, weil gegenseitige Kooperation mit 3 Punkten, gegenseitige Defektion mit 1 Punkt belohnt wird.

Schauen wir uns als Nächstes die Gleichverteilung an (100 Mitarbeiter je Reziprozitätstyp). In diesem Fall beträgt die Produktivität des Unternehmens 6.804.000 Punkte. Dies ist immerhin eine Steigerung von 113 % gegenüber der reinen *Nehmer*-Kultur. Interessant ist nun das Pro-Kopf-Einkommen der vier verschiedenen Typen:

In Einklang mit den Beobachtungen Grants, befinden sich die *fremdbezogenen Geber* an der Spitze. Die *selbstlosen Geber* bilden jedoch nicht das Schlusslicht, sondern sie stehen deutlich besser da

---

15 Würde man stattdessen das Unternehmen in 50 Abteilungen mit je acht Mitarbeitern aufteilen, wobei jede Abteilung wieder zu gleichen Teilen aus den vier Reziprozitätstypen zusammengesetzt wäre, so würde sich an den Zahlenverhältnissen nichts ändern.

16 Diese Punkte kann man auf verschiedene Weise interpretieren: Geld, Reputation und Mitarbeiterzufriedenheit.

Tabelle 1.4 Pro Kopf Einkommen bei Gleichverteilung

	F	S	T	N
Anzahl	100	100	100	100
Pro Kopf Einkommen	18.840	17.640	15.180	16.380

als die *Nehmer* und erst recht als die *Tauscher*. Dieser Sachverhalt wird mit Blick auf Tabelle 1.3 verständlich: Die *selbstlosen Geber* erhalten im Spiel mit den *fremdbezogenen Gebern* und den *Tauschern* (außer im ersten Zug) und den anderen 99 *selbstlosen Gebern* drei Punkte je Zug. Das ist eine ganze Menge und überkompensiert die 0 Punkte, die sie in jedem Spiel mit einem *Nehmer* bekommen. An diesen Verhältnissen ändert sich auch dann nichts, wenn wir die Punkte in „Nachkommen" auszahlen. Wir haben diese evolutionäre Entwicklung simuliert und stellten fest, dass die *fremdbezogenen Geber* immer mehr werden, die Zahl der *selbstlosen Geber* steigt ebenfalls in deren Windschatten und das Ranking des Pro-Kopf-Einkommens bleibt erhalten, außer dass die *Tauscher* die *Nehmer* ab der 8. Generation übertrumpfen.

Um das Einkommen der *selbstlosen Geber* zu senken und so die Beobachtungen Grants zu reproduzieren, müssen wir die Anzahl der *Nehmer* (von denen bekommen die *selbstlosen Geber* in jedem Zug nur 0 Punkte) im Verhältnis zu den anderen drei Reziprozitätstypen erhöhen. Wir verschieben also Mitarbeiter von F, S und T auf N. Dies tun wir im Verhältnis 2:2:1, um dem Umstand Rechnung zu tragen, dass in einer von *Nehmern* dominierten Kultur Misstrauen durchaus angebracht ist, weshalb die Anzahl der *Tauscher* größer als jede der beiden *Geber*-Varianten sein muss. Tabelle 1.5 zeigt unsere Ergebnisse.

Zunächst einmal erkennen wir in der rechten Spalte, dass die Unternehmensproduktivität mit der steigenden Anzahl der *Nehmer* fällt. Außerdem erkennen wir, dass sich die Pro-Kopf-Einkommen von *Nehmer* und *Tauscher* angleichen, wie von Grant beobachtet, der beide gemeinsam auf den mittleren Sprossen der Erfolgsleiter verortete. Dies ist nicht verwunderlich, weil in einer Kultur, die nur aus *Tauschern* und *Nehmern* besteht, beide nicht voneinander unterschieden werden können (es kommt ausschließlich zu Defektion).

1.4 Kooperation in Unternehmen

Tabelle 1.5 Pro Kopf Einkommen in Abhängigkeit vom *Nehmer*-Anteil

	F	S	T	N	Unternehmen
Anzahl	80	80	90	150	
pro Kopf	16.890	14.670	13.740	14.700	5.966.400
Anzahl	60	60	80	200	
pro Kopf	14.940	11.700	12.300	13.020	5.186.400
Anzahl	40	40	70	250	
pro Kopf	12.990	8.730	10.860	11.340	4.464.000
Anzahl	20	20	60	300	
pro Kopf	11.040	5.760	9.420	9.660	3.799.200
Anzahl	10	10	55	325	
pro Kopf	10.065	4.275	8.700	8.820	3.488.400
Anzahl	6	6	53	335	
pro Kopf	9.675	3.681	8.412	8.484	3.368.112

Ab einer Zahl von 300 *Nehmern* in unserem 400 Mitarbeiter starken Unternehmen beginnt sich der von Grant beobachtete Trend herauszukristallisieren. Man bedenke, dass die Anzahl der Mitarbeiter der beiden *Geber*typen jeweils nun bereits unterhalb von 7 % bezogen auf den Anteil der *Nehmer* gefallen ist. Mit anderen Worten: Die fundierten und vielfach belegten Beobachtungen Grants gelten nur für Unternehmenskulturen mit extrem dominantem *Nehmer*-Anteil.

Da die von Grant angeführten Studien hauptsächlich in den USA durchgeführt wurden, können wir anhand unserer Reproduktion der Beobachtungen Grants schließen, das *Nehmer*-Kulturen zumindest in den USA vorherrschend sind. Wie wir gesehen haben, fällt die Produktivität eines Unternehmens mit zunehmendem *Nehmer*-Anteil dramatisch. Vor dem Hintergrund, dass die Menschen in Europa Trends aus den USA häufig kritiklos übernehmen, möchten wir an dieser Stelle unsere Bedenken äußern, sich die in den USA dominant verbreitete Unternehmenskultur zum Vorbild zu nehmen. Wir werden das „amerikanische Modell" im nächsten Abschnitt näher betrachten.

Unsere Analyse der Grant'schen Beobachtungen wirft noch eine weitere interessante Frage auf.

1. Wir haben dargelegt, dass „Tit for Tat" als Strategie für Nicht-Null-Summen-Spiele beim Menschen bereits genetisch angelegt ist. Deshalb können wir annehmen, dass sich Menschen „von Natur aus" eher kooperativ verhalten.
2. Zusätzlich wird sich „Tit for Tat" als Mem verbreiten, entsprechend der genetisch codierten Regel „Imitiere den Erfolgreichen!". Um diese Verbreitung des Mems nachzuvollziehen, haben wir die evolutionäre Entwicklung unseres Unternehmens simuliert, wobei wir mit der dominanten *Nehmer*-Kultur (die letzten beiden Zeilen in Tabelle 1.5) begonnen haben. Unsere Ergebnisse sind in Tabelle 1.6 wiedergegeben:

Tabelle 1.6 zeigt deutlich, dass durch die natürliche Selektion das Mem „Spiele Tit for Tat!" automatisch Verbreitung in unserem Unternehmen findet. Nach 46 Generationen sind alle anderen Strategien ausgestorben.

Aus (1) und (2) ergibt sich nun die folgende Frage: Warum existieren diese von Grant beobachteten *Nehmer*-Kulturen überhaupt? Offensichtlich gibt es in den Unternehmen Mechanismen, die Kooperation unterbinden. Welche sind das und wo kommen sie her? Diesen Fragen wenden wir uns im nächsten Abschnitt zu. Vorher noch ein paar Worte zu Tabelle 1.6

Entsprechend unseren Erwartungen steigt die Zahl der *fremdbezogenen Geber* kontinuierlich an. Interessanterweise erhöht sich zu Beginn sogar die Anzahl der *Nehmer*. Zurückzuführen ist dies auf die wenigen *selbstlosen Geber*, die sie mit 100 Punkten pro Spiel (5 pro Zug) „abzocken" können. Mit dem Verschwinden der *selbstlosen Geber* geht es dann auch sofort mit den *Nehmern* wieder bergab. Dies ist der Effekt, auf den wir bereits zuvor hingewiesen haben: *Selbstlose Geber* tragen zum Erfolg gemeiner Strategien bei.

Die Zahl der *Tauscher* steigt ebenfalls zunächst an – bis zur 16. Generation. Die Ursache liegt in den 50 Punkten je Spiel, die sie von den *fremdbezogenen Gebern* erhalten, während die *Nehmer* mit nur 24 Punkten nicht einmal die Hälfte erhalten. Folglich steigt die Zahl der *Tauscher* im Verhältnis zu den *Nehmern*. Da Letztere jedoch rasant abnehmen, wird die Zunahme der *Tauscher* im Vergleich zu

Tabelle 1.6 Evolutionäre Entwicklung

Generation	F	S	T	N	Unternehmen
1	6	6	53	335	3.368.112
2	7	3	53	338	3.288.217
3	8	1	53	337	3.256.398
4	9	0	54	336	3.247.736
5	11	0	55	333	3.250.458
10	31	0	66	303	3.379.414
15	131	0	89	180	4.636.869
16	176	0	91	132	5.464.907
17	227	0	89	84	6.513.230
18	273	0	81	46	7.532.483
20	333	0	58	10	8.761.424
23	368	0	32	1	9.283.562
24	374	0	26	0	9.348.206
46	400	0	0	0	9.572.494

den *Nehmern* ab Runde 16 überkompensiert, weshalb es nun auch den *Tauschern* an den Kragen geht. Während die *Nehmer* ab der 24. Generation aus unserem Unternehmen verschwinden, halten die *Tauscher* immerhin fast doppelt so lange bis zur 46. Generation durch (kein Wunder, schließlich verstehen sie sich mit den *fremdbezogenen Gebern* auch mehr als doppelt so gut wie die *Nehmer*).

Die Unternehmensproduktivität fällt zunächst von 3,4 auf 3,2 Millionen Punkte in der 4. Generation ab, weil die produktiven *selbstlosen Geber* nicht ausschließlich durch die *fremdbezogenen Geber* ersetzt werden, sondern eben auch durch unproduktivere *Tauscher* und *Nehmer*. Mit der kontinuierlichen Zunahme der *fremdbezogenen Geber* wächst ab der 5. Generation auch die Unternehmensproduktivität und verdreifacht sich fast bis zum Erreichen der reinen *Geber*-Kultur.

Doch kommen wir nun, wie angekündigt, zu der Antwort auf die Frage, warum sich *Nehmer*-Kulturen nicht automatisch in *Geber*-Kulturen verwandeln.

1.5 Unternehmenskulturen im Lichte der Kooperationstheorie

Wie in Abschnitt 1.2 dargelegt, lohnt sich Kooperation nur dann, wenn die Anzahl der Züge nicht von vornherein feststeht. Wenn ein Spiel nur aus einem Zug besteht, stellt man sich, wenn man defektiert, auf jeden Fall besser, unabhängig davon, was der Gegenspieler macht (vgl. Tabelle 1.2). Falls die Anzahl der Züge feststeht, gilt das, was wir soeben für ein Spiel bestehend aus nur einem Zug festgestellt haben, rekursiv: Man stellt sich besser, im letzten Zug zu defektieren (weil der Gegenspieler dies nicht mehr vergelten kann). Da das Ergebnis des letzten Zuges (gegenseitige Defektion, wenn beide Spieler rein rational handeln) feststeht, ist die beste Strategie, im vorletzten Zug ebenfalls zu defektieren. Diese Überlegung kann man bis zum ersten Zug fortsetzen. Heraus kommt ein Spiel gegenseitiger Defektion (ein reines *Nehmer*-Spiel).

Im wirklichen Leben steht jedoch die Zahl der Interaktionen, die man zukünftig mit einem bestimmten Spieler hat, im Regelfall nicht fest. Doch nach jeder Interaktion besteht eine Wahrscheinlichkeit dafür, dass es zukünftig nicht zu weiteren Interaktionen kommt. Der andere Spieler könnte sterben, Bankrott machen, auswandern usw. Hinzu kommt, dass der Erlös aus dem gegenwärtigen Spiel eine größere Bedeutung haben könnte als der Erlös aus zukünftigen Interaktionen (Geld, das man heute bekommt, erzeugt einen Zinsgewinn im Vergleich zu Geld, das man erst in ein paar Monaten bekommt).

Diese beiden Effekte – die Wahrscheinlichkeit, dass es nicht zu weiteren Interaktionen kommt, und der höhere Wert, den ein gegenwärtiger Gewinn im Vergleich zu einem zukünftigen bedeutet – kann man mit einem „Discountparameter" $w < 1$ zusammenfassen. Er gibt an, wie bedeutsam eine zukünftige Interaktion im Vergleich zur gegenwärtigen ist. Statt die Punkte je Zug in einem Spiel einfach aufzuaddieren, wie wir das bislang in unseren Simulationen getan haben, versehen wir sie mit dem Discoutparameter nach der Regel: $G = P + wP + w^2P + w^3P + \ldots = P(1 + w + w^2 + w^3 + \ldots) = P/(1-w)$, da es sich um eine geometrische Reihe handelt. G ist die Gesamtsumme der im Spiel mit unendlich vielen Zügen erhaltenen Punkte.

1.5 Unternehmenskulturen im Lichte der Kooperationstheorie

Nehmen wir nun an, die Bedeutung des nächsten Zuges betrüge im Vergleich zum gegenwärtigen 90 % (und vom übernächsten zum nächsten ebenfalls 90 % usw.). Dann erhalten wir mit w = 0,9: G = 10 P. Bei gegenseitiger Kooperation (P = 3) ergeben unendlich viele Züge in einem Spiel eine Gesamtpunktzahl von G = 30 Punkten.

Stellen wir uns nun vor, wir hätten ein Unternehmen, in dem alle Mitarbeiter „Tit for Tat" (*fremdbezogene Geber*) spielen, d. h., jeder Zug in jedem Spiel wäre gegenseitige Kooperation. Wir haben einerseits gesehen, dass ein *Tauscher* oder *Nehmer* keinen Erfolg in diesem Unternehmen haben würde, wenn der Discountparameter w = 1 wäre. Andererseits würde sich, wenn nur der gegenwärtige Zug eine Rolle spielen würde (w = 0), nur Defektion lohnen. Gibt es also einen Schwellenwert für w, unterhalb dessen *Tauscher* und *Nehmer* erfolgreicher wären als *fremdbezogene Geber*? Das wäre genau dann der Fall, wenn sie gegen einen *fremdbezogenen Geber* mehr Punkte erhalten als Letztere im Spiel gegeneinander.

Im ersten Zug erhalten sowohl die *Tauscher* als auch die *Nehmer* den Anreiz A (5 Punkte laut Tabelle 1.2). Danach erhalten sie im Spiel gegen einen *fremdbezogenen Geber* die Punkte P = (A+S)/2 (2,5 Punkte) im Falle der *Tauscher* und P = V (1 Punkt) im Falle der *Nehmer*. Das ergibt: $A + wP + w^2P + w^3P + \ldots = A + Pw(1 + w + w^2 + w^3 + \ldots) = A + Pw/(1-w)$. *Fremdbezogene Geber* gegeneinander erhalten $B/(1-w)$ Punkte, wobei die Belohnung B 3 Punkte sind. Wir wollen also wissen, für welche w die folgende Ungleichung gilt:

$A + Pw / (1 - w) > B / (1 - w)$.

Ein bisschen algebraische Umformung ergibt:

$w < (A - B) / (A - P)$.

Für *Tauscher* ist P = (A − S) / 2 = 2,5, d. h. A − P = 2,5. Mit A − B = 2 erhalten wir w < 0,8. Wenn also der nächste Zug weniger als 80 % des Wertes des gegenwärtigen hat, so werden *Tauscher* in unserem Unternehmen erfolgreicher als die *fremdbezogenen Geber*.

Im Falle der *Tauscher* erfolgt im Spiel gegen *fremdbezogene Geber* nach dem ersten Zug wechselseitige Defektion, also gilt nach Tabelle 1.2: P = V = 1. Damit erhalten wir: w < ½. Wenn die Bedeutung eines zukünftigen Zuges kleiner als 50 % wird, werden sogar *Nehmer* in unserem Unternehmen erfolgreicher sein als die *fremdbezogenen Geber*.

Nach diesen theoretischen Betrachtungen haben wir nun eine ziemlich klare Vorstellung davon, wie **Nehmer-Kulturen entstehen: wenn die Bedeutung zukünftiger Interaktionen im Vergleich zur gegenwärtigen gering ist**. Oder mit den Worten Axelrods: wenn der „Schatten der Zukunft" gering ist.

Wie wir gesehen haben, sind *Geber-Kulturen* jedoch um ein Mehrfaches produktiver als *Nehmer-Kulturen*. Folglich interessieren uns nun die Effekte, die der Zukunft Bedeutsamkeit nehmen.

Stellen Sie sich vor, Sie befinden sich in einer Interaktion mit Spieler A. Ihr Unternehmen ist jedoch hoch verschuldet. Es droht die Insolvenz. In diesem Fall ist der Anreiz für Sie sehr groß, mit A die Kooperation zu verweigern, um die vollen 5 Punkte zu bekommen. Warum sollten Sie kooperieren, wenn Sie morgen vielleicht schon aus dem Spiel sind? Dann lieber die 5 Punkte einstreichen, um mit dem hohen Gewinn das gegenwärtige Problem, die drohende Insolvenz, vielleicht doch noch abzuwenden. Es ist die Angst (hier vor Insolvenz), die Sie zur Defektion treibt.

Ein anderes Beispiel: Sie arbeiten in einem Unternehmen, das angekündigt hat, massiv Stellen abzubauen. Ist es dann nicht besser, die Kollegen als Wettbewerber aufzufassen und zu defektieren, damit Sie besser dastehen und Ihren Job vielleicht behalten? Warum sollten Sie auch mit dem Kollegen kooperieren, schließlich sind er oder Sie oder beide demnächst nicht mehr im Unternehmen. In diesem Fall ist es die Angst, den Arbeitsplatz zu verlieren, die Defektion begünstigt.

In Kapitel 2 über Neurobiologie kommen wir noch einmal auf die Angst zurück. Es handelt sich dabei um ein Notprogramm des Körpers, alle Funktionen, die nicht zur Lösung des gegenwärtigen Problems notwendig sind, herunterzufahren und die Energie in jene Körperfunktionen zu stecken, die das als bedrohlich erkannte

1.5 Unternehmenskulturen im Lichte der Kooperationstheorie

Szenario meistern helfen. Angst bewirkt also Fokussierung auf die Gegenwart.

Ein weiterer Effekt, der den Schatten der Zukunft verkürzt, sind ständig wechselnde Spieler, so dass man von vornherein weiß, dass ein Spiel aus nur wenigen Interaktionen besteht. Deshalb ist das amerikanische „Hire and Fire"-Prinzip Gift für die Kooperation der Mitarbeiter. Vor diesem Hintergrund muss auch der Rückgriff auf Leiharbeiter kritisch hinterfragt werden. Sowohl die Beschäftigten Ihres Unternehmens als auch die Leiharbeiter wissen, dass die Zusammenarbeit zeitlich eng befristet ist. Eine Kooperation zwischen den Festangestellten lässt sich in einem gut geführten Unternehmen zwar erreichen, doch zwischen den Angestellten und den Leiharbeiten wird es zwangsläufig zur Defektion kommen. Dies könnte man durch langfristige Verträge mit der Leiharbeitsfirma in den Griff bekommen, doch in diesem Falle dürfte es sinvoller sein, gleich eigene Mitarbeiter einzustellen. Aus diesem Grunde sollten Leiharbeiter als Ausnahmelösung für Notfälle gesehen werden. Gleiches gilt, wenn Ihr Unternehmen ständig die Lieferanten wechselt. Dies erschwert vertrauensvolle Zusammenarbeit und verführt zur Defektion (auf beiden Seiten), um kurzfristigen Gewinn einzustreichen.

Ein weiterer Effekt ist der ebenfalls aus dem angloamerikanischen Raum stammende Trend, gut funktionierende Familienunternehmen in Kapitalgesellschaften umzuwandeln. Letztere sind ihren Kapitalgebern in kurzen zeitlichen Abständen (in der Regel Quartale) Rechenschaft schuldig. Da die Karrieren der Führungskräfte direkt von diesen Quartalszahlen abhängen, wird sofort verständlich, dass der Fokus der Führung auf kurzfristigen Gewinn anstatt auf langfristige Kooperationen zwischen Führung, Mitarbeitern, Kunden und Lieferanten gelegt wird. Unter dem Strich kann dies eine erhebliche Beeinträchtigung der Produktivität bedeuten, weshalb zu Kapitalgesellschaften mutierte Familienunternehmen nicht selten in ernsthafte Schwierigkeiten geraten.

Dazu ein kurzer Bericht aus eigener Erfahrung. Einer von uns arbeitete rund zehn Jahre in der Geschäftsleitung mehrerer Profit-Center des Bertelsmann-Konzerns. Reinhard Mohn hatte das

Unternehmen nach dem Zweiten Weltkrieg zu einem der weltweit größten Medienkonzerne entwickelt. Erheblich dazu beigetragen hat nach unseren Betrachtungen in diesem Abschnitt die Einführung auf Partnerschaft basierender Mitbestimmung, soziale Absicherung der Mitarbeiter und deren Beteiligung am Unternehmensgewinn – allesamt Maßnahmen, um Kooperation zu erzeugen. Ende der 1990er Jahre entstand jedoch vor dem Hintergrund des Aufstiegs der „New Economy" folgende Diskussion: Im Gegensatz zur internationalen Medienkonkurrenz verfügte Bertelsmann nicht über eine geeignete „Währung", aufstrebende „Dotcoms" zu übernehmen: frei an der Börse gehandelte Aktien. Aus diesem Grunde entbrannte ein Streit über die Vor- und Nachteile eines Börsengangs. Reinhard Mohn bestand jedoch darauf, dass die Familie die Kontrolle über das Unternehmen behalten sollte. Entsprechend unserer vorherigen Betrachtungen war die Motivation Mohns, den Börsengang zu verweigern, nicht die Sorge um Machtverlust, sondern die Sorge, dass die über Jahrzehnte mühsam aufgebaute Kooperation zwischen den Beschäftigten auf allen Hierarchieebenen durch kurzfristige Gewinnansprüche von Aktionären Schaden nehmen könnte. Unserer Ansicht nach besteht die Hauptaufgabe der heutigen Unternehmensführung nach dem Tode Mohns darin, darauf zu achten, dass die amerikanische *Nehmer*-Mentalität nun nicht auch ohne Börsengang, durch die „Hintertür" Eingang ins Unternehmen findet. Diese Tür wird weit geöffnet durch eine Bezahlung der Führungskräfte mit dem Schwerpunkt des kurzfristigen Gewinns (oder der Rendite des eingesetzten Kapitals) ihrer jeweiligen Geschäftsbereiche.

Doch zurück zu unseren „Kooperationskillern" Angst, hohe Fluktuation und kurzfristiges Gewinnstreben. Wie konnten diese der Produktivität so sehr abträglichen Elemente die Kultur so vieler Unternehmen bestimmen?

Wir haben stillschweigend vorausgesetzt, dass die Zusammenarbeit zwischen den Mitarbeitern eines Unternehmens einem Gefangenen-Dilemma gleicht, d. h., dass wechselseitige Kooperation für die Beteiligten in Summe mehr Punkte ergibt als jede andere Kombination von Kooperation und Defektion. Aber ist das immer der Fall? Nein, ist es nicht. Wenn Mitarbeiter in einem Unternehmen

1.5 Unternehmenskulturen im Lichte der Kooperationstheorie

genau eine Sache tun sollen und nichts anderes (denken wir an einen Arbeiter am Fließband, der immer die gleiche Schraube in immer das gleiche Gerät drehen muss), dann gibt es für diesen Mitarbeiter überhaupt keine Chance zur Kooperation. Deshalb ist es im Sinne des Unternehmens, wenn sich dieser Mitarbeiter ausschließlich auf seine gegenwärtige Aufgabe konzentriert und sich bemüht, diese so gut (das kann bedeuten: schnell) wie ihm möglich zu erledigen. Wenn wir die Moral beiseite lassen, müssen wir eingestehen, dass dieser Mitarbeiter seine Arbeit am besten erledigt, wenn er Angst hat. Genau aus diesem Grund hat sich zur Zeit der Industrialisierung der autoritäre Führungsstil (Führen durch Angst) entwickelt. Gerald Hüther kommt aus neurobiologischer Sicht in Kapitel 2 zu ähnlichen Ergebnissen. Kooperation zwischen den Arbeitern war sogar in hohem Maße unerwünscht. Schließlich konnten sie auf die Idee kommen, Gewerkschaften zu gründen und zu streiken, denn Arbeiter und Unternehmensführung sahen sich als Konkurrenten (und tun dies auch heute noch vielfach). Wenn Menschen zu Maschinen funktionalisiert werden (siehe dazu der nächste Abschnitt), ist Führen über Angst in der Tat das Mittel der Wahl.

Das ist heute zum Glück anders. Arbeiten, bei denen keine Initiative gefragt ist, werden heute tatsächlich weitgehend von Maschinen erledigt (zumindest in der westlichen Welt). Vor diesem Hintergrund möchten wir feststellen, dass unsere mechanischen Freunde nicht nur stupide Arbeit für uns erledigen, sondern darüber hinaus auch erheblich dazu beitragen, die Welt menschlicher zu machen. Da die Arbeit der Menschen immer mehr Initiative und Kooperation erfordert, ist der autoritäre Führungsstil zu einem Anachronismus geworden. Ein Unternehmen wird ihn zwangsläufig durch ein Klima der Kooperation, durch eine *Geber*-Kultur, ersetzen müssen, um Erfolg zu haben. Da die Erfolglosen zum Aussterben selektiert werden, wird sich die *Geber*-Kultur langfristig durchsetzen, wodurch eine menschlichere Gesellschaft entstehen wird. Diese Kultur ist deshalb menschlicher, weil wir genetisch auf Kooperation programmiert sind, uns also in einem solchen Umfeld wohlfühlen. Mit anderen Worten: *Nehmer*-Kulturen zu schaffen und zu stabilisieren bedeutet die Funktionalisierung von Menschen und zwingt sie, in einem Umfeld zu leben, das ihren angeborenen Bedürfnissen und Empfindungen widerspricht.

Dies ist heute immer noch in vielen Unternehmen traurige Wirklichkeit. Es ist die Schattenseite des Gens „Imitiere den Erfolgreichen!" und die Schattenseite der Stabilisierung neuronaler Verbindungen, wenn eine Handlung mehrfach als erfolgreich bewertet wurde (siehe Kapitel 2). Was zur Zeit der Industrialisierung funktioniert hat, wird bis in die heutige Zeit, obwohl sich die Randbedingungen dramatisch verändert haben, in vielen Fällen übernommen nach dem Motto: Was früher funktionierte, muss doch auch heute noch so funktionieren. Diese Sturheit kann man natürlich zu Recht bedauern, aber auch als Chance sehen. Wenn sich im Unternehmen eines direkten Wettbewerbers eine *Nehmer*-Kultur aus den besagten historischen Gründen etabliert hat (was sehr wahrscheinlich ist), so wird das eigene Unternehmen erheblich erfolgreicher sein, wenn es gelingt, eine *Geber*-Kultur aufzubauen (ein Faktor 3 an Produktivität dürfte nicht unrealistisch sein). Dazu muss man jedoch die innere Haltung einer Reihe von Menschen innerhalb des Unternehmens verändern. Dies ist keine leichte Aufgabe, aber sie ist lösbar.

Die Paradigmen der Industrialisierung und der Massenproduktion sind nach wie vor fest in der angloamerikanischen Kultur verankert, mit entsprechender Tendenz, sich auch in voller „Schönheit" nach Europa und dem Rest der Welt zu exportieren. Warum dies auf Dauer nicht erfolgreich sein wird, haben wir bereits dargelegt. Menschen und Unternehmen werden als Objekte gesehen, sie werden funktionalisiert, um den Kapital-„Gebern" eine möglichst hohe Rendite zu bescheren (Shareholder Value). Diese nicht mehr zeitgemäßen Denkweisen machen auch vor der „New Economy" nicht halt, was wir kurz am Beispiel Yahoo erläutern möchten.

Der Internet-Konzern leidet unter rückläufigen Umsätzen und Gewinnen, die noch einigermaßen durch eine 24-prozentige Beteiligung am erfolgreichen chinesischen Internetriesen „Alibaba" kaschiert werden. Nach – in einer *Nehmer*-Kultur nicht verwunderlichen – Grabenkämpfen im Management bestellte man die ehemalige Google-Managerin Marissa Mayer zur neuen Vorstandsvorsitzenden. Sie entließ erst einmal eine ganze Reihe von Managern.

1.5 Unternehmenskulturen im Lichte der Kooperationstheorie

Schließlich lief der Laden ja schlecht. Folglich musste es sich bei den Führungskräften wohl um Nieten handeln – statt die Art und Weise, wie sie zusammenarbeiteten (oder auch eben nicht) zu betrachten. Doch in letzterem Fall hätte man Kooperation herstellen, also die eigentliche Führungsaufgabe wahrnehmen müssen. Marissa Mayer hingegen führte ihr Tabula rasa durch und warb ein paar ehemalige Kollegen von ihrem vorherigen Arbeitgeber Google ab, um die Lücken zu stopfen. Allein dies hört sich schon nicht unbedingt nach einer *Geber*-Mentalität an. So viel zum Thema „Schatten der Zukunft" und Herstellung langfristiger Kooperation.

Unerklärlicherweise – man verzeihe uns die Ironie – blieb der Trend ungebrochen, dass sich das für Yahoo so wichtige Werbegeschäft weiter zurückentwickelte. Die einzig vernünftige Erklärung, dass sich nichts verbesserte, konnte natürlich nur sein, dass der noch nicht einmal vor einem Jahr von Google geholte Chef für das Werbegeschäft, Henrique de Castro, „nicht zu Yahoo passt" (O-Ton Marissa Mayer). Sollte Marissa Mayer den unverzeihlichen Fehler begangen haben, einen *Geber* von Google geholt zu haben? So einer würde in der Tat nicht zu Yahoo passen. Also wieder gefeuert. Immerhin bekam der arme Kerl 109 Millionen US-Dollar Abfindung. Aber jetzt kann es natürlich nur noch bergauf gehen. Wenn's schiefläuft, man immer wieder die Schuldigen identifiziert und entsorgt, muss der Laden doch irgendwann nietenfrei sein. Oder? Um sicherzugehen, spann Marissa Mayer diesen genialen Gedanken weiter und kopierte das Erfolgsrezept von Jack Welch, dem ehemaligen – und diesmal ohne Ironie – äußerst erfolgreichen Chef von General Electric. Schließlich sollte man für die läppischen Milliönchen, die man als Vorstandsvorsitzender von Yahoo verdient, keine eigenen Ideen erwarten dürfen.

Von Welch – er gilt als der einflussreichste Manager, der den Shareholder Value als hauptsächliches Unternehmensziel salonfähig machte – stammt die berühmt-berüchtigte 20-70-10-Regel, nach der die besten 20 % der Mitarbeiter belohnt, das breite Mittelfeld „gefördert und gefordert" werden soll und die unteren 10 % hervorragende Chancen auf einen Besuch beim Arbeitsamt hatten. Im Sinne des Shareholder Values, der die Menschen funktionalisiert, ist das natürlich eine tolle Idee. In einer reinen *Nehmer*-Kultur werden die faulsten und/oder unfähigsten *Nehmer* entlassen, das Mittelfeld, das sich nicht ganz so dumm anstellt, wird in seinen *Nehmer*-Qualitäten gefördert und die Top-*Nehmer* werden belohnt – für einen Shareholder völlig logisch, schließlich steuert er keine Ideen oder seine Arbeitskraft zum Unternehmen bei, sondern nur Geld und soll dafür nach dem Shareholder Value-Prinzip auch das meiste Geld bekommen. Riecht ziemlich verdächtig nach einem *Nehmer*-Prinzip, folglich ist das Ganze konsistent. Jack Welch hat mittlerweile eingesehen, dass „Shareholder Value die blödeste Idee der Welt [ist]. Shareholder Value ist ein Ergebnis, keine Strategie; die wichtigsten Interessengruppen sind die eigenen Mitarbeiter, die eigenen Kunden und die eigenen Produkte."[17] Nur wenige Menschen haben die Größe, ihre Überzeugungen über Bord zu werfen, wenn sie sie als falsch erkannt haben. Jack Welch gehört zu diesen wenigen.

Marissa Mayer ist da allerdings noch nicht so weit. Um zu zeigen, dass sie ihr Geld wert ist, hat sie die Welch'sche Regel in einem Anflug von Kreativität noch etwas verfeinert. Bei ihr bekommen nur die obersten 10 % die Bestnote (statt 20 % bei Welch). Dementsprechend sind bei Mayer nicht wie bei Welch die untersten 10 %, sondern gleich 15 % von Entlassung bedroht. Sie ist zweifellos der bessere Welch, weshalb Yahoo eine prächtige Zukunft vor sich hat und wir deshalb allen *Nehmern* empfehlen, ihr Geld nun in Yahoo-Aktien zu stecken.

Die Führungskräfte von Yahoo sind angehalten, ihre Mitarbeiter nach diesem Schema einzuordnen, d. h., eine Führungskraft *muss* 15 % in die unteren Kategorien einordnen. Es ist ihr nicht möglich darauf zu beharren, keine „Low Performer" in ihrer Abteilung zu haben. Selbst wenn man nur top-motivierte oder sogar begeisterte (siehe Kapitel 2) und äußerst fähige Mitarbeiter in der Abteilung hätte (was zugegebenermaßen in einer solchen Unternehmenskultur unwahrscheinlich ist), 15 % sind *per definitionem* Low Reformer und müssen zum Abschuss freigegeben werden.

---

17 Jack Welch schwört Shareholder Value ab (Version vom 3. August 2012 im Webarchiv Archive.today)

1.5 Unternehmenskulturen im Lichte der Kooperationstheorie

Dieses System ist natürlich perfekt dazu geeignet, *Nehmer*-Kulturen aufrechtzuerhalten. Die Mitarbeiter wissen, dass die letzten 15 % die Hunde beißen. „Angst und Schrecken" gehen im Unternehmen um.[18] Folglich kommen die Yahooler überhaupt nicht auf die Idee, vom Wettbewerbsmodus in den Kooperationsmodus zu wechseln. Schließlich sind die Kollegen Wettbewerber um den Arbeitsplatz. Falls sich irgendwo im Unternehmen ein zartes *Geber*-Pflänzchen traut, ein wenig zu sprießen, kommt Marissa Mayer gleich mit einem ganzen Eimer Unkrautvertilgungsmittel. Schließlich erreichen selbst *fremdbezogene Geber* in einer reinen *Nehmer*-Kultur die geringsten Punktzahlen, wenn sie so gut wie alleine sind (*Geber* profitieren nur von den relativ hohen Werten, die sie bei der Kooperation mit anderen *Gebern* erzielen). *Geber* können also sicher damit rechnen, in dem künstlich erzeugten *Nehmer*-Klima zu den unteren 15 % zu gehören. Auf diese Weise ist sichergestellt, dass Yahoo auf absehbare Zeit nicht von einer Kooperation zwischen den Mitarbeitern profitieren wird und damit genau das bleibt, was Frau Mayer verhindern will: ein Low-Performer. So ist das nun mal, wenn man an ewig gestrigen, der menschlichen Natur widersprechenden Ideologien festhält.

Hinzu kommt noch ein weiterer Aspekt. Wen werden *Nehmer*-Führungskräfte wohl in die unteren 15 % einordnen? Der Verdacht liegt nahe, dass es diejenigen sind, die es wagen, zu widersprechen und diejenigen, die eventuell einmal zu einer Gefahr für die Position der auf Wettbewerb eingestellten Führungskraft werden könnten. Nicht nur die *Geber*, sondern auch fähige *Nehmer* sind gefährdet. Die alljährliche Zuordnung von Mitarbeitern in diese Kategorien fördert eine Atmosphäre, in der am besten die Opportunisten gedeihen. Immerhin wird auf diese Weise sichergestellt, dass die Shareholder bekommen, was sie verdienen.

Zusammengefasst können wir feststellen, dass in einem Unternehmen, in dem Kooperation, Initiative und Kreativität gefragt sind,

---

18 http://www.faz.net/aktuell/wirtschaft/menschen-wirtschaft/bewertungssystem-fuer-mitarbeiter-marissa-mayers-neue-leistungsgesellschaft-12663104.html, abgerufen am 19.05.2014

was speziell bei einem Unternehmen der New Economy der Fall ist, nicht viel mehr falsch gemacht werden kann, als bei der Führung von Yahoo.

Bislang haben wir die für erfolgreiche Kooperation aus Nicht-Null-Summen-Spielen abgeleiteten Faustregeln der moralischen Grammatik kennengelernt: „Defektiere niemals als Erster!", Lass dich nicht ausnutzen (beantwortete Defektion mit Defektion)!", „Sei nicht nachtragend (Verzeihe Defektion sofort, wenn der andere wieder kooperiert)!" und „Sei nicht neidisch (gönne dem anderen seinen Erfolg)!". Im Folgenden werden wir uns nun mit weiteren Regeln der angeborenen moralischen Grammatik beschäftigen, die für unser Thema „Führen" von Bedeutung sind.

1.6   Weitere angeborene Verhaltensregeln

In Abschnitt 3.1 werden wir ausführlicher diskutieren, dass Menschen ein „katastrophisches Gehirn" besitzen. Dies bedeutet, dass wir dazu tendieren, uns eher darauf zu konzentrieren, was schieflaufen kann, anstatt unsere positiven Gefühle in den Vordergrund zu stellen. Wie nachfolgend erläutert wird, trug dieses Verhalten erheblich zum Überleben unserer Spezies bei, doch bezogen auf die heutige Zeit, ist es mit erheblichen Nachteilen verbunden (Abschnitt 3.1).

Wenn einer unserer prähistorischen Vorfahren beim Rascheln eines Gebüsches zunächst Untersuchungen über die Ursachen des Geräusches angestellt hätte, so hätte er wertvolle Zeit für die Flucht verloren. Aus diesem Grunde hat uns die Evolution darauf programmiert, reflexartig auf bedrohlich eingestufte Situationen zu reagieren. Es ist leicht einzusehen, dass die relativ geringen Kosten einer Flucht bei einem „Fehlalarm" erheblich niedriger sind als die Kosten, wenn im nächsten Moment tatsächlich ein Raubtier aus dem Gebüsch springt. Dieses „Rauchmelderprinzip", in der englischsprachigen Literatur als „agency detection device" bezeichnet, ist eine angeborene Regel in der Art: „Gehe in unklaren Situationen davon aus, dass

1.6 Weitere angeborene Verhaltensregeln

es sich um eine Bedrohung handelt!"[19] Sie löst umgehend das negative Gefühl „Angst" mit einer daraus resultierenden Vermeidungsstrategie, z. B Kampf oder Flucht, aus. Da die Kosten für eine Flucht ungleich niedriger sind als die Kosten einer verkannten Gefahr (z. B von einem Raubtier gefressen zu werden), hat die Natur den Regler für die Entstehung von Angst ziemlich sensibel eingestellt. Für die Unternehmensführung bedeutet dies, dass von einer Führungskraft, die eher den Überblick hat, gewisse Dinge als Kleinigkeiten abgetan werden, die von den Mitarbeitern durchaus als bedrohlich empfunden werden. Das heißt, dass kooperationshemmende Angstreaktionen der Mitarbeiter durch Transparenz im Unternehmen vermieden werden können (siehe Abschnitt 4.5). In den Abschnitten 2.3 und 3.1 werden wir uns genauer mit den Konsequenzen, die unserem katastrophischen Gehirn erwachsen, auseinandersetzen.

Der Biologe Marc Hauser beschäftigte sich ausführlich mit den angeborenen grammatischen Grundregeln unserer Moral[20]. Er führte eine Reihe von Umfragen und psychologischen Experimenten durch, indem er Menschen mit ethischen Dilemmata konfrontierte, um universelle Regeln für unser Gefühl von richtig und falsch zu extrahieren. Hauser legte besonderen Wert darauf, seine Untersuchungen über kulturelle und religiöse Grenzen hinweg durchzuführen, so dass er sicher sein konnte, es tatsächlich mit angeborenen Grundregeln zu tun zu haben. Einer der von ihm untersuchten Themenkreise ist für uns von besonderem Interesse, weil es sich um die im vorherigen Abschnitt erwähnte Abneigung des Menschen handelt, funktionalisiert zu werden.

Stellen Sie sich folgende Situation vor: Sie befinden sich im Stellwerk einer Eisenbahnstrecke. Ein außer Kontrolle geratener Waggon rollt heran. Auf der Strecke befinden sich fünf Menschen, die in Kürze von dem Waggon erfasst werden. Sie können nun eine Weiche stellen, die den Waggon auf ein Nebengleis führt, bevor er die fünf Menschen erreicht. Dummerweise befindet sich ein einsamer Wanderer auf dem Nebengleis. Er wird todsicher von dem Waggon

---

19 Boyer, Bergstrom (2008)
20 Hauser (2006)

erwischt werden, wenn Sie die Weiche stellen. Wenn Sie nichts tun, sterben fünf Menschen, wenn Sie aktiv werden, stirbt der unbeteiligte Wanderer. Wie verhalten Sie sich?

Wenn Sie sich entschieden haben, die Weiche umzulegen, befinden Sie sich in mehrheitlicher Gesellschaft: 90 % der von Hauser Befragten trafen die gleiche Entscheidung.

Verschärfen wir nun das Dilemma: Erneut befinden sich fünf Personen auf der Eisenbahnstrecke und der herrenlose Waggon rollt heran, es gibt jedoch kein Nebengleis, dafür aber eine Brücke über die Schienen, auf der ein sehr, sehr dicker Mann sitzt. Sie stehen unmittelbar hinter ihm. Wenn Sie nun den Mann von der Brücke stoßen, fällt er auf die Schienen vor den Waggon und hält diesen auf (dies ist ein hypothetisches Beispiel). Natürlich wird der auf die Schienen gestürzte Mann den Aufprall mit dem Waggon nicht überleben. Würden Sie den Mann von der Brücke stoßen?

Bevor Sie antworten, möchten wir die Situation anhand eines analogen Dilemmas veranschaulichen: Sie sind Chefarzt in einem Krankenhaus. Fünf Ihrer Patienten liegen auf der Intensivstation, weil bei jedem von ihnen ein anderes Organ dabei ist, zu versagen. Die fünf Menschen sind dem Tode geweiht. Im Wartezimmer sitzt jedoch ein junger, gesunder Mann mit genau der richtigen Blutgruppe für alle fünf Patienten. Wenn Sie ihm die fünf benötigten Organe entnehmen, können Sie alle fünf Patienten auf der Intensivstation retten. Was tun Sie?

Falls Sie weder den dicken Mann von der Brücke stoßen würden, noch dem jungen Mann die Organe entnehmen, so entspricht Ihr ethisches Empfinden erneut dem der meisten Menschen: 97 % der Befragten lehnten es ab, einen Menschen zu töten, um durch diese Tat fünf andere zu retten.

Doch worin genau besteht der Unterschied, die Weiche zu stellen, was 90 % der Befragten befürworten, obwohl der Wanderer dabei ums Leben kommt, und dem dicken Mann auf der Brücke oder dem jungen Mann im Wartezimmer, den zu töten 97 % ablehnen? Rein rational betrachtet ist die Bilanz in beiden Fällen die gleiche: Ein Mensch stirbt, fünf überleben. Der Unterschied besteht jedoch darin, dass Sie nicht dafür verantwortlich sind, dass der Wanderer

1.6 Weitere angeborene Verhaltensregeln

zufällig auf dem Nebengleis spazieren geht. Wenn Sie jedoch den dicken Mann von der Brücke stoßen oder dem Mann im Wartezimmer die Organe entnehmen, so benutzen Sie einen Menschen als Mittel zum Zweck, fünf andere zu retten. Dies widerspricht dem ethischen Verständnis der meisten Menschen, wobei kaum jemand in der Lage ist, seine Meinung rational zu begründen.

Für Immanuel Kant war dies ein moralisches Absolutum.

> *„Handle so, dass du die Menschheit sowohl in deiner Person, als in der Person eines jeden anderen jederzeit zugleich als Zweck, niemals bloß als Mittel brauchst."*[21]

Der Mann auf der Brücke und derjenige im Wartezimmer sind das Mittel, um fünf andere Menschen zu retten. Dies widerspricht dem obigen Kant'schen Prinzip. Der Wanderer auf dem Gleis dient jedoch nicht als Mittel, die fünf Menschen auf dem Hauptgleis zu retten.

Jemanden als Mittel zu benutzen, um ein bestimmtes Ziel zu erreichen, bedeutet, einen Menschen auf seine Funktion zur Erreichung des Ziels zu reduzieren – man macht ihn zum Objekt, anstatt ihn als Subjekt zu betrachten. Die ethische Ablehnung dieses Empfindens durch die meisten Menschen ist für unser Thema von größter Bedeutung: Einer der gravierendsten Fehler beim Führen ist es, sich selbst und andere als Mittel zu benutzen, das heißt, sie als Objekte zu entmenschlichen. Siehe dazu auch unser Interview mit Gerald Hüther in Abschnitt 2.4.

Wie bereits erwähnt, führte Hauser seine Untersuchungen über Kulturgrenzen hinweg durch. So konfrontierte er beispielsweise die Kuna – einen Indianerstamm in Mittelamerika, der kaum Kontakt zur Außenwelt hat – mit den obigen Dilemmata, wobei Hauser Eisenbahnschienen und Waggons durch für die Kuna verständliche Entsprechungen, wie Krokodile und Kanus, ersetzte. Die Ergebnisse waren die gleichen.

Die im Kant'schen Prinzip beschriebene Verhaltensregel resultiert aus einem unbestimmten Gefühl, nicht auf rationalem Denken, und sie gilt bei der überwältigenden Mehrheit der Menschen in allen

---

21 Kant (1900), S. 429

Kulturen. Deshalb können wir schließen, dass es sich tatsächlich um ein moralisches Absolutum im Sinne einer Grundregel der evolutionär entstandenen, also angeborenen, moralischen Grammatik handelt.

Die Neurobiologie des Führens

2

2.1 Neuroplastizität

Unsere Betrachtungen zur Neurobiologie fokussieren sich auf die Gesetzmäßigkeiten und Verhaltensweisen, die man daraus ableiten kann, nicht jedoch auf ein Verständnis der molekularen Prozesse oder des detaillierten Gehirnaufbaus. Die Komplexität dieser Dinge reduzieren wir so weit, wie sie für das Verständnis der menschlichen Verhaltensgrundlagen im Hinblick auf Führung ausreichend ist.

Das Gehirn von Menschen und Tieren besteht wie das übrige, den ganzen Körper durchdringende Nervensystem unter anderem aus Nervenzellen, den so genannten Neuronen. Sie haben die Eigenschaft, sich miteinander zu vernetzen. Die Kontaktstellen zwischen den Neuronen (aber auch zu anderen Zellen, wie z. B die der Sinnesorgane oder Muskelzellen) heißen Synapsen. Über die Synapsen können unterschiedliche Botenstoffe (Neurotransmitter) in das Neuron eindringen, die zur Erregung der Zelle führen oder – umgekehrt –, Erregung hemmen[1].

Wenn nun beispielsweise ein Bild auf die Netzhaut fällt, so gelangen Botenstoffe von den Sinneszellen in die mit ihnen verbundenen

---

[1] Denjenigen, die tiefer in diese Thematik einsteigen wollen, empfehlen wir das Buch von Roth (2003).

Neuronen, die das Neuron anregen, mit weiteren Neuronen zu kommunizieren. Auf diese Weise entsteht ein Erregungsmuster, das im Gehirn aufgebaut wird – zunächst in Bereichen, die Gefühle erzeugen und der Mustererkennung (z. B Gesichtserkennung) dienen. Erstere nennen wir „emotionale Zentren". Sie analysieren die eingehenden Informationen und bewerten sie. Dies alles geschieht unbewusst. Falls das Bild als bedeutsam gewertet wird, alarmieren die emotionalen Zentren umgehend den Teil unseres Gehirns, der für die bewusste Wahrnehmung zuständig ist (vorderer Frontallappen). In besonders bedrohlichen Fällen bereiten die emotionalen Zentren zusätzlich den gesamten Körper auf den Ausnahmezustand vor. Körperfunktionen, die nicht unbedingt zur Bewältigung der Bedrohung benötigt werden, werden heruntergefahren, andere werden in Alarmzustand versetzt. Genau dies merken wir, wenn wir uns erschrecken. In diesem Fall wird Adrenalin ausgeschüttet, was uns sofort hellwach und aktionsbereit macht. Erst danach hat der Frontallappen die Situation analysiert und gibt Entwarnung oder er lässt die bereits in Gang befindliche Fluchtreaktion weiter durchführen. Es besteht also ein wechselseitiger Informationsaustausch zwischen dem Frontallappen und den Gefühlszentren.

Wenn wir einen Computer programmieren, so verändert die von uns geschriebene Software nicht die Struktur der Hardware. Der Silizium-Chip wird durch das Programm nicht verändert. Das ist im Falle des Gehirns anders. Wenn wir Erfahrungen machen, so werden neue Verknüpfungen zwischen Nervenzellen hergestellt und bestehende abgebaut. Zusätzlich werden die Eigenschaften der Kontaktstellen zwischen den Nervenzellen, den Synapsen, ebenfalls verändert. Wir können uns die Informationsverarbeitung im Gehirn so vorstellen, dass bei einer Wahrnehmung oder einem Gedanken die beteiligten Neuronen nicht nur unterschiedlich stark erregt werden, sondern sich auch neu vernetzen, wobei sogar die Kontaktstellen für verschiedene Neurotransmitter durchlässiger oder undurchlässiger werden. Diese Eigenschaft, dass das Netzwerk nicht starr ist, sondern dass ständig neue Verbindungen geknüpft, alte aufgelöst und sogar die Eigenschaften der Leitungen verändert werden, nennt man Neuroplastizität. Dieses neuronale Verschaltungsmuster, bestehend aus dem Erregungsmuster und der Neuroplastizität, ist eine innere Repräsentation der Wahrnehmung oder des Gedankens.

Es gibt im Wesentlichen zwei Möglichkeiten, wie ein solches Verschaltungsmuster stabilisiert werden kann:

erstens, wenn man eine Handlung mehrmals ausführt oder die gleiche Wahrnehmung häufig geschieht. Diese Erfahrung machen wir alle, wenn wir z. B Autofahren lernen. Anfänglich muss man sich stark darauf konzentrieren, das Zusammenspiel von Gas, Kupplung und Gangwechsel richtig hinzubekommen, später geht das in „Fleisch und Blut" über. Man braucht über die einzelnen Handlungsschritte nicht mehr nachzudenken, weil sich das die komplette Handlung repräsentierende Verschaltungsmuster stabilisiert hat – das Autofahren läuft „automatisch" ab. Gleiches gilt, wenn wir in der Schule Vokabeln pauken, die uns eigentlich nicht sonderlich interessieren. Wenn wir sie uns mehrmals anschauen, merken wir uns die Vokabeln, die wir nach dem ersten Mal noch nicht verinnerlicht hatten.

Zweitens erfolgt die Bewertung von Informationsströmen, wie wir gesehen haben, hinsichtlich der Bedeutsamkeit in den emotionalen Zentren. Dies gilt nicht nur für die sinnliche Wahrnehmung, sondern auch für Erregungsmuster, die als Resultat rationaler Überlegung vom Frontallappen kommen. Falls diese Informationen als bedeutsam eingestuft werden und die emotionalen Zentren in den Erregungszustand versetzt werden, so schütten sie über Zellfortsätze, die bis in den Frontallappen (oder eine andere, den Informationsfluss verursachende Hirnregion) hineinreichen, so genannte neuroplastische Botenstoffe aus. Letztere regen die umliegenden Neuronen an, Proteine zu bilden, die jene Verbindungen stabilisieren, die soeben zu dem vom emotionalen Zentrum als bedeutsam eingestuften Verschaltungsmuster geführt haben. Mit anderen Worten: Wenn wir beispielsweise ein Problem gelöst haben, empfinden wir ein Gefühl tiefer Befriedigung, Freude und Begeisterung. Dadurch werden die neuroplastischen Botenstoffe ausgeschüttet und stabilisieren diesen als erfolgreich und deshalb bedeutsam eingestuften Gedankengang. Die Dinge, die wir mit Begeisterung tun, verankern sich in unserer Persönlichkeit. Es bildet sich sogar eine Haltung, wenn wir mit der neuen Verhaltensweise mehrfach Erfolg hatten, der immer wieder von Glücksgefühlen begleitet wurde. Letztere ereilen uns sogar, wenn wir anderen von unserem Erfolg erzählen, was zur zusätzlichen Stabilisierung des Gedankens führt (vgl. Abschnitt 2.4).

Wichtig ist dabei zu verstehen, dass diese Stabilisierung des Verschaltungsmusters nur durch die Gefühlszentren ausgelöst werden kann. Der für die rationale Problemlösung zuständige Hirnteil verfügt nicht über die Möglichkeit, neuroplastische Botenstoffe auszuschütten, um so Denkmuster in unsere Persönlichkeit einzubrennen. Deshalb müssen wir die oben erwähnten, uns wenig interessierenden Vokabeln durch ständiges Wiederholen „pauken". Wenn wir uns jedoch für die Fremdsprache begeistern, fällt uns das Lernen erheblich leichter. Wenn das Maß an Begeisterung entsprechend hoch ist, werden wir den entsprechenden Sachverhalt, z. B eine Problemlösungsstrategie, nie wieder vergessen. Eine wichtige Lehre, die wir daraus ziehen können, ist die, dass das Fühlen das Denken kontrolliert. Es widerspricht also der Funktionsweise des Gehirns, das Fühlen vom Denken trennen zu wollen.

Natürlich ist es von großem Vorteil, auf erfolgreiche Strategien sofort zugreifen zu können, weil sie ein Teil von uns geworden sind (deshalb haben sich diese Stabilisierungsmechanismen evolutionär entwickelt). Doch dies hat auch seine Schattenseite. Wenn sich die Randbedingungen ändern, kann die verinnerlichte Strategie schlicht falsch geworden sein. In Kapitel 1 (Abschnitt 1.5) diskutierten wir den Umstand, dass die Fokussierung eines Unternehmens auf den Shareholder Value, verbunden mit einem autoritären, Angst verbreitenden Führungsstil zur Zeit der Industrialisierung und Massenproduktion durchaus Sinn gemacht haben mag. Doch für heutige Unternehmen, in denen immer wiederkehrende Arbeiten durch Maschinen erledigt werden und die Produktivität in hohem Maße von der Initiative und Kooperation der Mitarbeiter abhängt, bewirkt dieser alte Führungsstil die Entwicklung und Zementierung einer *Nehmer*-Kultur. Diese Kultur wurde bei vielen Führungskräften zur fest in die Persönlichkeit eingebrannten Haltung, was sie mit dementsprechend tiefer Überzeugung (schließlich waren sie bzw. ihre Vorgänger damit erfolgreich) an nachfolgende Generationen weitergaben. Entsprechend schwierig ist es nun, diese stabilisierten Denkmuster aufzuweichen und durch neue zu ersetzen, damit die Transformation zu einer *Geber*-Kultur gelingen kann. Der Ausweg aus dieser scheinbaren Sackgasse ist, diesen Führungskräften das folgende Dilemma aufzuzeigen (siehe Abschnitt 2.4): „Früher sollten Mitarbeiter genau das tun – und nichts anderes – als das, was man ihnen sagte. Dafür ist dein Führungsstil gut geeignet. Heute sollen die Mitarbeiter jedoch mitdenken und sich gegenseitig in möglichst hohem Maß unterstützen, denn dann steigt die Produktivität deines Unternehmens bis auf das Dreifache des heutigen Niveaus. Genau das verhinderst du mit deinem jetzigen Stil." Derartige Dilemmata können dazu führen, dass alte Denkmuster aufgeweicht und allmählich durch neue ersetzt werden.

Unsere Überlegungen zur Stabilisierung von Denkmustern durch Begeisterung liefern uns auch die Voraussetzung dafür, einen Mitarbeiter zur nachhaltigen Kooperation zu bewegen. Natürlich wird er kooperieren, wenn er sich davon eine Belohnung verspricht. Dies hat jedoch den Nachteil, dass diese Aussicht auf Belohnung ständig erneuert werden muss, um die Kooperationsbereitschaft aufrechtzuerhalten. Wenn man den Mitarbeiter stattdessen von der Sache überzeugt, indem man ihn einbindet und dafür sorgt, dass er bei der Erledigung seiner Arbeit Erfolgserlebnisse hat und Begeisterung verspürt, so wird er seine Arbeit nicht als Last sehen, sondern sie mit Freude erledigen und diese Haltung an seine Kollegen weitergeben. Dies kann man auch folgendermaßen auf den Punkt bringen: Durch Belohnung bringt man jemanden dazu, zu tun, was die Führungskraft will (extrinsische Motivation), durch Begeisterung bringt man jemanden dazu, zu wollen, was Führungskraft und Mitarbeiter *gemeinsam* wollen (intrinsische Motivation). Dieses gemeinsame Wollen kann natürlich ziemlich nahe an dem sein, was der Führungskraft vorschwebt – sofern sie gute Argumente hat und die Fähigkeit mitbringt, andere zu überzeugen. Wohlgemerkt, es geht um *überzeugen*, nicht um *manipulieren*. Im letzteren Fall wird beim Mitarbeiter, der im Gespräch mit der Führungskraft quasi „überrollt" wurde, ein ziemlich fader Nachgeschmack zurückbleiben, so dass die Bereitschaft zur Zusammenarbeit nicht von Nachhaltigkeit geprägt sein wird. Das Pendel der Gemeinsamkeit kann jedoch auch in Richtung der Vorstellungen des Mitarbeiters ausschlagen, weil sich die Führungskraft in einem von Vertrauen geprägten Unternehmen durchaus auf die oftmals höhere fachliche Kompetenz des Mitarbeiters verlassen kann.

2.2 Wachstum und Verbundenheit

Wie wir in Kapitel 1 gesehen haben, kommen wir alle mit angeborenen Verhaltensweisen auf die Welt, einer moralischen Grammatik, die sich erst durch die spätere Entwicklung des Kindes zu einer Moral im Kontext der Kultur entwickelt. Doch diese genetisch kodierten Regeln sind nicht die einzigen „Grundeinstellungen", die wir mitbringen.

Hüther erläutert in seinen Büchern (Hüther 2013a, 2013b), dass sich während der embryonalen Entwicklung ein Überschuss an Nervenzellen in unserem Gehirn bildet (wir haben die meisten Gehirnzellen nicht als Erwachsene, sondern als Embryos), wobei die im späteren Verlauf nicht benutzten, zum Teil wieder abgebaut werden. Dieser Umstand verwundert nicht vor dem Hintergrund, dass sich unser komplexes Gehirn (wahrscheinlich das komplexeste Organ auf diesem Planeten) genau aus dem Grund entwickelt hat, dass genetisch codierte Verhaltensregeln bestenfalls grobe Faustregeln darstellen, die sich kaum als Lösung für alle Eventualitäten in einer hochkomplexen Welt eigenen. Aus diesem Grunde ist das Gehirn von vornherein auf eine extrem hohe Flexibilität ausgelegt und passt sich bereits in der pränatalen Phase den tatsächlich vorliegenden Bedingungen an. Die Erfahrungen und Wahrnehmungen des heranwachsenden Menschen im Mutterleib werden ebenso wie unsere später gemachten Erfahrungen als neuronale Verschaltungsmuster abgespeichert. Diese Erfahrungen des ungeborenen Menschen sind in höchstem Maße physisch und psychisch grundlegend im Sinne einer Prägung für unser gesamtes Leben.

Die Bewegung eines Körperteils des Kindes im Mutterleib, z. B der Hand, erzeugt einen Informationsfluss, der über die

2.2 Wachstum und Verbundenheit

Nervenbahnen an das Gehirn übertragen wird. Dort entsteht ein neuronales Verschaltungsmuster als Repräsentation der Bewegungen der verschiedenen beteiligten Muskeln. Die Repräsentation zum Erspüren und Steuern der Hand bildet sich bereits im Mutterleib. Folglich unterscheiden sich die verschiedenen Verschaltungsmuster bei Kindern mit großen bzw. kleinen Händen. Deshalb kommen wir alle bereits mit unterschiedlich strukturierten Gehirnen auf die Welt. Diese innere Repräsentation der Hand ermöglicht es nun umgekehrt dem Kind, die Bewegungsfolge durch Aktivierung des Verschaltungsmusters und Übertragung des resultierenden Informationsflusses an die Hand bewusst auszuführen. Auf diese Weise erlernt das Kind bereits im Mutterleib die grundlegende Kontrolle des Körpers.

Doch in welcher Weise wird durch pränatale Erfahrung unser Verhalten, also unsere Ethik über die genetisch codierte moralische Grammatik hinaus erweitert?

Die bedeutsamste Erfahrung, die wir alle im Mutterleib machen, ist die Verbundenheit mit der Mutter, die uns Schutz und Geborgenheit schenkt und uns mit einem stetigen Fluss von Nährstoffen versorgt. Dies ist die Voraussetzung für die zweite wichtige Erfahrung: Unsere Mutter ermöglicht es uns, uns zu entwickeln und zu wachsen. Diese beiden Erfahrungen, Verbundenheit und sich in einem Umfeld zu befinden, in dem wir wachsen können, sind unsere bedeutsamsten Erfahrungen, weshalb sie entsprechend intensiv als neuronale Verschaltungsmuster stabilisiert werden. Beide Gefühle zusammen ergeben das, was man allgemein als „Glücksgefühl" bezeichnet (Hüther, 2013a).

Die Stabilisierung dieser beiden grundlegenden, bedeutsamen Gefühle führt dazu, dass wir zeit unseres Lebens auf der Suche nach einem Umfeld sind, in dem wir Verbundenheit spüren und wachsen dürfen. Falls ein Unternehmen dem Mitarbeiter ein solches Umfeld bietet, wird Letzterer diesen Zustand emotionaler Bindung aufrechterhalten wollen, woraus sich langfristige Interaktionen mit den Kollegen ergeben – die Basis für Kooperation.

2.3 Angst

Wie wir in Abschnitt 2.1 gesehen haben, schütten die emotionalen Zentren unter bestimmten Umständen neuroplastische Botenstoffe aus, welche die Gedanken und Erfahrungen repräsentierender Verschaltungsmuster stabilisieren, die zur Aktivierung der Gefühlszentren geführt haben.

Der umgekehrte Fall ist ebenfalls möglich: Sobald das entsprechende Gefühlszentrum, in diesem Fall die Amygdala, angeregt wird, werden Botenstoffe auf den Weg gebracht, die alle für die Lösung des gegenwärtigen Problems nicht notwendigen Körperfunktionen hemmen – beispielsweise die Verdauung und das Immunsystem. Zusätzlich werden im Gehirn Botenstoffe ausgeschüttet, die die Bildung neuer Verschaltungsmuster verhindern. Schließlich soll der Fokus auf die gegenwärtige, akute Bedrohung gelenkt werden. Die Entwicklung neuer Strategien, um der Bedrohung entgegenzutreten, wäre viel zu zeitaufwendig. Folglich soll eine Konzentration auf bereits etablierte Verschaltungsmuster erfolgen (z. B Flucht oder Kampf). Bleibt diese Bedrohung bestehen, können die eine Stabilisierung hemmenden Botenstoffe sogar zu einer Auflösung bestehender Muster führen. Über einen längeren Zeitraum können auf diese Weise schwere Depressionen und ernste psychische Erkrankungen durch Dauerstress entstehen (Hüther, 2012).

Wie in Kapitel 1 erläutert, verursacht Angst auch beim Handeln eine Fokussierung auf die Gegenwart, was Defektion zur Strategie der Wahl macht. Wir haben es hier also mit einem konsistenten Muster zu tun, das nicht nur das Handeln, sondern auch die körperlichen Reaktionen bis hinunter auf die molekulare Ebene einschließt. Angst als „negatives" Gefühl wirkt auf allen Ebenen destruktiv.

Aus diesem Grunde ist Angst in einem Unternehmen ein durchaus funktionierendes Mittel, um jemanden als Vermeidungsstrategie dazu zu bringen, Dinge zu tun, die man nur sehr ungern macht (z. B monotone Arbeiten am Fließband). Neue Ideen, Innovation und Kreativität wird ein solcher Mitarbeiter jedoch nicht entwickeln, weil die Bildung neuer neuronaler Verschaltungsmuster durch die von der Amygdala ausgeschütteten Botenstoffe verhindert wird. Davon abgesehen ist ein Führen durch Angst in hohem Maße unmoralisch, weil dies langfristig ernste Erkrankungen beim Mitarbeiter nach sich ziehen kann. Im Prinzip handelt es sich dabei um vorsätzliche Körperverletzung.

Zum Abschluss noch ein kleiner Schwenk zurück in die pränatale Phase. Wenn die Mutter unter Ängsten leidet und der Körper die zur Abwendung der Bedrohung nicht benötigten Körperfunktionen herunterfährt, so gehört dazu sicherlich auch die Versorgung des Kindes mit Nährstoffen. Schließlich überlebt auch das ungeborene Kind nicht, wenn die Mutter eine Bedrohung nicht überlebt. Deshalb ist der Körper der Mutter darauf programmiert, als oberste Priorität erst einmal das eigene Überleben zu sichern.

Zusätzlich dürften die Stresshormone der Mutter auch in den Blutkreislauf des Kindes gelangen. Die grundlegenden Erfahrungen „Verbundenheit" und „Wachstum" erfahren auf diese Weise eine andere Ausprägung als bei einem Kind, das im Leib einer glücklichen und zufriedenen Mutter heranwächst. Mit anderen Worten: Das Gehirn des Kindes einer von Ängsten dominierten Mutter wird bei der Geburt anders strukturiert sein als das einer glücklichen Mutter.

Hinzu kommen epigenetische Effekte, die durch die Ernährung der Mutter, folglich durch die Versorgung mit Nährstoffen, ausgelöst werden können. Dabei handelt es sich nicht um eine Veränderung des Erbgutes, sondern um die Dichte und Lage bestimmter Moleküle, die sich an die DNS anlagern und beeinflussen, welche Gene aktiviert oder deaktiviert werden (DNS-Methylierung)[2]. Die psychische und physische Situation der Mutter beeinflussen also nicht nur die Gehirnentwicklung des Kindes durch im Mutterleib gemachte Erfahrungen, sondern auch die organische Entwicklung durch Aktivierung und Deaktivierung von Genen. Es sind also nicht nur die Gene, die zur Entwicklung unterschiedlicher Persönlichkeiten führen, sondern in besonderem Maße die Strukturierung des Gehirns infolge individueller Erfahrungen und sogar die

---

2 Siehe z. B: http://www.spiegel.de/wissenschaft/natur/epigenetik-bei-ratten-fungizid-veraendert-verhalten-folgender-generationen-a-834420.html

Beeinflussung der Genaktivität durch die Umwelt, speziell durch die Verfassung der Mutter während der Schwangerschaft.

Um die unter diesen Umständen notwendigerweise auftretenden unterschiedlichen Persönlichkeitstypen in *fremdbezogene Geber* zu verwandeln, sind unterschiedliche Strategien notwendig, die Kernelemente unserer Coachings sind.

2.4 Im Gespräch mit dem Neurobiologen Gerald Hüther

Welche Erkenntnisse aus der Hirnforschung haben Sie persönlich am meisten begeistert bzw. welche haben Ihrer Meinung nach die größte gesellschaftliche Relevanz?

Das sind im Wesentlichen zwei Befunde, die erheblichen Zündstoff liefern und die dazu anregen, diese Erkenntnisse gesellschaftlich umzusetzen. Das eine ist, dass im Laufe der embryonalen Entwicklung des Hirns viel mehr angelegt wird, als tatsächlich gebraucht wird, dass also sehr viel Potenzial ungenutzt bleibt. Das zweite ist die so genannte Neuroplastizität. Das bedeutet, dass jemand, der seine Potenziale noch nicht entfaltet hat, das bis ins hohe Alter immer noch tun kann. In diesem Zusammenhang stellt sich die Frage, wie wir die Rahmenbedingungen für Kinder und Jugendliche so gestalten können, dass diese Potenziale möglichst gut ausgeschöpft werden, und wie man bei Erwachsenen den Impuls weckt, dass sie sich auch im Alter noch weiterentwickeln. Das ist relativ schwer, weil in unserer Gesellschaft nicht die Potenzialentfaltung im Mittelpunkt des Interesses gestanden hat. Es geht uns bis heute um die Funktionalisierung des Menschen, d. h. die Nutzung des Einzelnen zu bestimmten Zwecken. Menschen werden gezielt darauf vorbereitet, etwas ganz Bestimmtes zu tun, und es wird ihnen dementsprechend schwer gemacht, aus diesem dressierten Verhalten auszubrechen. Doch wenn man Menschen haben will, die mehr können, als einen fest einprogrammierten Prozess durchzuführen, und wenn diese Menschen wirklich gut sein sollen in dem, was sie tun, müssen sie eben nicht auf eine bestimmte Tätigkeit abgerichtet werden, sondern es ist zusätzlich etwas ganz Wesentliches notwendig: Das, was sie tun, muss ihnen Spaß machen.

2.4 Im Gespräch mit dem Neurobiologen Gerald Hüther

Sie sprechen von Begeisterung?
Dieses Wort trifft es nicht ganz. Auch ich spreche oft von Begeisterung, weil die Menschen starke Begriffe brauchen, damit sie sich etwas darunter vorstellen können. Doch Begeisterung hat auch immer etwas Überschäumendes. Außerdem kann man sich auch leicht für irgendwelchen Unsinn begeistern. Doch das ist nicht mit dem Gefühl gemeint, das zur Potenzialentfaltung führt. Bessere Begriffe sind „Hingabe" oder ganz einfach „Freude". Es geht darum, dass man sich mit dem, was man tut, auch wirklich verbindet. Freude zu empfinden ist Voraussetzung dafür, dass man etwas verinnerlicht, weil die neuronalen Verschaltungsmuster und synaptischen Verknüpfungen in diesem Falle langfristig stabilisiert werden. Demgegenüber kommt man mit den unterschiedlichen Dressurstrategien, mit denen in der Vergangenheit Menschen verändert werden sollten, definitiv nicht weiter.

Das, was wir gemeinhin „Motivation" nennen, wird in der Psychologie mit dem Begriff „extrinsische Motivation" bezeichnet. Damit ist ein wie auch immer geartetes Belohnungssystem gemeint. Doch sobald der äußere (extrinsische) Anreiz wegfällt, wird auch das gewünschte Verhalten eingestellt. Was man stattdessen gerne hätte, wäre intrinsische Motivation. Das bedeutet, dass das, was der intrinsisch Motivierte tut, er auch selber will. Dann ist immerwährendes Belohnen nicht mehr notwendig.

Sind Gefühle, die zur Ausschüttung von neuroplastischen Botenstoffen führen, die Grundvoraussetzung für das Entstehen stabiler Denkmuster?
Wir sollten uns das Gehirn als ein Beziehungssystem vorstellen und nicht als eine Maschine, die mit irgendwelchen Botenstoffen als „Schmiermittel" arbeitet. Ein guter Vergleich ist daher eine Gruppe von Menschen, wie beispielsweise eine Familie oder ein Unternehmen. Diese Menschen kommunizieren miteinander. Genau das tun die Nervenzellen im Gehirn auch. Ebenso wie die Menschen oberflächliche Gespräche führen oder Worte verwenden, die unter die Haut gehen, so verwenden auch die Nervenzellen unterschiedliche Botenstoffe, von denen einige für eine oberflächliche Kommunikation

sorgen, andere aber durchaus „unter die Haut" gehen. Letztere werden jedoch nur dann ausgeschüttet, wenn es bedeutsam wird. Wenn zwei Menschen lediglich über Unwichtiges reden oder nur Floskeln austauschen, so entsteht zwischen ihnen keine Beziehung. Die entsteht genau dann, wenn die beiden Menschen über etwas Bedeutsames reden, wenn sie sich dabei genau überlegen, was sie sagen. So ist es auch mit den Nervenzellen des Gehirns: Eine stabile Verbindung zwischen ihnen entsteht nur dann, wenn ihre Kommunikation bedeutsam ist. Was allerdings bedeutsam ist, wird in tieferliegenden, entwicklungsgeschichtlich älteren Schichten des Gehirns bestimmt, die man „Gefühlszentren" nennt. Mit anderen Worten: Wenn man keine Gefühle hätte, wüsste man nicht mehr, worauf es in der Welt ankommt, denn die Welt besteht aus einem von unseren Sinnesorganen wahrgenommenen gigantischen Informationsstrom, der unser Gehirn überfordern würde. Deshalb kann man sich die Gefühlszentren als Filter vorstellen, mit deren Hilfe man diesen Informationsstrom analysiert. Diese Filter werden von unseren Erfahrungen geprägt. Wenn dann in dem Informationsstrom etwas auftaucht, was durch unsere Erfahrungen als bedeutsam eingestuft wurde, so werden die Gefühlszentren aktiviert, was dazu führt, dass wir unsere Aufmerksamkeit darauf lenken. Stellen Sie sich dazu zwei Menschen vor, die in einen Garten gehen. Der eine gerät durch den Anblick und den Duft eines Rosenstrauchs in tiefe Verzückung, während der andere dadurch vollkommen kaltgelassen wird. Letzterer wird jedoch möglicherweise von einem Gemüsebeet fasziniert und beginnt voller Freude damit, das Unkraut zu entfernen.

Vor diesem Hintergrund kann man feststellen, dass die Vorstellung falsch ist, man könne das Denken vom Fühlen trennen. Dieses falsche Dogma mag bestimmten Zwecken gedient haben, es ist jedoch aus neurobiologischer Perspektive nicht sinnvoll. Trotzdem lehren wir unsere Kindern genau diese Trennung des Denkens vom Fühlen. Dabei wird die Sichtweise vermittelt, das Gefühl sei ein Rudiment aus unserer Vorgeschichte, das eher hinderlich ist. Die Weisheit, die in unseren Gefühlen steckt, ist dann nicht mehr zugänglich. Man entwickelt eine Denkweise, die der eines Computers gleicht. Das große

Problem der künstlichen Intelligenz ist, dass ein Computer den Informationen keine Bedeutsamkeit beimessen kann.

Warum ist Begeisterung bzw. Bedeutsamkeit Dünger für das Gehirn?

Dünger für das Gehirn bedeutet zunächst einmal, dass da etwas aufblühen soll, was vorher noch nicht da war. Das bedeutet konkret: Man braucht keinen Dünger für sein Gehirn, um so weiterzumachen wie bisher. Stattdessen braucht man den Dünger, um neue Vernetzungen entstehen zu lassen. Wenn die Mitarbeiter einer Firma etwas Neues lernen oder eine neue Aufgabe übernehmen sollen, dann wird dieser Dünger benötigt. Die dazu notwendigen neuen Vernetzungen im Gehirn des Mitarbeiters können nur dann entstehen, wenn das Neue für diesen Mitarbeiter bedeutsam wird, d. h., wenn er das Neue selbst will. Dann ist die vor ihm liegende Aufgabe emotional aufgeladen. Immer dann, wenn ein Mensch in eine Situation gerät, in der ihm etwas gelingt, was er auch will, werden bei ihm die emotionalen Zentren aktiviert. Manche sprechen auch von Belohnungszentren – ein Begriff, der mir etwas zu plump ist.

Während man an der Lösung des Problems arbeitet, das Ergebnis aber noch nicht kennt, befindet man sich in einem Zustand der inneren Unruhe. Dieser Zustand wird auch als Inkohärenz bezeichnet. Dabei fühlt man sich zwar nicht sonderlich beglückt, doch man ist ziemlich produktiv. Wenn die Lösung dann aus eigener Kraft gefunden wird, verwandelt sich dieser Zustand der Inkohärenz in Kohärenz, was wiederum zur Aktivierung der Gefühlszentren führt. Diese im Mittelhirn lokalisierten Zellgruppen haben Fortsätze, die bis in den Kortex reichen und an ihren Enden sogenannte neuroplastische Botenstoffe ausschütten. Die Zellen im Kortex selbst sind nicht in der Lage, diese Botenstoffe zu produzieren. Die Botenstoffe spendenden Zellfortsätze kommen also aus den unteren Hirnregionen. Ihre Wirkung kann man damit vergleichen, dass jemand innerhalb einer Menschenmenge etwas Bedeutsames laut ausruft. Dann wenden alle in einer konsternierten Aktion ihre Aufmerksamkeit dem Rufenden zu. Ähnlich verhält es sich mit den neuroplastischen Botenstoffen: Sie haben die Fähigkeit, den umliegenden Nervenzellen „unter die Haut" zu gehen. Das nennt man einen Rezeptor-vermittelnden intrazellulären Signaltransduktionsprozess, der dazu führt, dass die Nervenzellen, die im Zustand der Begeisterung verknüpft wurden, dazu angeregt werden, bestimmte Proteine zu bilden, die gebraucht werden, um die neuen Verknüpfungen zu stabilisieren. Deshalb werden im Gehirn immer genau die Strukturen herausgebildet, die man benutzt hat, um etwas besonders gut hinzubekommen.

Man kann sich den zugrunde liegenden Mechanismus in etwa folgendermaßen vorstellen: Die Zellen im Kortex, also jene, mit denen wir bewusst denken, finden eine Lösung. Wie gesagt, diese Kortex-Zellen sind nicht in der Lage, selbst neuroplastische Botenstoffe auszuschütten, die zur Stabilisierung des erfolgreichen Denkmusters führen. Sie melden lediglich ihren Erfolg an die Gefühlszentren, wodurch diese in den Zustand der Begeisterung versetzt werden. Daraufhin emittieren sie über die langen, bis in den Kortex reichenden Fortsätze die neuroplastischen Botenstoffe, die die dortigen Zellen zur Bildung von Proteinen anregen, die wiederum das zuvor erfolgreiche Denkmuster stabilisieren. Je häufiger man dann jemand anderem von dieser erfolgreichen Lösung mit Begeisterung erzählt, umso stärker wird das entsprechende Muster im Gehirn stabilisiert. Vor dem Hintergrund dieses Mechanismus kann man auch leicht verstehen, dass das reine Anhäufen von Wissen wenig Sinn macht – das geht zum einen Ohr rein und aus dem anderen wieder raus. Verinnerlicht wird nur das, was mit Bedeutsamkeit aufgeladen wurde. Dann braucht man die entsprechenden Gedanken nicht mehr aktiv aufzurufen, sondern das Denkmuster ist ein Teil der Persönlichkeit geworden. Man hat durch Erfahrung eine „Haltung" erworben. Diese Haltung steuert dann das Verhalten. Wenn man zum Beispiel die Erfahrung gemacht hat, dass in bestimmten Situationen ein autoritärer Führungsstil erfolgreich war, so wird es schwer sein, diese das Handeln bestimmende Haltung wieder abzulegen.

Wenn also jemand davon überzeugt ist, dass autoritärer Führungsstil genau das Richtige ist, so wird man ihn nicht durch Belohnung oder Bestrafung von dieser inneren Haltung abbringen. All diese Strategien, die wir im 20. Jahrhundert verwendet haben, um Menschen zu ändern, funktionieren nicht. Die einzige Möglichkeit, jemanden dazu zu bringen, neue Wege einzuschlagen, ist die, dass man ihn in eine Situation versetzt, in der er oder sie bereit ist, sich zu öffnen, um eine neue, günstigere Erfahrung zu machen. Dann ist, um bei dem Beispiel zu bleiben, die autoritäre Führungskraft in der Lage zu erkennen, dass ihr bisheriger Führungsstil Ausdruck einer Haltung ist, die aus einer Zeit stammt, deren Rahmenbedingungen ganz andere waren als heute und auf Erfahrungen beruht, die mit den heutigen Umständen nicht mehr kompatibel sind. Wenn diese Führungskraft dann in der nächsten Mitarbeiterversammlung nicht einfach nur vorgibt, was getan werden soll, sondern den Menschen Gestaltungsspielraum lässt und anschließend die Erfahrung macht, dass dieses Vorgehen zu besseren Ergebnissen führt, dann wird die neu gewonnene Haltung gefestigt und kann die alte mit der Zeit überlagern.

Was bewirken „Sanktionen" oder härter ausgedrückt „Bestrafungen" im Führungsalltag?

Wie bereits besprochen, ändert man damit das Verhalten des Mitarbeiters, nicht jedoch seine Haltung (Einstellung). Um ein erwünschtes Verhalten aufrechtzuerhalten, muss man immer wieder belohnen oder mit Bestrafung drohen. Dies führt dazu, dass der Mitarbeiter Strategien entwickelt, wie er die Belohnung mit möglichst wenig Aufwand erhält bzw. die Bestrafung vermeidet, ohne dass es jemand merkt. Auf diese Weise erhält man Mitarbeiter, die sich einerseits vor der Arbeit drücken, wo immer es geht, und andererseits, wann immer möglich, Belohnungen einfordern. In diesem System leiden die Führungskräfte sogar noch mehr als die Mitarbeiter. Letztere machen immerhin regelmäßig die gute Erfahrung, wie man den Chef erfolgreich täuscht (bedenken Sie: regelmäßige gute Erfahrung stabilisiert die zugrunde liegenden Denkmuster). Die Führungskräfte machen jedoch ständig die schlechte Erfahrung, dass sie sich immer mehr anstrengen müssen, um die gleiche Leistung aus den Mitarbeitern herauszukitzeln. Mit dieser Argumentation kann man Führungskräfte davon überzeugen, es anders ausprobieren zu wollen. Das ist nicht einfach, weil es voraussetzt, dass die Führungskraft einsieht, dass das Problem bei ihr liegt und nicht etwa bei faulen oder unfähigen Mitarbeitern.

Was genau erzeugt denn Bedeutsamkeit in unseren Gefühlszentren?
Das ist bei den meisten Menschen zum Zeitpunkt ihrer Geburt gleich. Dann gibt es noch keine oder kaum Bedeutsamkeiten, die unterschiedlich gewichtet werden. Die Gewichtung kommt erst durch die im Laufe des Lebens gewonnenen Erfahrungen zustande. Wenn ein Kind bei einer Mutter aufwächst, die es gemocht hat, so übertragen sich die Emotionen der Mutter auf das Kind – es übernimmt die emotionale Beziehung der Mutter zu den Dingen.

Doch woher kommen diese emotionalen Beziehungen? Die Mutter hat sie möglicherweise von ihrer Mutter übernommen, diese von ihrer usw., aber irgendwann müssen diese Emotionen, wie zum Beispiel die Liebe zum Rosenstrauch, festgelegt worden sein.
Die Vorliebe für Rosen ist natürlich nicht biologisch festgelegt. Es gibt jedoch einige grundsätzliche Festlegungen, die aus unserer Vorgeschichte stammen. So haben wir beispielsweise eine hohe Affinität für bestimmte Rhythmen, die mit unserem Herzschlag korrespondieren. Diese sind für uns erheblich bedeutsamer als Geräusche, die unregelmäßig sind. Deshalb hat sich unsere Musik in dieser rhythmischen Weise entwickelt. Wenn nun ein Kind im Mutterleib die Erfahrung macht, dass sich die Mutter beim Hören von Mozart entspannt, so wird diesem Kind später das Herz aufgehen, wenn es ähnliche Musik hört. Dabei weiß es dann nicht, woher diese Vorliebe für Mozart eigentlich kommt. Das Gefühl „Mozart hören" ist damit gekoppelt worden, wie es sich im Bauch der Mutter anfühlt, wenn es ihr richtig gut geht.

Daher ist das soziale Umfeld des zunächst im Mutterleib und später außerhalb davon heranwachsenden Kindes von großer Bedeutung dafür, welche Erfahrungen als bedeutsam eingestuft werden, d. h. durch welche Sinneseindrücke die Gefühlszentren aktiviert werden. Die Indianer im Amazonasgebiet beispielsweise leben in einem sozialen System, das sich sehr stark von unserem unterscheidet. Innerhalb ihres Lebensraumes ist es wichtig, sehr viele Grüntöne unterscheiden zu können. Das lernt dort jedes Kind. Es wird von den Amazonas-Indianern ein Potenzial genutzt, das bei uns ungenutzt bleibt, und die entsprechenden neuronalen Verschaltungen werden stabilisiert, weil die Unterscheidung von mehr als 100 Grüntönen für sie sehr bedeutsam ist, für uns hingegen nicht.

Das bedeutet, dass sich alles, was wir für bedeutsam halten, entweder aus unseren vorgeburtlichen und späteren Erfahrungen oder aus den Lebensräumen und Sinnzusammenhängen, aus denen wir kommen, herleiten lässt. Dies ist transgenerationale Weitergabe von Bedeutsamkeiten. Dabei handelt es sich um eine sehr wichtige, uns Menschen auszeichnende Eigenschaft: die Fähigkeit der horizontalen (jemand teilt Bedeutsames seinen Mitmenschen direkt durch Sprache mit) und vertikalen (transgenerationalen) Weitergabe von Erfahrungen.

Wichtig ist dabei, dass das, was so weitergegeben wird, unter die Haut geht. Die Programmgestalter der Medien wissen das und nutzen es entsprechend: bunte, grelle Bilder und Katastrophenberichte. „Sex and Crime" ist ein primitiver Appell, spricht sehr ursprüngliche Bedeutsamkeiten an, also das, was die Menschen im Innersten bewegt. Dabei muss man allerdings bedenken, dass sich Bedeutsamkeit im Laufe der Menschheitsgeschichte durchaus ändert. Was früher einmal bedeutsam war, kann heute unwichtig geworden und durch andere Dinge ersetzt worden sein. Damit verbunden ist ein gesellschaftlicher Umstrukturierungsprozess. Man kümmert sich immer weniger um Dinge, die früher einmal bedeutsam waren, und wendet sich stattdessen Neuem zu. So sehe ich heute eine Abnahme der Bedeutsamkeit von Macht und Reichtum.

Wie beurteilen Sie das kurzfristige Profitstreben speziell bei Kapitalgesellschaften?

Eine Gesellschaft, in der die Beziehungen zwischen Menschen danach ausgerichtet werden, wie viel Profit dabei entsteht, ist irrsinnig. Unter solchen Bedingungen entsteht keine Atmosphäre, in der Potenziale entfaltet werden können. Das kann nur schiefgehen, selbst wenn man dabei zwischenzeitlich viel Geld verdient. Der Stillstand der gesellschaftlichen Weiterentwicklung ist so vorprogrammiert. Etwas zunächst Bedeutsames verliert jedoch irgendwann seinen Glanz, wenn man ihm – in diesem Fall Profit – lange genug hintergerannt ist. Hat man kein Geld, ist Geld sicherlich etwas Bedeutsames, doch wenn man materiell einigermaßen gut dasteht, verliert sich die Bedeutsamkeit. An die Stelle des Geldes rückt dann etwas anderes. Wir erleben heute genau so einen zuvor beschriebenen gesellschaftlichen Umstrukturierungsprozess. Das rein Wirtschaftliche, die Abgrenzung vom anderen, der Konkurrenzgedanke, verliert allmählich seinen bisherigen Stellenwert und wird durch den Wunsch nach höherer Lebensqualität ersetzt. Wenn ich Zukunftsforscher wäre, würde ich prognostizieren, dass die Menschen in den Wohnvierteln in zehn Jahren wieder viel mehr gemeinsam im Garten sitzen, weil sie gemerkt haben, dass die zwischenmenschlichen Beziehungen auf der Strecke bleiben. Das muss auch so sein, weil es unsere Existenz auf der Erde gefährden wird, wenn wir weiterhin derartige Reibungsverluste im Umgang miteinander erzeugen.

Wie gesagt, der notwendige Umstrukturierungsprozess ist bereits im Gange. Viele Personalchefs sind sehr verwundert über die neue Generation, genannt Generation-Y, die eben nicht mehr so großen Wert auf den Firmenwagen und die Höhe des Gehaltes legt, sondern durchaus bereit ist, mit dem Fahrrad zur Arbeit zu kommen, und andere Bedeutsamkeiten formuliert: Sie wünscht sich eine Kindergartenbetreuung oder mehr Freizeit, die sie mit der Familie verbringen will.

Es handelt sich hier um eine charakteristische Eigenschaft eines sich selbst organisierenden Systems. Die Gesellschaft verändert sich ständig durch das Verschwinden und Entstehen von Bedeutsamkeiten, indem sie sich immer wieder an die neue Situation anpasst. Dieser gesellschaftliche Anpassungsvorgang hat wiederum Einfluss auf die Bedeutsamkeiten. Wir haben es also mit einem permanent ablaufenden Optimierungsprozess zu tun, der dem physikalischen Grundgesetz gehorcht, dass die aufgewendete Energie minimal wird. Alle lebendigen Systeme, auch das Gehirn, organisieren sich so, dass möglichst wenig Energie verbraucht wird. Da das Denken aber generell Energie verbraucht, bedarf es eines Anstoßes, dass diese Energie überhaupt zur Verfügung gestellt wird. Und genau dieser Anstoß ist die Bedeutsamkeit, die von den Gefühlszentren als solche erzeugt wird und die den notwendigen Energiefluss in Form von Botenstoffen zur Verfügung stellen. Aufgrund der durch die Erfahrungen definierten Bedeutsamkeiten ist dieses Anstoßen des Denkprozesses je nach

Situation für jeden Menschen unterschiedlich. Der eine interessiert sich für eine Sache überhaupt nicht, der andere ein wenig und wieder ein anderer begeistert sich dafür (siehe das Beispiel vom Rosenstrauch und dem Gemüsebeet). Das Denken kommt nur dann in Gang, wenn es hinreichend energetisch aufgeladen wird, und das passiert nur dann, wenn es um etwas Bedeutsames geht, um etwas, das unter die Haut geht – mit anderen Worten: Wenn es brennt.

Es ist allerdings sicherlich nicht die beste Strategie, immer erst dann mit dem Denken zu beginnen, wenn irgendwo ein Feuer aufflackert. Vorausschauende Planung wäre durchaus sinnvoller. Speziell in einem Unternehmen ist es hilfreich, wenn man bereits das Glimmen in einer Ecke erkennt, bevor die gesamte Firma brennt. Dabei muss man aufpassen, dass im hektischen Tagesgeschäft nicht beispielsweise die Quartalszahlen wichtiger werden als das Glimmen in der Ecke. Kurzfristig gedacht, mag das zwar richtig sein, die Quartalszahlen, um bei dem Beispiel zu bleiben, müssen schließlich fristgerecht vorliegen. Doch mittel- bis langfristig kann das Glimmen zu einem Problem führen, für dessen Lösung dann eine sehr große Menge Energie aufgewendet werden muss. Durch die Fokussierung auf den kurzfristigen Erfolg wird der langfristige Erfolg immer schwieriger. Je mehr man sich auf die kurzfristigen Bedeutsamkeiten konzentriert, umso mehr rücken die langfristigen in den Hintergrund.

Welche gesellschaftlichen Zustände müssen vorherrschen, damit es als Vorteil erachtet wird, das Denken von den Gefühlen zu trennen?

In der Vergangenheit ging es hauptsächlich um das nackte Überleben, das durch Hunger, Armut, Krankheit und äußere Feinde bedroht war. Die Menschheitsgeschichte ist eine Geschichte von Kriegen. In einer nicht globalisierten Welt führte diese ständige Bedrohung, von einem übermächtigen Feind angegriffen zu werden, dazu, dass die Gemeinschaft überbetont und das Individuelle und damit auch die Gefühle zurückgestellt wurden zugunsten des bestmöglichen Funktionierens des Einzelnen im Zusammenspiel mit den anderen Mitgliedern der Gemeinschaft. Deshalb haben sich funktionalisierte Gesellschaften entwickelt, in denen die Individuen möglichst gleichgeschaltet wurden. Auf diese Weise wurde den Menschen abgewöhnt, bei sich selbst zu bleiben, wodurch sie benutzbar wurden, durch andere in eine bestimmte Richtung gelenkt zu werden.

In diesem Zusammenhang ist das folgende Bild interessant: Menschliche Gemeinschaften sind individualisierte Gemeinschaften. In diesen individualisierten Gemeinschaften, die übrigens nur von den Primaten mit ihrem lernfähigen Gehirn herausgebildet werden können, kann der Einzelne etwas Bedeutsames herausfinden, zum Beispiel, dass es sinnvoll ist, Kartoffeln vor dem Verzehr zu waschen, und diese Erkenntnis dann an die Gemeinschaft weitergeben. Er zeigt das den anderen und schließlich machen sie es alle. Das funktioniert, wie gesagt, sowohl horizontal als auch vertikal. Daraus ergibt sich natürlich eine ungeheure Dynamik des menschlichen Denkens, weil nicht jeder Einzelne alle Erfahrungen selbst machen muss, sondern die der gesamten Gemeinschaft nutzen kann. Dies gilt allerdings nur so lange, wie jeder Einzelne die Möglichkeit hat, sich zu Wort melden zu können.

Diese individualisierten Gemeinschaften kann man jedoch nicht führen. Es handelt sich eben nicht um eine Hammelherde, die einem Führer hinterherläuft, der die Richtung vorgibt. Stattdessen tritt immer wieder einer aus der Herde heraus, der einen anderen Weg gehen möchte. Um das zu vermeiden, hat man zur Feindabwehr und zur Effizienzsteigerung in Notsituationen individualisierte Gemeinschaften zu funktionalisierten Herden gemacht. Menschen sind aber nun mal keine Herdentiere. Wir haben den Drang, uns frei entfalten zu können.

Deshalb leben wir ja auch nicht in einem Ameisenstaat, in dem es keine Individualität gibt – aber auch keinen Führer, was sehr interessant ist. Die Individuen sind bei den Ameisen so stark miteinander verbunden, dass sie sich auch ohne zentrale Befehlsstelle organisieren. Wir aber sind auch kein Schwarm, was manchmal im Zusammenhang mit der Schwarmintelligenz behauptet wird.

Haben die Menschen nicht in vielen Fällen Angst vor der Individualität?

Natürlich. Schließlich kommen sie aus Gesellschaften, in denen die Individualität nicht entfaltet werden konnte. Deshalb warten die Menschen förmlich darauf, dass ihnen jemand sagt, wo's langgeht. Es macht durchaus Sinn, die Dinge aus dieser Perspektive zu betrachten, weil auf diese Weise klar wird, warum so viele Menschen nicht gerne Verantwortung übernehmen. Stattdessen hoffen sie, dass die nächste Regierung es endlich richtig macht – oder die Führungskraft in der Firma.

Gerade nach der Wende spürten wir bei unserer Arbeit in den neuen Bundesländern, dass dort besonders viel Angst herrsche, Verantwortung zu übernehmen.

Der individuelle Gestaltungsspielraum war in der DDR viel geringer als in der BRD. Das kann ich beurteilen, weil ich selbst aus den neuen Bundesländern komme. Doch an dieser Stelle muss man aufpassen: Ein größerer Gestaltungsspielraum kann ja auch für Dinge verwendet werden, die wenig zielführend sind. Die Menschen laufen Moden und Trends hinterher, wobei sie denken, sie würden individuelle Entscheidungen treffen, die in Wirklichkeit jedoch von Modemachern und Trendsettern vorgegeben werden. Um diese Mechanismen wirken zu sehen, braucht man sich nur die Arbeitsweise der Medien anzuschauen. Bei den unwichtigen Dingen des Lebens, zum Beispiel die Entscheidung, welche Hose man anzieht, kann man individuell frei entscheiden (von den zuvor genannten äußeren Einflussfaktoren einmal abgesehen). In den wichtigen Fragen herrscht jedoch keine Entscheidungsfreiheit, wie zum Beispiel in der Frage, wie man sein Kind erzieht. Dafür gibt es die Schulpflicht. Dort müssen sich die Kinder dem System fügen. Sie lernen so, dass sie dann besonders erfolgreich sind, wenn sie sich anpassen. Somit erschließen sich die Erfahrungsräume von uns Erwachsenen für das Kind, sie werden internalisiert. Wenn die jungen Erwachsenen die Schule verlassen, sind sie der Meinung, dass sie sich auf Kosten anderer durchsetzen und Befehle ausführen müssen. Außerdem sind sie der Meinung, dass diejenigen, die das nicht machen, auch im übertragenen Sinne sitzen bleiben.

Ihrer Ansicht nach sind also Autoritäten, denen man sich fügen muss, und immer mehr Verbote und Gebote falsch.

Nein, da haben Sie mich missverstanden. Was richtig und was falsch ist, hängt von den Umständen ab. In der bisherigen Menschheitsgeschichte war das Ersetzen der individualisierten Gesellschaft durch die funktionalisierte Herde sinnvoll. Hätte man das nicht getan, wäre man von seinen Feinden überrannt worden. Oder nehmen Sie die industrielle Revolution. Die hätten wir niemals zuwege gebracht, wenn nicht ein Großteil der Bevölkerung auf seine Individualität verzichtet hätte und stattdessen tat, was verlangt wurde.

In Ihrem Buch „Biologie der Angst" beschreiben Sie ausführlich, dass Angst zur Ausschüttung von Botenstoffen führt, die sich zu den zuvor erwähnten neuroplastischen genau umgekehrt verhalten: Sie lösen bestehende Vernetzungsmuster auf, wodurch sozusagen Platz für neue Denkstrukturen geschaffen wird. Muss man also zunächst Angst erzeugen, um eine bestehende Haltung abzubauen?

Nein. Das Buch ist mit einer ganz anderen Intention geschrieben worden, nämlich den Menschen die Angst vor der Angst zu nehmen. Dazu habe ich aufgezeigt, dass Angst ein wichtiges Signal ist, das uns darauf hinweist, dass wir etwas falsch machen. Nur für den Fall, dass man selbst auf dieses deutliche Zeichen nicht reagiert, gibt es im Gehirn eingebaute Mechanismen, die dann etwas „aufweichen". Dabei ist zu bedenken, dass man noch nicht genau weiß, was sich da eigentlich auflöst. Es sieht so aus, dass sich unter dem Einfluss von Angst alles Mögliche auflöst – nicht nur spezielle Denkstrukturen. Das kann im Extremfall dazu führen, dass sich starke Depressionen ausbilden, die sich entsprechend negativ auf unseren allgemeinen Gesundheitszustand auswirken können. Mit anderen Worten: Unter dem Einfluss von Angst weiß das Gehirn nicht, was es auflösen soll, weshalb auch Denkmuster betroffen sind, die nach wie vor nützlich sind. Deshalb ist Angst kein geeigneter Ratgeber, um in ausweglos erscheinenden Situationen innovative Lösungen zu finden. Zusammenfassend gesagt, ist Angst ein wichtiges Signal, und solange sie in geringer Intensität vorkommt, kann sie ein Anstoß dafür sein umzudenken. Doch wenn die Angst zu groß wird, tritt das genaue Gegenteil ein. In Situationen, die als wirklich bedrohlich eingeschätzt werden, bewirkt die Angst das sture Festhalten an alten, etablierten Denkstrukturen. Wenn man also die Mitarbeiter in Angst und Schrecken versetzt, so erreicht man damit, dass bei ihnen das archaische Notfallprogramm aktiviert wird: Angriff, gegebenenfalls Flucht. Es funktioniert auch nicht, nur ein „bisschen" Angst zu verbreiten, weil Angst etwas sehr Individuelles ist. Was der eine kaum spürt, kann bei dem andern schon Panik auslösen. Wenn man die Haltung eines Menschen ändern will, ist Angst also nicht das richtige Mittel. Was man jedoch stattdessen tun kann ist, ein Dilemma bei ihm hervorzurufen. Bei einem Dilemma weiß derjenige, dass es so nicht richtig ist, wie er etwas macht – aber er empfindet die Situation nicht als bedrohlich. Auf unser Thema „Führen" übertragen bedeutet dies, dass man der Führungskraft das folgende Dilemma aufzeigt: „Der bislang angewandte autoritäre Führungsstil war in der Vergangenheit richtig, weil Mitarbeiter gebraucht wurden, die nur genau das taten, was man ihnen sagte. Heute ist jedoch ein anderer Typ Mitarbeiter gefragt, nämlich jemand, der mitdenkt, kreativ ist und Verantwortung übernehmen will. Davon hängt das Überleben des Unternehmens ab. So jemanden kann man jedoch nicht autoritär führen, sondern man muss ihm Freiräume lassen, ihn von der Firma, ihren Produkten und ihrer Vorgehensweise überzeugen oder umgekehrt die Vorstellungen des Mitarbeiters übernehmen, ihn für die gemeinsame Sache begeistern und ihn respektieren." Das Dilemma besteht also darin, dass die Führungskraft einerseits dazu tendiert, an alten Verhaltensmustern festzuhalten, andererseits jedoch erkennt, dass mit dem bisherigen Führungsstil der gewünschte Effekt, engagierte, kreative und Verantwortung übernehmende Mitarbeiter zu haben, nicht erreicht werden kann.

Warum wird heute trotzdem noch so viel mit Angst geführt?

Das ist im Wesentlichen Unkenntnis über die Zusammenhänge, wie Menschen fühlen, denken und handeln. Wenn die Führungskräfte verstehen würden, dass man mit Angst nichts erreichen kann, sondern bei den Mitarbeitern stattdessen ein Dilemma erzeugen sollte, wäre schon viel gewonnen. Dieses Erkenntnisdefizit ist nicht einfach zu beheben, denn wenn man diese Zusammenhänge einer Führungskraft erklärt, wird sie ihr Verhalten noch lange nicht ändern. Sie muss erfahren, fühlen, dass ein anderer Führungsstil besser ist. Nur dann wird eine neue, stabile Haltung zum Thema Führen erzeugt. Was die Führungskraft jedoch spürt ist, dass kurzfristig mit dem Konzept des Zuckerbrots und der Peitsche immer wieder Erfolge zu erzielen sind. So wird stringentes Verhalten erzeugt, welches das aktuelle Problem kurzfristig löst. Langfristig verliert man jedoch das Commitment der Mitarbeiter, in deren Köpfen nach einiger Zeit das Phänomen der "inneren Kündigung" entsteht – mit fatalen Folgen für das Unternehmen. Wie soll beispielsweise ein Vertriebsmitarbeiter freundlich zu den Kunden sein, der immer wieder von seinem Chef niedergemacht wird? Um derartige Effekte zu kompensieren, werden Mitarbeiter – besonders häufig in US-amerikanischen Unternehmen – darin geschult, sich kundenfreundlich zu geben. Das Ergebnis ist eine vorgetäuschte Freundlichkeit, wie man sie beispielsweise bei McDonald's oder an der Rezeption einiger Hotels beobachten kann. Zur Unterscheidung von echter Freundlichkeit spricht man von „Attitude". Speziell in den USA spürt man, dass Attitude dort ein wesentlicher Bestandteil der Kultur ist. Das ist eine antrainierte Verhaltensweise, die belohnt wird, die aber nicht echt ist. Zurück zum Unternehmen: Der Kunde spürt, dass es sich lediglich um geschauspielerte Freundlichkeit handelt, was das Unternehmen für den Kunden nicht unbedingt sympathisch macht.

Es geht also darum, dass sich die Mitarbeiter wirklich für das Unternehmen begeistern und damit identifizieren …

Ganz genau. Bei der Deutschen Bahn beispielsweise werden zurzeit massive Anstrengungen unternommen, die dazu notwendige Führungskultur, die Transformationale Führung, im Unternehmen zu etablieren. Nebenbei gesagt, gehören der Vorstandschef Rüdiger Grube und sein Personalvorstand Ulrich Weber meiner Meinung nach zu den deutschen Top-Managern des 21. Jahrhunderts. Ihr Ziel ist es, die Deutsche Bahn bis zum Jahre 2020 zum attraktivsten Arbeitgeber Deutschlands zu machen. Sie haben erkannt, dass nur so das Problem des Fachkräftemangels zu lösen ist, und begnügen sich nicht wie andere Unternehmen damit, Facharbeiter beispielsweise aus Spanien anzuwerben, die nach spätestens drei Jahren wieder weg sind, weil sie sich nicht mit einem autoritär geführten Unternehmen identifizieren.

Wie soll man mit den Ängsten der Top-Führungskräfte umgehen, den Erwartungen und Anforderungen ihrer Umwelt nicht gerecht werden zu können?

Zunächst einmal stellt sich die Frage, ob es die Top-Manager sind, die am meisten unter diesen Ängsten leiden. Untersuchungen haben ergeben, dass diese Ängste eher ein Thema der mittleren und unteren Führungsebene sind, jener Schicht, die von Grube und Weber als „Lehmschicht" bezeichnet wird. Die Unternehmensleitung kann sich noch so tolle Programme ausdenken, da existiert eine Schicht im Unternehmen, in der die an der Spitze beschlossenen Maßnahmen stecken bleiben. Das sind die Leute, die in doppelter Weise Angst haben, einerseits vor denen, aus deren Mitte sie sich gerade hochgearbeitet haben, wobei sie Angst haben, nicht als Führungskraft akzeptiert zu werden, und andererseits fühlen sie sich unsicher in der neu erworbenen Führungsverantwortung, weshalb sie Angst haben, etwas falsch zu machen, was dann von „oben" sanktioniert wird. Unter diesem Druck von beiden Seiten kapseln sich diese Führungskräfte ab. Folglich blockieren sie den vertikalen Informationsfluss.

Bei den Top-Führungskräften habe ich persönlich sehr selten Ängste festgestellt – im Gegenteil, ich habe unter diesen Leuten einige kennengelernt, die eher an Selbstüberschätzung gelitten haben. Bei diesen Top-Managern sind oftmals sehr viel Schwung und Begeisterung vorhanden, die aus obigen Gründen unten nicht mehr ankommen.

Ängste entstehen dann, wenn man das Vertrauen verliert. Es gibt drei Vertrauensressourcen: erstens das Vertrauen in die eigene Kompetenz – die ist bei den Führungskräften in den oberen Etagen reichlich vorhanden, denn sonst wären sie nicht so weit gekommen. Diejenigen in der unteren oder mittleren Ebene hatten jedoch meist noch keine Zeit, sich die eigene Kompetenz zu beweisen, und sind entsprechend unsicher.

Zweitens die Sicherheit, dass jemand da ist, der bei Schwierigkeiten hilft. Das ist in der unteren Ebene ebenfalls problematisch, weil diese Führungskräfte sich nur ungern an ihren Chef wenden – schließlich haben sie aus obigen Gründen Angst vor ihm. Doch ihr Vorgesetzter wäre eigentlich genau derjenige, der ihnen als „Supportive Leader" helfen sollte.

Das Dritte ist das Vertrauen in das kindliche „Alles wird gut", in die Sinnhaftigkeit dessen, was man tut, in das Eingebundensein der eigenen Existenz in einen größeren Zusammenhang. Deshalb haben wir beispielsweise in christlichen Instituten zumeist katholische Führungskräfte, die weniger schnell ausgebrannt sind und unter Ängsten leiden als der Durchschnitt. Meine Mitarbeiter und ich haben eine sonderbare Beobachtung gemacht bei der Untersuchung von Unternehmen, die einen führungstechnischen Kulturwandel erfolgreich hinter sich gebracht haben. Von den 15 untersuchten beim Kulturwandel erfolgreichen Unternehmen wurden zu unserer eigenen Überraschung fünf von Anthroposophen geführt. Das ist weit mehr als der Durchschnitt. In Deutschland werden wahrscheinlich weniger als ein Prozent der Unternehmen von Anthroposophen geführt. Es hängt offensichtlich sehr stark davon ab, welches Menschenbild jemand hat, um ohne Angst einen Kulturwandel zu bewerkstelligen.

Zwei Grundbedürfnisse des Menschen, um glücklich zu sein, sind Verbundenheit und wachsen zu dürfen. Doch diese beiden Bedürfnisse sind teilweise widersprüchlich. Beispielsweise muss man die Verbundenheit zur Mutter in Teilen aufgeben, um sich weiterentwickeln, d. h. weiterwachsen, zu können. Wie bekommt man in einem Unternehmen diese beiden Bedürfnisse unter einen Hut, damit die Mitarbeiter glücklich sind, Begeisterung empfinden und sich mit ihrer Arbeit identifizieren?

Man darf die Menschen nicht als Objekte betrachten, sondern als Subjekte. Genau da liegt der Fehler, denn wir machen uns gegenseitig ständig zu Objekten. Jetzt, in diesem Interview, bin ich beispielsweise ein Objekt Ihres Interesses. Manchmal, wenn ich auf der Bühne stehe und Vorträge halte, werde ich sogar zum Objekt von Bewunderung. Wir Menschen reagieren darauf, indem wir die anderen dann auch zum Objekt machen. Wenn beispielsweise ein Lehrer einem Schüler sagt, dass dessen Leistung nicht ausreicht, dass er also eine Fünf bekommt, dann belegt der Schüler den Lehrer anschließend zumindest gedanklich mit einem Schimpfwort – so macht er ihn zum Objekt. In diesem Beispiel hat der Lehrer angefangen, den Schüler zum Objekt zu machen, und wundert sich dann, dass er selber zum Objekt wird. Vorher hat der Schüler den Lehrer möglicherweise noch gemocht. Die beiden hatten eine personale Beziehung miteinander. Doch jetzt besteht zwischen ihnen nur noch eine Objektbeziehung, vergleichbar mit der zwischen einem Menschen und einer Maschine. Diese Art des miteinander Umgehens haben wir so stark verinnerlicht, dass es uns schon nichts mehr ausmacht, wenn wir in virtuellen Welten, wie zum Beispiel Facebook, mit Personen verkehren, die es in Wirklichkeit überhaupt nicht gibt. Die Problematik dabei ist, dass in einer Objektbeziehung keine Dynamik entsteht. Das ist wie eine Fäulnis, die sich in der Gesellschaft ausbreitet, weil sich unter diesen Umständen nichts Neues entwickelt. Nehmen wir einmal an, ein Kind benimmt sich grob daneben. Dann ist es sicherlich besser, wenn man als Vater oder Mutter laut wird, als dass man dem Kind signalisiert, dass einem das Verhalten des Kindes egal wäre. Denn durch diesen Emotionsausbruch erkennt das Kind, es mit einem Menschen zu tun zu haben, es tritt wieder in eine Subjektbeziehung zu den Eltern. Das Kind empfindet sich selbst dann nicht als Objekt elterlicher Aggressionen, sondern als Subjekt der Befürchtungen und Ängste seines Gegenübers. Deshalb flehen Kinder oftmals geradezu darum, dass ihnen jemand Regeln aufzeigt. Das hat nichts mit einem autoritären Erziehungsstil zu tun. Im Bereich der Mitarbeiterführung nennt man das „Supportive Leadership". Das bedeutet, dass man alles dafür tut, dass sich die Mitarbeiter frei entfalten können. Dazu gehört auch, dass man sie davor schützt, sich selbst im Wege zu stehen. Wenn man beispielsweise erkennt, dass ein Mitarbeiter hoch talentiert ist, aber auch leider faul und dauernd unpünktlich, dann muss man Maßnahmen ergreifen, dass er sein Verhalten ändert. Ansonsten würde dieser Mitarbeiter sein Talent verschwenden. In diesem Fall ist eine Maßregelung ein Akt der Fürsorge. Dabei muss man kommunizieren, dass er nicht ein Objekt dieser Maßnahme, sondern Subjekt ehrlich gemeinter Fürsorge ist.

Wie entsteht Kreativität?

Die besten Ideen hat man sonderbarerweise ja meist dann, wenn es um nichts geht: unter der Dusche, wenn man entspannt auf dem Sofa liegt oder sogar im Urlaub. Die Abwesenheit von Druck und Ängsten ist die Voraussetzung für Kreativität, die entsteht, wenn man spielerisch mit den Dingen umgeht, und das kann man nur, wenn man dabei nicht in einem existenziellen Wettbewerb steht. Deshalb ist es so wichtig, dass unsere Gesellschaft den Wettbewerbs- und Leistungsdruck möglichst lange von unseren Kindern fernhält. Sie müssen unbeschwert spielen können, um ihre Potenziale zu entdecken und zu entfalten. Wenn das nicht gelingt, werden Kinder zu früh in

Strukturen gepresst. Es kann doch nicht sein, dass die Kleinen noch nicht einmal erfahren haben, dass sie Hände und Füße zum Klettern haben, bevor sie schreiben lernen.

In diesem Zusammenhang ist ein weiteres Phänomen interessant, nämlich dass die Lebenserwartung in den westlichen Industrienationen langsam sinkt. Das wird aller Voraussicht nach die nun folgende Generation stärker als die unsrige treffen. Wenn man als Kind keine Gelegenheit hatte, den eigenen Körper kennenzulernen und eine entsprechende Beziehung zu ihm zu entwickeln, sondern stattdessen Mathe, Englisch und Physik gepaukt hat, dann hat dieses Kind versäumt, Fähigkeiten zu erwerben, die lebenstüchtig machen. Dann hilft es auch nicht, wenn man mit 40 Jahren anfängt, im Wald joggen zu gehen. Die Grundlagen für körperliche Betätigung müssten im Kindesalter ausgebildet werden.

Neues kommt in die Welt durch Kreativität, die wiederum auf Spielen, d. h. der Abwesenheit von Wettbewerb, basiert. Neurobiologisch betrachtet, entsteht Kreativität dadurch, dass Brücken gebaut werden, und zwar zwischen Zusammenhängen, die in unterschiedlichen Hirnarealen durch neuronale Muster repräsentiert wurden. Wenn diese unterschiedlichen Dinge erfolgreich in Beziehung gebracht wurden, entsteht etwas Neues. Deshalb setzen heute viele Unternehmen auf „Diversity". Wenn man Menschen zusammenbringt, die aufgrund ihrer Entwicklung in unterschiedlichen Kulturen unterschiedlich denken, so entsteht durch die Herstellung eines Zusammenhangs zwischen diesen unterschiedlichen Denkweisen etwas Neues. Vielfalt fördert also Kreativität. Einfalt, das sagt ja schon der Name, macht sie kaputt.

Zum Abschluss noch eine Frage zur vieldiskutierten Managerkrankheit: Eine Hauptursache für Burnout ist das Scheitern bei der Konfliktlösung. Warum tun wir uns damit zu schwer?

Weil die Menschen, wenn sie unser Bildungssystem verlassen, etwas Entscheidendes nicht gelernt haben: den richtigen Umgang mit Fehlern und dem Scheitern. Stattdessen bewegen sie sich stromlinienförmig hin zu ihrem Karriereziel. Deshalb verfügen sie nur in geringem Maße über Strategien zur Bewältigung von Problemen, die nicht auf ihrem geradlinigen Weg vorgekommen sind. Wenn sich jemand mit einem geradlinigen Lebenslauf auf eine Stelle bewirbt, so ist die Wahrscheinlichkeit groß, dass derjenige bei Konflikten scheitern wird – mit entsprechenden Schwierigkeiten, Stress zu bewältigen. Deshalb sollten Unternehmen anders als bisher rekrutieren. Man kann dies vergleichen mit der Zucht von Rennpferden. Für einen bestimmten Zweck sind sie hervorragend geeignet, aber in freier Wildbahn würden sie nicht überleben. Ähnlich verhält es sich mit den Hochleistungskadern, die in unserem Bildungssystem gezüchtet wurden. Sie kommen mit dem Leben nicht zurecht, nicht mit unerwarteten Schwierigkeiten, nicht mit ihren Kollegen, scheitern an der Arbeit im Team, sie haben nie gelernt, Kompromisse zu schließen, andere einzuladen und zu ermutigen. Stattdessen haben sie gelernt, sich durchzusetzen auf Kosten anderer. Daraus ergibt sich ein Sammelsurium von ungünstigen Voraussetzungen. Deshalb stellen immer mehr große Firmen weltweit fest, dass sogar den Absolventen der besten Hochschulen zum Einsatz in Führungspositionen etwas fehlt. Deshalb fahren diese Unternehmen die Strategie, dass sich die besten Harvard-Absolventen nach wie vor bei ihnen bewerben können, aber sie müssen dann zunächst einmal ein Jahr eine Schulklasse in der Bronx voranbringen. Wenn dann einer dieser Absolventen nach einem Jahr aus so einer zusammengewürfelten Schulklasse ein leistungsorientiertes Team gemacht hat, dann hat er bewiesen, dass er das Zeug zur Führungskraft hat.

Genau aus diesen Gründen macht uns unsere Arbeit so viel Spaß.

Ich bin mir nicht sicher, ob man als Unternehmensberater nicht doch eher objektbezogen arbeitet.

Deshalb verstehen wir uns weniger als Berater, sondern mehr als Coach und Trainer. Dabei betrachten wir eben nicht nur die Prozesse innerhalb eines Unternehmens auf mechanistische Weise, sondern wir berücksichtigen in besonderem Maße das Fühlen, Denken und Handeln der Menschen.

Wir danken Ihnen herzlich für dieses interessante und unser Thema in wesentlichen Punkten bereichernde Gespräch.

Psychologische Betrachtungen 3

3.1 Flourishing – das Entfalten von Potenzialen

Der Psychologe Martin Seligman überraschte sein Fachpublikum 1998 mit einer bemerkenswerten, ja mutigen Rede. Er rief seinen Kollegen zu, man solle sich zukünftig nicht nur den seelisch Kranken zuwenden, sondern versuchen, auch den ganz normalen Menschen Dinge an die Hand zu geben, die ihr Leben glücklicher und erfüllter machen würden. Es war die Geburtsstunde der Positiven Psychologie.

Heute können wir feststellen, wie sehr sich der Fokus der Forschung seit Seligmans Rede verändert hat. Von der rein therapeutischen Anwendung der Psychologie distanzierte man sich, stattdessen betrat man ein neues Forschungsfeld mit dem blumigen Namen *Flourishing*. Mit diesem quasibiologischen Begriff des „Erblühens" oder „Entfaltens" oder „Gedeihens" bezeichnen Psychologen das Phänomen, wenn wir auf der Höhe unserer Möglichkeiten angekommen sind, unsere Fähigkeiten optimal entfalten und ausschöpfen können, und wenn wir im Einklang mit uns selbst und unserer Umwelt leben. Positive Gefühle versetzen uns in die Lage, unsere Anlagen und Möglichkeiten besser zu verwirklichen, unsere Potenziale und Ressourcen eindrucksvoller zu nutzen und die Beziehung zu anderen Menschen bestmöglich zu gestalten.

Diese guten Gefühle – ausgelöst durch die Verbundenheit mit anderen, den Möglichkeiten, Grenzen zu verschieben und mit seinen Aufgaben zu wachsen, sprich: sich zu entwickeln – sind der weithin unterschätzte Schlüssel zur Bewältigung unseres Alltags. Es ist ein Irrtum zu glauben, unser Leben durch noch mehr Logik und Rationalität in den Griff bekommen zu können. Die Erforschung dieser positiven Gefühle zeigt immer deutlicher, dass sie nicht nur „an sich" angenehm sind. Sie sind kein Privileg in einer konkurrierenden Welt, sondern die Voraussetzung für ein optimales kognitives Funktionieren. Positive Emotionen erweitern unsere Wahrnehmung und unser Denken, fasst Barbara Fredrickson von der Univesity of North Carolina zusammen.[1] In mehr als 20 Jahren empirischer Forschung bündelte sie ihre Erkenntnis in der sogenannten Broaden-and-build-Theorie. Sie besagt, dass positive Gefühle die kognitiven Fähigkeiten steigern und wir als andauernde Folgewirkung Ressourcen aufbauen und vertiefen können, die uns weiser, stärker und widerstandsfähiger machen. Wir verstehen uns besser mit unseren Mitmenschen, schreibt Fredrickson in ihrem Buch „Positivity" (2009). Sie konnte in zahlreichen Experimenten nachweisen, dass wir unter dem Einfluss guter Gefühle wacher, aufmerksamer und als Folge davon auch klüger werden. So zeigte sich, dass bei der Lösung abstrakter Intelligenzaufgaben positiv gestimmte Versuchspersonen deutlich erfolgreicher waren und mehr dazu neigten, das große Ganze im Überblick zu behalten, anstatt sich in Einzelheiten zu verlieren. Negativ Gestimmte klammerten sich eher an Details. Sie antworteten „konservativ" und zögerlich. Dagegen zeigten sich positiv gestimmte Versuchspersonen entschlossener und spielerischer – die Grundvoraussetzung für Kreativität. Diese Ergebnisse unterstreichen unsere neurobiologischen Betrachtungen im vorherigen Kapitel, aus denen hervorgeht, dass Kreativität nur in der Abwesenheit von Ängsten möglich ist.

„Auch bei Tests des Sprachvermögens (Wortassoziationen), etwa bei Aufgaben dieses Typs: Welches Wort passt zu den drei Begriffen „Baum", „Bank", „Springbrunnen"? Richtige Antwort „Park",

---

1 Shenk (2009)

schnitten die positiv beeinflussten Versuchspersonen deutlich besser ab", schreibt der Chefredakteur der „Psychologie Heute" Heiko Ernst.[2] Wir haben offensichtlich in einer positiven Grundstimmung einen besseren Zugang zu unserem „semantischen Speicher".

Während negative Emotionen wie Wut, Ekel und Angst das Spektrum unserer Denk- und Handlungsalternativen einengen, obwohl wir häufig im Führungsalltag erkennen müssen, dass mit Angst geführt wird, erweitern positive Emotionen wie Freude und Zufriedenheit – beispielsweise über eine ausgesprochene Wertschätzung – unser Repertoire. Neben den augenfällig kognitiven Auswirkungen unterscheiden sich positive Gefühle vor allem in einem weiteren wichtigen Punkt von negativen. Trotz ihrer oft nur kurzen Dauer haben sie eine langfristig positive Wirkung. Während Gefühle wie Ärger, Wut, Aggression und Angst und der sie begleitende Stress uns körperlich und seelisch zu schaffen machen, haben die positiven Gefühle einen mehrfachen Langzeitnutzen.

1. Sie erleichtern die Kommunikation und den Aufbau von Beziehungen zu anderen.
2. Sie stärken den Lerneffekt, die Kreativität und alle anderen Intelligenzleistungen. Auch an dieser Stelle möchten wir auf den in Kapitel 2 über Neurobiologie gezogenen Umkehrschluss hinweisen: Negative Gefühle wie Angst verhindern Kreativität.
3. Positive Emotionen stärken unsere Resilienz (psychische Widerstandskraft) und machen uns belastbarer in Stresssituationen.

Das weite Spektrum menschlicher Gefühle spielte eine maßgebliche Rolle für das Überleben der Spezies Mensch. Seligman spricht in diesem Zusammenhang von einem „katastrophischen Gehirn", das immer auf das Schlimmste gefasst ist. Wir haben als Art überlebt, weil wir uns auf das konzentriert haben, was schieflaufen kann, nicht auf das, was gut geht. Die evolutionären Hintergründe haben wir in Abschnitt 1.4 beim Thema „agency detection device" (Rauchmelderprinzip) erörtert. Daraus ergibt sich das folgende

---

2 Ernst (2006)

Problem: Was damals nützlich, ja überlebenswichtig war, passt nicht mehr so gut zu den Überlebensbedingungen unserer modernen Welt. Vor diesem Hintergrund betonen Psychologen die an Bedeutung zugenommenen angenehmen Gefühle. Sie schafften die Basis für Arbeitsteilung und Kooperationen, d. h. die Grundlagen für das Entstehen von Zivilisation (siehe Kapitel 1).

4. Positive Emotionen bewirken die Kontrolle über unsere Kanpf- oder Fluchthormone. Wir sind nicht angespannt oder defensiv und auf eine ganz bestimmte Problemlösung konzentriert.

Stattdessen werden wir offen und neugierig gegenüber Neuem und fühlen uns wesentlich enger mit unserer Umwelt verbunden, weshalb wir uns anderen Menschen gegenüber auch hilfsbereiter verhalten. Dieser Effekt konnte in den unterschiedlichsten Kulturkreisen dieser Welt nachgewiesen werden.

Doch was würde geschehen, wenn es gelänge, die tägliche Ration an guten Gefühlen dauerhaft zu steigern? In einer ihrer wohl wichtigsten Arbeiten ihrer Karriere, ihrer Open-Heart-Studie, rekrutierte Barbara Fredrickson 200 Mitarbeiter eines Unternehmens und teilte sie in zwei Gruppen auf. Allen Versuchsteilnehmern bot man einen kostenlosen Meditationskursus an. Die einen durften sofort einsteigen, während die andere Kontrollgruppe erst ein halbes Jahr später beginnen durfte. Die Teilnehmer meditierten nicht länger als 80 bis 90 Minuten pro Woche. Nach nur drei Monaten hatte sich der Gefühlshaushalt der aktiv meditierenden Gruppe in eindrucksvoller Weise verändert. Sie alle zeigten eine höhere Aufmerksamkeit für gegenwärtige Ereignisse, waren hinsichtlich ihrer eigenen Zukunft optimistischer, sahen einen größeren Sinn im Leben, fühlten mehr Selbstvertrauen, gaben anderen mehr Unterstützung und empfingen mehr Beistand von anderen. Sie waren körperlich deutlich gesünder als ihre Kollegen, die noch auf ihren Meditationskursus warteten. Nach nur drei Monaten hatte dieser Weg zu einer leichten Erhöhung der täglich empfundenen positiven Emotionen geführt und das Leben der Versuchsteilnehmer nachhaltig verändert.

3.1 Flourishing – das Entfalten von Potenzialen

Wenn uns gute Gefühle solche Ressourcen zur Verfügung stellen, sollten wir dann nicht schlechte wie Neid, Hass, Misstrauen und Angst aus unserem Leben verbannen? Fredrickson konnte durch aufwendige statistische Verfahren etwas Außergewöhnliches aufzeigen: Es ist nicht die Abwesenheit von negativen Gefühlen, die Menschen erblühen und entfalten lässt, sondern ein optimales Verhältnis von guten zu schlechten Emotionen. „Der Glücksforscher Ed Diener hat festgestellt, dass negative Emotionen, beispielsweise Anflüge von Ärger, eine bestimmte Dosis von Traurigkeit, Unzufriedenheit oder Angst ein nötiges Korrektiv sind, damit wir nicht blind werden für die Realitäten des Lebens. Ein Maximum an Glück ist nicht nur nicht machbar, es wäre auch kontraproduktiv."[3] Wenn wir keine Rückschläge erleiden würden, die uns weiser und vorsichtiger machen, würden wir den Erfolg niemals auskosten können. Freud spricht in diesem Zusammenhang von Glück als einem Kontrasterlebnis. Etwas Unglück ist funktional in unserem Leben. In Untersuchungen konnte Ed Diener aufzeigen, dass Superglückliche auf einer Skala von 0 (extrem unglücklich) bis 10 (extrem glücklich) häufig beruflich weniger erfolgreich sind und mit plötzlich konfrontierten Herausforderungen weniger gut umgehen können, als Menschen, die „nur" eine 8 erzielten.

Fredrickson stellte fest, dass es in unserem Gefühlshaushalt einen Tipping Point, einen Wert gibt, ab dem wir einen fundamental neuen Gefühlszustand erreichen. Dieser liegt bei einer positiven Ratio von 3:1, wer darüber liegt, erblüht. Der Zustand des Flourishings stellt sich also ein, sobald wir regelmäßig dreimal mehr positive als negative Emotionen erleben. Wenn wir zusätzlich die oben genannten Ergebnisse des Glücksforschers Ed Diener einbeziehen, so ergibt sich, dass es dafür auch eine obere Grenze gibt, die zwischen 4:1 und 5:1 liegen dürfte. Darüber hinaus wirken sich positive Gefühle kontraproduktiv aus, in dem Sinne, dass sie uns der Bodenhaftung berauben. Der überwiegende Anteil der Bevölkerung erreicht einen Wert von 2:1, erlebt also positive Emotionen immer doppelt so häufig

---

3 Ernst (2006)

wie negative. Ein konstanter Wert von 1:1 oder darunter gilt bereits als Anzeichen einer Depression.

Mit welchen Kriterien lässt sich nachweisen, ob ein Mensch blüht, sich also in einer Phase persönlichen Wachstums und Gedeihens befindet? Die Psychologin Felicia Huppert von der Universität Cambridge näherte sich dieser Frage und bestimmte folgende Kerneigenschaften, die einen blühenden Menschen ausmachen.

Es sind zum einen die positiven Emotionen, also die Frage, wie zufrieden man mit dem eigenen Dasein ist.

Barbara Fredrickson hält die Zufriedenheit für die am meisten unterschätzte stärkste positive Emotion in der westlichen Kultur. Hinter der scheinbaren Inaktivität der Zufriedenen verbirgt sich eine hohe kognitive Bereitschaft und Aktivität. Im Zustand der Zufriedenheit sind wir besser als in anderen emotionalen Zuständen in der Lage, den Augenblick achtsam wahrzunehmen und neue Erfahrungen zu sammeln. Wir sind im entspannten Zustand unablässig „hungrig" auf neue Reize, unser Gehirn genießt es, stimuliert zu werden.

Deswegen ist eine weitere Kerneigenschaft für Flourishing das Interesse. Der Mensch ist das neugierige, das interessierte Wesen schlechthin. Der Persönlichkeitspsychologe Silvan Tomkins meinte: „Interesse ist das Denken mit freudiger Erregung." Interesse erscheint als die Begleitemotion der Neugier. Interesse stiftet uns an, komplexe Zusammenhänge zu erforschen, Herausforderungen anzunehmen, um bis zur selbstvergessenen Hingabe alles um uns herum auszuschalten. Hier reizt uns die Aufgabe – vielleicht in einem weiteren Buch –, die Wirkungsweise des „Flows" neurobiologisch zu ergründen und in diesem Zusammenhang vielen spannenden Fragen nachzugehen.

Überzeugt zu sein, das Richtige zu tun – die Sinnhaftigkeit stellt eine weitere Voraussetzung dar, um sich entfalten zu können.

Häufig verliert man Mitarbeiter auf dem Weg zum Ziel, weil hierfür zu wenig geworben, zu wenig argumentiert wurde und das „Warum" unbeantwortet blieb. Sinnstiftende Führung ist in vielen Fällen unterentwickelt und führt folglich zur mangelnden Identifikation mit Zielen und Projekten, ganz zu schweigen von der Motivation.

Professor Götz Werner, Gründer und Aufsichtsratsmitglied des Unternehmens dm-drogerie markt, schreibt im Vorwort dieses Buches: „Das Erkennen des Sinns hat eine enorme Sogwirkung. Das ist auf unser ganzes Zusammenleben übertragbar. Wenn Menschen einen Sinn erkennen und bereit sind, aufgeschlossen mit Aufgaben umzugehen, dann fördert das innovative Lösungen, neue Produkte können kreiert oder kreative Dienstleistungen angeboten werden."

Freude empfinden wir, wenn wir ein bestimmtes Ziel erreicht haben; sie bewirkt eine unspezifische Aktivierung des Geistes. Wie wir weiter oben ausführten, werden wir offener und interessierter im Zustand freudiger Erregung. Freude hat also sehr verlässliche soziale Wirkungen, erhöht die soziale Akzeptanz, stiftet neue und festigt bestehende Beziehungen.

Resilienz ist laut Felicia Huppert eine wesentliche Eigenschaft, die „blühende" Menschen ausmacht. Sie ist die Fähigkeit, bei Rückschlägen schnell wieder sein psychisches Gleichgewicht zu finden, den zuvor aufgeführten Kerneigenschaften für Flourishing wieder mehr Raum zu geben, zulasten der eigenen Trauer.

Die Studien über Flourishing geben Anlass, sein eigenes Selbstmanagement zu überdenken, inwieweit man die Achtsamkeit für positive Gefühle stärken und kultivieren kann, und somit die Sensibilität für den Moment um Freude, Zufriedenheit und Dankbarkeit bewusster zu erleben und ihnen den nötigen Raum zu geben. In unseren Coachings begegnen wir immer wieder Menschen, die ihrem „katastrophischen Gehirn" die Macht geben, sich mehr auf das zu konzentrieren, was schiefgehen könnte. Oft genug nehmen sie vergangene Erfolge nicht wahr und können folglich diese und sich selbst als Person nicht wertschätzen. Bei Fehlern oder Rückschlägen gehen sie unangemessen hart mit sich ins Gericht. Es gibt genügend Beispiele, die zeigen, dass diese Art der Selbstführung häufig weit davon entfernt ist, die oben angeführten Erkenntnisse aus zahlreichen Studien über Flourishing für sich nutzbar zu machen.

Erst deren Berücksichtigung und Anwendung ebnen den Weg zu einem intelligenten Selbstmanagement, das die Voraussetzung darstellt, um Mitarbeiter erfolgreich zu führen.

3.2 Psychopathen in der Chefetage?

Zahlreiche Wissenschaftler sind sich inzwischen darüber einig, dass viele Manager die Kriterien eines Psychopathen erfüllen[4]. Sie kamen zu dem Ergebnis, dass der Prozentsatz von Verhaltensauffälligen in der Chefetage signifikant höher ist als in der normalen Bevölkerung. Untersuchungen über diese Anteile gibt es erst seit Kurzem. Sie kommen zu dem Schluss: 2 % der Bevölkerung sind Psychopathen.

Der Psychologe Robert Hare aus Vancouver setzte eine „Checkliste zur Psychopathie" ein, um Hunderte Testpersonen bezüglich möglicher Verhaltensauffälligkeiten zu untersuchen (Hare, 1991). Aus den so gewonnenen Daten können für Psychopathen hohe Werte für ein grandioses Selbstwertgefühl, Überzeugungskraft, oberflächlichen Charme, mangelnde Empathie, die Kunst, Menschen zu manipulieren, Impulsivität, Disziplinlosigkeit und fehlendes Verantwortungsbewusstsein abgeleitet werden. Diese Eigenschaften kamen in den Führungsetagen dreieinhalbmal so häufig wie im Durchschnitt der Bevölkerung vor. Wohlgemerkt: Wenn der Anteil von Psychopathen in der Bevölkerung bei 2 % liegt, folgt aus den Ergebnissen Hares, dass dieser Anteil unter Managern bei 8 % liegt. Mit anderen Worten: Wir haben hier zwar einen deutlichen Trend, der ohne Frage außerhalb statistischer Schwankungen liegt, doch 92 % aller Führungskräfte, d. h. die überwältigende Mehrheit, sind ebenso wenig Psychopathen wie die 98 % der übrigen Bevölkerung.

Uns geht es in diesem Abschnitt nicht darum, Führungskräfte zu verunglimpfen, sondern uns interessiert vielmehr die Frage, welches Klima in Unternehmen herrschen muss, damit obige Eigenschaften wie „oberflächlicher Charme, mangelnde Empathie und die Kunst, Menschen zu manipulieren" zu Erfolgsfaktoren werden. Wir vermuten, Sie ahnen die Antwort bereits. Doch bevor wir dies diskutieren, kommen wir wieder zurück zu den Ergebnissen der Wissenschaftler.

Die Analyse der Leistungsbewertungen der Führungskräfte lieferte verblüffende Ergebnisse. Sie galten unter ihren Kollegen keineswegs

---

4 Siehe z. B Die Zeit, *Wahnsinns Typen*, Nr. 34 (2013), http://www.zeit.de/2013/34/psychopaten-irre-erfolgreich-manager

als Sonderlinge. Ganz im Gegenteil. Sie galten als charmante und eloquente „Macher", die sich durch eine starke Überzeugungskraft hervortaten. Das bedeutet, sie waren die perfekten *Täuscher* (siehe Abschnitt 1.4).

Die meisten von uns verbinden mit dem Wort „Psychopath" Bilder von Serienkillern, Vergewaltigern und durchgeknallten Bombenlegern. Im Gegensatz zur landläufigen Meinung sind sie jedoch nur selten gewalttätig. Stattdessen unterscheidet sich eine psychopathische Persönlichkeit von den „normalen" Mitgliedern der Gesellschaft in einem anderen Punkt: Psychopathen ist es ziemlich gleichgültig, was diejenigen, die nicht unmittelbar von Nutzen für sie sind, von ihnen denken. Das bedeutet, dass es ihnen völlig egal ist, wenn jemand, den sie soeben über den Tisch gezogen haben, stinksauer auf sie ist. Das erleichtert Defektion natürlich ungemein.

In allen Kulturen können wir Furcht und Trauer – Angst und Depression, zwei der fünf grundlegenden Gefühle (neben Ärger, Freude und Ekel) – antreffen. Psychopathen kennen diese beiden Emotionen nicht, egal wie bedrohlich die Situation sein mag. Sorgen sind ihnen fremd. Eine vertiefende Diskussion dieser Zusammenhänge findet man in dem kurzweilig geschriebenen Buch von Dutton[5].

Genie benötigt einen Hauch von Wahnsinn, stellte schon Aristoteles vor mehr als 2400 Jahren fest. Viele erfolgreiche Filme wie „Rain Man" oder „A Beautiful Mind", in denen es um Autismus und Schizophrenie geht, zeigen diesen Zusammenhang. Je nach Kontext treten unterschiedliche Abnormitäten und psychische Auffälligkeiten zutage. Andy Grove, einer der Gründer des Chipkonzerns Intel, schrieb in den 1990er Jahren ein Buch mit dem Titel „Nur die Paranoiden überleben"[6]. Das mag sich absurd anhören, hat aber einen sehr ernsten Hintergrund, denn Verfolgungswahn kann in einem wettbewerbsorientierten Umfeld überlebenswichtig sein. Schließlich ist Defektion in einem vermeintlichen Null-Summen-Spiel, in dem es um Wettbewerb geht, die einzig sinnvolle Strategie.

---

5 Dutton (2014)
6 Grove (1997)

Hier offenbart sich uns der Zusammenhang zum Kooperationsverhalten: In einer *Nehmer*-Kultur, die der menschlichen Natur widerspricht (weil wir genetisch auf Kooperation programmiert sind), tut man gut daran, ständig auf Defektion gefasst zu sein. Lassen Sie uns dies durch eine krasse Formulierung auf den Punkt bringen: Die nicht „artgerechte Haltung" des Menschen in *Nehmer*gesellschaften erzeugt psychisch abnormes Verhalten. Dieses ständige Misstrauen (Paranoia) verhindert wiederum die Entstehung von Kooperation, d. h. *Geber*-Kulturen, und zementiert so den Status quo.

Paranoia ist ein Beispiel für eine psychische Erkrankung, die in *Nehmer*-Kulturen sogar sinnvoll ist. Doch es gibt auch psychische Abnormitäten, die generell, also auch in *Geber*-Kulturen nützlich sein können. Legastheniker, beispielsweise, machen die Not zur Tugend, indem sie schon sehr früh lernen, Arbeit zu delegieren. Dies beginnt damit, die Mutter, den Vater oder Mitschüler dazu zu bringen, Hausaufgaben für sie zu machen[7]. Diese Fähigkeit, die Details anderen zu übertragen, um die Zeit zu gewinnen, sich auf das Wesentliche konzentrieren zu können, ist eine wichtige Eigenschaft von Führungskräften. Wie man erreicht, dass Mitarbeiter dies mit Begeisterung tun, haben viele Legastheniker bereits im Kindesalter verstanden. Nicht-Legastheniker verweisen wir auf Kapitel 5. Hier haben wir eine simple Erklärung dafür, warum viele prominente Menschen mit Schreibschwäche ökonomisch sehr erfolgreich waren. Beispiele sind Steve Jobs (Apple), John Chambers (Cisco) und Ferdinand Piëch (Volkswagen).

Klinisch betrachtet, ist Psychopathie eine Form der Persönlichkeitsstörung. Aber im Gegensatz zu Gefühlen wie Angst und bei längerer Dauer daraus folgender Depression, die sich immer negativ auf unser Befinden auswirken, verhält sich Psychopathie eher wie eine Sonneneinstrahlung: Wenn man zu viel davon abbekommt, ist sie gefährlich, schreibt der britische Psychologe Kevin Dutton (Dutton, 2014), aber in der passenden Dosierung hat sie durchaus einen positiven Einfluss auf das Wohlbefinden und die Lebensqualität. In die Kooperationstheorie übersetzt bedeutet dies, dass man sich gut fühlt,

---

[7] http://www.zeit.de/2013/34/psychopaten-irre-erfolgreich-manager/seite-2

wenn man die vollen 5 Punkte bei einer Defektion einstreicht, ohne Angst vor der darauf folgenden Vergeltung des anderen zu haben und ohne ein schlechtes Gefühl, dass der Geschäftspartner nun nicht besonders gut auf einen zu sprechen ist.

Hare und Babiak[8] führten in ihren Studien Biografien von psychisch gestörten Aufsteigern an, die auf ihrem Weg an die Spitze erst den anderen (durch Defektion), dann dem ganzen Unternehmen (*Nehmer*-Kulturen schaden der Produktivität massiv) und letztlich auch sich selbst schadeten (das persönliche Einkommen ist in *Nehmer*-Kulturen erheblich geringer als in *Geber*-Kulturen, siehe Tabelle 1.4.4 indem man das Unternehmensergebnis durch die Anzahl der Mitarbeiter (hier: 400) dividiert). Der Tübinger Psychologe Birbaumer würde diesen Zeitgenossen gerne eine belastbare klinische Diagnose stellen[9]. Dazu wäre jedoch eine Untersuchung mittels Kernspintomograph notwendig, um zu erkennen, welche Hirnregionen bei welchen Reizen angeregt werden. Aber wer beruflich und gesellschaftlich anerkannt ist, legt sich kaum freiwillig in die Röhre – aber, wer weiß, vielleicht wird ja auch das „Outing" als Psychopath irgendwann modern. Pech für diejenigen, bei denen dann Normalität diagnostiziert wird.

Kevin Dutton, wohl wissend, kein Psychopath zu sein, schlug einen radikalen Weg ein, um nachempfinden zu können, wie jene Zeitgenossen ticken[10]. Sein psychopathischer Selbstversuch basierte auf der Erfindung der transkraniellen Magnetstimulation (TMS)[11]. Die Idee dabei ist folgende: Neurotransmitter sind elektrisch geladen, d. h., ihre Bewegung kann von Magnetfeldern beeinflusst werden. Wie wir in Kapitel 2 gesehen haben, ist das für die Angst zuständige Gefühlszentrum die Amygdala. Mithilfe sehr fein justierter Magnetfelder kann man so den Fluss von Neurotransmittern von und zu der Amygdala stärken oder schwächen. Letzteres kann man so

---

8 Babiak (2007)
9 http://www.focus.de/gesundheit/ratgeber/psychologie/krankheitenstoerungen/wenn-der-mensch-zum-monster-wird-so-erkennen-sie-einen-psychopathen_id_2734734.html
10 Dutton (2014), S. 181 ff.
11 Barker (1985)

weit treiben, dass das Angstzentrum praktisch vom Rest des Gehirns isoliert wird[12]. Wenn man das Gleiche mit jenem Hirnteil macht, der für moralische Entscheidungsfindung zuständig ist, hat man einen Psychopathen in voller Pracht erzeugt.

Um selbst für kurze Zeit zu einem solchen Prachtexemplar zu werden, ließ sich Professor Dutton von einem Hirn-MacGyver[13] des Centre of Brain Science der Universität Essex auf einen Stuhl festschnallen und Elektroden auf den Kopf kleben. Dann wurde eine magnetische Flussdichte von einigen Tesla durch die entscheidenden Stellen seines Hirns gejagt – wahrscheinlich genug, um einem Teenager die Zahnspange zu verbiegen.

Für eine halbe Stunde fühlte Dutton wie ein Psychopath. Der Anblick grausiger Szenen mit viel Blut und Gedärm, auf die er bei der zuvor durchgeführten Messung seiner psychologischen Basiswerte noch heftig reagiert hatte, ließen ihn nun völlig kalt. Er gab sogar an, ein Lächeln unterdrücken zu müssen. Leider versäumte man anschließend den ultimativen Härtetest, ihm einen Ausschnitt aus dem Musikantenstadl zu zeigen.

Dutton stellte fest, dass etwas in seinem Gefühlshaushalt fehlt, weil Psychopathen es nicht haben: die Fähigkeit zur Empathie. Dies ist der zentrale Punkt des Experiments, weshalb wir dem Thema „Empathie" den übernächsten Abschnitt widmen.

Er beschreibt seine Befindlichkeit als einen Alkoholrausch ohne die mit Letzterem im Allgemeinen verbundene Trägheit. Stattdessen fühlte er eine „Schärfe der Aufmerksamkeit".[14]

Sich wie im Alkoholrausch großartig zu fühlen, gleichzeitig keine Skrupel und eine geschärfte Aufmerksamkeit für die Schwächen anderer zu haben, sind natürlich perfekte Voraussetzungen für Wettbewerbssituationen. Dann ist man wie geschaffen dafür, sich in einer

---

12 Ganz so einfach ist das nicht, weil die TMS nicht tief genug ins Gehirn eindringen kann, um die entsprechenden Zentren zu erreichen. Stattdessen wird auf jene Bereiche der Großhirnrinde Einfluss genommen, die mit diesen Gefühlszentren in Verbindung stehen.
13 US-amerikanische Kultserie
14 Dutton (2014), S. 197

Nehmer-Kultur zu behaupten. In einer *Geber*-Kultur wären diese Wettbewerbskünste jedoch weitgehend nutzlos.

In Abschnitt 1.6 stellten wir eine Fallstudie vor, in der Menschen mit einem ethischen Dilemma konfrontiert werden. Joshua Green, Psychologe an der Harvard University, hat in diesem Zusammenhang etwas Spannendes herausgefunden. Es existieren zwei Formen von Empathie: warm und kalt[15].

Rufen wir uns das Beispiel aus dem früheren Kapitel auf. Es geht um den Waggon, der unkontrolliert über ein Gleis rast und droht, fünf Menschen zu überrollen. Man kann ihn auf ein anderes Gleis umleiten – doch um den Preis, dass man den Tod des einsamen Wanderers, der sich auf diesem Gleis befindet, in Kauf nimmt. Oder man wirft den dicken Mann von der Brücke auf das Gleis, um den Waggon aufzuhalten. Obwohl das Verhältnis von geretteten und geopferten Menschenleben exakt dasselbe ist, nämlich fünf zu eins, entscheiden sich 90 % der Befragten, die Weiche auf Kosten des Wanderers umzulegen, aber nur 3 % würden den dicken Mann von der Brücke werfen.

Green begründet dies mit der Erkenntnis, dass bei einer Entscheidung jeweils unterschiedliche Klimaregionen im Gehirn involviert sind. Im ersten Fall können wir von einem unpersönlichen moralischen Dilemma sprechen. Es werden Gehirnregionen wie der präfrontale Kortex angesprochen, die vornehmlich mit unserer objektiven Erfahrung der kalten Empathie zu tun haben, also mit logischem, rationalem Denken. Im zweiten Fall sprechen wir hingegen von einem persönlich moralischen Dilemma, bei dem das als Amygdala bekannte Emotionszentrum des Gehirns – der Schaltkreis der warmen Empathie – angesprochen wird. Wie die meisten von uns haben Psychopathen relativ wenige Probleme mit Fall 1. Im Stellwerk wird die Weiche gestellt, die statt fünf Menschen nur einen tötet. Doch auch im 2. Fall wird der dicke Mann von der Brücke gestoßen, wenn er das Pech hat, dass ein Psychopath hinter ihm steht. Letztere handeln damit genau entgegengesetzt zu den 90 Prozent der Menschen, die den dicken Mann weiter auf der Brücke sitzen lassen

---

[15] Green (2009)

würden, obwohl sie damit den Tod von fünf anderen Menschen besiegeln.

In den Gehirnaktivitäten erkennen wir deutliche Verhaltensunterschiede. Die Muster stimmen bei Psychopathen und Nicht-Psychopathen im Fall 1 (unpersönliches moralisches Dilemma) überein, während sie sich im Fall 2 (persönliches Dilemma) krass unterscheiden. Bei Letzteren würde die Amygdala Alarm schlagen, wenn also aus einem unpersönlichen Dilemma ein persönliches wird. Bei einem Psychopathen findet der Übergang vom Unpersönlichen zum Persönlichen ohne irgendwelche Veränderungen der Hirnaktivität statt. Der Satz „Ich liebe Dich" hat nicht viel mehr Bedeutung als der Satz „Ich hätte gerne eine Tasse Kaffee", schreibt Dutton.[16] Und weiter: „Das ist auch einer der Gründe, warum Psychopathen auf extreme Gefahren so kühl, ruhig und gefasst reagieren und warum sie so belohnungsgesteuert sind und Risiken eingehen. Ihr Gehirn ist buchstäblich weniger eingeschaltet als das Gehirn von anderen Menschen."

Das persönliche und unpersönliche Dilemma entspricht der Subjekt- und Objektbeziehung (Funktionalisieren von Menschen, Kant'sches Prinzip), die wir in Abschnitt 1.6 und in unserem Gespräch mit Gerald Hüther (Abschnitt 2.4) diskutiert haben. Wir stellten fest, dass das Verhalten, Menschen zu Objekten zu machen, genau den Charakteristika der *Nehmer*-Kultur entspricht. Deshalb ist die Unfähigkeit von Psychopathen, zwischen Subjekt- und Objektbeziehung differenzieren zu können, unter lauter *Nehmern* sogar von Vorteil: Psychopathen funktionalisieren andere Menschen, wie in *Nehmer*-Kulturen üblich (ihr Verhalten gilt in diesem Fall noch nicht einmal als „abnormal"). Wenn Menschen als Objekte betrachtet werden, reagieren sie im Allgemeinen darauf, den Übeltäter ebenfalls als Objekt zu betrachten (Tit for Tat). Doch im Gegensatz zu den „Normalen" stört es Psychopathen nicht einmal, selbst funktionalisiert zu werden. Schließlich kennen sie den Unterschied zwischen warmer und kalter Empathie nicht. In *Geber*-Kulturen

---

16 Dutton (2014), S. 21

würden sie jedoch mit ihrer *Nehmer*-Mentalität des Funktionalisierens ihrer Mitmenschen wenig erfolgreich sein.

Wie wir gesehen haben, ist die „Tit for Tat"-Strategie Teil unserer angeborenen moralischen Grammatik und wir haben ebenfalls gezeigt, dass *Nehmer* in einer *Geber*-Kultur zur Erfolglosigkeit verdammt sind, d. h. zum Aussterben ausselektiert werden. Warum gibt es dann überhaupt Psychopathen, also die perfekten *Nehmer*typen?

Diese Frage ist durchaus berechtigt, denn Psychopathie scheint ebenso wie „Tit for Tat" genetisch codiert zu sein. „In einer großen britischen Zwillingsstudie ließen sich die Unterschiede zwischen psychopathischen und anderen Kindern zu zwei Dritteln auf die Gene zurückführen. Die Verhältnisse in den Familien spielten überhaupt keine Rolle", schreibt Jochen Paulus[17]. Da die *Nehmer*-Strategie jedoch von „Tit for Tat" gnadenlos auf die Verliererstraße geschickt wird, dürfte ein *Nehmer*-Gen in der Bevölkerung eigentlich nicht vorkommen.

Dies bedeutet, dass es sich bei Psychopathen um eine ganz besondere *Nehmer*-Sorte handeln muss. Es handelt sich um eine, die wir bereits in Abschnitt 1.4 kennengelernt haben: die *Täuscher*. Sie verhalten sich wie *Nehmer*, verfügen jedoch über die Fähigkeiten, Defektion als Kooperation aussehen zu lassen und mögliche unsichere, gutgläubige Opfer (meist *selbstlose Geber*) zu erkennen. Auf diese Weise gelingt es ihnen einerseits, diejenigen zu identifizieren, die sich ausnutzen lassen, und andererseits die für sie so gefährlichen *fremdbezogenen Geber* zu täuschen und so häufig die vollen 5 Punkte für erfolgreichen Betrug abzuräumen. Diese Vermutung wird durch eine ganze Reihe von Studien untermauert (wobei die Autoren nicht die Kooperationstheorie im Sinn hatten, sondern die Fähigkeiten von Psychopathen untersuchten).

Hare, den wir in unterschiedlichen Zusammenhängen in diesem Abschnitt bereits kennengelernt haben, untersuchte zusammen mit der finnischen Psychologin Helinä Häkkänen-Nyholm den Erfolg psychopathischer und nicht-psychopathischer Straftäter bei Gerichtsverhandlungen, Bewährungsanhörungen und psychologischen

---

17 Paulus (2009)

Gutachten. Sie fanden heraus, dass Psychopathen wesentlich überzeugender darin sind, Reue (die sie nicht haben) vorzu*täuschen*[18].

Stephen Porter wollte wissen, ob Psychopathen auch bei anderen Gefühlen als Reue herausragende *Täuscher* sind. Um das herauszubekommen, erdachten er und seine Kollegen ein Experiment, das von Dutton als „genial" bezeichnet wird[19] – einer Einschätzung, der wir uns anschließen möchten.

Den Probanden wurden Bilder gezeigt, die eindeutig bestimmte Gefühle auslösen (Fröhlichkeit, Trauer, Entsetzen, …). Porter forderte die Teilnehmer des Experimentes auf, in einigen Fällen ihren Gefühlen freien Lauf zu lassen, in anderen Fällen sollten sie jedoch statt des dem Bild entsprechenden Gefühls ein anderes vortäuschen. Dabei nahm Porter die Gesichter der Probanden mit 30 Bildern pro Sekunde auf, um jedes Detail ihrer Gefühlsregungen erkennen zu können. Sie erahnen das Ergebnis wahrscheinlich: Die Teilnehmer mit einer hohen Ausprägung psychopathischer Eigenschaften waren deutlich besser darin, Gefühle vorzutäuschen, als die normalen Probanden.

Doch wie sieht's andersherum aus? Haben unsere *Täuscher*-Psychopathen irgendwelche Fähigkeiten, um leichte Opfer zu identifizieren? Um diese Frage zu beantworten, erweiterten Porter und seine Kollegen ihr Experiment. Sie zeigten ihren Probanden Fotos von Menschen, die entweder glücklich/selbstsicher oder traurig/unsicher wirkten. Jedes Bild war mit einer Berufsbezeichnung verknüpft. Anschließend sollten die Teilnehmer den Bildern die Berufsbezeichnungen zuordnen. Die Probanden mit hohen Psychopathiewerten erinnerten sich viel besser als die „Normalen" – aber nur an die Berufe derjenigen, die traurig und unsicher gewirkt hatten. Unsere hochbegabten *Täuscher* hatten sich also unbewusst darauf fokussiert, mögliche Opfer für ein Täuschungsmanöver in Erinnerung zu behalten. Diese Fähigkeit wird in der Literatur häufig als „Raubtiergedächtnis" bezeichnet.

---

18 Häkkänen (2009)
19 Dutton (2009), S. 143

Es wurden eine Reihe weiterer Studien durchgeführt, die allesamt bestätigten, dass Psychopathen nicht nur das *Täuschen* hervorragend beherrschen, sondern auch das Erkennen von und Sich-Erinnern an potenzielle Opfer[20].

Wir können also feststellen, dass die Natur, nachdem sie „Tit for Tat" als Erfolgsstrategie genetisch codiert hat, auch eine effektive Gegenstrategie hervorbrachte: den Psychopathen. Letztere sind besonders in *Nehmer*-Kulturen erfolgreich, in denen ihr den Menschen funktionalisierendes Verhalten nicht auffällt, weil *Nehmer*-Kulturen in diesem Sinne psychopathisch sind. Ihre Opfer sind bevorzugt *selbstlose Geber*, aber auch *fremdbezogene Geber*, die sich täuschen lassen. Während sich Erstere auch weiterhin kooperativ verhalten, nachdem ein Betrug aufgedeckt worden ist, wechseln Letztere in diesem Fall ebenfalls zur Defektion, weshalb sie für die *Täuscher* nicht weiter nützlich sind und wie heiße Kartoffeln fallengelassen werden. Doch dadurch verraten sich Psychopathen: Chefs, die keinerlei Widerspruch dulden und einen solchen schnell mit Entlassung sanktionieren, machen sich in dieser Hinsicht ziemlich verdächtig. Die Autorin Susanne Reinker schreibt in ihrem Buch „Rache am Chef"[21], dass alleine in Deutschland ein volkswirtschaftlicher Schaden in Höhe von 200 Milliarden Euro angerichtet wird, weil die Mitarbeiter innerlich kündigen und nur noch Dienst nach Vorschrift machen. Das genau ist die Reaktion von Menschen, die in *Nehmer*-Gesellschaften gepresst werden. Letztere werden durch psychopathische Chefs gefördert, weshalb es enorm wichtig ist, diese frühzeitig zu erkennen, noch bevor sie auf den entsprechenden Posten gesetzt werden. Vielleicht ist es doch keine so gute Idee, Psychopathen Macht zu verleihen.

---

20 siehe z. B Book (2006)
21 Reinker (2007)

3.3 Die Psychologie der Macht

In Kapitel 1 haben wir zwei Sorten von Replikatoren kennen gelernt: Gene und Meme. Gene sind die Konstruktionspläne der Körper von Lebewesen inklusive des Nervensystems, weshalb sie auch den angeborenen Teil des Verhaltens „konstruieren". Meme hingegen konstruieren Kultur. War's das schon? Ist damit alles gesagt?

Nein. Da Gene das angeborene Verhalten bestimmen, konstruieren sie auch Teile der Umwelt. Wenn ein Biber einen Damm oder ein Vogel ein Nest baut, so sind dies angeborene Verhaltensweisen. Wir können dies auch so formulieren: Gene sind nicht nur die Konstruktionspläne des Biber- oder Vogelkörpers, sie sind auch die Konstruktionspläne für Dämme und Nester. Diesen Zusammenhang nennt Richard Dawkins „Erweiterter Phänotyp" und widmet dem Thema ein ganzes Buch[22].

Wie sieht es nun mit den Memen aus? Konstruieren diese, analog zu den Genen, mehr als „nur" Kultur? Selbstverständlich. Denn die Kultur beeinflusst Menschen auf „psychologisch bedeutsame Weise, so dass sich deren Verhalten, Meinungen, Einstellungen, Ziele, Bedürfnisse, Werte und sonstige Aspekte im Seelenleben ändern". Beispiele dazu sind so offensichtlich, dass sich Auflistungen an dieser Stelle erübrigen.

Was wir im vorletzten Satz in Anführungszeichen gesetzt haben, benutzen die Psychologen Vescio, Snyder und Butz zur Definition der Wirkung von Macht[23]. Mit anderen Worten: Wer Kultur schafft, übt Macht aus. Dies ist zunächst einmal eine wertfreie Feststellung, denn die geschaffene Kultur kann sich sowohl positiv als auch negativ auf die einzelnen Beteiligten und die Gemeinschaft auswirken. Wer seine Mitmenschen dazu bringt (d. h. Macht auf sie ausübt), Ziegen zu opfern, damit es regnet, verschlechtert die Situation jedes Einzelnen und der Gemeinschaft[24]. Wer seine Mitmenschen dazu bringt, Bewässerungssysteme zu bauen, verbessert die Situation.

---

22 Dawkins (2010)
23 Vescio et al. (2003)
24 Besonders die Situation der Ziegen.

3.3 Die Psychologie der Macht

Doch kommen wir zurück zur in Anführungszeichen gesetzten Definition von Vescio und seinen Kollegen zur Wirkung von Macht.

Wenn es einfach nur darum geht, das Verhalten von Menschen zu ändern, also einen kleinen Teil dessen, was Macht ist, auszuüben, so reicht körperliche Überlegenheit oder eine wie auch immer erlangte höhere Position in der Hierarchie mit entsprechendem Drohpotenzial aus. Diese einfachste Form der Machtausübung bedeutet im Unternehmen „Führen durch Angst" und resultiert, wie wir in Abschnitt 1.5 gesehen haben, in einer *Nehmer*-Kultur, die für alle Beteiligten schlecht ist im Sinne von Einkommen und Wohlbefinden – außer für das Ego des Macht-Ausübenden. Doch dazu kommen wir noch.

Ein weiterer von Vescio und seinen Kollegen genannter Aspekt ist die Beeinflussung der Bedürfnisse der Mitmenschen. Für die Unternehmensführung bedeutet dies, die Menschen dazu zu bewegen, die Produkte des Unternehmens zu kaufen. Dies ist die primäre Aufgabe des Vertriebs, wobei jede Führungskraft immer auch ein Vertriebsprofi sein muss.

Von besonderer Bedeutung für unser Thema sind jedoch die Beeinflussungen von Meinungen, Einstellungen (Haltungen, siehe Kapitel 2), Werten und der Ziele der Mitmenschen. Und damit bewegen wir uns in einer ganz anderen Liga, als die bloßen Handlungen eines Menschen zu beeinflussen. Hier geht es darum, jemanden davon zu überzeugen, seine Meinung gegebenenfalls zu ändern, seine Ziele den Unternehmenszielen anzupassen und seine innere Einstellung inklusive seiner Werte zu überdenken. Das ist die Königsdisziplin des Führens. Um dies zu erreichen, muss die Führungskraft nicht einfach nur Anordnungen erlassen, deren Befolgung bzw. Nicht-Befolgung belohnt bzw. bestraft wird. Sie muss eine Kultur schaffen, die der primitiven und entsprechend einfach zu erreichenden *Nehmer*-Kultur diametral entgegengesetzt ist und genau das erzeugt, was sich jede Führungskraft wünscht: größtmögliche Produktivität in Verbindung mit zufriedenen, ausgeglichenen Mitarbeitern (inklusive der Führungskraft selbst). Diese Unternehmenskultur ist die *Geber*-Kultur und wie man sie aufbaut und erhält, ist Thema von Kapitel 4.

„Macht korrumpiert, absolute Macht korrumpiert absolut", stellte der englische Historiker und Politiker Lord Acton im 19. Jahrhundert fest[25]. Diese Ansicht teilen wir nicht und halten sie für widersprüchlich. Korrumpiert werden kann nur derjenige, der mehr bekommen will, als er gibt. Damit sind wir wieder bei den *Nehmern*. Letztere können jedoch niemals absolute Macht erlangen. Dazu möchten wir die Worte Gerald Hüthers aus Abschnitt 2.4 wiederholen: „Dies [Führen durch Belohnen und Strafen, Anm. der Autoren] führt dazu, dass der Mitarbeiter Strategien entwickelt, wie er die Belohnung mit möglichst wenig Aufwand erhält bzw. die Bestrafung vermeidet, ohne dass es jemand merkt. Auf diese Weise erhält man Mitarbeiter, die sich einerseits vor der Arbeit drücken, wo immer es geht, und andererseits, wann immer möglich, Belohnungen einfordern."

Das bedeutet, absolute Macht würde in *Nehmer*-Kulturen nur bei absoluter Kontrolle funktionieren.[26] Letztere gibt es jedoch nicht. Deshalb kann man (nahezu) absolute Macht nur dann erlangen, wenn man nicht korrumpierbar ist und Macht nicht deshalb ausübt, um selbst möglichst viel zu erlangen, sondern um eine *Geber*-Kultur zum Vorteil aller (inklusive sich selbst, was aber leider noch zu wenige begreifen) zu schaffen. In diesem Fall hat man es nicht nötig, ständig hinzuschauen, um zu überwachen, ob die Mitarbeiter noch „auf Linie" sind.

Dass Lord Acton mit seinem Ausspruch *Nehmer*-Kulturen – natürlich ohne sich der Kooperationstheorie bewusst zu sein – im Sinn hatte, zeigt ein weiterer, häufig zitierter Satz Actons: „Große Männer sind fast immer schlechte Männer." Den Gegenbeweis liefert Adam Grant, wie wir ausführlich in Kapitel 1 diskutiert haben: Erfolgreiche Männer (und natürlich Frauen) sind in der Mehrzahl *fremdbezogene Geber*, d. h., sie verfolgen eine *nette* Strategie, was bedeutet, sie sind nicht neidisch, nicht nachtragend und defektieren niemals als Erste – sie sind „gute" Männer und Frauen. Letztere sind natürlich weit weniger auffällig als die erfolgreichen *Nehmer*, also

---

25 Dalberg-Acton (1907)

26 Folglich streben *Nehmer*-Kulturen nach totaler Überwachung, wie das aktuelle Verhalten der US-Regierung und der ihr unterstehenden NSA zeigen.

3.3 Die Psychologie der Macht

Täuscher und Psychopathen, die sich durch das Anzetteln epischer Kriege und Genozide einen prominenten Platz in den Geschichtsbüchern oder sich durch monumentale Firmenpleiten ein zweifelhaftes Ansehen verschafft und so Lord Acton zu seinen Ansichten verleitet haben.

Immerhin ist es für uns alle eine gute Nachricht, dass die Leute auf den oberen Sprossen der Karriereleiter, also diejenigen, die Macht ausüben, meistens *Geber* sind und dass ihre Macht auf weit weniger wackligem Fundament steht als die der *Nehmer*. Doch es gibt auch eine dunkle Seite der Macht[27]. Und damit meinen wir nicht die – glücklicherweise seltene, aber dafür häufig spektakuläre – Machtausübung durch Psychopathen, sondern den Einfluss der Macht selbst auf diejenigen, die sie ausüben. Dessen sollte man sich bewusst sein, damit ein erfolgreiches *Geber*verhalten nicht durch die Verführungskünste der Macht in ein für alle Beteiligten häufig katastrophal endendes *Nehmer*verhalten umschlägt.

Die amerikanische Psychologin Deborah Gruenfeld von der Stanford-Universität machte zusammen mit ihren Kollegen ein interessantes Experiment, den sogenannten Kekstest[28]. Sie ließ jeweils drei Studenten über ein aktuelles Thema diskutieren. Einem von ihnen wurde die Aufgabe zugeteilt, die Argumente der beiden anderen zu bewerten – und somit erhielt er Macht. Anschließend reichte sie jeder Dreiergruppe einen Teller mit Keksen. Bei deren Verzehr stellten sich folgende Trends heraus: Die mit Macht Ausgestatteten

- griffen häufiger nach den Keksen und nahmen auch in den meisten Fällen den letzten auf dem Teller,
- kauten häufig mit offenem Mund,
- achteten weniger darauf, ob ihre Krümel auf den Tisch fielen, und kümmerten sich auch weniger darum, diese wegzuräumen.

Und jetzt wird's noch interessanter: Gruenfeld wiederholte das Experiment, verteilte die Macht jedoch dieses Mal anders. Plötzlich

---

27 Hommage an George Lucas' „Star Wars".
28 Gruenfeld et al. (2008)

konnten sich die vormals Mächtigen wieder benehmen. Sie verhielten sich genauso „anständig" wie ihre nicht-ermächtigten Kollegen im Experiment zuvor. Das Experiment zeigt eindrucksvoll, dass selbst vorübergehend verliehene Macht dazu verführt, sich einen größeren Anteil zu nehmen und seine gute Kinderstube über Bord zu werfen – sprich: zum *Nehmer* zu werden.

Diese Ergebnisse decken sich mit denen der Hirnforschung. Machtausübung erhöht den Testosteronspiegel, wodurch es zu einer gesteigerten Ausschüttung des Neurotransmitters Dopamin kommt. Der „Belohnungseffekt" ist mit der Wirkung von Sex und Kokain vergleichbar[29] und ruft neben dem negativen Effekt der Selbstbezogenheit auch positive Effekte wie Mut, Risikobereitschaft und Kreativität hevor. Letztere Eigenschaften können hilfreich sein, um weitere Macht zu erlangen, wodurch ein regelrechter Kreislauf in Gang gesetzt werden kann. Die Kunst dabei ist es zu vermeiden, sich der „dunklen Seite der Macht" hinzugeben und zum *Nehmer* zu werden. Dadurch wird die Spirale des Erfolgs zumeist schnell unterbrochen – und wenn es länger dauert, hat dies in der Regel katastrophale Folgen. Aus diesem Grunde ist es von großer Bedeutung für Führungskräfte, ihr Verhalten ständig zu reflektieren.

Wer jedoch der Verführung erliegt und zum *Nehmer* wird, muss immer wieder durch Machtspiele seine Dominanz zur Schau stellen (siehe Zitat Hüther weiter oben). Das daraus resultierende Arbeitsklima fordert einen hohen Preis: die Unproduktivität der *Nehmer*-Kultur. Darüber hinaus kann Dominanz unter bestimmten Bedingungen sogar in Aggression umschlagen. Wann dies geschieht, untersuchte Nathanael Fast von der University of Southem California[30]. Im Experiment wurden Gruppen mit unterschiedlicher Macht und Kompetenz ausgestattet. Dabei wurde beobachtet, wie sich die Teilnehmer gegenüber Untergebenen und Personen außerhalb der eigenen Gruppe verhielten. Die inkompetenten Mächtigen zeigten das höchste Aggressionslevel. Fast interpretiert diese Ergebnisse so, dass diese Kandidaten „ihre Macht ausnutzen, wenn sie sich ihrer

---

29 Robertson (2013)
30 Fast (2012)

Position nicht gewachsen fühlen und mit dem Machtverlust rechnen müssen. Sie merken, dass sie im Fokus stehen, und der daraus erwachsene Stress kippt die Macht ins Destruktive". Die kompetenten Mächtigen hingegen blieben gelassen und souverän. Die Interpretation Fasts wird dadurch gestärkt, dass die Aggression bei den inkompetenten Mächtigen verschwand, als ihr Selbstbewusstsein durch die Versuchsleitung gestärkt wurde. Abschließend kann man folgern, dass Aggressionen von inkompetenten Mächtigen ihre Ursache darin haben, dass sie ihr Ego bedroht sehen.

3.4 Empathie

Die bislang besprochenen, für unser Führenmodell relevanten Themen konnten wir eindeutig einer der drei wissenschaftlichen Fachrichtungen zuordnen. Bei der Diskussion des Wesens von Psychopathen verschwommen die Grenzen jedoch bereits zusehends: Neben den psychologischen Aspekten traten zusätzlich die Kooperationstheorie (Einordnung von Psychopathen in die Reziprozitäts-Kategorien) und die Neurobiologie (aktive bzw. inaktive Hirnareale bei Psychopathen) in den Vordergrund.

Beim Thema „Empathie" verschwimmen die Grenzen zwischen den Wissenschaftsbereichen vollkommen – ganz im Sinne der Vision Eric Kandels von der einen Wissenschaft des Geistes. Wir entschieden uns, die Betrachtungen zur Empathie ans Ende der wissenschaftlichen Grundlagen für das Verständnis von Führung zu setzen, d. h. ans Endes des Kapitels mit dem Schwerpunkt Psychologie, weil wir auf sämtliche, bislang vorgestellten Kernbereiche zurückgreifen werden.

Wie wir in Kapitel 1 gesehen haben, besteht das Leben speziell in sozialen Gemeinschaften zu einem großen Teil aus wiederholten Nicht-Null-Summen-Spielen und die beste Strategie dafür ist „Tit for Tat". Um diese Strategie anwenden zu können, ist es jedoch wichtig, sich zumindest an den letzten Zug des Mitspielers erinnern zu können. Wenn in einem sozialen Verbund mit mehreren Artgenossen gespielt wird, muss zusätzlich die Fähigkeit vorhanden sein, die verschiedenen Mitglieder der Gruppe voneinander zu unterscheiden. Um beispielsweise zu zeigen, dass Vampirfledermäuse dazu in der Lage sind, führte Hauser eine Reihe von Experimenten durch, die eindeutig belegten, dass die Tiere einander unterscheiden können.

Es liegt auf der Hand, dass die dazu notwendigen kognitiven Fähigkeiten mit der Größe der Gruppe ansteigen. Außerdem können die Mitglieder einer Gruppe über die reziproke Nahrungsversorgung hinaus in mehrere Dilemmata verstrickt sein: die gegenseitige Befreiung von Parasiten, gemeinsame Verteidigung von Revieren, Kooperation bei der Jagd und viele Dinge mehr[31]. Die zunehmende Komplexität sozialer Beziehungen stellt zusätzliche Anforderungen an die kognitiven Fähigkeiten. Da Kooperation nicht nur für die Gemeinschaft, sondern speziell für das Individuum und damit für dessen Gene von großem Vorteil ist, können wir erwarten, dass die natürliche Selektion in komplexen sozialen Gemeinschaften genau diese kognitiven Fähigkeiten begünstigt. Im Idealfall lernen die Mitglieder der Gruppe, die Gedanken des jeweils anderen zu lesen. Das wären die perfekten Voraussetzungen für Erfolg bei sozialer Interaktion, denn eine zuverlässige Vorhersage des Zuges des Mitspielers wäre die ideale Voraussetzung für ein aus Sicht des Individuums optimales Spiel. Wenn man bereits vor dem Zug des Gegners weiß, ob er kooperiert oder defektiert, kann man sich darauf einstellen. Genau diese Fähigkeit des „Gedankenlesens" hat sich bei uns Menschen herausgebildet. Sie nennt sich Empathie. Wie bei jeder anderen Fähigkeit auch, ist der eine in dieser Hinsicht begabter als der andere und – ebenfalls eine erfolgreiche Strategie – ist der eine besser in der Lage als der andere, seine wahren Gedanken zu verbergen, also den anderen zu *täuschen*.

Doch schauen wir uns zunächst an, ob unser Gedankengang, dass die natürliche Selektion bessere Spieler durch gesteigerte kognitive Fähigkeiten hervorbringt, mit den Beobachtungen übereinstimmt. Zunächst einmal könnten wir erwarten, dass die kognitiven Fähigkeiten mit der Größe der Gruppen zunehmen, in denen die jeweilige Art zusammenlebt. Sitz dieser kognitiven Fähigkeiten

---

31 Siehe z. B Volland (2013)

3.4 Empathie

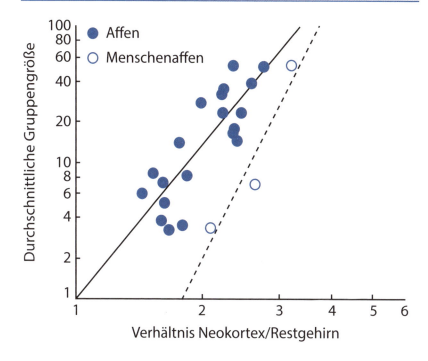

Abbildung 3.1 Entwicklung des Größenverhältnisses von Neokortex/Restgehirn in Relation zur Gruppengröße bei Primaten.

ist der stammesgeschichtlich junge Neokortex. Aus diesem Grunde untersuchte Dunbar (1998) den Zusammenhang zwischen relativer Neokortexgröße (dem Verhältnis des Volumens von Neokortex zum übrigen Gehirn) und der mittleren Größe der Gruppen, in denen Primaten zusammenleben. Er kam zu dem durch unsere Überlegungen postulierten Zusammenhang (siehe Abbildung 3.1).

Der Neokortex, d. h. die kognitiven Fähigkeiten und damit die Intelligenz im weitesten Sinne, scheint sich also als Reaktion auf die sozialen Anforderungen in der Gruppe gebildet zu haben und nicht etwa, um Fähigkeiten wie die Beherrschung von Werkzeugen oder Technologie zu entwickeln. Es ging wohl darum, das Verhalten der anderen Gruppenmitglieder voraussagen zu können, um bessere Ergebnisse bei den vielen Gefangenen-Dilemma-Varianten des sozialen Lebens erzielen zu können. Die primitivste dazu notwendige

Fähigkeit ist die Unterscheidung der Gruppenmitglieder, die komplizierteste ist das „Gedankenlesen". Die Übergänge dazwischen sind fließend.

Die Vorstellung, die Ursache für die evolutionäre Entwicklung von Intelligenz sei nicht die Verwendung von Technologien (Werkzeugen), sondern die sozialen Interaktionen innerhalb der Gruppe, wird in der Literatur unter dem Begriff „Social Brain Hypothesis" diskutiert und wurde von Nicholas Humphrey eingeführt[32].

Diese Hypothese wird durch die in den Jahren 1914 bis 1920 von Wolfgang Köhler durchgeführten Experimente mit Menschenaffen gestützt[33]. Bei diesen Versuchen offenbarte sich eine bis dahin unerwartete Intelligenz der Versuchstiere: Sie stapelten Kisten, um anschließend an dem so erstellten Gebäude hochzuklettern, damit sie an von der Decke herabhängendes Futter gelangen konnten. Sie steckten Stangen zu langen Angeln zusammen, um zuvor unerreichbares Futter zu bekommen. Und jetzt kommt der wesentliche Punkt: Diese Verwendung von Technologie auf diesem Niveau ist bei Menschenaffen in freier Natur nie beobachtet worden. Zwar benutzen sie Steine als Hammer und Amboss, um beispielsweise Nüsse zu knacken, oder Stöckchen als Angeln, um eine Frucht aus einem Spalt zu ergattern. Das zuvor beschriebene Ausmaß an „technologischer Intelligenz" zeigen sie jedoch nur unter den Bedingungen der Experimente. In diesem Fall benutzen sie Steine nicht nur als Werkzeuge, sie lernen sogar, daraus Werkzeuge zu formen.

Die Intelligenz, aus Kisten, Steinen und Stangen Systeme zur Nahrungsbeschaffung zu bauen, ist also nachgewiesenermaßen bei den Menschenaffen vorhanden. Doch wie hat sich diese Intelligenz entwickelt, wenn sie doch in freier Natur nicht beobachtet wird? Die natürliche Selektion bewirkt schließlich nicht die Ausprägung von Eigenschaften, die das Individuum vielleicht irgendwann einmal gebrauchen könnte, um verrückte Wissenschaftler zu verblüffen, sondern sie wirkt auf Fähigkeiten, die direkten Einfluss auf den Fortpflanzungserfolg haben. Die Social Brain Hypothesis erklärt diesen

---

[32] Humphrey (1976), S. 309
[33] Köhler (1921), Neudruck 1963

Umstand damit, dass sich die Intelligenz durch die soziale Interaktion entwickelt hat, die eben diesen von der natürlichen Selektion geforderten direkten Einfluss auf den Fortpflanzungserfolg hat, und dass die Anwendung von Technologie zur Problemlösung sozusagen ein Abfallprodukt der sozialen Intelligenz ist.

Auf diesen Punkt möchten wir noch kurz näher eingehen. Ein größeres Gehirn ist eine höchst kostenintensive Angelegenheit. Es verbraucht mehr Kalorien als jedes andere Organ – es ist also zunächst einmal für den Fortpflanzungserfolg kontraproduktiv. Dass es sich trotzdem entwickelt hat, zeigt deutlich, dass der Nutzen, erfolgreich mit den Artgenossen zu interagieren, größer ist als die nicht unerheblichen Kosten des großen Gehirns. Auf ein Unternehmen übertragen bedeutet dies, dass es sich zweifellos rechnet, Zeit, Geld und Energie zur Lösung der Frage aufzuwenden, zu deren Lösung sich unsere großen Gehirne überhaupt erst entwickelt haben: Wie müssen die Mitarbeiter inklusive der Führungskräfte zum Vorteil aller, also auch jedes Einzelnen, miteinander interagieren? Die Antwort lautet nicht einfach: „Kooperieren!", sondern „Kooperation herstellen und aufrechterhalten!". Was dazu notwendig ist, erläutern wir in Kapitel 4.

Wenn wir uns nun Abbildung 3.1 etwas genauer anschauen, so fällt auf, dass die Gerade für die Menschenaffen etwas weiter rechts liegt als die für die übrigen Primaten. Das bedeutet, dass Menschenaffen im Vergleich zu den anderen Primaten einen deutlich größeren Neokortex bei gegebener Gruppengröße haben. Mit unserem Modell, dass es bei den sozialen Interaktionen darum geht, möglichst viele Überlebenspunkte in den Nicht-Null-Summen-Spielen zu gewinnen, lässt sich dieser Umstand relativ einfach erklären: Der Anstieg des Neokortex bei den primitiveren Primaten geht auf primitivere Vorteile im Spiel zurück, wie dem einfachen Erkennen von unterschiedlichen Mitspielern (was natürlich mit zunehmender Gruppengröße aufwendiger wird, also eines größeren Neokortex bedarf). Die höheren Arten, also die Menschenaffen, leisten über das Erkennen der Mitspieler hinaus noch etwas anderes: Sie haben eine Vorstellung davon, was in dem anderen vorgeht. Mit anderen Worten: Sie basteln sich ständig Theorien darüber zurecht, was ihr Gegenüber wohl denkt, wie es empfindet und was es wohl planen mag. Das meinen wir mit „Gedankenlesen". In diesem Zusammenhang spricht man in der Literatur von einer „Theory of Mind".

Zur Erläuterung ein kurzes Beispiel: Peter will das Dach seiner Garage ausbessern. Er sagt seiner Frau: „Schatz, ich frage Ralf, ob er mir hilft. Du weißt ja, wie begabt der in handwerklichen Dingen ist. Das macht der bestimmt, weil ich ihm schon so oft mit seinem Computer geholfen habe." In diesem Beispiel hat Peter erstens eine Theory of Mind bezüglich seiner Frau: Er geht davon aus, dass sie denkt, er sei handwerklich so ungeschickt, dass die Ausbesserung des Dachs ohne fremde Hilfe problematisch wäre. Also beruhigt er sie mit dem Hinweis auf Ralf. Zweitens hat er eine Theory of Mind bezüglich Ralf, von dem er annimmt, dass dieser ihm freundlich gesonnen ist und ihm helfen wird.

Um aber eine möglichst vollständige Theory of Mind erstellen zu können, stellt sich natürlich die Frage, ob dazu Intelligenz, d. h. rationales Denken, allein ausreicht. Wie wir in Kapitel 2 gesehen haben, bestimmt das Fühlen das Denken und das Denken das Handeln. Um also das Handeln des anderen voraussagen zu können, müssen wir nicht nur Gedanken, sondern auch Gefühle lesen können.

Genau darauf hat uns die Natur vorbereitet. Wir Menschen sind geradezu Meister darin, aus Gestik und Mimik – allgemein: Handlungen – anderer Menschen herauslesen zu können, wie sie sich fühlen. Um ein genaues Bild davon zu bekommen, was da im anderen vorgeht, bildet sich nicht nur ein Gedanke im rationalen Teil unseres Gehirns in der Art: „Der ekelt sich!", sondern wir spiegeln das Gefühl. Wenn wir am Gesichtsausdruck unseres Gegenübers Ekel erkennen, beginnen wir uns ebenfalls zu ekeln.

Wenn jemand beispielsweise Schmerz empfindet, so sind drei Gruppen von Neuronen beteiligt: Die erste dient zur Wahrnehmung des Schmerzes, die zweite veranlasst eine Handlung (z. B Schreien), die dritte nimmt die eigene Handlung, also das Schreien, wahr[34]. Diese drei Neuronengruppen werden durch das Ereignis miteinander verschaltet, weshalb die Reihenfolge [Empfindung (Schmerz) ➔

---

34 Siehe z. B Keysers (2013)a.

3.4 Empathie

Handlung (Schreien) ➔ Wahrnehmung der Handlung] auch geändert werden kann. Genau das passiert, wenn wir jemand anderen schreien hören: Die Wahrnehmung des Schreiens kann die Empfindung Schmerz auslösen, was wiederum dazu führen kann, dass wir selbst schreien. Dies beobachtet man beispielsweise bei Kindern, die ebenfalls zu weinen beginnen, wenn sich der Bruder oder die Schwester verletzt hat und weint. Der Hirnforscher Keysers sagt im Interview mit der Zeitschrift „Der Spiegel", dass Wahrnehmung und Handeln keineswegs getrennte Dinge sind, sondern durch die dritte Neuronengruppe, die sogenannten Spiegelneuronen[35], miteinander verknüpft sind. Letztere versetzen uns in die Lage, praktisch am eigenen Leib nachzuempfinden, was andere fühlen. Dieses Spiegeln der Gefühle erfolgt umso intensiver, je enger wir mit dem anderen emotional verbunden sind. Dieses Nachempfinden der Gefühle erleichtert es natürlich enorm, das Denken und damit das Handeln des Mitspielers vorherzusagen, was in höchstem Maße förderlich für die beiden Erfolgsstrategien im Nicht-Null-Summen-Spiel ist: *Fremdbezogenes Geben* oder *Täuschen*.

Und hier schließt sich der Kreis: Während die Spiegelung der Gefühle den *fremdbezogenen Geber* davon abhält, den Mitspieler zu betrügen (er würde das negative Gefühl des Betrogenen nachempfinden, negative Gefühle lösen jedoch Vermeidungsstrategien aus), so müssen *Täuscher* über die Fähigkeit verfügen, das Mitfühlen, also ihre Empathie, auszuschalten oder zumindest zu unterdrücken. *Täuschern* haben wir in Abschnitt 3.2 psychopathische Eigenschaften zugesprochen. Keysers sagt im „Spiegel"-Gespräch (Keysers, 2013a): „Psychopathie ist, wenn man so will, weniger eine Funktionsstörung als ein Talent zum Mitgefühl auf Abruf. Wer es besitzt, kann das soziale Spiel perfekt mitspielen. Aber im Grundzustand ist der Empathieschalter auf „Aus". Solche Menschen können ungemein gewinnend sein im Umgang mit Ihnen. Und dann hacken sie Ihnen ohne zu zögern die Hand ab, weil sie Ihre Rolex haben wollen."

---

35 Einen ausgezeichneten Überblick über das Thema „Spiegelneuronen" findet man bei Keysers (2013)b.

Ohne irgendwelche moralischen Urteile abgeben zu wollen, möchten wir an dieser Stelle noch einmal ganz klar feststellen: Beide Strategien, *fremdbezogenes Geben* und *Täuschen*, können für den Spieler höchst erfolgreich sein. Für die Gemeinschaft, d. h. das Unternehmen, gilt dies jedoch nur für das *Geben*. *Fremdbezogenes Geben* fördert die Entstehung und Aufrechterhaltung einer *Geber*-Kultur gegenseitiger Kooperation. *Täuschen* hingegen fördert *Nehmer*-Kulturen, die, realistisch geschätzt, nur ein Drittel der Produktivität von *Geber*-Kulturen aufweisen. Aus diesem Grunde tut ein Unternehmen gut daran, sich zu bemühen, Menschen mit psychopathischen Merkmalen möglichst noch vor der Einstellung zu erkennen und speziell bei der Vergabe von Führungspositionen ein ganz besonderes Augenmerk auf diese Merkmale zu richten[36].

---

36 Bleibt zu hoffen, dass uns diese Diskriminierung von Psychopathen nicht ins gesellschaftliche Abseits befördert.

4 Unser Führungsmodell: Transkooptionale Führung

Zum Beginn dieses Kapitels möchten wir noch einmal die grundlegende Situation skizzieren, wie sie sich auf Basis unserer wissenschaftlichen Betrachtungen in den Kapiteln 1 bis 3 darstellt:

Zur Zeit der Industrialisierung und des Aufkommens der Massenproduktion war es von Bedeutung, dass die Beschäftigten eines Unternehmens genau das taten, was man ihnen sagte – nicht mehr und nicht weniger. Deshalb sprach man vom „Arbeiter" statt vom „Mitarbeiter". Diese Fokussierung auf die gegenwärtige Aufgabe wird durch den Einfluss von Angst erreicht, woraus sich der autoritäre Führungsstil entwickelte, der Menschen als Mittel zum Zweck sieht, ein bestimmtes Ziel zu erreichen. Angst reduziert den „Discountparameter" (siehe Abschnitt 1.5 und Einleitung zu Abschnitt 4.2) und führt somit zu Defektion, die ebenso wie die Funktionalisierung nicht der angeborenen, genetisch codierten moralischen Grammatik entspricht. Dieser Führungsstil wird der menschlichen Natur nicht gerecht, weshalb man Leistungsbereitschaft, Kreativität und Loyalität des Arbeiters nicht erwarten kann. Wir haben nachgewiesen, dass der autoritäre Führungsstil *Nehmer*-Kulturen mit katastrophalen Konsequenzen für die Produktivität eines modernen Unternehmens erzeugt, das auf eine produktive Zusammenarbeit der Mitarbeiter angewiesen ist.

Die Aufgaben, die ein „Arbeiter" erfüllen musste, werden heute im Wesentlichen von Maschinen erledigt. Heute soll ein „Mitarbeiter" mehr oder weniger (je nach Aufgabe und Position) flexibel und selbstständig zum Wohle des Unternehmens agieren. Trotzdem ist die der menschlichen Natur widersprechende Grundhaltung des Funktionalisierens von Mitarbeitern und dem Führen durch Angst noch weit verbreitet. Dies erkennt man an Prinzipien wie dem „Shareholder Value", in dem ein Unternehmen inklusive aller Beschäftigten als Mittel zum Zweck gesehen wird, den Kapitalgebern eine möglichst hohe Rendite zu verschaffen. Eine Konsequenz ist auch die Funktionalisierung von Führungskräften. Sie sollen einen maximalen Shareholder Value erwirtschaften, was man glaubt dadurch erreichen zu können, dass man ihren variablen Gehaltsanteil vom Gewinn (oder verwandten in Währungseinheiten messbaren Kenngrößen) relativ zu einem vorher vereinbarten Ziel abhängig macht. Das folgende Bild veranschaulicht die Situation: Die Führungskräfte werden angehalten, eine möglichst große Strecke zurückzulegen, wobei immer wieder Etappenziele vorgegeben werden. Würde die Vorgabe für die Führungskräfte stattdessen lauten, ein möglichst effektives Fortbewegungsmittel zu besorgen und dieses zu pflegen und zu warten, so würden sie eine viel größere Strecke zurücklegen können und sie kämen sogar zufrieden und ausgeruht an.

Deshalb möchten wir an dieser Stelle noch einmal auf Jack Welch, den Begründer des Shareholder Value-Prinzips zurückkommen. Er schwor seiner Sichtweise ab und verortete die sinnvollen Unternehmensziele stattdessen bei dem Wohl der Mitarbeiter, der Kunden und den Produkten (vgl. Abschnitt 1.5). Durch diese Ziele ergibt sich als Folgewirkung ein höherer Shareholder Value, als wenn man ihn zum Prinzip erhebt und kopflos versucht, durch dieses Prinzip definierte Ziele zu erreichen.

Wir gehen lediglich einen Schritt weiter: Die Grundlage für den unternehmerischen Erfolg ist das Kooperationsprinzip. Es führt automatisch dazu, dass Mitarbeiter, Kunden (ebenso Lieferanten) und die Produkte in den Vordergrund der unternehmerischen Zielsetzung rücken, wie wir in diesem Abschnitt sehen werden. Mit anderen Worten: Kooperation ist die Ursache für erfolgreiche

4.1 Vertrauen

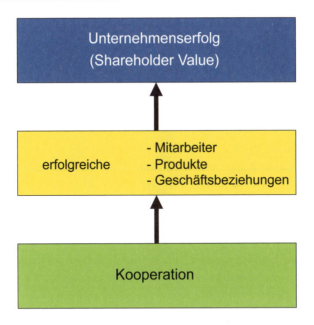

Abbildung 4.1 Ursache Kooperation und Wirkung Unternehmenserfolg

Mitarbeiter (*fremdbezogene Geber* sind die erfolgreichsten), erfolgreiche Geschäftsbeziehungen und erfolgreiche Produkte (Angstfreiheit erzeugt Kreativität).

Bei der Frage, wie Kooperation im Unternehmen erreicht, gepflegt und „gewartet" werden kann (um beim obigen Bild des Fortbewegungsmittels zu bleiben), was wir als Hauptaufgabe einer Führungskraft sehen, orientieren wir uns an den Überlegungen Axelrods, der jener Frage, wie Kooperation gefördert werden kann, ein ganzes Kapitel gewidmet hat[1]. Seine Ergebnisse müssen wir „nur" noch auf die Unternehmensführung übertragen.

Genau dies haben wir getan und unser Ergebnis „Transkooptionale Führung" genannt, da es um die Transformation des Unternehmens von einer *Nehmer*-Kultur hin zu einer *Geber*-Kultur geht und weil die Basis die Herstellung und Aufrechterhaltung stabiler Kooperation ist. Außerdem hat unsere Wortschöpfung einen

---
1 Axelrod (2009), S. 97-128

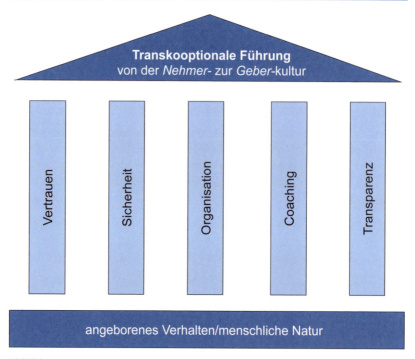

Abbildung 4.2 Säulenmodell der Transkooptionalen Führung

offensichtlichen Bezug zur „Transformationalen Führung" und zwar aus gutem Grund. Wie wir in Abschnitt 4.6 sehen werden, kann man die Transkooptionale Führung als eine Erweiterung der Transformationalen Führung sehen, die wiederum eine Erweiterung des von J. M. Burns stammenden Modells der Transaktionalen Führung darstellt (Burns, 1978).

Unser Modell basiert auf fünf Säulen: Vertrauen, Sicherheit, Organisation, Coaching und Transparenz. Diese Säulen entsprechen den von Axelrod erläuterten Maßnahmen zur Förderung von Kooperation.

In den nun folgenden Abschnitten erläutern wir diese Säulen und ihren Bezug zur Kooperationstheorie.

4.1 Vertrauen

In Kapitel 1 haben wir gezeigt, dass die Zusammenarbeit in einem Unternehmen einem Gefangenen-Dilemma gleicht und dass die erfolgreichste Strategie für dieses „Spiel" „Tit for Tat" ist, was wir als *fremdbezogenes Geben* übersetzten.

Erfolgreich bedeutet hier, dass diese Strategie mehr Punkte erhielt als jede andere Strategie im Computerturnier Axelrods. Das bedeutet, dass sie für den einzelnen Spieler den größtmöglichen Erfolg liefert. Aus diesem Grund beobachtete Grant in einer Vielzahl von Studien, dass *fremdbezogene Geber* an der Spitze der Karriereleiter stehen. Zusätzlich führt *fremdbezogenes Geben* zu einer ununterbrochenen Kette von wechselseitiger Kooperation, woraus sich in jedem Zug die für beide Spieler gemeinsam maximal möglichen 6 Punkte ergaben. Deshalb führt wechselseitige Kooperation als Summe über alle Mitarbeiter für das Unternehmen als Ganzes zur höchstmöglichen Punktezahl.

Schauen wir uns nun die vier „moralischen Regeln" an, aus denen „Tit for Tat" besteht:

1. *Defektiere niemals als Erster.* Dies bedeutet, mit einem Vertrauensvorschuss zu beginnen, indem man bereits im ersten Zug kooperiert, ohne zu wissen, welche Strategie der „Gegenspieler" verfolgt. Sofern auch der andere kooperiert, führt diese Strategie zu besagter endlosen Kette gegenseitiger Kooperation. Die Tatsache, dass ein Spieler niemals als Erster defektiert, führt zur Bildung von Vertrauen nicht nur beim Gegenspieler, sondern auch bei Dritten, die Zeuge der Interaktionen werden. Das auf diese Weise entstandene Vertrauen fördert entsprechend das kooperative Verhalten der anderen Spieler.
2. *Erwidere sowohl Kooperation als auch Defektion.* Das Erwidern von Kooperation fördert, wie unter Punkt 1 diskutiert, dass Vertrauen des Gegenspielers und damit sein kooperatives Verhalten. Das Erwidern von Defektion demotiviert hingegen den anderen Spieler, weiterhin zu defektieren. Er erkennt (hoffentlich), dass sein unkooperatives Verhalten vor allem ihn selbst wertvolle

Punkte kostet, weshalb er in vielen Fällen bereit sein dürfte, seine Strategie in Richtung Kooperation zu ändern. Schließlich kann ein *Geber* die wechselseitige Defektion mit einem *Nehmer* gut verkraften, weil er dies im Gegensatz zum *Nehmer* in den Spielen mit anderen *Gebern* sehr gut wieder ausgleichen kann.

Hinzu kommt wieder die Beobachtung der Interaktionen durch Dritte. Es spricht sich schnell herum, dass sich Defektion mit einem „Tit for Tat"-Spieler nicht lohnt, weil ein solches Verhalten umgehend geahndet wird. Außerdem spricht sich herum, dass sich ein Umschwenken auf Kooperation lohnt, weil der *fremdbezogene Geber* nicht nachtragend ist. Letzterer ist sofort bereit, unabhängig von der Vorgeschichte, Kooperation mit Kooperation zu belohnen. Aus diesem Grund erweist sich auch die Erwiderung von Defektion als kooperationsfördernd.

Ein weiterer wichtiger Aspekt ist die evolutionäre Entwicklung der unterschiedlichen Strategien (siehe Kapitel 1), unabhängig davon, ob es sich beim Replikator um Gene oder Meme handelt. Während *selbstloses Geben* Defektion belohnt und so das Eindringen von *Nehmern* in eine *Geber*-Gesellschaft ermöglicht, werden *Nehmer* durch *fremdbezogene Geber* abgestraft. Ihre Erfolglosigkeit demotiviert andere, das *Nehmer*-Mem zu kopieren. Stattdessen werden sich „Unschlüssige" an der erfolgreichen Strategie des *fremdbezogenen Gebers* orientieren, zumal diese auch der menschlichen Natur im Sinne der genetisch programmierten moralischen Grammatik entspricht.

3. *Sei nicht zu raffiniert.* „Tit for Tat" ist eine einfache Strategie, die von jedem durchschaut werden kann. Im Computerturnier war sie das Programm mit der kürzesten Länge des Quellcodes (d. h. mit den wenigsten Handlungsanweisungen)[2]. Deshalb können Züge eines Spielers mit dieser Strategie vom Gegenspieler einfach vorhergesagt werden: Wenn ich kooperiere, kooperiert der andere im nächsten Zug, wenn ich versuche, ihn auszunutzen, wird er sich im nächsten Zug ebenfalls unkooperativ verhalten.

---

2 Axelrod (2009), S. 175-176.

4.1 Vertrauen

Diese Vorhersagbarkeit der Züge ist ein weiterer wichtiger Aspekt für den Prozess der Vertrauensbildung. Strategien, die zwar nett sein können (also niemals als Erste defektieren), aber unberechenbar für den Gegenspieler, d. h. zu kompliziert sind, um eine klare Linie erkennen zu lassen, führen zur Verunsicherung und damit zu permanentem Misstrauen, was wiederum dem Kooperationsverhalten abträglich ist.

Dies bedeutet für eine Führungskraft, dass ihr Verhalten für den Mitarbeiter berechenbar sein muss.

4. *Sei nicht neidisch.* „Tit for Tat" holt in einem Spiel niemals mehr Punkte als der Gegenspieler. Der andere schneidet also genauso gut oder sogar besser ab. Die Strategie ist deshalb so erfolgreich, weil sie sich in einem Spiel mit einer beliebigen anderen Strategie ganz gut schlägt, ohne es darauf anzulegen, die andere Strategie zu besiegen (schließlich befinden wir uns im Unternehmen nicht in einem Null-Summen-Spiel). Anders gesagt: „Tit for Tat" versucht, möglichst viele Punkte zu holen, und „gönnt" dabei dem Gegenüber, gleich viele oder sogar mehr Punkte zu bekommen. Die „Tit for Tat"-Strategie beneidet den anderen nicht um seine Punkte. Auch dies ist vertrauensförderndes Verhalten. Wenn man merkt, dass man vom anderen um den eigenen Erfolg beneidet wird, geht man (zu Recht) davon aus, dass der andere Maßnahmen ergreifen wird, um diesen Erfolg zu schmälern. Das erreicht er durch Defektion. Folglich wird die eigene Strategie darauf hinauslaufen, selbst in der Interaktion mit dem „Neidhammel" zu defektieren. Deshalb ist die Abwesenheit von Neid, das aufrichtige Freuen über den Erfolg des anderen, in hohem Maße vertrauens- und damit kooperationsfördernd.

Umgekehrt stabilisiert Neid *Nehmer*-Kulturen. In diesen Kulturen wird Führungskräften ihr Einkommen nicht gegönnt, sondern sie werden darum beneidet, was wiederum Misstrauen und Defektion erzeugt.

Wir haben es hier mit einem System positiver Rückkopplung zu tun (siehe Abbildung 4.3): *Fremdbezogenes Geben* (Tit for Tat) fördert Vertrauen, das Kooperation fördert, die wiederum den Erfolg von „Tit for Tat" steigert.

Vertrauen ist das Gegenteil von Angst. Letztere entsteht genau dann, wenn man nicht das Vertrauen hat, mit der gegenwärtigen Bedrohung fertig zu werden, d. h. wenn Unsicherheit darüber besteht, die Situation meistern zu können. Deshalb verursacht Angst auch das dem Vertrauen entgegengesetzte Kooperationsverhalten: Defektion. Wie wir in Kapitel 1 gesehen haben, verkürzt Angst den „Schatten der Zukunft", d. h., zukünftige Interaktionen werden im Vergleich zur gegenwärtigen unwichtig. In diesem Fall ist Defektion die erfolgreichere Strategie.

Es ist also eine wichtige Aufgabe der Führungskraft, Vertrauen bei den Mitarbeitern zu erzeugen. Voraussetzung dafür ist natürlich, dass die Führungskraft ein moralisches Vorbild ist. Schließlich kann man nur ein Verhalten einfordern, das man selbst vorlebt. Dazu gehören sicherlich die obigen vier Regeln des *fremdbezogenen Gebers*, die die Führungskraft vorleben muss. Hinzu kommt noch ein weiteres wichtiges Element der angeborenen moralischen Grammatik: Die Führungskraft darf Mitarbeiter nicht als Objekte (Mittel zum Zweck), sondern soll sie als Subjekte ihrer Fürsorge behandeln. Mit anderen Worten: Sie darf Mitarbeiter nicht funktionalisieren (vgl. Abschnitt 2.4). Um zu verstehen, was eine Führungskraft über die Vorbildfunktion hinaus tun kann, um Angst und damit Defektion zu bekämpfen, indem Vertrauen und damit Kooperation erzeugt wird, schauen wir uns die drei Komponenten des Vertrauens einmal genauer an:

1. *Selbstvertrauen.* Wenn der Mitarbeiter davon überzeugt ist, Probleme aus eigener Kraft, aus eigener Stärke, heraus meistern zu können, werden ihm die gestellten Aufgaben keine Angst machen. Dazu ist es notwendig, dass dem Mitarbeiter Gelegenheit gegeben wird, in seinen Fähigkeiten zu wachsen. Damit entspricht man einem seiner grundsätzlichen Wünsche, nämlich dem nach Wachstum (siehe Abschnitt 2.2). Da jedoch nicht jeder in jede Richtung gleich gut wächst, muss die Führungskraft die Potenziale des Mitarbeiters erkennen, diese fördern und ihm herausfordernde

4.1 Vertrauen

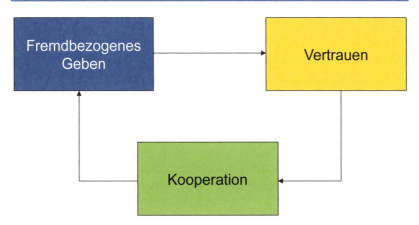

Abbildung 4.3 Rückkopplung von Vertrauen und Kooperation

Aufgaben zuordnen, die diesen Potenzialen entsprechen. Diese schwierigen, aber seinen Fähigkeiten entsprechenden Aufgaben wird der Mitarbeiter erfolgreich lösen, was ihn Selbstwirksamkeit erfahren lässt und als Folge Vertrauen in die eigenen Fähigkeiten.

2. *Verbundenheit*. Es ist Aufgabe der Führungskraft, dafür zu sorgen, dass jeder Mitarbeiter weiß, dass ihm von Kollegen und Führungskräften geholfen wird, sollte er eine Aufgabe nicht aus eigener Kraft lösen können. Dieses Wissen nimmt den Menschen die Angst vor dem Hochseilakt schwieriger Herausforderungen, weil sie wissen, dass ein Netz da ist, um sie aufzufangen. Durch dieses Klima wird der zweite, bereits im Mutterleib gefestigte Wunsch nach Verbundenheit befriedigt. Zusammen mit der Möglichkeit des Wachstums arbeiten in einem solchen Unternehmen glückliche Mitarbeiter (Wachstum + Verbundenheit = Glück).

3. *Sinnhaftigkeit*. Damit ist das Vertrauen darauf gemeint, das Richtige zu tun. In diesem Fall sind sie mit Begeisterung, oder um mit den Worten Gerald Hüthers (Abschnitt 2.4) zu sprechen, mit Freude und Hingabe bei der Sache. Wir haben in Abschnitt 2.1 gesehen, dass diese Gefühle zur Stabilisierung der entsprechenden Gedankengänge und Erfahrungen auf neuronaler Ebene führen, während Angst genau diese Stabilisierung hemmt. Deshalb sind Menschen, wenn sie davon überzeugt sind, dass ihre Arbeit

einem höheren Zweck dient, weit weniger stressanfällig (siehe Hüther, Abschnitt 2.4) und können ihre Ängste sogar in brenzligen Situation ausschalten. Dies ist im Extremfall bei Soldaten zu beobachten, die sich freiwillig in ernste Lebensgefahr begeben, wenn sie davon überzeugt sind, dass der Krieg, den sie führen, richtig und gerecht ist – wenn er ihrer Ansicht nach einer höheren Sache dient. Daher ist es die Aufgabe der Führungskraft, die Mitarbeiter für die Sache zu begeistern, sie für einen kritischen Dialog zu öffnen (angstfreie Kommunikation)[3] und ihnen eine Vision des gemeinsamen Ziels zu vermitteln.

Speziell in *Nehmer*-Kulturen haben die Mitarbeiter Angst, ihrem Vorgesetzten sein Verhalten zu spiegeln und ihre Erwartungshaltungen zu artikulieren. Stattdessen sollten Führungskräfte diese Offenheit der Mitarbeiter als Chance sehen und zu schätzen wissen, um die eigenen Potenziale ausschöpfen zu können. Dadurch entsteht natürliche Autorität im Gegensatz zu „Autorität kraft Amtes". Nur wer selbst zur Veränderung bereit ist, erwirbt durch seine Vorbildfunktion die Legitimation, dies auch von anderen zu erwarten.

4.2 Sicherheit

Im vorangegangenen Abschnitt haben wir gesehen, wie Vertrauen als Gegenspieler zur Angst Kooperation fördert. Die durch Angst hervorgerufene Verkürzung des „Schattens der Zukunft" verringert den Discountparameter (siehe Abschnitt 1.5). Wenn dieser kleiner als 0,5 wird, was bedeutet, dass die zukünftige Interaktion mit einem Spieler nur 50 % des Wertes der gegenwärtigen hat, so wird eine *Nehmer*-Kultur stabil, d. h., *Geber* können nicht mehr in sie eindringen – mit all den erheblichen Nachteilen für die Produktivität des Unternehmens.

---

3 Damit meinen wir die häufig in der Literatur zitierte „Streitkultur". Psychologisch ist das Wort „Streit" negativ besetzt, meint in diesem Zusammenhang jedoch den respektvollen, konstruktiven Dialog.

4.2 Sicherheit

Umgekehrt können wir uns nun fragen, wie wir den „Schatten der Zukunft" verlängern, d. h. den Discountparameter erhöhen können, um Kooperation stabil zu halten.

Es liegt auf der Hand, dass eine Führungskraft genau dies erreicht, indem sie dafür sorgt, dass alle Interaktionen zwischen Mitarbeitern langfristig ausgelegt sind. Gleiches gilt auch für die Beziehungen zu Kunden und Lieferanten. Wenn ein „Spieler" mit an Sicherheit grenzender Wahrscheinlichkeit davon ausgehen kann, dass das „Spiel" fortgesetzt wird, so hat der nächste Zug praktisch den gleichen Wert wie der gegenwärtige. Damit entsteht das Milieu, in dem Kooperation wächst und gedeiht.

Auf die Belegschaft bezogen bedeutet dies, dass eine hohe Fluktuationsrate vermieden werden muss. Wenn ein Mitarbeiter weiß, dass sowohl er selbst als auch der Kollege mit sehr hoher Wahrscheinlichkeit in den nächsten Jahren noch im Unternehmen sein werden, verringert sich der Anreiz zur Defektion, weil der Kollege im darauf folgenden Zug mit entsprechend hoher Wahrscheinlichkeit ebenfalls Gelegenheit zur Defektion hat.

Aus diesem Grund ist es ein schlechter Führungsstil, bei auftretenden Problemen den vermeintlich einfachen Weg zu gehen, die „Schuld" bei den Mitarbeitern zu suchen und die so identifizierten „Schuldigen" zu entlassen. Die tatsächliche Ursache von Schwierigkeiten ist stattdessen meist die, dass die Führungskraft nicht für ein Klima der Kooperation zwischen den Mitarbeitern gesorgt hat. Durch die Entlassungen wird jedoch eine Wettbewerbssituation zwischen den Mitarbeitern erzeugt (keiner will der „Schuldige" sein, Schuldzuweisungen sind die Folge), das Spiel wird zum Null-Summen-Spiel, bei dem es keine Kooperation gibt, und langfristige Beziehungen zwischen Mitarbeitern werden zerstört. Jeder fragt sich stattdessen, wer der Nächste ist, der den Schwarzen Peter zugeschoben bekommt und gefeuert wird – der „Schatten der Zukunft" wird gering.

Hier sehen wir einen großen Vorteil des ursprünglichen mitteleuropäischen Unternehmensmodells gegenüber dem angloamerikanischen „Hire and Fire". Während es in den Vereinigten Staaten als förderlich für die Karriere gilt, ein Unternehmen nach wenigen Jahren zu verlassen, und auch umgekehrt bei Schwierigkeiten Mitarbeiter leichtfertig entlassen werden, gelten noch nicht von diesem destruktiven Virus infizierte deutsche Unternehmen als ein Hort der Sicherheit. Die daraus resultierende Förderung der Kooperation wirkt sich entsprechend positiv auf die Produktivität aus. Nicht umsonst ist Deutschland Exportweltmeister, getragen durch die vielen mittelständischen „Hidden Champions". Das Risiko, dass es sich ein Mitarbeiter in einem solchen Klima der Sicherheit gemütlich macht und sich somit auf Kosten der Kollegen als *Nehmer* verhält, ist ziemlich gering. Ein solcher Mitarbeiter wird in einer von *fremdbezogenen Gebern* dominierten Unternehmenskultur mit Defektion und Ausgrenzung abgestraft. Dies ist ein Zustand, den nur sehr wenige Menschen auf Dauer ertragen können und deshalb zu vermeiden suchen.

Doch auch in diesem Fall ist es Aufgabe der Führungskraft, den faulen Mitarbeiter als Subjekt seiner Fürsorge zu behandeln, statt ihn zu instrumentalisieren (siehe Abschnitt 1.6). Es ist etwas ganz anderes, einem Mitarbeiter zu sagen: „Du kommst dauernd zu spät! Wenn das morgen wieder passiert, wirst du gefeuert" (Objektbeziehung. Der Mitarbeiter ist Mittel zum Zweck, um ein bestimmtes Ziel, hier: Unternehmenserfolg, zu erreichen), als ihm zu sagen: „Du hast eine ganze Reihe von Talenten, aber ich sorge mich darum, dass du dir mit deiner Unzuverlässigkeit selbst langfristig schadest. Also, verdammt noch mal, stelle deinen Wecker eine halbe Stunde früher!" (Subjektbeziehung). Für die zuerst genannte Zurechtweisung (Drohung) wird die Führungskraft gehasst, für die zweite, auch oder sogar wenn sie emotional erfolgt, respektiert und es entsteht eine engere, vertrauensvollere Beziehung.

4.3 Organisation

Eine Methode, den Discountparameter zu erhöhen, ist die Vermeidung von Fluktuation, wie wir im vorausgegangenen Abschnitt erläutert haben. Der eigentliche Grund ist dabei, dass ein Mitarbeiter mit einer sehr hohen Wahrscheinlichkeit davon ausgehen kann, dass eine Interaktion mit einem Kollegen nicht die letzte war (dann

4.3 Organisation

wäre Defektion die bessere Strategie), sondern dass noch viele weitere folgen werden.

Diesen Effekt kann man dadurch steigern, dass man nicht nur den Zeitraum der Interaktionen durch niedrige Fluktuation verlängert, sondern auch die Anzahl der Interaktionen pro Zeiteinheit erhöht. Dies erreicht man dadurch, dass jeder Mitarbeiter mit einer möglichst geringen Zahl Kollegen interagiert. Deshalb ist die Bildung von Teams sinnvoll. Jeder Mitarbeiter arbeitet somit im Idealfall nur mit den (wenigen) Kollegen innerhalb des Teams zusammen, wodurch die Anzahl der Interaktionen mit einem bestimmten Kollegen steigt. Die Aufgabe der Führungskraft ist dabei die Erzeugung und Aufrechterhaltung von „Teamgeist" zur Stärkung der Kooperation innerhalb des Teams. Dazu ist die Zusammensetzung der Teams entsprechend den Persönlichkeiten und Potenzialen der Mitarbeiter von besonderer Bedeutung.

Die Zusammenarbeit mit anderen Teams erfolgt über die Schnittstelle „Führungskraft", die entsprechend häufig mit den anderen Teamleitern interagiert. Dieses Konzept kann sich, je nach Unternehmenszweck, über mehrere Hierarchieebenen erstrecken, wobei man achtgeben muss, dass die Anzahl dieser Ebenen nicht zu groß wird, weil sich ein Übermaß an Führungskräften negativ auf die Produktivität auswirken kann.

Zusätzlich kann man die Interaktionsfrequenz und damit den Discountparameter durch eine intelligente Prozessorganisation erhöhen. Durch klar definierte Schnittstellen schafft man nicht nur Transparenz (siehe Abschnitt 4.5) für die Mitarbeiter mit klar definierten Zuständigkeiten und Kompetenzen, sondern man erhöht auch die Zahl der Interaktionen der Mitarbeiter, die auf beiden Seiten einer solchen Schnittstelle agieren. Zusätzlich vermeidet man durch eine Prozessorganisation eine produktivitätsmindernde Inflation an Führungskräften, weil das notwenige Maß an Regulation und Führung bei klar definierten Arbeitsprozessen abnimmt.

Aus dem gleichen, kooperationsfördernden Grund sollten klare Schnittstellen zu Lieferanten (Einkauf) und Kunden (Key-Account-Management) etabliert werden. Beispielsweise beeinträchtigt die ständig wechselnde Betreuung eines Kunden durch verschiedene

Vertriebsmitarbeiter das gerade erst aufgebaute Vertrauensverhältnis und damit die Kooperationsbereitschaft auf beiden Seiten.

4.4 Coaching

Menschen neigen dazu, in Null-Summen-Spiel-Kategorien zu denken. Das bedeutet, man kann nur gewinnen, was der andere verliert. Als Beispiel dafür haben wir in Kapitel 1 Schach angeführt. Wenn Weiß gewinnt, verliert Schwarz notwendigerweise.

Vor diesem Hintergrund ist es wichtig, die Mitarbeiter in der Theorie der Kooperation zu unterrichten. Man muss ihnen klarmachen, dass das Leben hauptsächlich aus Nicht-Null-Summen-Spielen wie dem Gefangenen-Dilemma besteht und dass dies ganz besonders für die Zusammenarbeit in einem Unternehmen gilt. Wenn sie erkennen, dass die *fremdbezogene-Geber*-Strategie für sie persönlich zu einem höheren Erfolg führt, aber auch für den Kollegen, mit dem sie interagieren und somit als Integral über alle Beschäftigten für das gesamte Unternehmen, so werden sie bereit sein, ihre bisherige Strategie gegen diese Erfolgsstrategie einzutauschen. Diese Bereitschaft wird verstärkt durch die Erkenntnis, dass ein *fremdbezogenes Geber*-Verhalten nicht nur den beruflichen Erfolg (Einkommen, Karriere) positiv beeinflusst, sondern auch eine Unternehmenskultur schafft, die der menschlichen Natur entspricht (Vertrauen, Wachstum und Entfaltung, Sicherheit), d. h. dass eine *Geber*-Kultur Glück und Zufriedenheit bei den Mitarbeitern erzeugt.

Daher ist es eine wichtige Aufgabe einer Führungskraft, die Mitarbeiter in diesen Dingen zu schulen. Dabei ist es zunächst notwendig, den jeweiligen Reziprozitätstyp des Mitarbeiters zu bestimmen. Einem *Tauscher* fehlt es beispielsweise lediglich an Vertrauen, um zum *fremdbezogenen Geber* zu werden. Er defektiert zu Beginn aus Misstrauen, danach kopiert er den vorausgegangenen Zug des Gegenübers, während ein *fremdbezogener Geber* mit einem Verrauensvorschuss beginnt, indem er von Anfang an kooperiert und dann die vorausgegangenen Züge des anderen Spielers kopiert. Ein *selbstloser Geber* hingegen muss dafür sensibilisiert werden, sich nicht ausnutzen zu lassen, indem er seine Kooperationsbereitschaft auf diejenigen beschränkt, die ähnliche Gefühle zeigen. Selbst ein *Nehmer*, der erkennt, wie schädlich sein Verhalten nicht nur für den Unternehmenserfolg (der interessiert ihn zunächst nur sekundär), sondern auch für seinen persönlichen Erfolg ist, wird seine Verhaltensstrategie überdenken und mit hoher Wahrscheinlichkeit anpassen.

Ein weiterer Teil dieses internen Coachings ist die Identifikation von Begabungen, Stärken und Potenzialen (und Schwächen) eines Mitarbeiters, um ihm die für seine Persönlichkeit passenden herausfordernden, aber bewältigbaren Aufgaben zu geben und ihn bei Krisen zu unterstützen. Wichtig ist dabei, die Wertschätzung für erfolgreiche Arbeit entsprechend herauszustellen und die Bedeutung seiner Person für das Unternehmen zu betonen. Auf diese Weise entstehen das in Abschnitt 4.1 diskutierte Selbstvertrauen und die Verbundenheit mit der Führungskraft und dem Unternehmen.

Der interne Coach muss allerdings nicht zwangsläufig die Führungskraft sein. In Unternehmenskulturen, in denen Vertrauen noch nicht eine entsprechende Ausprägung erreicht hat, mag es ein Mitarbeiter als problematisch empfinden, sich in einem für ein Coaching notwendigen Maß der Führungskraft zu öffnen. Aus diesem Grunde können auch Mitarbeiter zu Coaches ausgebildet werden, so dass ein Pool interner Coaches installiert werden kann, auf den die Mitarbeiter nach Bedarf zugreifen können. Diese internen Coaches stammen optimalerweise aus einer anderen Abteilung als der Coachee selbst und helfen ihm bei der Identifikation und Entfaltung seiner Potenziale. Zusätzlich unterweisen sie ihn in Reziprozität. Vorreiter des internen Coachings durch Mitarbeiter ist die Firma SAP. Jeder Kollege kann sich individuell coachen lassen, indem er sich einen auf seine Problemstellungen passenden Coach im Intranet aussucht[4].

---

4 Spiegel Wissen, Nr. 3, S. 36 – 43 (2013)

4.5 Transparenz

Gesetze haben den Sinn, die Auszahlungen beim Nicht-Null-Summen-Spiel derart zu verändern, dass sich Defektion nicht lohnt. Auf diese Weise werden Menschen dazu angehalten, beispielsweise nicht zu betrügen oder nicht zu stehlen. Die wenigsten zahlen gerne Steuern, weil die Vorteile so diffus und die Kosten so direkt sind[5]. Trotzdem möchten wir alle in den Genuss einer gut ausgebauten Infrastruktur und eines funktionierenden Bildungswesens kommen. Man kann diese Gegebenheiten als ein Gefangenen-Dilemma-Spiel mit vielen Spielern auffassen.

Die Voraussetzung dafür, Kooperation und Defektion über die eigentlichen Auszahlungen des Spiels hinaus belohnen bzw. sanktionieren zu können, ist Transparenz. Nur wenn man Steuerhinterziehung erkennt, kann man sie auch sanktionieren.

Die Schaffung von Transparenz in einem Unternehmen darüber, wer in welchem Maße mit anderen zusammenarbeitet bzw. dies verweigert, ermöglicht es, einen direkten Einfluss auf die Auszahlungen zu nehmen. In unserem ursprünglichen Gefangenen-Dilemma (siehe Abschnitt 1.3) ist es bei einmaligem Spiel, wie wir gesehen haben, aus Sicht des Individuums die klügste Strategie zu defektieren. Wenn jedoch dieses Verhalten transparent gemacht wird und beide Gefangenen einer organisierten Bande angehören, so kann die Auszahlung für Defektion im Spiel so unattraktiv gemacht werden, dass beide daran keinen Gedanken verschwenden und kooperieren. Schließlich wartet die „Gang" draußen, um den freigelassenen Verräter zu empfangen und den Verrat auf wahrscheinlich ziemlich unschöne Weise zu sanktionieren.

In Unternehmen, die sich im Allgemeinen nicht wie kriminelle Organisationen verhalten, wird Defektion nicht direkt bestraft, sondern stattdessen Kooperation belohnt. Auf diese Weise kann sich Kooperationsverhalten sowohl im Ansehen als auch im variablen Gehaltsanteil der betreffenden Person niederschlagen. Aus diesem Grunde haben wir ein Instrumentarium entwickelt, die dazu

---

5 Axelrod (2009), S. 119

4.5 Transparenz

notwendige Transparenz in einem Unternehmen herzustellen, um Belohnungssysteme darauf aufzubauen. Derartige Belohnungssysteme sollten, um eine *fremdbezogene Geber*-Kultur zu implementieren, auf dem Kooperationsverhalten aufbauen, nicht auf monitärem Unternehmenserfolg. Letzterer ist das Resultat, nicht eine Ursache seiner selbst (siehe Abbildung 4.1). Dazu vielleicht in einer weiteren Veröffentlichung mehr.

Doch über die Veränderung der Auszahlung hinaus hat Transparenz im Unternehmen noch weitere Vorteile:

1. Kooperation und Defektion werden nicht immer als solche erkannt. Es kann zu Missverständnissen kommen. Dadurch können vormals stabile Ketten gegenseitiger Kooperation unterbrochen werden und durch abwechselnde Folgen von Kooperation/Defektion ersetzt werden, was mit einem Produktivitätsverlust einhergeht. Dieser Effekt kann abgemildert werden, wenn man eine etwas nachsichtigere Strategie als „Tit for Tat" verwendet (vgl. Kapitel 1). Damit verbunden ist jedoch ein erhöhtes Risiko, *Nehmer* durch zu hohe Kooperationsbereitschaft zu fördern. Wenn es jedoch gelingt, die „Züge" jedes Mitarbeiters, z. B im Rahmen einer Prozessorganisation, transparent zu machen, können diese Missverständnisse vermieden werden.
2. *Täuscher* (siehe 1. Kapitel, nicht zu verwechseln mit *Tauschern*) legen es darauf an, bewusst Missverständnisse zu erzeugen, indem sie Defektion wie Kooperation aussehen lassen (siehe Abschnitt 3.2). Gelingt ihnen das, so können sie in jedem Zug die maximalen 5 Punkte absahnen, wobei der Kollege leer ausgeht. Mit diesem Trick legen sie bevorzugt *selbstlose Geber* rein, damit diese nicht aus ihrem für *Nehmer* so sehr vorteilhaften Verhalten ausbrechen. In einem transparent geführten Unternehmen können diese *Täuscher* jedoch schnell entlarvt werden, was wiederum Mitarbeiter demotiviert, *Täuschen* als Strategie einzusetzen.
3. Transparenz ist die Voraussetzung dafür, Mitarbeiter in Entscheidungsprozesse einbinden zu können (wenn der Mitarbeiter nicht über hinreichende Kenntnisse des Sachverhaltes verfügt, kann er keine fundierten Entscheidungen treffen). Abgesehen davon, dass

die Unternehmensführung in diesem Fall von der Fachkompetenz der Mitarbeiter profitiert, fühlen sich die Mitarbeiter respektiert, was einerseits die Verbundenheit (Identifikation) mit dem Unternehmen erhöht und andererseits zu Vertrauen und erwidertem Respekt gegenüber der Unternehmensleitung führt.

4.6 Transkooptionale Führung im Überblick – Vergleich mit der Transformationalen Führung

Abbildung 4.4 stellt die Beziehungen der einzelnen Komponenten dar, die man braucht, um auf Basis der menschlichen Natur eine *Geber*-Kultur zu erzeugen, die wiederum die grundlegenden menschlichen Bedürfnisse befriedigt (Vertrauen = Angstfreiheit, Sicherheit, Respekt, Einkommen (hier: variabler Gehaltsanteil), Ansehen). Die Pfeile verdeutlichen Ursache und Wirkung der unterschiedlichen Komponenten. Eingezeichnet sind nur die wichtigsten Beziehungen (es sind auch weitere Verknüpfungen denkbar, wie z. B Transparenz ➔ Sinnhaftigkeit). Die Grundlage für die Implementierung einer solchen *Geber*-Kultur (das Dach in Abbildung 4.4) größtmöglicher Produktivität und Mitarbeiterzufriedenheit ist die Herstellung und Aufrechterhaltung von Kooperation (Ebene V unseres Gebäudes ist die „Kooperationsebene").

Axelrod (2009, S. 112 ff.) nennt im Wesentlichen vier Maßnahmen, wie man Kooperation erzeugen und aufrechterhalten kann:

a) Der „**Schatten der Zukunft**" und damit der Discountparameter müssen hinreichend groß sein (siehe Abschnitt 1.5). Wie wir in Kapitel 1 gesehen haben, verringert Angst den Discountparameter und fördert somit eine *Nehmer*-Kultur. **Vertrauen** ist das Gegenteil von Angst, bewirkt also eine Erhöhung des Discountparameters. Dieses **Vertrauen** muss durch die Mitarbeiter empfunden werden, weshalb wir es der Mitarbeiterebene (III) zugeordnet haben, und bildet eine der fünf Säulen in Abbildung 4.1. **Vertrauen** besteht aus drei Komponenten: **Selbstvertrauen**, **Verbundenheit** (Vertrauen

4.6 Transkooptionale Führung im Überblick

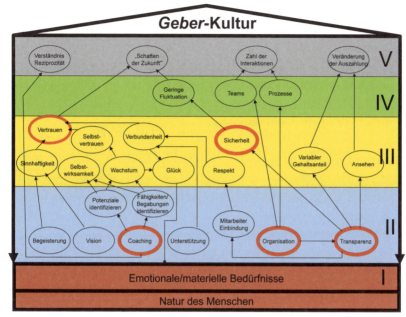

Abbildung 4.4 Die Gebäudestatik der Transkooptionalen Führung.
Die menschlichen Grundbedürfnisse (Ebene I) sind rot dargestellt, die Führungsebene (II) blau, die Mitarbeiterebene (III) gelb, die Organisationsebene (IV) grün und die Kooperationsebene (V) grau.

auf die Hilfe anderer) und **Sinnhaftigkeit** (Vertrauen darauf, das Richtige zu tun und einem höheren Ziel zu dienen).

Selbstvertrauen entsteht durch die Erkenntnis des Mitarbeiters, sich weiterentwickeln (**Wachstum**) und die gestellten Aufgaben aus eigener Kraft lösen zu können (**Selbstwirksamkeit**). Beides kann die Führungskraft (Ebene II) fördern, indem sie durch das **Coaching** des Mitarbeiters dessen **Fähigkeiten**, **Begabungen** und **Potenziale identifiziert**.

Verbundenheit (Loyalität) entsteht durch die Gewissheit des Mitarbeiters, dass er sich auf die Hilfe von Kollegen und speziell der Führungskraft verlassen kann, falls er vor einem Problem steht, das er nicht mehr alleine lösen kann (**Unterstützung** auf der Führungsebene II). Zusätzlich wird Verbundenheit durch den **Respekt** des Mitarbeiters gegenüber der Führungskraft erzeugt.

Letztere erwirbt sich diesen **Respekt**, indem sie den Mitarbeiter in **Entscheidungen einbindet**.

Sinnhaftigkeit wird von der Führungskraft durch Aufzeigen einer gemeinsamen **Vision** und das Wecken von **Begeisterung** auf emotionaler Ebene erzeugt. Auf rationaler Ebene entsteht **Sinnhaftigkeit** durch **Transparenz** (der Mitarbeiter erkennt seinen Beitrag zur Gemeinschaft).

Eine weitere Möglichkeit, um den „**Schatten der Zukunft**" zu verlängern, ist es, für eine **geringe Fluktuation** (Organisationsebene I) zu sorgen. Da der Mitarbeiter weiß, dass dies auch für seine Kollegen gilt, er also noch lange mit ihnen zusammenarbeiten wird, ist Defektion unattraktiv. Um dies zu erreichen, muss die Führungskraft ein Klima der **Sicherheit** unter den Mitarbeitern schaffen. Wesentliche Voraussetzung dafür ist die Herstellung von **Transparenz**. **Wachstum** und **Verbundenheit** in Kombination erzeugen **Glück** (Zufriedenheit, siehe Abschnitt 2.2), was wiederum zu einer **geringen Fluktuation** führt.

b) Ein weiteres Element der Kooperationsebene ist das **Verständnis** der **Reziprozität**. Damit ist gemeint, dass die Grundlagen der Kooperationstheorie im Unternehmen bekannt sein sollten. Wenn die Mitarbeiter verstehen, dass sie sich nicht in Null-Summen-Spielen befinden, dass Wettbewerb also eine schlechte Strategie für ihren persönlichen Erfolg ist, so werden sie eher bereit sein zu kooperieren. Dieses Verständnis kann von der Führungskraft durch **Coaching** erzeugt werden.

c) Den Discountparameter kann man auch durch eine Erhöhung **der Zahl der Interaktionen** steigern. Dies kann die Führungskraft durch eine Zusammenfassung der Mitarbeiter in **Teams** (Hierarchien) und durch die Definition von **Prozessen** erreichen (Organisatonsebene IV). Auf diese Weise wird die Anzahl der Interaktionen zwischen zwei Mitarbeitern innerhalb eines **Teams** erhöht (ihre Interaktionen beschränken sich auf die wenigen Mitglieder des **Teams** statt auf alle Mitarbeiter des Unternehmens, wodurch die Zahl der Interaktionen zwischen den Teammitgliedern steigt, was sich wiederum kooperationsfördernd auswirkt).

Zusätzlich wird die **Transparenz** im Unternehmen durch die **Organisation** erhöht.

d) Die vierte Möglichkeit, Kooperation zu fördern, ist eine **Veränderung der Auszahlungen** im Gefangenen-Dilemma-Spiel (vgl. Abschnitt 1.5). Voraussetzung dafür ist die Schaffung von **Transparenz** durch die Führungskräfte. Dann ist es möglich, kooperatives Verhalten durch entsprechende **variable Gehaltsanteile** zu belohnen und das **Ansehen** dieser Mitarbeiter zu erhöhen. Zusätzlich können *Täuscher* enttarnt und **Mitarbeiter in Entscheidungsprozesse eingebunden** werden. Letzteres erzeugt gegenseitigen **Respekt** und **Verbundenheit** mit dem Unternehmen.

Abschließend möchten wir darauf hinweisen, dass die *Geber*-Kultur nicht nur die Produktivität des Unternehmens maximiert, sondern auch die grundlegenden menschlichen Bedürfnisse befriedigt: Vertrauen (= Abwesenheit von Angst), respektiert werden, Glück empfinden, Ansehen genießen, materieller Wohlstand (variabler Gehaltsanteil), Sicherheit. In einer *Geber*-Kultur sind Mitarbeiter- und Unternehmensinteressen deckungsgleich, während sie sich in einer *Nehmer*-Kultur widersprechen. Dazu noch eine Bemerkung, um den Kreis zu schließen: Die zur Zeit der Industrialisierung entstandenen *Nehmer*-Kulturen waren die Ursache für die Entstehung von Gewerkschaften, weil die Arbeiter aufgrund der gegensätzlichen Interessenlage ausgebeutet wurden.

Wie bereits am Anfang dieses Kapitels beschrieben, ist die Transformationale Führung eine Teilmenge unseres Modells der Transkooptionalen Führung. Erstere wiederum ist eine Weiterentwicklung der Transaktionalen Führung, die von einem Transaktionsverhältnis zwischen Führungskraft und Mitarbeiter ausgeht (Burns, 1978): Der Mitarbeiter verhält sich den Vorgaben der Führungskraft entsprechend und erhält dafür eine Belohnung. Es werden Ziele vereinbart, für deren Erreichung der Mitarbeiter seinen variablen Gehaltsanteil erhält. Die Schwierigkeit dieser Führungsmethode besteht darin, dass der Wille des Mitarbeiters dabei nicht mit dem der Führungskraft übereinstimmen muss. Der Mitarbeiter tut, was er soll, um die Belohnung zu erhalten. Deshalb muss diese Motivation durch ständiges Belohnen aufrechterhalten werden.

Die Transformationale Führung geht darüber hinaus, indem sie den Willen des Mitarbeiters und damit sein Verhalten transformiert. Um dies zu erreichen, muss die Führungskraft den Sinn vermitteln, indem sie eine gemeinsame Vision erzeugt, sie muss Begeisterung wecken und dem Mitarbeiter ein Gefühl der Wertschätzung geben[6]. Diese Vorgehensweise ist auch Teil der Transkooptionalen Führung (Begeisterung + Vision liefert Sinnhaftigkeit, Transparenz ist die Voraussetzung zur Einbindung von Mitarbeitern in Entscheidungsprozesse, was Respekt und Wertschätzung zur Folge hat).

Transformationale Führung erfordert die folgenden Führungskompetenzen:

1. Die Mitarbeiter vertrauen der Führungskraft. Sie wird als Vorbild wahrgenommen.
2. Inspiration durch herausfordernde Aufgaben.
3. Förderung von Kreativität und kritischem Hinterfragen.
4. Coaching (individuelle Entwicklung).

Die Transkooptionale Führung leitet diese Kompetenzen aus der Kooperationstheorie ab und verknüpft sie miteinander: Durch das Coaching identifiziert die Führungskraft die Potenziale, Begabungen und Fähigkeiten des Mitarbeiters. Auf dieser Basis stellt die Führungskraft herausfordernde Aufgaben (Inspiration), durch deren Lösung der Mitarbeiter Selbstvertrauen entwickelt – eine der drei Säulen des Vertrauens. Letzteres bedeutet die Abwesenheit von Angst, was die Voraussetzung für Kreativität (siehe Abschnitt 2.4) und kritisches Hinterfragen (vgl. Abschnitt 4.1) ist.

---

6 Avolio (2004), S. 3 ff.

4.6 Transkooptionale Führung im Überblick

Über die Transformationale Führung hinaus fordert die Transkooptionale Führung von der Führungskraft:

a) Schaffung eines Klimas der Sicherheit (durch Transparenz) zur Vermeidung von hoher Fluktuation und Ängsten bei den Mitarbeitern.
b) Unterstützung bei schwierigen Aufgaben zur Erzeugung von Verbundenheit (2. Säule des Vertrauens).
c) Organisation von Hierarchien (Teams) und Prozessen.
d) Erzeugung von Transparenz als Voraussetzung für die Einbindung von Mitarbeitern in die Entscheidungprozesse und zur gerechten Bezahlung (angelehnt an die Kooperationsbereitschaft) sowie zur Steigerung des Ansehens kooperativer Mitarbeiter.

Praktische Führungserfahrungen – was Führungspersönlichkeiten sagen

5

5.1 Einleitung

Die „Wissenschaft des Geistes", wobei wir die drei Aspekte Kooperationstheorie, Neurobiologie und Psychologie beleuchtet haben, führt zu ziemlich eindeutigen Ergebnissen, wie man führen sollte bzw. worin die gefährlichsten Fallstricke bestehen.

Der Wert einer Theorie bemisst sich darin, mit möglichst wenig Grundannahmen auszukommen und dabei möglichst exakt die Beobachtungen, also die „wirkliche Welt", zu erklären. Wir haben uns bemüht, die Grundannahmen auf ein Minimum zu reduzieren, indem wir möglichst einfache theoretische Modelle verwendeten. Nun gilt es zu prüfen, inwieweit die aus der Theorie folgenden Ergebnisse mit den Erfahrungen von denjenigen unter uns übereinstimmen, die bewiesen haben, dass sie erfolgreich führen können.

Aus diesem Grunde wählten wir Interviewpartner aus der Wirtschaft, wobei wir Wert darauf legten, dass wir möglichst unterschiedliche Branchen abdeckten. Zusätzlich befragten wir Führungskräfte aus der Politik, dem zweiten großen Bereich, in dem Führungskompetenz maßgeblich ist, um im günstigsten Fall eine Allgemeingültigkeit der Theorie nachweisen zu können.

In den Interviews stellten wir lediglich möglichst allgemein gehaltene Fragen zum Thema Führung und es war uns wichtig, unsere Gesprächspartner nicht zu beeinflussen, indem wir unsere Ergebnisse mit ihnen diskutierten oder in unsere Fragestellungen einbauten.

In Kapitel 4 haben wir unser Führen-Modell auf fünf Säulen aufgebaut: Vertrauen, Sicherheit, Organisation, Coaching und Transparenz. Was genau unter diesen Begriffen im Sinne unseres Modells zu verstehen ist, haben wir ausführlich beschrieben. Im Kapitel 6 haben wir einige Kernaussagen unserer Interviewpartner kommentarlos diesen fünf Säulen zugeordnet. Wir sind der Meinung, dass der Leser selbst den Grad der Übereinstimmung unseres Führenmodells mit der Erfahrungen dieser Persönlichkeiten beurteilen sollte, statt durch unsere Interpretationen der einzelnen Texte beeinflußt zu werden..

5.2 Roland Berger

Kurzbiografie

Roland Berger (geb. 1937) ist Gründer und seit 2010 Honorary Chairman von Roland Berger Strategy Consultants, München. Schon während seines Studiums der Betriebswirtschaftslehre gründete er seine ersten Unternehmen in München: eine Wäscherei und einen Getränke-Discount, die er erfolgreich betrieb und später gewinnbringend verkaufte. Bei der Mailänder Strategieberatung Gennaro-Boston Associati lernte Berger das Handwerk der internationalen Strategieberatung, bevor er 1967 Roland Berger Strategy Consultants gründete. In den folgenden Jahrzehnten eröffnete das Unternehmen zahlreiche Büros im In- und Ausland und ist heute mit 51 Büros in 36 Ländern die einzige international bedeutende Strategieberatung europäischen Ursprungs.

Roland Berger ist ein international gefragter Berater, auch in der Politik: So war und ist er Mitglied in zahlreichen Sachverständigenkommissionen, etwa der Commission for Future Generations der Oxford Martin School oder der High Level Group of Independent Stakeholders on Administrative Burdens unter Leitung von Ministerpräsident a. D. Dr. Edmund Stoiber. Außerdem war er für die Bundesregierungen unter Helmut Kohl und Gerhard Schröder in über 20 Regierungskommissionen aktiv. Dieses Engagement brachte ihn gelegentlich ins Gespräch für politische Ämter, die er jedoch stets ablehnte, da er unabhängig bleiben wollte.

2008 gründete Berger mit 50 Millionen Euro aus seinem Privatvermögen die Roland Berger Stiftung, die den mit einer Million Euro dotierten „Roland Berger Preis für Menschenwürde" vergibt und Chancengerechtigkeit in der Bildung fördert, durch Stipendien an begabte und engagementbereite Kinder aus sozial benachteiligten Verhältnissen.

Berger hält zahlreiche internationale Aufsichtsrats- und Beiratsmandate und ist als Investor in privaten und börsennotierten Unternehmen sowie Start-ups tätig. Zudem hält er Lehraufträge und engagiert sich in Beiräten und Gremien von Institutionen im Bereich Bildung und Kultur, etwa dem Hochschulrat der Ludwig-Maximilians-Universität München und dem Advisory Council der Business School INSEAD in Fontainebleau, Frankreich.

Privat geht Roland Berger seinem Interesse für moderne Kunst nach und besitzt eine umfangreiche Sammlung von Werken überwiegend zeitgenössischer Künstler aus Europa, USA, Südamerika und China. Außerdem begeistert er sich für klassische Musik und unterstützt u.a. das Mahler-Chamber-Orchestra sowie die Bayerische Staatsoper. Er liebt Bergwandern und Skilanglauf, vor allem im Schweizer Engadin.

Die vier Aspekte des Führens: Ziele klar definieren, Mitarbeiter einbinden, Erfolgskontrolle und ein Klima des Vertrauens schaffen

Jedes Unternehmen muss etwas anders geführt werden. Eine Unternehmensberatung ist als Partnerschaft ja ein eher atypisch organisiertes Unternehmen. Als Gründer hat mir Roland Berger Strategy Consultants zunächst alleine gehört, ich habe die Firma alleine kontrolliert. Meine Nachfolger hingegen müssen von mindestens 75 % der von ihnen geführten Führungskräfte, also unserer Partner, gewählt werden. Das ist eine völlig andere Situation. Und von einem Industrieunternehmen unterscheidet uns, dass wir zu 100 % ein People's Business sind – wir haben nichts außer unseren Mitarbeitern. Die Deutsche Bahn etwa verfügt zusätzlich über Züge, Infrastruktur und eine Endkundenmarke. Das ist ein ganz anderes Geschäft!

Trotzdem gibt es zum Thema Führung in allen Branchen Gemeinsamkeiten, und weil ich in meinem Leben insgesamt vermutlich einige Tausend Menschen geführt habe, kann ich wohl prinzipiell die Leitlinien, nach denen „man" führt, benennen.

Die Grundlage von allem sind vernünftige Anstandsregeln. Das können etwa die Zehn Gebote sein oder, wenn Sie so wollen, das Grundgesetz. Darauf basierend muss man den Kollegen klar sagen, wohin die Reise geht. Dabei sollte man bei der Definition des Reiseziels tunlichst die Führungskräfte miteinbeziehen und Einigkeit erzielen. Am Ende ist entscheidend, dass man für jeden verständlich darlegt, wie man am besten das Reiseziel erreicht, ob mit dem Zug, dem Auto oder einer Mondrakete. Das ist der eine Komplex.

Der zweite Komplex besteht darin, die Mitarbeiter in seine Entscheidungen einzubinden. Dazu braucht man Motivationsfähigkeit, Kommunikationsfähigkeit und ein effektives Feedbackmanagement.

Der dritte Komplex lautet: Sie benötigen Erfolgsmaßstäbe. Das bedeutet, man muss seinen Kollegen laufend kommunizieren, was gemeinsam erreicht wurde oder nicht, wo die Firma steht, ob man auf dem gemeinsamen Weg zum Ziel im Plan ist und wie der Beitrag jedes Einzelnen dazu aussieht. Es ist sehr wichtig, dieses Feedback zu geben, mit zweierlei Absicht: erstens, jedem Einzelnen zu vermitteln, ob er die Leistungsansprüche erfüllt hat oder nicht. Und zweitens festzustellen, ob man möglicherweise am Reiseziel, an der Reiseroute oder am Reisemittel etwas ändern sollte.

Schließlich gibt es ein viertes Thema, bei dem wiederum die Zehn Gebote ins Spiel kommen: Sie müssen ein Klima des Vertrauens unter den Menschen schaffen, mit denen Sie arbeiten wollen. Sie müssen sich untereinander vertrauen und sie müssen auch demjenigen, der führt, vertrauen. Die Mitarbeiter müssen sehen, dass Transparenz herrscht und bestimmte Spielregeln beachtet werden. Sie müssen wissen, welche ungeschriebenen Gesetze gelten und welche Faktoren neben den konkreten Zielen über den Erfolg entscheiden.

Wir produzieren immer auch Gewinner und Verlierer

Für einen Unternehmensberater ist vor allem wesentlich, innovativ Mehrwert für den Kunden zu schaffen. Dabei ist wichtig, dass die Klienten dies auch akzeptieren und anerkennen. Für uns hat der Kunde die Schlüsselrolle inne, denn alles, was wir tun, passiert beim Kunden, mit dem Kunden, für den Kunden.

Das gilt nicht nur, bis das Projekt abgeschlossen ist und die letzte Rechnung bezahlt wurde, sondern auch darüber hinaus. Kundenzufriedenheit ist für uns von höchster Bedeutung, auch weil wir nur so die Chance haben, einen Anschlussauftrag zu bekommen. Sie zu erzielen ist aber nicht leicht, denn wir stören notwendigerweise die Abläufe innerhalb der Kundenorganisation. Unsere Arbeit ruft Veränderungen hervor und produziert zwangsläufig Gewinner und Verlierer. Die Durchführung unserer Projekte verlangt daher absolute Neutralität und ein klar definiertes Wertegerüst:

Der Kunde muss sich etwa darauf verlassen können, dass wir Stärken und Schwächen immer objektiv, ehrlich, offen und integer bewerten – und tunlichst nicht politisch handeln. Unser Auftrag besteht außerdem in der Organisation und nicht etwa darin, die Fähigkeiten einzelner Mitarbeiter zu beurteilen. Deshalb müssen unsere Mitarbeiter, neben dem Erfolg, auf den unsere Arbeit für den Kunden zielen soll, vor allem berücksichtigen, dass sie es mit Menschen zu tun haben. Sie müssen sich klar darüber sein, dass Menschen Orientierungspunkte und Verlässlichkeit einfordern. Damit der Kunde uns vertraut, müssen diese Werte vorgelebt werden. Insofern unterscheidet sich das Dienstleistungsgeschäft auch von Unternehmen, die ein physisches Produkt verkaufen.

Erfolg misst sich auch daran, wie glücklich mein Umfeld mit dem ist, was ich tue

Erfolg in der Beratung hat somit zwei Dimensionen: erstens, das Problem eines Kunden zu lösen und ihn in die Lage zu versetzen, mit einer Veränderung fertig zu werden. Oder etwas Neues, Innovatives für ihn zu entwickeln, ihn ein Stück weiterzubringen und Mehrwert für ihn zu schaffen. Zweitens ist natürlich auch der eigene ökonomische Erfolg wesentlich. Die eigene Partnerschaft soll gedeihen, sich entwickeln, wachsen und die Marktanforderungen erfüllen – sonst wäre das Wachstum nicht nachhaltig und die Firma langfristig nicht überlebensfähig.

Hinzu kommen die Parameter des persönlichen Erfolgs, die letztlich jeder für sich selbst definiert. Neben meiner Arbeit für Roland Berger Strategy Consultants habe ich mich zum Beispiel immer auch in vielen anderen Bereichen betätigt. Mein Verständnis von persönlichem Erfolg umfasst somit mehrere Komponenten, eine davon ist gesellschaftliche Verantwortung. Was ich tat und tue, musste und muss einen Mehrwert für unsere Gesellschaft oder andere Gesellschaften schaffen – wir sind schließlich im wahrsten Sinne des Wortes global tätig, beschäftigen 2700 Menschen in mehr als 50 Ländern.

Mein persönlicher Erfolg misst sich zudem daran, wie mein Umfeld mit mir lebt, d. h. wie glücklich mein Umfeld mit dem ist, was ich tue. Dann erlebe ich Erfolg als positives Feedback meines Umfeldes.

In der simpelsten Variante zeigt meine Gewinn-und-Verlustrechnung, dass zum Beispiel Umsatz und Gewinn wachsen. Dieses konkrete Feedback interessiert natürlich jeden Unternehmer. Aber es kommt nicht nur auf die Zahlen an, denn wenn auf meiner Kundenliste nicht nur der Einzelhändler um die Ecke, sondern auch globale Konzerne und die Bundesregierung stehen, bedeutet das weiteres positives Feedback.

Zum Gesamterfolg tragen also quantitativer und qualitativer Erfolg bei, wie etwa die inhaltliche Erfolgskomponente meiner Arbeit und das Feedback, das ich von der Gesellschaft erfahre, von meiner Frau, meinen Kindern, Freunden und natürlich von meinen Mitarbeitern.

Wenn man nach dieser Rückmeldung gut schlafen kann, ist das Ziel eigentlich erreicht. Dabei wird man nicht immer nur positive Erlebnisse und Ergebnisse haben, weder rein beruflich noch im zwischenmenschlichen Leben. Insofern kommt es auch darauf an, sich nicht auf Erfolgserlebnissen auszuruhen und nicht an Niederlagen zu verzweifeln. Einige mögen zufrieden sein, wenn die Kunden zufrieden sind. Um Erfolg zu maximieren und Misserfolge zu minimieren, habe ich hingegen immer meine eigenen Qualitätskriterien definiert. Als Profi stellt man an sich selbst die höchsten Ansprüche. Insofern bestand mein Ziel immer darin, die Anforderungen meiner Kunden noch zu übertreffen.

Für mich zählt, dass ein Unternehmen nach meiner Beratung besser, wachstumsstärker, mit mehr Substanz und Marktpotenzial dasteht als vorher. Zu Beginn meiner Karriere ist das etwa mit der Tui durch den Zusammenschluss von erst vier, dann fünf Tour-Operatoren gelungen. Diese fünf Einzelunternehmen hätten alleine langfristig nicht überleben können.

Glücklicherweise hatte ich etliche solcher Erfolgserlebnisse. Dazu zählt auch, wenn ich sehe, dass ein politisches Thema, das ich in Teilen mitgestalten durfte, das Land, in dem ich aktiv war, ein Stück weitergebracht hat.

Ganz besondere Erfolgserlebnisse bereitet mir immer wieder meine Stiftung. Wir begleiten Kinder aus sozial benachteiligten Verhältnissen auf ihrem Bildungsweg zum Abitur: Denn Kinder aus Nicht-Akademiker-Familien haben nur ein Sechstel der Chance, zur

Hochschulreife zu gelangen wie Kinder aus Akademiker-Familien. Wenn man dann erlebt, wie aus diesen Kindern nach einem halben Jahr individueller Förderung frohere, erfülltere und erfolgreichere Menschen werden, dann ist das für mich, auch persönlich, ein sehr starkes Erfolgserlebnis.

Oder wenn die 120 jungen Musiker des Gustav-Mahler-Jugendorchesters, das meine Frau und ich fördern, in Salzburg Standing Ovations ernten. Anschließend lädt man die Truppe mit Anhang in einen Biergarten ein und feiert.

Es gibt viele Dimensionen des Erfolgs, die sich dem bieten, der sich der Vielfalt des Lebens öffnet.

Man kann den persönlichen Kontakt nicht durch E-Mails ersetzen

Die grundlegenden Regeln des Führens haben sich übrigens selbst in den letzten Jahrzehnten nicht geändert: Man hat immer mit Menschen zu tun und den verschiedenen Rollen, die diese Menschen spielen. Unsere Welt ist jedoch globaler geworden, im wahrsten Sinne des Wortes. Die Welt als ein Dorf ist heute in gewisser Weise Realität. Die Menschen sind sieben Tage in der Woche 24 Stunden lang praktisch überall erreichbar. Das macht es physisch und psychisch anstrengend. Das Leben ist überraschender, vielfältiger geworden. Hinzu kommen die neuen, schnellen Kommunikationsmittel. Auch ich nutze Smartphone und iPad und schreibe SMS. Dennoch können E-Mails den persönlichen Kontakt, die menschliche Botschaft nicht ersetzen. Allerdings muss man anerkennen, dass diese Form der Kommunikation von der jungen Generation selbstverständlicher genutzt und auch anders wahrgenommen wird, wohl weil sie damit aufgewachsen ist.

Objektiv ist die Geschäftswelt härter geworden, die konkreten Anforderungen der Stakeholder sind gestiegen. Geschäftsprozesse laufen schneller ab, Erfolgsfaktoren von heute sind morgen obsolet. Das Tempo der Veränderung und die Anforderungen an die Menschen, sich anzupassen, haben den Druck erhöht. Für jemanden, der führen will, ist es wichtiger denn je, den Überblick darüber zu haben, was überall auf der Welt passiert. Gleichzeitig muss er die große Informationsmenge einzuordnen wissen und für die, mit denen er arbeitet, verständlich in Botschaften umsetzen können. Das gilt auch umgekehrt: Die Personen, mit denen die Führungskraft arbeitet, müssen ihr zügig Feedback geben. Führen war schon immer anspruchsvoll und ist es heute erst recht, denn die Welt ist anspruchsvoller, wettbewerbsintensiver und schneller geworden.

Diese Härten sind jedoch relativ: Man sollte nicht vergessen – was uns in Europa mittlerweile Gott sei Dank eher fremd geworden ist –, wie schwierig zum Beispiel Führung während eines Krieges ist. Wir leben seit fast 70 Jahren in Frieden, Freiheit, relativem Wohlstand und mit nie dagewesenen Entfaltungsmöglichkeiten. Das kann dazu verleiten, die eigene Situation zu überhöhen. Man sollte sie aber im historischen Kontext sehen und wertschätzen, dass wir, wenn wir klagen, es auf hohem Niveau tun.

Werte sind universell, aber unterschiedliche Kulturen erfordern unterschiedliches Management

Bei allen Herausforderungen durch Globalisierung und neue Technologien: Ich glaube nicht, dass in den vergangenen Jahrzehnten Werte auf der Strecke geblieben sind. Sicher schlägt das Pendel immer wieder in den negativen Bereich, wie etwa beim Hype vor der Finanzkrise. Da zählte zumindest in manchen Bereichen nur noch schneller finanzieller Erfolg. Danach wurde dieses Geschäftsgebaren jedoch relativiert. Ich glaube an grundlegende Werte, die universell gültig und nachhaltig sind: Entweder lügt man oder man sagt die Wahrheit, man stiehlt oder man respektiert Eigentum. Diese Wertvorstellungen bleiben konstant. Verhaltensweisen ändern sich zwar, aber sie ändern sich zyklisch. Es gibt einerseits ein festes, durch unser Gewissen beeinflusstes Wertegerüst, sicherlich auch geprägt durch die christlich-abendländische Kultur und dem daraus resultierenden Respekt vor dem Individuum. Andererseits werden unsere Wertvorstellungen von der Unendlichkeit der Möglichkeiten bestimmt, an die wir, seit wir Wissenschaft zugelassen haben, ebenfalls glauben. Das ist in anderen Gesellschaften anders.

Die europäischen Werte setzen sich vielerorts immer mehr durch. Trotzdem muss in Europa anders geführt werden als in Japan, China, Indien oder in Nordamerika, wobei wir die USA im weiteren Sinne noch zu unserem Kulturkreis zählen können. Doch die Spielregeln sind dort bereits andere. So gehört in den USA eine gewisse Showkomponente zum täglichen Umgang, in Europa eher nicht. Vieles, das in Nordamerika ganz normal erscheint, würde in Europa auf wenig Verständnis stoßen – und in China und Japan wahrscheinlich auf noch weniger.

Menschen an die Kultur des Führenden anzupassen, ist der weniger Erfolg versprechende Weg. Besser ist es, sich in das Gegenüber hineinzuversetzen. Für mich als Berater ist es wichtig, die Unternehmenskultur zu verstehen, in der ich mich bei einem Projekt bewege. Diese Kulturen sind beispielsweise bei Konzernen wie BASF, Bosch, Volkswagen, Lufthansa und der Deutschen Bank völlig unterschiedlich. Diese Unterschiede zu erkennen, ist für jemanden, der von außen in eine solche Kultur hineinkommt, oft schwierig. Ich habe persönlich einige Fälle erlebt, bei denen jemand von extern ins Top-Management eines Konzerns berufen wurde und nie wirklich verstanden hat, wie das Unternehmen funktioniert. Er ist immer fremd geblieben, denn in unterschiedlichen Firmen bedeuten Aspekte wie Qualität, Sicherheit oder Schnelligkeit jeweils etwas völlig anderes. Diese Dinge muss man wissen, wenn man von außen in ein Unternehmen eintritt.

Meine Situation in der eigenen Firma war natürlich ganz anders. Ich habe den ersten Bleistift gekauft und wusste immer, „wie der Laden tickt". Kommt heute jemand von außen in unsere etablierten Strukturen hinein, ist das für ihn sicher schon schwieriger.

Dazu kommen allgemeingültige Änderungen: So hat die Regulierung des Geschäftslebens deutlich zugenommen. Neue Gesetze, Rechtsnormen und Corporate Governance haben die Gestaltungsfreiheit zumindest reduziert. Ein Element der Vorsicht kam hinzu, etwas, auf das man zusätzlich achten muss. Nun werden diese Bedingungen von Menschen gemacht, die wiederum der Zeitgeist beeinflusst, und können sich ändern.

Die politische Bedeutung, die wirtschaftliches Handeln heute hat, ist ebenfalls neu. Vor 30 Jahren kannte kaum jemand außerhalb des Konzerns den Namen des Siemens-Chefs. Wer heute aber ein Unternehmen führt, das mehr als tausend Menschen beschäftigt, steht in der Öffentlichkeit und trägt somit Verantwortung für die öffentliche Wahrnehmung der Firma. Bei dem, was eine Führungskraft tut, muss sie daher auch die Wirkung auf ihre eigene Reputation, die der Firma und Mitarbeiter berücksichtigen.

Diese Änderungen haben die Welt komplexer gemacht, Freiheiten eingeschränkt. Heute lässt man sich als Manager vor bestimmten Entscheidungen am besten ein Rechtsgutachten erstellen, weil man oft nicht absehen kann, ob und welche juristischen Fallstricke mit einer Handlungsweise verbunden sind.

Damit will ich nicht sagen, dass früher alles besser war. Manager sind heute stärker kontrolliert, das muss man fairerweise sagen, und sie sind objektiv weniger korrumpiert. Früher bestand das Einkommen eines Vorstandes zu 20 % aus Geld und zu 80 % aus Nebenleistungen. Letztere wurden nicht kontrolliert, wie beispielsweise der durch die Firma gestellte Gärtner oder die Haushälterin, die später auch noch für die Vorstandswitwe tätig waren. Die Transparenz, die heute herrscht, ist ein Fortschritt, prägt aber auch die Menschen. Hoch wirkende Vergütungen bedeuten nicht zwangsläufig, dass ein Vorstand heute tatsächlich mehr verdient als sein Pendant vor Jahrzehnten, denn früher wurde vielerorts mehr gemauschelt.

Als Unternehmer muss man wissen, wer man ist und wer man sein möchte

Ein Unternehmer sollte sich zuallererst fragen, welche Relevanz die Leistung seines Unternehmens hat: Wie wichtig oder unwichtig sind seine Erzeugnisse für die Gesellschaft? Werden Lippenstifte oder Babynahrung, Verkehrsflugzeuge oder Panzer produziert? Diese vier Produkte haben eine ziemlich unterschiedliche gesellschaftliche Relevanz, und man muss sich klar darüber sein, ob man sich damit identifizieren kann. Des Weiteren muss man sich fragen, was diese Identifikation für die eigene Persönlichkeit bedeutet, ob sie dem Selbstbild entspricht. Man muss wissen, wer man ist und wer man sein will. Und man muss sein Umfeld möglichst so wählen und auch beeinflussen, dass man sich selber treu bleiben kann. Und man muss wissen, dass man ohne andere nichts erreichen kann.

Insofern ist es unabdingbar, die Menschen, die man führt, zu respektieren, zu achten, ihre Bedürfnisse, ihren Verstand und ihr Wissen miteinzubeziehen und sie im weiteren Sinne vielleicht sogar zu lieben, um mit ihnen zusammen etwas auf die Beine stellen zu können.

Ein Unternehmer muss einen messbaren Beitrag für die Gesellschaft leisten

Ein wesentliches Kriterium für ein gelungenes Leben ist in meinen Augen, die wesentlichen Regeln unserer Gesellschaft zu beachten. Das berufliche Kriterium lautet: Meine Arbeit muss am Ende einen Beitrag für die Gesellschaft leisten, der messbar und nachvollziehbar ist, zum Beispiel durch die Erfindung sinnvoller Produkte oder indem ich Arbeitsplätze schaffe. Ein gelungenes Leben bedeutet mehr als unternehmerischer Erfolg. Eine menschliche Umgebung zu haben, von der ich zumindest das Gefühl habe, dass sie mich in schwierigen Situationen auffängt, ist wesentlich.

Ziel sollte sein, der Gesellschaft mehr zu hinterlassen, als sie einem gegeben hat, und ihre ethischen Regeln zu befolgen. Wenn am Ende Menschen zurückbleiben, denen man fehlen wird, hat man wohl ein gelungenes Leben geführt.

5.3 Titus Dittmann

5.3 Titus Dittmann

Kurzbiografie

Innerhalb der letzten 35 Jahre hat der 65-Jährige die Skateboard-Szene in Deutschland und Europa geprägt. Früh erkennt er, dass Skateboarding mehr ist als Trendsport oder Freizeitbeschäftigung. Das Brett mit den vier Rollen ist „erwachsenen-untaugliches Ausdrucksmittel und Lebenswelt". Das Unternehmen **Titus** ist führend im Einzelhandel mit Skateboards & Streetwear. Mit mehr als 30 Titus-Shops, Versand- und Online-Handel, Events und Medien bedient das Multichannel-System die Bedürfnisse der jugendlichen Kunden.

Ausgezeichnet mit renommierten Preisen aus Wirtschaft und Gesellschaft, ist Titus Dittmann im „Establishment" angekommen. Seine Kontakte in Politik, Medien und Kultur nutzt er, um sich für die „pubertierenden Rotzlöffel" einzusetzen. Und bleibt seiner Zielgruppe, seinen Idealen und seiner Passion treu.

Glaubwürdigkeit ist sein größtes Kapital. Bei allem Wachstum und Erfolg hat Titus Dittmann immer wieder die Kehrseite der Medaille kennengelernt: Das Unternehmen steckte 2006 in einer existenzbedrohenden Krise. In einem Alter, in dem andere an das „Leben nach der Karriere" denken, startete er noch einmal durch. Menschen, die ihn gut kennen, sagen: „Titus kann gar nicht anders."

2009 gründet Titus Dittmann eine eigene Stiftung. Mit der Initiative **skate-aid** unterstützt er weltweit Kinder- und Jugendprojekte, die mittels des Skateboardings Entwicklungshilfe leisten. Da, wo das Leben von Terror, Gewalt und Zerstörung geprägt ist, will er die Hoffnung für Kinder ins Rollen bringen. Im Frühjahr 2010 baut er gemeinsam mit Kooperationspartner Grünhelme e.V. den ersten skate-aid Sportpark an einer Schule in Afghanistan (Karokh). Das **ZDF auslandsjournal** berichtete im November 2010 über skate-aid und das Projekt am Hindukusch.

Um sich ganz auf die Stiftungsarbeit zu konzentrieren, zieht er sich im Sommer 2010 aus der Geschäftsführung der „titus GmbH" zurück. Im November 2010 wird skate-aid mit dem renommierten **Laureus Medien Preis** ausgezeichnet.

Seit Oktober 2011 hat Dittmann einen **Lehrauftrag an der Universität Münster**. Sein Motiv: Um die skate-aid Aktivitäten in Afghanistan voranzubringen, strebt der Ex-Studienrat eine Kooperation mit der Universität Herat an. Studierende sollen auch am Hindukusch die Vorzüge des Skateboardings im Schulunterricht kennenlernen – um sie später als Lehrer an den Schulen Afghanistans einzusetzen.

Auch in **Afrika** ist skate-aid aktiv: Anlagen in **Tansania, Uganda und Südafrika** sind bereits länger im Betrieb. In **Kenia** wurde im Oktober 2013 ein neuer Skatepark eröffnet. In **Costa Rica** wurde im Frühjahr 2012 ein Skate- und Sportpark für benachteiligte Kids fertiggestellt. In **Palästina** (**Bethlehem**) soll in 2014 eine Anlage entstehen. Immer in enger Kooperation mit lokalen Partnern, die den nachhaltigen Erfolg sicherstellen.

Unter dem Titel **„Brett für die Welt"** veröffentlicht Dittmann im Herbst 2012 seine Biographie. Im Film **„Brett vorm Kopp"** inszenierten die Berliner Filmemacher Ali Eckert und Monica Nancy Wick ebenfalls in 2012 sein rasantes Leben auf der Extremspur.

Im Februar 2013 wird Dittmanns Initiative skate-aid in der Kategorie „Marketing/Social Awareness" mit dem **„Ispo Award 2013"** ausgezeichnet. Die Welt ist ein Brett. Und Querdenken tut gut.

Im Juni 2013 erhält Titus Dittmann den **„Deutschen Gründerpreis"** in der Kategorie Sonderpreis für sein herausragendes Engagement als Gründer. Ausgelobt wird der „Deutsche Gründerpreis" von den Partnern stern, Sparkasse, ZDF und Porsche, unterstützt durch das Bundesministerium für Wirtschaft und Technologie. Mut ist, wenn man es trotzdem macht!

Führen wird im Wesentlichen vom Überspringen von Begeisterung getragen

Meiner Meinung nach sollte man sich, bevor man über die Führung von Mitarbeitern nachdenkt, zunächst darüber im Klaren sein, wie man sich selbst führen muss. Eine Grundvoraussetzung für erfolgreiches Führen ist es, Vorbild zu sein. Man muss selber die Ärmel hochkrempeln, sich voll und ganz für die Sache einsetzen und authentische Begeisterung zeigen, die dann automatisch auf die Mitarbeiter überspringt. Wenn man durch diese Vorbildfunktion erreicht, dass die Mitarbeiter begeistert bei der Sache sind, wird der möglicherweise vorhandene Erfahrungsvorsprung des Chefs dankbar aufgegriffen und sofort umgesetzt. Eine zweite Voraussetzung für erfolgreiches Führen besteht darin, den Mitarbeitern das ehrlich gemeinte Gefühl zu vermitteln dazuzugehören.

Doch wenn man auch ehrlich zu sich selbst ist, muss man sich eingestehen, dass man als Mensch, der schließlich keine Maschine ist, Schwankungen unterliegt, weshalb das Führen, im Wesentlichen getragen durch das Überspringen von Begeisterung, meistens funktioniert, manchmal aber eben auch nicht. Diese Problematik tritt dann auf, wenn etwas gemacht werden muss, was einem selbst auch keinen Spaß macht. Dann kann man natürlich auch keine Begeisterung vermitteln. In diesem Fall besteht die Vorbildfunktion darin, mentale Stärke und Verantwortungsbewusstsein zu zeigen. Nur wenn man selbst bereit ist, Verantwortung zu übernehmen, kann man das Gleiche auch von den Mitarbeitern erwarten. Das ist Führen durch Übertragen von Verantwortung. Dies bedeutet, dass man demjenigen, den man führt, das wunderschöne Erlebnis gönnt, eigenverantwortlich und aus eigener Kraft etwas auf die Beine gestellt zu haben.

Wir haben uns von einer Erwachsenengesellschaft in eine Jugendgesellschaft verwandelt

Da ich Pädagoge bin, betrachte ich das Thema Führen natürlich aus dieser Perspektive. Streng genommen ist Pädagogik nichts anderes, als sich Gedanken darüber zu machen, wie man richtig führt. Dabei muss man bedenken, dass das Führen von Mitarbeitern nur ein kleiner Ausschnitt dessen ist, was Führen in unserer Gesellschaft ausmacht. Marketing ist beispielsweise auch Führung. Werbung funktioniert genau dann nicht, wenn sie nicht nach pädagogischen Gesichtspunkten gemacht wurde. Man muss sich überlegen, wen man erreichen möchte, wie derjenige denkt und zu welcher „Gesinnungsgenossenschaft" er gehört.

Zum besseren Verständnis ein kleiner Ausflug in die jüngere Geschichte: Wir haben uns nach dem Krieg von einer

Erwachsenengesellschaft in eine teilweise irrsinnige Jugendgesellschaft verwandelt. Man denke nur an jene Zeit, als die Beatles mit Anzug und Schlips auftraten, nur um erwachsen zu wirken. Dies war in der Erwachsenengesellschaft Anfang der 1960er Jahre der sehnlichste Wunsch eines jeden Jugendlichen – nicht zuletzt um dem furchtbaren Druck der Erwachsenen aus dem Wege zu gehen[1]. Ich selbst habe sehr unter diesem Druck gelitten. Mir sind zwei Sätze in Erinnerung geblieben, die ich immer wieder von Erwachsenen hörte: „Halt den Mund, wenn die Erwachsenen reden!" und „Werd' doch erst einmal erwachsen!". Die Frage ist nur, wie man erwachsen werden soll, wenn man mit den Erwachsenen nicht reden darf.

Mit einer Botschaft kann man nur diejenigen erreichen, die auf der Wellenlänge empfangen, auf der man sendet

Nun zurück zu den „Gesinnungsgenossenschaften": Die Veränderung von einer gesellschaftlichen Erwachsenen- hin zur Jugendorientierung hat mehr verändert, als man zunächst einmal meinen könnte. Wenn man Leute ansprechen möchte, um sie zu führen, zu bewegen und zu beeinflussen, muss man bedenken, dass sich die Zielgruppen geändert haben. Früher war es richtig, Zielgruppen ganz einfach nach Alter zu clustern, weil man zur Zeit meiner Kindheit in jeder Lebensphase eine andere Gesinnung annehmen musste, wenn man in die Gesellschaft integriert bleiben wollte. Das bedeutet, dass sich damals bei jedem Menschen die Gesinnung im Laufe des Lebens geändert hat und diese Gesinnung war in jeder Altersgruppe in etwa gleich. Beim Marketing spricht man die Gesinnung der Menschen an – was dem einen wichtig ist, kann dem anderen völlig egal sein. Das bedeutet, man kann mit einer Botschaft nur diejenigen erreichen, die auf der Wellenlänge empfangen, auf der man sendet.

Die einfache, in einer Erwachsenengesellschaft gültige Abbildung von Gesinnung auf Alter funktioniert durch den Wandel zur Jugendorientierung nicht mehr. Alle Altersgruppen versuchen, möglichst jung auszusehen und möglichst jung zu denken. Die Älteren hören sogar oftmals die gleiche Musik wie die Jugendlichen. Dementsprechend reduzieren sich die Gelegenheiten, um sich durch Reibung

---

[1] Detaillierte Betrachtungen zu diesem Thema findet man bei Dittmann (2012)

mit den Eltern freizuschwimmen. Diese Entwicklung ist deshalb schädlich, weil den Jugendlichen die Möglichkeit genommen wird, sich ihre eigene Lebenswelt zu erarbeiten, indem sie sich gegen bestehende Normen auflehnen. Schließlich sind Jugendliche noch auf der Suche nach der Gesinnung, die sie später in ihrem Leben annehmen werden. In jenem Alter kann man noch nicht wissen, was man will, weil die Erfahrung fehlt. In der Pubertät entwickelt sich erstmalig das natürliche Bedürfnis des Menschen nach Selbstbestimmung, was die treibende Kraft zur Persönlichkeitsentwicklung ist. Bei einem Kind ist dieses Bedürfnis noch nicht vorhanden, was auch gut so ist, weil es noch völlig abhängig von den Eltern ist.

Was richtig und falsch ist, ist oftmals ein Produkt des Zeitgeistes
Diese Persönlichkeit muss sich erst einmal durch Erfahrung und Sozialisation herausbilden. Auf der einen Seite steht die Selbstsozialisation, auf der anderen die Fremdsozialisation. Letztere entsteht dadurch, dass die Erwachsenenwelt den Zwang verspürt, ihr Wertesystem ungefragt und mit Gewalt weiterzugeben. Dabei wird gerne verdrängt, dass das, was richtig und falsch, gut und böse ist, vom Zeitgeist abhängt. Wenn es nur diese Fremdsozialisation gäbe, würde sich eine Gesellschaft um keinen einzigen Millimeter entwickeln. Gesellschaftliche Entwicklung ist nur über Generationswechsel möglich, weil die meisten Menschen, je älter sie werden, in eine festgefahrene Gesinnung geraten. Deshalb kann man beobachten, dass Menschen mit zunehmendem Alter darauf beharren, ganz genau zu wissen, was richtig und falsch ist. Ausnahmen bestätigen natürlich die Regel. Deshalb ist es so wichtig, sich mentale Flexibilität regelrecht anzutrainieren, wobei man sich vergegenwärtigen muss, dass nichts Absolutes existiert, dass also alles veränderbar ist. Das trifft natürlich auch auf das Führen zu. Man sollte immer wieder reflektieren, ob das, was man für richtig hält, nicht nur ein Produkt des aktuellen Zeitgeistes ist oder sogar auf einem Ideal basiert, das noch aus dem vergangenen Jahrhundert stammt.

Der Mensch braucht Instrumente, die ihm helfen, Selbstwirksamkeit zu erfahren

Nach meiner Gründung von skate-aid wurde ich von vielen Leuten gefragt, ob Kinder in der Dritten Welt nicht eher etwas zu essen brauchen, als Skaten zu lernen. Bei dieser Frage sind wir wieder beim Thema Führung. Dazu muss man zwischen Hardfacts und Softfacts unterscheiden. Die Hardfacts sind die Werkzeuge, die man zumeist sinnvollerweise benutzt, um technokratisch irgendwelche Dinge zu regeln, wie zum Beispiel satt zu werden. Die Softfacts hingegen bestimmen, wie man einen Menschen begeistert, um ein anvisiertes Ziel zu erreichen. Kinder brauchen zum Erwachsenwerden jedoch nicht nur Nahrung und Bildung – Dinge, die zweifellos von großer Wichtigkeit sind –, sondern sie brauchen auch Werkzeuge und Instrumente, die ihnen helfen, Selbstwirksamkeit zu erfahren. Das Skateboard ist ein solches Instrument, das intensiv die Selbstsozialisation unterstützt und damit gesellschaftliche Veränderungen erst möglich macht. Dies ist umso wichtiger, als die Fremdsozialisation in Afghanistan durch die Altherrengesellschaft so stark ist wie bei uns vor 100 Jahren.

Skateboardfahren stiftet Selbstwirksamkeit, Selbstbewusstsein, Identifikation und Sinnhaftigkeit

Durch die extrem hohen Anforderungen an die Feinmotorik bleibt das Skateboardfahren der Erwachsenenwelt weitgehend verschlossen. Außerdem sieht ein Erwachsener keinen Sinn darin, acht Stunden am Tag auf einem rollenden Brett zu üben, immer wieder schmerzhaft zu stürzen und trotzdem nicht aufzugeben. Den Jugendlichen steht daher mit dem Skateboard ein Ausdrucksmittel zur Verfügung, das von ihren Eltern nicht verstanden und der Umgang damit nicht erlernt wird, weshalb sie von Beginn an viel besser darin sind als ihre Eltern. Wenn ein Mensch etwas besser kann als die meisten anderen, wirkt sich das in sehr hohem Maße positiv auf das Empfinden eigener Selbstwirksamkeit aus. Deshalb ist das Skateboardfahren sinn- und identitätsstiftend. Daraus entsteht ein gesundes Selbstbewusstsein, was zusammen mit dem Erleben eigener Selbstwirksamkeit, Identifikation und Sinnhaftigkeit die Bildung einer eigenen Persönlichkeit ermöglicht.

Wenn man einen Skateboarder, der immer wieder versucht, auf seinem Brett ein Treppengeländer herunterzurutschen, fragt, wie viel er trainiert, so wird er antworten: „Überhaupt nicht! Ich fahre nur dann Skateboard, wenn ich Lust habe." Training wird er als Druck von außen, als operante Konditionierung, verstehen. Genau darauf reagieren Skateboarder allergisch. Sobald sie auch nur das Gefühl haben, jemand wolle sich in ihre Entscheidungen einmischen, blocken sie sofort ab. Im Gegensatz dazu haben Skateboarder eine höhere intrinsische Motivation als die meisten anderen Menschen, eben weil sie ein Instrument gefunden haben, das ihnen Selbstwirksamkeit, Sinn, Identifikation und Selbstbewusstsein stiftet. Auf die Arbeitswelt bezogen bedeutet das: „Suche dir einen Job, der dir Spaß macht, und du wirst nie wieder arbeiten."

Vor diesem Hintergrund wirkt das Skateboarding auf Soziologen nach außen hin ähnlich wie eine Religionsgemeinschaft. Skateboarder unterscheiden die Menschen im Wesentlichen in zwei Gruppen: Skateboarder und Nicht-Skateboarder. Daher stammt auch der von Erwachsenen oft missverstandene Spruch: „Skate or Die!", der so viel bedeutet wie: „Entweder du bist ein Skateboarder oder du interessierst mich nicht." Statt Hass zu empfinden oder gegen jemanden zu kämpfen, werden die Leute, die nicht skateboarden, einfach ignoriert. Dies wiederum schweißt die Skateboarder zusammen. Die Unterschiede, die normalerweise zwischen Menschen gemacht werden, wie Hautfarbe, Glaube oder politische Einstellung, spielen plötzlich keine Rolle mehr. „Wenn jemand Skateboard fährt, ist er einer von uns." Deshalb eignet sich das Skateboard so gut für Integrationsprojekte von Flüchtlingen oder auch dazu, Menschen auf etwas zu fokussieren (Skaten statt Ritalin). Das ist im Prinzip Hirnforschung von einer anderen Seite beleuchtet, nämlich aus der soziologischen, psychologischen und pädagogischen Perspektive, vielleicht mit einem Schuss Philosophie.

Mut ist, wenn man's trotzdem macht!

Aus dieser Sicht betrachtet bedeutet Mut nicht etwa „Augen zu und durch", das wäre purer Leichtsinn und Dummheit, sondern die Bereitschaft, sich von eingefahrenen Gewohnheiten zu lösen, um neue Lebenswege zu gehen. Ich habe beispielsweise einen Beamtenstatus aufgegeben, obwohl er Sicherheit und ein regelmäßiges Einkommen bedeutete. Doch darauf legte ich keinen besonderen Wert. Stattdessen waren mir Selbstbestimmung, Visionen, Anerkennung und Erfolgserlebnisse wichtig. Ich suchte Begeisterung, nicht Reichtum. Ich gab also mein Lehrerberuf auf, um Skateboards zu verkaufen, was dazu führte, dass erwachsene Menschen an meiner geistigen Gesundheit zweifelten. Daher der häufig von mir verwendete Titel für meine Vorträge: „Mut ist, wenn man's trotzdem macht!"

Mit Geld erzeugt man keine Begeisterung

Da ich fest davon überzeugt bin, dass die soeben beschriebenen Softfacts die Menschen antreiben, schließe ich daraus, dass Geld kein geeignetes Mittel zur Motivation ist. Stattdessen sehe ich das Gehalt als eine Art Schmerzensgeld dafür, dass man Dinge tun muss, die keinen Spaß machen. Je unglücklicher jemand in seinem Job ist, umso höher werden seine Gehaltsforderungen. Jemand, der jedoch glücklich und begeistert ist, schaut nicht ständig auf die Uhr, um Überstunden abrechnen zu können, und fordert auch nicht immer wieder Gehaltserhöhungen.

Deshalb ist es wichtig, dass die Auszahlung eines Bonus vom Empfänger als Belohnung und Anerkennung für besondere Leistungen verstanden wird und nicht als Entschädigung dafür, dass er sich verbiegen musste, um die Leistung zu erbringen. Bei einem solchen Bonussystem existieren jedoch die folgenden zwei Fallstricke: Erstens wird ein Bonus als relative Größe empfunden. Wenn man schon mal einen Bonus ausgezahlt hat, erwartet der Mitarbeiter beim nächsten Mal einen höheren Betrag, also eine höhere Anerkennung. Deshalb kann ein niedrigerer Bonus sogar zu Demotivation führen. Folglich besteht die Gefahr, eine Spirale zu immer höheren Boni (= Anerkennung) in Gang zu setzen. Zweitens ist das Leben keine Einbahnstraße. Wenn es in einem Jahr gut läuft und man verteilt einen Teil des Gewinns auf die Mitarbeiter, so fehlt im Allgemeinen die Einsicht, dass sie in schlechten Jahren den Gürtel enger schnallen müssen.

Man darf nicht aus dem Ego heraus führen

Abschließend noch ein paar Worte zu den Fehlern, die man beim Führen machen kann. Es ist meiner Meinung nach ein weitverbreiteter

Fehlschluss, dass erfolgreiches Führen durch Anwendung bestimmter Techniken erreicht werden kann. Diese Techniken sind oftmals kontraproduktiv, weil sie Emotionen herausnehmen und somit ein Gefühl wie Begeisterung erst gar nicht aufkommt. Man sollte ebenfalls vermeiden, aus dem Ego heraus zu führen. Es ist wichtig, die eigenen Bedürfnisse zurückzustellen. Schließlich geht es in der Wirtschaft darum, Effizienz zu erreichen. Man wird jedoch nicht effizienter, wenn man beispielsweise beleidigt ist oder glaubt, ständig die eigene Leistung herausstellen zu müssen, und sich dementsprechend verhält. Es ist ebenso falsch, aus dem Ego heraus Entscheidungen zu treffen. So ist das Risiko eines Fehlschlages groß, wenn man versucht, immer und überall Erster zu sein.

5.4 Heinz Dürr

Kurzbiografie

Heinz Dürr wurde am 16. Juli 1933 in Stuttgart geboren und wohnt in Berlin. Er ist verheiratet mit Heide Dürr, geb. Ott, und hat drei Töchter.

1954 – 1957	nach dem Abitur und einer praktischen Ausbildung als Stahlbauschlosser Studium an der Technischen Universität Stuttgart
1957 – 1980	Firma Otto Dürr, Stuttgart – heute Dürr AG –, zuletzt als alleinzeichnungsberechtigter Geschäftsführer
1975 – 1980	Vorsitzender des Verbandes der Metallindustrie Baden-Württemberg e.V. und Mitglied des Präsidiums von Gesamtmetall
1980 – 1990	Vorsitzender des Vorstandes der AEG Aktiengesellschaft
1986 – 1990	Mitglied des Vorstandes der Daimler Benz AG
1991 – 1994	Vorsitzender des Vorstandes der Deutschen Bundesbahn und der Deutschen Reichsbahn
1994 – 1997	Vorsitzender des Vorstandes der Deutschen Bahn AG
1997 – 1999	Vorsitzender des Aufsichtsrates der Deutschen Bahn AG
1999 – 2003	Stiftungskommissar der Carl Zeiss Stiftung
1990 – 2013	Vorsitzender des Aufsichtsrates der Dürr AG

Auszeichnungen

1994	Verdienstkreuz 1. Klasse des Verdienstordens der Bundesrepublik Deutschland
1996	Ehrendoktorwürde zum Dr.-Ing. E.h. durch die Rheinisch-Westfälische Technische Hochschule (RWTH), Aachen
2002	Verdienstorden des Landes Berlin
2003	Großes Verdienstkreuz des Verdienstordens der Bundesrepublik Deutschland
2009	Verdienstmedaille des Landes Baden-Württemberg
2012	Preis Deutscher Maschinenbau

Gewinn zu machen, ist nicht der Existenzzweck eines Unternehmens

Ein Unternehmen ist eine gesellschaftliche Veranstaltung. Dafür nenne ich drei Gründe, wenn ich Vorträge halte oder mit jemandem über das Thema diskutiere. Erstens liefert ein Unternehmen Produkte und Dienstleistungen für die Gesellschaft. Zweitens beschäftigt es dazu Menschen, schafft also Arbeitsplätze – sonst geht es nicht. Drittens muss es den Kapitalgebern eine gewisse Rendite für das eingesetzte Kapital bezahlen. In den letzten Jahren kommt noch ein vierter Aspekt verstärkt hinzu: Ein Unternehmen kümmert sich auch um ökologische Fragen.

Der Gewinn ist ein Indikator dafür, ob ein Unternehmen funktioniert, er ist aber nicht seine Hauptaufgabe. In ähnlicher Weise ist es nicht die Hauptaufgabe des Körpers, eine bestimmte Körpertemperatur zu erzeugen – sie zeigt lediglich an, ob der Körper gesund ist. Das habe ich mal in einer Podiumsdiskussion über deutsche und amerikanische Unternehmenskultur gesagt.

Meine Gesprächspartner entgegneten: „Was? Der Gewinn ist nicht der Hauptzweck eines Unternehmens?"

„Nein, Produkte, Mitarbeiter und Verzinsung des eingesetzten Kapitals sind die Hauptaufgaben eines Unternehmens", lautete meine Antwort.

Einer der anwesenden Professoren meinte mit einer gewissen Portion Ironie: „Herr Dürr, wenn Sie so denken, dann denken Sie ja moralisch und moralisch dürfen Sie als guter Unternehmer gar nicht sein, sonst können Sie nicht erfolgreich sein."

Dieser Professor leitete ein bekanntes Institut. Dort hielt ich dann einen Vortrag, den ich gar nicht hätte halten müssen, denn die Zuhörer waren meiner Meinung. Sie hatten ebenfalls nicht „make a bug and go away" im Sinn, sondern sie vertraten die Nachhaltigkeit eines Familienunternehmens. Wir stimmten darin überein, dass man in Generationen denken muss. Dieser amerikanische Professor, er kam aus Princeton, hatte mich deshalb eingeladen, weil es ihn beeindruckte, dass ein Deutscher den Standpunkt vertrat: „Gewinn ist nicht der einzige Zweck des Unternehmens."

Natürlich, die Einnahmen müssen größer als die Ausgaben sein, denn sonst ist das Unternehmen unsozial, weil es irgendjemandem in die Tasche greift – dem Kunden, Lieferanten oder dem Steuerzahler. Ich hatte schließlich meine Erfahrungen damit bei der AEG.

Das Wichtigste ist, mit den Mitarbeitern auf allen Ebenen zu reden

Für mich war der personale Aspekt der Unternehmensführung immer wichtiger als der technokratische.

Als mein Vorgänger als Vorstandsvorsitzender die AEG verließ, wurde ich gefragt, ob ich den Job machen könnte. Bedenken Sie: Mein eigenes Unternehmen setzte damals 400 Millionen DM um, die AEG zwölf Milliarden DM. Mein Vorgänger hatte von einer Unternehmensberatung eine komplette Organisationsstruktur entwickeln lassen. Die Ordner standen in meinem neuen Büro. Ich habe das alles gelesen, das war wunderbar technokratisch. Es war sogar beschrieben, wie man Lieferanten, je nach Auftragsvolumen, zu behandeln hatte. Bei einem Auftrag bis 500.000 DM sollte einem Lieferanten überhaupt nichts angeboten werden, über eine Million eine Tasse Kaffee und über zwei Millionen eine Kanne Kaffee mit Keksen. Alles war ganz toll durchorganisiert, nur leider völlig unbrauchbar im Umgang mit Kunden. Ein Mitarbeiter sagte mir: „Unsere Organisation ist perfekt. Wenn da nicht der Kunde wäre."

Diese Frage, um was es bei einem Unternehmen geht, war später bei der Bahn noch viel entscheidender. Die Bahn ist schließlich kein Unternehmen mit nur ein paar Standorten, sondern sie existiert in der Fläche. Nehmen wir zum Vergleich die Autoindustrie. Die haben ein paar große Werke, da können sie alles einheitlich organisieren. Im Gegensatz dazu ist die größte Ansammlung von Menschen bei der Bahn die Hauptverwaltung. Alle anderen sind über ganz Deutschland verteilt. Vor diesem Hintergrund musste ich einzelnen Menschen klarmachen, dass wir diese Bahnreform durchführen müssen, um aus unserer schlechten Lage herauszukommen. Die Bahn sollte schließlich eine Aktiengesellschaft werden. Das hieß, die Einnahmen müssen größer als die Ausgaben werden. Um den Mitarbeitern das zu erklären, bin ich sehr viel gereist und habe mit den Leuten vor Ort und in den Zügen gesprochen. Dabei habe ich manchmal von Zugführern mehr erfahren, als von Kollegen im Vorstand.

Ein Bahnhofsvorsteher erklärte mir beispielsweise: „Herr Dürr, in meinem Büro ist eine Leuchte durchgebrannt. Da musste ich zwei dafür zuständige Kollegen mit einer Leiter anfordern, einer hält die fest und einer wechselt die Leuchte aus. Ich könnte allerdings im Laden gegenüber eine Röhre für 30 DM kaufen und die selber auswechseln. Dann wäre das viel schneller erledigt und wir würden Geld sparen." So etwas erfährt man als Vorstandsvorsitzender eben nur, wenn man selbst mit den Leuten spricht.

Ich möchte noch ein weiteres Beispiel nennen: Ein Mitarbeiter wies mich darauf hin, dass er seine Wasserwaagen alle zwei Jahre in eine Werkstatt der Bahn bei München geben musste, um sie warten zu lassen. Je Wasserwaage wurden ihm dafür 150 DM belastet. Beim Eisenwarenhändler an der Ecke kostete so eine Wasserwaage jedoch nur 32 DM.

Solche Gespräche machten bei der Bahn die Runde. Die Mitarbeiter redeten darüber. Man erzählte, dass der Alte da gewesen war und was der gesagt hatte – das setzte sich von oben nach unten durch. Dabei muss man als Chef jedoch aufpassen, sich nicht nur aufs Hörensagen zu verlassen. Deshalb lautet mein Grundsatz: Einmal sehen ist besser als hundertmal hören. Selbst bis in die untersten Ebenen zu gehen und mit den Leuten zu reden – das ist der wesentliche Punkt. Das vergessen heute viele Manager, die im obersten Stockwerk der Konzernzentrale in ihrem Büro sitzen und nicht mehr wissen, was unten passiert. Dann wundern sie sich, warum beispielsweise die Kunden nicht mehr zufrieden sind und abspringen. Es ist aber auch wichtig, mit den Mitarbeitern zu reden, damit sie wissen, dass da jemand ist, der sich um sie kümmert und sich ihrer Probleme annimmt. Das war übrigens bei der AEG genauso. Es waren immer wieder die gleichen Kommunikationsthemen, mit denen ich zu tun hatte.

Einmal sprach ich mit einem Zugbegleiter, der sagte: „Ich habe hier in Stuttgart meinen Dienst abgegeben und mich von den Leuten verabschiedet, indem ich ‚Tschüss' gesagt habe. Da kam der Revisor zu mir und wies mich darauf hin, dass man laut Vorschrift statt ‚Tschüss' ‚Auf Wiedersehen' sagen muss. Wie ist das? Darf ich nun ‚Tschüss' sagen oder nicht?"

Ich entgegnete, dass das kein Problem sei. Dass der Alte „Tschüss" erlaubte, ging dann aber auch gleich im Konzern herum. Solche Kleinigkeiten spielen in einem großen Unternehmen eine wichtigere Rolle, als die meisten denken. Selbstverständlich muss der Chef auch die strategischen Dinge, die Bilanz usw. im Griff haben, und es geht natürlich nicht, dass er nur umhergeht und mit den Leuten redet. Aber es ist wichtig, um die Mitarbeiter zu motivieren. Nehmen Sie als Beispiel Herrn Winterkorn, den Vorstandsvorsitzenden von VW. Er ist ständig unterwegs in den vielen Werken des Konzerns und kümmert sich auch um Details. Man muss natürlich aufpassen, den Bogen nicht zu überspannen. Dann geht man den Leuten auf die Nerven. Das ist mir auch passiert.

Die Leistung einer Führungskraft kann nicht von einem Computer berechnet werden

Bei der Berechnung des Bonus von Führungskräften steht das EBIT naturgemäß im Vordergrund. Genauso ist aber wichtig, wie es mit der Personalführung aussieht. Wenn Leute seinen Bereich verlassen, hat er Nachfolger bestimmt? Wie kümmert er sich generell um das Humankapital? Das muss alles in die Bewertung einfließen. Das Problem mit diesen Faktoren ist, die können Sie nicht einfach mit einem Computer berechnen. Einige meiner Kollegen bei der AEG haben aber genau so ein System zur Berechnung des Bonus vorgeschlagen, in das man irgendwelche Daten der Führungskraft eingibt und der Bonus herauskommt. Das kann so nicht funktionieren. Man muss mit den Leuten reden und ihnen erklären, warum sie Vorgaben erreicht haben oder nicht. Es kann ja vorkommen, dass jemand zwar gute Zahlen hatte, aber die Vorgaben nicht erreicht hat. Und ein anderer hatte schlechte Zahlen, weil die Konjunktur nicht lief, er also wenig dafür konnte. Deshalb müssen die Boni in einem persönlichen Gespräch festgelegt werden, und zwar vom Vorstand bis in die dritte Ebene hinunter.

Manager sollten sich nach den Regeln des ehrbaren Kaufmanns verhalten

Die Führungskultur ist in der letzten Zeit leider technokratischer geworden. Außerdem ist der kurzfristige Ertrag, nach Möglichkeit alle drei Monate ausgewiesen, viel zu sehr in den Vordergrund gerückt.

Man kann heute feststellen, dass das Prinzip des ehrbaren Kaufmanns deutlich weniger gelebt wird. Herr Maucher wird Ihnen mit Sicherheit vom ehrbaren Kaufmann erzählt haben. Es handelt sich um ein auf Tugenden basierendes Leitbild für Unternehmer und Kaufleute, das den langfristigen wirtschaftlichen Erfolg zum Ziel hat. Der Begriff des ehrbaren Kaufmanns wurde im Mittelalter in Italien geprägt und von den dort tätigen Deutschen in den Norden exportiert. Dieses Regelwerk besagt zum Beispiel, dass man keine Bilanzen fälschen darf. Die Frage, die sich nun stellt, ist die, ob diese Werte verloren gegangen sind.

Vor kurzem habe ich mit der Vorstandskollegin bei Daimler gesprochen, die für Corporate Compliance zuständig ist. Sie kommt vom Bundesverfassungsgericht und ich fragte sie, ob es das Thema Corporate Compliance schon früher gab. Natürlich gab es so etwas, aber es war anders. Man konnte nützliche Abgaben bis Ende der Achtzigerjahre von der Steuer absetzen. Das ist heute extrem in die entgegengesetzte Richtung gegangen. Wenn ich einen alten Freund aus der Automobilindustrie abends zum Essen einlade, dann weist er mich darauf hin, dass das zwar nett gemeint ist, aber er sein Essen doch lieber selber zahlt. Das sind doch Übertreibungen.

Ich bin Mitglied im Kuratorium der Karl-Schlecht-Stiftung, die unter anderem die Stiftung Weltethos in Tübingen mitfinanziert. Das Weltethos-Programm geht zurück auf den in Tübingen wirkenden katholischen Theologen Professor Hans Küng. In seinem Buch „Projekt Weltethos" verglich er die Weltreligionen miteinander und entwickelte daraus ein ethisches Grundgerüst für die Menschheit. Dieses Weltethos wird in der gleichnamigen Stiftung gepflegt und soll auf das Unternehmensmanagement übertragen werden. Die Wirtschaftswelt tut sich allerdings extrem schwer bei dem Gedanken, dass der Chef ein Philosoph sein soll. Stellen Sie sich vor, Sie gehen zu einem mittelständischen Unternehmer und kommen ihm mit tiefgründigen philosophischen Regeln. Da dürften Sie auf ein ziemlich begrenztes Verständnis stoßen. Stattdessen muss man dieses ethische Regelwerk in eine Sprache übersetzen, die klar darlegt, wie man sich verhalten muss.

Über diese Dinge macht man sich heute viel mehr Gedanken als früher. Als ich meine Karriere begann, sprach niemand von Ethik im Unternehmen. Da hat man einfach versucht, sich anständig zu verhalten, und seine Leute nicht zur Sau gemacht, wenn mal was schiefging.

Das Weltethos-Institut in Tübingen hat auch ein Partner-Institut in Peking gegründet. Bei der Eröffnung meinte der kommunistische Regierungsvertreter, man könne nicht nur mit materiellen Anreizen genügend Motivation schaffen, sondern es gäbe auch andere, nicht materielle, Werte. Er verwies sogar auf den amerikanischen Philosophen Michael Sandel. Heute setzt die kommunistische Regierung auf Konfuzius und zieht praktisch eine Linie von Konfuzius über Karl Marx zum chinesischen Sozialismus.

„So was tut man nicht" ist ein sehr wichtiger ethischer Grundsatz

Ich komme aus einer schwäbischen Familie, sie war nicht religiös, aber wir hatten unsere eigenen Grundsätze. Nehmen Sie die einfache und umso wichtigere Regel: „So was tut man nicht." Wenn sich Herr Wulff auf dem Oktoberfest einladen lässt, dann ist meine Meinung dazu: „So was tut man nicht" und zwar aus rein rationalen Gründen, aber auch aus grundsätzlichen Überlegungen heraus. Dieser Grundsatz ist für Ethiker, die dem Management Leitlinien an die Hand geben wollen, von fundamentaler Bedeutung. Vor Kurzem habe ich auf einer Tagung an einer Universität einen Vortrag gehalten. Die Professoren dort haben diskutiert, ob man in einer Bilanz ethisches Verhalten darstellen kann – sozusagen auf der linken Seite bei den Aktiva. Das funktioniert natürlich nicht.

Wenn die linke Seite einer Bilanz oberflächlich betrachtet in Ordnung ist, aber ein paar Sachen aktiviert wurden, die nichts wert sind, dann hat man ein ernstes Problem. Genau das haben die Bankenmanager mit wertlosen Immobilienkrediten gemacht und eben genau so was tut man nicht – das musste anscheinend gemacht werden, damit die jeweilige Bank überlebt. Die Amerikaner haben sich dann gedacht, diese Schrottpapiere an die „Alten" in Düsseldorf zu verkaufen. Das ist natürlich eine Sauerei, aber so was passiert nun mal in der realen Wirtschaft. Der Satz „So was tut man nicht" ist nicht besonders präzise. Schließlich muss jemand hinterfragen, was das denn ist, was man nicht tut. Die Antworten darauf wissenschaftlich abzuleiten, ist keine einfache Sache.

Die Heinz und Heide Dürr Stiftung hat vor Kurzem eine Doktorarbeit über den ehrbaren Kaufmann finanziert. Den Doktoranden habe ich zu meinen Bekannten in der Industrie geschickt: zu BASF, zu Nestlé, zu BMW. Die Manager haben dem jungen Mann das Konzept des ehrbaren Kaufmanns erklärt. Doch der junge Mann war nicht in der Lage, das Wesentliche zusammenzufassen, und sein Doktorvater hat das selbst nicht verstanden. Eine wissenschaftliche Herangehensweise ist sehr schwierig. Andererseits kann man auch nicht einfach nur sagen, man muss das siebte Gebot „Du sollst nicht stehlen" einhalten. Das reicht nicht aus. Ich nenne Ihnen ein Beispiel: Der Aufsichtsrat eines bestimmten Unternehmens sollte eine feste Vergütung bekommen. Ich bin der Meinung, dass sich ein Teil der Vergütung auf das Ergebnis beziehen muss. Wenn alle im Unternehmen bis hinunter zur Werkbank angehalten sind, für ein gutes Ergebnis zu sorgen, dann kann man nicht das wichtige Organ Aufsichtsrat davon ausnehmen. Entweder er tut was für das Unternehmen, dann wird es besser, oder er tut nichts, dann soll er eben keinen erfolgsabhängigen Teil bekommen. Der Aufsichtsrat des gewissen Unternehmens beschloss dann doch eine feste Vergütung – und zwar 500.000 DM mehr als zuvor. So was ist natürlich Gift für die Glaubwürdigkeit der Führung.

Es kann nicht sein, dass Vorstände sagen, wir müssen an allen Enden sparen, und dann selber das Firmenflugzeug für den Weihnachtsurlaub nehmen. Das bekommen die Mitarbeiter schließlich mit. Als wir mit der AEG in den Vergleich gegangen sind, haben wir vereinbart, dass der Vorstand 15 % weniger bekommt. Dann ging es darum, welche Dienstwagen die Vorstände fahren durften. Wir legten fest, dass alle Fahrzeuge die gleiche Ausstattung haben sollten. Einer der Vorstände wollte jedoch gerne Weißwandreifen haben und bot auch an, diese selber zu bezahlen. Ich entgegnete, dass er das Extra trotzdem nicht bekommt. Schließlich weiß doch niemand von den

Leuten, die auf dem Parkplatz an dem Wagen vorbeilaufen, dass er die Weißwandreifen selber bezahlt hat, denn er würde wohl kaum ein Schild an den Wagen hängen mit der Aufschrift: Die Reifen habe ich selber bezahlt.

Speziell in Krisensituationen ist es wichtig, dass man das Signal sendet, dass alle Einschnitte machen müssen – auch der Vorstand. Ebenso darf man nicht übermütig werden, wenn es gut läuft. In den letzten Jahren hat es eine Explosion der Managergehälter gegeben. Ausgelöst wurde dieser Missstand durch die exorbitanten Gehälter amerikanischer Vorstände, die teilweise von deutschen Vorständen übernommen wurden

Ein Beispiel: Als die Lokführer ihren großen Aufstand machten, sie verlangten damals 15 % mehr Lohn, während man ihnen nur 6 % angeboten hatte, stiegen die Vorstandsgehälter in jener Periode um 70 %. Die Vorstände argumentierten, das sei nun mal die Vertragssituation. Die Kennzahlen hatten sich entsprechend verbessert, also mussten diese Gehälter gezahlt werden. In so einem Unternehmen hört jedoch keiner mehr zu, wenn die Vorstände 70 % mehr bekommen, dem Lokführer aber nur 6 % angeboten werden. Das ist eine Frage der Glaubwürdigkeit und der damit einhergehenden Vorbildfunktion.

Eine Führungskraft muss nicht immer vorgeben, alles zu wissen – das ist sogar kontraproduktiv. Es kommt im Gegenteil sehr gut an zu sagen, dass man etwas nicht weiß und einen Mitarbeiter bittet, das zu erklären. Ich kann mich noch gut daran erinnern, dass öfter Führungskräfte zu mir kamen und sagten, dass nichts funktioniert. Er erklärte mir im Detail, was die Ursachen sind. Daraufhin fragte ich ihn: „Was würden Sie denn machen?" Dann zählte er mir die Dinge auf, die zu tun waren. Daraufhin meinte ich: „Dann machen wir es doch genauso, wie Sie vorgeschlagen haben." Das sind Erlebnisse, die man in Erinnerung behält und die aber auch für die Leute wichtig sind.

Dabei ist es besonders wichtig, dass die Leute spüren, dass sie respektiert werden. Als mir die Firma Dürr noch zu 100 % gehörte, hatten wir mal eine Betriebsversammlung mit der IG Metall. Es ging unter anderem um Gehaltserhöhungen. Ein Mitarbeiter stand auf und sagte: „Herr Dürr, wir verlangen 4 % mehr Lohn, Sie verdienen jedoch

30 %." Die Zahl hatte er aus den Medien und mir wurde klar, dass ich meine Mitarbeiter über die tatsächliche Lage des Unternehmens informieren musste. Auch wie hoch der Gewinn ist.

Kurz darauf sagte mein Onkel aus einer berühmten schwäbischen Unternehmerfamilie zu meinem Vater: „Wenn Dein Sohn so weitermacht, endet er in der Gosse."

Mein Vater fragte: „Was ist denn los? Was hat er gemacht?"

Der Onkel entgegnete: „Der hat seinen Mitarbeitern gesagt, wie viel er verdient, das geht doch niemanden etwas an."

Bei der AEG mussten wir viele harte Maßnahmen ergreifen, auch Werke schließen. Das Entscheidende dabei war, dass wir mit den Leuten gesprochen haben und erklärten, wie die Situation ist.

Als ich zur Bundesbahn kam, habe ich einmal den Fehler gemacht, in einem Interview zu sagen, dass wir 100.000 Leute zu viel haben. Natürlich fragte sich jeder der 300.000 Mitarbeiter, ob er zu den 100.000 gehört, und beschäftigte sich nur noch mit sich selbst, statt zu arbeiten. Deshalb: Wenn man Umstrukturierungen durchführt, muss man den Betroffenen unbedingt frühzeitig sagen, was mit ihnen passiert und warum das so gemacht wird. Bei der Bahn AG waren wir zu Beginn 500.000 Mitarbeiter und nachher 280.000. Trotz dieses massiven Stellenabbaus ist nicht gestreikt worden. Gut – wir haben natürlich Geld vom Staat bekommen, um die Abfindungen zu zahlen. Aber wir haben mit den Leuten gesprochen und ihnen zum Beispiel erklärt, dass der Güterverkehr der Reichsbahn zusammengebrochen ist, weil alles mit dem Lkw transportiert wird. Das konnte jeder sehen. Früher war das nicht zulässig. Es gab ein Gesetz, dass alle Transporte über 50 km mit der Bahn durchgeführt werden mussten. Aber wir hatten mit einem Schlag 60 % weniger Transportaufträge. Wir hatten aber immer noch so viele Loks, Stellwerke usw. wie zuvor, also mussten wir uns überlegen, wie wir das jetzt machen. Wenn Sie den Leuten das Problem erklären, dann verstehen sie das auch – das ist eine Frage der Glaubwürdigkeit. Wenn deutlich weniger Aufträge da sind, dann muss man sagen, wie man damit umgehen will.

Man fragte mich vor Kurzem: „Was bedeutet für Sie die Finanzkrise?"

Ich entgegnete: „Ganz einfach! In Amerika geht eine Bank pleite und wir machen 50 % weniger Umsatz." Dann fragte man mich:
„Und was wollen Sie jetzt machen?"
„Mit den Leuten reden, wo gespart werden muss, wer betroffen ist usw."

Das ist übrigens ein großer Vorteil der deutschen Mitbestimmung. Die Arbeitnehmer sind viel mehr ins Unternehmen eingebunden als in Ländern, in denen es diese Regelung und die für Betriebsräte nicht gibt.

Eigentum verpflichtet

Die Bahn war ein schwer zu führendes Unternehmen. Da wollte jeder Bürgermeister mitreden, wie wir zu fahren haben. Das Wichtigste für die Bahner war, dass der Innenminister genug Beamtenstellen genehmigte. Bezahlt wurden sie ebenfalls vom Innenminister. Ich stellte von vornherein klar, dass wir uns das Geld nicht mehr vom Staat, sondern vom Kunden holen wollten. Die alten Eisenbahner waren der Meinung, dass ich spinne. Zwei Jahre später verstanden sie das allerdings und wir trainierten 120.000 Mitarbeiter im Rahmen eines speziellen Programms, das damals von Roland Berger erstellt worden war, als wir die Umwandlung der Bahn zur Aktiengesellschaft durchführten.

Wir hatten dann einen Vorstand, der für die Geschäfte verantwortlich war, und einen Aufsichtsrat, der den Vorstand bestellte und kontrollierte. Der Aufsichtsrat wiederum wurde vom Bund bestellt, der alleiniger Eigentümer war. Der damalige Verkehrsminister holte ein Rechtsgutachten ein, das festschreiben sollte, was der Vorstand darf und was nicht, denn es gab gewisse Dinge, die gefielen ihm nicht, also wollte er sie klären lassen. Ich entgegnete, dass es genau für diese Fragen das Aktiengesetz gebe. Darin ist festgelegt, dass der Eigentümer den Aufsichtsrat bestimmt und der setzt die Vorgaben des Eigentümers um.

Im Grundgesetz steht der wichtige Satz: Eigentum verpflichtet. Das muss jedem bewusst sein, dem eine Firma gehört. Eigentum verpflichtet – und zwar auch zum Allgemeinwohl und nicht primär zum höheren Wohl des Vorstandes. Das Eigentum, das ein Manager zu verwalten hat, ist nicht dazu da, ihm einen höheren Bonus zu zahlen. Wenn der Vorstand etwas falsch macht, sollte man sich klarmachen, dass letztlich die Eigentümer dafür verantwortlich sind. Natürlich trägt der Vorstand auch Verantwortung – aber im Gegensatz zum Eigentümer nur auf Zeit.

Wer ein Unternehmen besitzt, kann sich nicht damit herausreden, schlechte Geschäftsführer zu haben, sondern er muss sich selbst darum kümmern, denn Eigentum verpflichtet.

Wer nicht ertrinken will, muss den Kopf über Wasser halten

Wenn man als Unternehmer kurz vor dem Absaufen ist, wenn einem das Wasser Unterkante Oberlippe steht, dann gibt's nur eins: Kopf hoch! Sonst gehen Sie unter. Ein Unternehmer hat nur Sorgen, wenn er keine Aufträge hat. Alles andere ist Ärger und dafür wird er bezahlt. Daher muss er zusehen, dass er Aufträge gewinnt. Schließlich kommt das Geld immer vom Kunden.

Als wir damals mit der AEG in den Vergleich gegangen sind, fragte mich der Vergleichsverwalter: „Sind Sie eigentlich versichert?"

„Wieso sollte ich versichert sein?", lautete meine Gegenfrage.

„Wenn etwas schiefgeht, geht es an Ihr persönliches Vermögen!"

So weit kam es nicht, weil es mir immer darum ging, einen Weg zu finden. Das war gar nicht so einfach, weil es in Deutschland einige Kräfte gab, die die AEG zerschlagen wollten. Für den Fall, dass wir Konkurs gegangen wären, standen schon einige Konkurrenten bereit, Teile der AEG zu übernehmen. Meinen Mitarbeitern sagte ich, dass das nicht passiert. Eine große Hilfe war unser Vergleichsverwalter, der genau auf meiner Linie war und ebenfalls den Ehrgeiz hatte, es denjenigen zu zeigen, die nicht eine lebendige AEG wollten. Außerdem hatte ich ausgezeichnete Berater, die wussten, wie ein Großkonzern funktioniert. Das ist schließlich etwas anderes als ein mittelständischer Betrieb.

Für mich ist Unternehmensführung als menschlicher Erkenntnisprozess eine ständige Abfolge von Versuch und Irrtum. Und meine Folgerung daraus lautet: Unternehmensführung ist, möglichst wenig zu irren, und die Moral ist, es immer wieder zu versuchen. Daran habe ich mich gehalten. So gesehen bin ich mit meinem Leben zufrieden.

5.5 Hans-Olaf Henkel

Kurzbiografie

Hans-Olaf Henkel wurde am 14. März 1940 in Hamburg geboren. Nach kaufmännischer Lehre und Studium an der Hochschule für Wirtschaft und Politik trat er 1962 in die IBM ein. Nach mehrjährigen Auslandsaufenthalten in den USA, Asien und Frankreich wurde er 1987 Vorsitzender der Geschäftsführung der IBM Deutschland, 1989 Vice President der IBM Corporation und 1993 Chef der IBM Europa, Mittlerer Osten und Afrika. Von Anfang 1995 bis Ende 2000 war er Präsident des Bundesverbandes der Deutschen Industrie (BDI), von 2001 bis 2005 Präsident der Leibniz-Gemeinschaft.

Heute lehrt Henkel als Honorarprofessor an der Universität Mannheim und ist Mitglied der Aufsichtsräte von Continental/Hannover, SMS/Düsseldorf und usedSoft/Zug, Schweiz. Zusammen mit Roman Herzog und anderen arbeitet er im „Konvent für Deutschland". Er ist engagiertes Mitglied bei Amnesty International.

Henkel wurde die Ehrendoktorwürde der TU Dresden zuerkannt. Als weitere Auszeichnungen erhielt er die „Karmarsch-Denkmünze" der TU Hannover, der WWF wählte ihn zum „Ökomanager des Jahres", die „Wirtschaftswoche" zeichnete ihn mit dem „Innovationspreis der Deutschen Wirtschaft" aus und „Markt Intern" mit dem „Deutschen Mittelstandspreis". Als Autor zahlreicher Bestseller und Beiträgen zu gesellschaftspolitischen Themen erhielt er den internationalen Buchpreis „Corine", den „Ludwig-Erhard-Preis für Wirtschaftspublizistik", die „Hayek-Medaille" und den „Cicero-Preis" („Bester Redner Wirtschaft"). Als Ehrung für seine Tätigkeit als Präsident der Leibniz-Wissenschaftler wurde ein neu entdeckter Schmetterling nach ihm benannt („Bracca olafhenkeli"). Für seine sonntägliche Jazzsendung auf Berlins Jazzradio 101,9 erhielt er den „New York Programming Award". Henkel ist „Commandeur" der Französischen Ehrenlegion, Träger des japanischen Ordens „Vom Heiligen Schatz" und des brasilianischen „Kreuz des Südens".

Henkel ist Vater von vier Kindern.

Ich habe geführt, wie ich selbst gerne geführt werden wollte

Alleine schon die Tatsache, dass ich darüber nachdenken muss, wie ich mein Management geführt habe, zeigt, dass ich keine Bibel und keine Zehn Gebote hatte, an die ich mich gehalten habe. Offensichtlich habe ich das intuitiv gemacht und kann Ihnen auch jetzt nicht fünf Leitlinien oder sechs Prinzipien sagen. Letzten Endes habe ich so geführt, wie ich selbst gerne geführt werden wollte. Damit ist eigentlich alles gesagt.

In 35 Jahren bei der IBM hatte ich 22 Vorgesetzte. Das waren alle großartige Chefs und sie haben mich hervorragend behandelt. Von ihnen habe ich im Laufe meiner Karriere gelernt, wie man mit den Mitarbeitern umgehen muss. Manchmal habe ich auch aus den Fehlern gelernt, die ich gemacht habe. Mit den klassischen Sprechblasen wie „Ich bin fair und nachhaltig", die wahrscheinlich von vielen bei dieser Gelegenheit kommen, kann ich nicht dienen.

Vor Kurzem habe ich Revue passieren lassen, in wie vielen Aufsichtsräten ich gewesen bin. Es waren insgesamt 23, in deutschen, französischen, amerikanischen, australischen, britischen und schweizerischen Unternehmen. Nach diesen ganzen Erfahrungen komme ich zu folgendem Schluss bezüglich der Motivation des Top-Managements: Ich habe niemanden kennengelernt, der nach der Art und Weise, wie er bezahlt wird, seine Handlungen ausgerichtet hat.

Wir hatten gerade im Aufsichtsrat der Continental AG eine Auseinandersetzung. Der Vorsitzende, aber auch einige andere und ich wollten die erfolgsabhängige Vergütung wieder abschaffen, d. h. eine feste Bezahlung für das Aufsichtsratsgremium erneut einführen. Ich komme nach all den Jahren zu dem Schluss, dass es kein Vergütungsmodell gibt, jemanden zu motivieren, im Aufsichtsrat etwas anderes als das seiner Meinung nach Richtige zu tun. Früher war eine erfolgsabhängige Bezahlung in den Aufsichtsräten nicht üblich, dann wurde sie modern. Doch jedes Mal, wenn man sich zu einem anderen Modell durchgerungen hat, hat man festgestellt, dass es nicht besser funktioniert, weil es letzten Endes auf den Erfahrungen der Vergangenheit basierte und die Anforderungen der Zukunft nicht antizipieren konnte. Die Einführung eines neuen Vergütungsmodells war meistens sogar eher kontraproduktiv.

Da es nach meiner Überzeugung kein Modell gibt, was sich positiv auf den Unternehmenserfolg auswirkt, sollte man sich besser darauf konzentrieren, die richtigen Leute auszuwählen, in die man Vertrauen hat, und diese dann erfolgsunabhängig bezahlen. Davon bin ich heute mehr überzeugt denn je.

Das war jetzt mein Standpunkt zur Bezahlung der Aufsichtsräte. Jetzt kommen wir zu dem normalen Geschäft. Nach meiner Erfahrung kann eine erfolgsabhängige Bezahlung bei klar definierten Aufgaben durchaus gut sein. Der Akkordlohn ist dafür ein Beispiel. Dabei handelt es sich um ein altes System, das es schon seit Jahrhunderten gibt. Ein weiteres Beispiel ist die Bezahlung von Vertriebsmitarbeitern nach ihrem Verkaufserfolg. Wenn man das nicht macht, besteht natürlich die Gefahr, dass der Vertriebsmitarbeiter spät aufsteht und weniger Kundenbesuche macht, weil er oder sie das Gehalt sowieso bekommt.

Meiner Meinung nach braucht man schon Anreizsysteme, man muss jedoch sicherstellen, dass diese Anreizsysteme auch im Zusammenhang mit der Leistung stehen und nicht unabhängig davon sind. Dabei kann ich aus den Erfahrungen sprechen, die ich bei der IBM gemacht habe. Wir waren damals ein Vorreiter in der Personalpolitik. IBM war das erste Unternehmen, das Meinungsumfragen durchführte oder – um ein anderes Beispiel zu nennen – den Unterschied zwischen Arbeitern und Angestellten aufhob, was zu einer Angleichung der Sozialleistungen führte. Das war damals eine Sensation. Alle saßen in der gleichen Kantine, die Leute im blauen Kittel zusammen mit dem Chef.

Wir hatten damals schon eine leistungsbezogene, jedoch sehr stark individuell zugeschnittene Bezahlung. Das zugrunde liegende Modell legte der Chef mit dessen Chef fest. Wir nannten das ein „Beratungs- und Förderungsgespräch". Es fand einmal im Jahr statt. Dabei wurden die Ziele für das nächste Jahr festgelegt und die Zielerfüllung für das vergangene Jahr gemeinsam ermittelt. Letzteres geschah durch eine Benotung, die dann in die Bezahlung einging. Die Kriterien waren dabei von Mitarbeiter zur Mitarbeiter völlig unterschiedlich.

Bei der Bewertung von Kollegen mit Personalverantwortung war die Qualität der Personalführung ein wesentliches Kriterium, das wir messen konnten. Auf diese Weise entstand ein hohes Maß an Transparenz, denn die Ergebnisse der Mitarbeiterumfragen, die alle zwei Jahre stattfanden, konnte man auf die Führungskraft herunterbrechen – außer wenn das Team weniger als acht Mitarbeiter hatte, dann war das Herunterbrechen wegen der nicht gewährleisteten Anonymität nicht zulässig. Die Konsequenz dieser Messung der Führungsqualitäten war, dass ich den einen oder anderen Direktor aus dem Job nehmen musste. Er war in den Mitarbeiterumfragen praktisch abgewählt worden.

Neben der Qualität der Personalführung gab es ein sehr wichtiges weiteres Kriterium zum Beispiel für den Vertrieb: die Kundenzufriedenheit. Diese konnte man natürlich auch messen. Genau das taten wir ebenfalls früher als viele andere Unternehmen. Auch dieses Kriterium ging in die Bewertung ein und je nach Situation haben wir es auch unterschiedlich gewichtet. Unsere Bewertung bestand aus der Qualität der Mitarbeiterführung, der Mitarbeiterzufriedenheit, der Kundenzufriedenheit und natürlich aus den funktionalen Zielen – das konnte mal der Profit, mal der Umsatz sein.

Jeder Mitarbeiter, der Erfolg haben wollte, musste sein eigenes Qualitätsprojekt haben. Meines, damals schon als Chef, war die Zufriedenheit der Kunden und das Management der Kundenbeschwerden. Das Ziel war, dass der Kunde innerhalb von zehn Tagen eine erste Nachricht erhalten musste, innerhalb von sechs Wochen die endgültige Antwort. Nach zwei Monaten wurde dann noch mal nachgeforscht, ob der Kunde mit der Antwort zufrieden war oder nicht. So wurde die Qualität im Umfeld Kunden und Mitarbeiter gemessen.

Wenn man irgendwo anders arbeitete, abhängig von der Funktion, zum Beispiel in einer Forschungsabteilung, waren solche Qualitätsprojekte natürlich nicht sinnvoll. In diesem Fall wurden fast keine quantifizierbaren Ziele gesteckt, weil wir die Freiheit der Forschung, die für Kreativität unbedingte Voraussetzung ist, nicht einengen wollten.

Unser Labor in Rüschlikon war mit vier Nobelpreisträgern in Physik innerhalb von zwei Jahren sehr erfolgreich. Dort wurde das Rastertunnelmikroskop von Gerd Binnig und Heinrich Rohrer entwickelt und die Hochtemperatur-Supraleitung keramischer Kupferoxide von

Georg Bednorz und Karl Alexander Müller. Diese Wissenschaftler waren erfolgreich, weil man ihnen Freiräume gab. Ihr Ziel war auch nicht die Entwicklung des Rastertunnelmikroskops. Man hat ihnen auch nicht vorgegeben, einen Werkstoff zu entwickeln, der bei höheren Temperaturen supraleitfähig ist. Stattdessen gab man ihnen für fünf Jahre kein Ziel vor. Sie konnten machen, was sie wollten, und dann kamen bahnbrechende Erfindungen dabei raus. Natürlich war der Nobelpreis eine enorme Anerkennung und auch finanziell von Bedeutung. Aber ich glaube nicht, dass einer dieser Wissenschaftler nach Rüschlikon kam mit der Absicht, den Nobelpreis zu gewinnen. Sie sehen, es gibt Bereiche, dazu gehört auch die Forschung, in denen mit finanziellen Anreizen verbundene Ziele überflüssig sind. Nur zur Klarstellung: Ich meine nicht Entwicklung, sondern Forschung. Wenn man ein neues Auto bauen will, dann muss das natürlich erst einmal entwickelt werden und zwar nicht zu langsam, sonst wird man von der Konkurrenz überholt.

Führungskräfte sind heute viel besser als früher

Wenn man sich die Frage stellt, ob beim Wandel der Führungskultur Werte auf der Strecke geblieben sind, dann impliziert diese Frage ja schon, dass es schlechter geworden ist. Ich halte es für einen absoluten Fehlschluss, dass die Qualität der Führung nicht so gut ist wie früher oder dass ein Werteverfall stattgefunden hat. Meiner Meinung nach ist das absolute Gegenteil der Fall. Mein Eindruck ist also genau umgekehrt, nämlich dass Führungskräfte heute viel besser sind als früher.

Man muss sich nur mal vergegenwärtigen, was die sich früher alles geleistet haben. Ich überzeichne das jetzt mal ein bisschen: Früher hat man doch nur auf der Basis von Autorität geführt und befohlen. Die Mitarbeiter haben sich doch nie getraut zu widersprechen – das war undenkbar und wer es dennoch tat, war erledigt. Meiner Meinung nach ist es sehr wichtig, dass man in einem Unternehmen eine Atmosphäre schafft, die Widerspruch nicht nur ermöglicht, sondern auch fördert. Das hat es früher nicht gegeben.

Deshalb gehöre ich überhaupt nicht zu denjenigen, die sagen, da seien Werte auf der Strecke geblieben, sondern dass die Qualität der

Führung – es gibt immer Ausnahmen, Schwarze Schafe, aber davon rede ich jetzt nicht – auf jeden Fall besser geworden ist. Nehmen Sie beispielsweise – ich weiß das von Berichten meines Schwagers –, wie Chefs früher mit ihren Sekretärinnen umgegangen sind: Die haben sie angemacht, manchmal sogar auf den Hintern geklopft. So etwas war damals nicht völlig unüblich. Heute würde man für so ein Verhalten zu Recht sofort entlassen. Im Englischen nennt man das „Sexual Harrassement" – das war früher gang und gäbe. Oder eben die bereits erwähnte Widerrede – dass man dem Boss widersprochen hat – war früher unmöglich, dann wäre Ihre Karriere beendet gewesen.

Es sind jede Menge Geschichten über Managertypen im Umlauf, die sich nebenbei auch noch auf kriminelle Weise bereichert haben. Das suggeriert natürlich, die ungezügelte Gier sei ausgebrochen – doch das Gegenteil ist der Fall. Ich war mal Mitglied im Aufsichtsrat der IKB. Gott sei Dank bin ich rechtzeitig nach einigen Jahren gegangen und dem Skandal, der durch die fragwürdige Politik der Aufkäufe amerikanischer Papiere durch die Bank ausgelöst wurde, entgangen. Vor drei Jahren besuchten mich zwei Staatsanwälte, die mich dazu befragen wollten. Ich hatte mich natürlich vorbereitet und konnte ihnen jede Menge Details zu den damaligen Geschäften erzählen – aber das wollten die gar nicht wissen. Stattdessen fragten sie mich, warum ich im Jahre 1995 dem damaligen Chef der IKB als Mitglied des Präsidiums die Benutzung des firmeneigenen Hauses gewährt hatte. Genau das hätte er behauptet. Ich war zunächst verblüfft und sagte den Staatsanwälten, dass ich so etwas nie getan hätte. Doch dann zog einer von ihnen einen Brief aus der Tasche. Er enthielt meine Unterschrift und es ging eindeutig aus dem Text hervor, dass ich ihm das so genehmigt hatte. So ganz nebenbei war das für mich eine Lektion, inwiefern man sich auf seine eigene Erinnerung verlassen kann. Ich wusste das wirklich nicht mehr, ich hatte das nach fünfzehn Jahren schlicht vergessen. Aber die Sitten hatten sich mittlerweile so stark geändert, dass ich mir gar nicht vorstellen konnte, das jemals genehmigt zu haben. Worauf ich hinaus will: Damals übliche Vorgehensweisen sind so heute nicht mehr statthaft. Es gibt sicherlich hier und da noch Überbleibsel, aber das sind tatsächlich Relikte aus der Vergangenheit.

Gerade vor einer Woche bekam ich eine Einladung zu einer Opernaufführung im Mercedes-Haus für meine Frau und mich vom Daimler-Chef. Ich kann leider nicht hingehen, weil ich zu jener Zeit in Paris sein werde. Der Text auf dieser Einladung lautet sinngemäß: „Sehr geehrter Herr Henkel, natürlich wissen wir um den geldwerten Vorteil dieser Einladung. Den entsprechenden Gegenwert haben wir jedoch bereits versteuert. Außerdem bitten wir Sie zu prüfen, ob die Annahme dieser Karte gegen die Corporate Governance Ihres eigenen Unternehmens verstößt."

An diesem Beispiel können Sie sehen, wie sich die Moral in der Geschäftswelt verändert hat. Deshalb kann ich nur wiederholen: Es stimmt einfach nicht, dass alles schlimmer geworden ist, im Gegenteil, es ist vieles besser geworden.

Wir haben bislang nur über die negativen Dinge gesprochen – über die Bestechlichkeit oder die Tatsache, dass die Firma das Haus des Chefs bezahlt oder den Gärtner oder dass seine Ehefrau mit dem Chauffeur einkaufen fährt und dass er aufgrund seiner Position sowieso immer recht hat usw. Verklärend kann man das „Ecken und Kanten" nennen. Ich bin mir aber alles andere als sicher, dass die gut sind. Vergleichen wir das mit den Managertypen von heute: Die haben diese Ecken und Kanten nicht. Das mag man als bedauerlich hinstellen. Die Frage ist: War die alte Garde besser, weil sie Ecken und Kanten hatte? Oder waren sie kreativer oder mutiger? Ich bezweifle das und halte diese ganze These, mit Ausnahmen, auf die komme ich gleich, für falsch. Die Qualität der Führungskräfte, auch von denen, die an der Spitze stehen, ist besser geworden.

Nehmen wir zum Beispiel Klaus Zumwinkel. Der ist heute praktisch zum Paria geworden. Früher hingegen war Steuerhinterziehung für viele ein Kavaliersdelikt. Ein nicht geringer Teil der Wohlhabenden hat damals sein Vermögen in der Schweiz geparkt. Ich kenne keine Einzelfälle, aber das liegt natürlich auf der Hand, sonst hätte das Modell der Schweizer Banken nicht über Jahrzehnte funktioniert. Was früher gang und gäbe war, kann man sich heute nicht mehr leisten. Bestätigt wird dies auch durch den Fall Hoeneß.

Ich habe immer gesagt – ich komme jetzt mal zu einer politischen Führungskraft –, wenn Strauß nicht gestorben wäre, garantiere ich

Ihnen, der wäre im Gefängnis gelandet. Oder nehmen Sie ein anderes Beispiel: Mitte der 1980er Jahre wurde der Einkaufschef von Daimler-Benz 60. Mein Vertriebsmann bei der IBM (Daimler war einer unserer größten Computerkunden) kam zu mir und wies mich auf diesen Geburtstag und die damit verbundene Notwendigkeit eines Geschenks hin. Ich entgegnete, dass wir nichts schenken würden und ich stattdessen beabsichtigte, ihm einen netten Brief persönlich zu schreiben.

Dann hat mir mein Vertriebsverantwortlicher folgende Geschichte erzählt: Der Daimler-Einkaufschef hatte, bevor er 60 wurde, von seiner Sekretärin einen Papierblock anlegen lassen. Auf jeder Seite stand ein Geburtstagswunsch. An dieser Stelle muss ich zur bildlichen Darstellung ein wenig fantasieren, weil ich nicht mehr weiß, was da so alles aufgelistet war: eine Waschmaschine, eine Reise mit einem Kreuzfahrtschiff, ein Montblanc Füllfederhalter und ähnliche Dinge. Jeder Verkäufer, der sich da blicken ließ, zog sich einen Zettel aus dem Papierblock. Zu der Geburtstagsfeier bin ich hingegangen. Dort stand ein Tisch mit den Geschenken, der sich gebogen hat. Es war unglaublich. Jede Menge Umschläge lagen dort. Was meinen Sie, was da wohl drin war? Geburtstagsgrüße oder vielleicht doch etwas anderes? Wie gesagt, das alles ist noch gar nicht so lange her, das war im Jahre 1985. Meinem späteren Duzfreund Edzard Reuter – wir segelten zusammen auf dem Bodensee – sagte ich damals, dass es so nicht geht. Er sah das genauso.

Dabei muss man bedenken, dass die Bestechung deutscher Führungskräfte – nicht nur der Einkäufer durch andere Führungskräfte – noch nicht einmal verboten war. Zur Klarstellung: Ich rede jetzt nicht vom Staat, das ist ein gesonderter Fall. Das Einzige, was eine Führungskraft damals tun musste, war, den durch die „Geschenke" bedingten geldwerten Vorteil steuerlich geltend zu machen. Was damals in honorigen Unternehmen gang und gäbe war, wäre heute völlig undenkbar. Für mich ist daher die Ethik der Unternehmensführung dramatisch besser geworden.

Paradoxerweise kommt heute viel mehr ans Tageslicht und wird entsprechend skandalisiert. Als Folge davon wird durch die Printmedien der subjektive Eindruck vermittelt, dass sich alle Top-Manager lediglich bereichern. Herr Hoeneß ist jetzt das Paradebeispiel für eine Oberklasse, die keine Steuern zahlt. In den ganzen Diskussionen zu diesem Thema wird jedoch darüber hinweggegangen, dass Steuerhinterziehung inzwischen eine Ausnahme ist. Aber ich behaupte, das war früher mal die Regel.

Neben der Ethik hat sich auch das Umweltbewusstsein verbessert. Ich wurde mal vom WWF zum „Ökomanager des Jahres" gewählt. Der Grund war, dass die IBM früh damit begann, umweltfreundlich zu produzieren und nachhaltig zu wirtschaften. Wir haben zu jener Zeit – das war 1991, als Umweltschutz bei vielen anderen noch kein großes Thema war – bereits sehr viel gemacht. Heute handeln wesentlich mehr Manager umweltorientiert. Nicht nur, dass sie andere nicht mehr bestechen, nicht nur, dass sie sich nicht mehr bestechen lassen, nicht nur, dass sie ihre Steuern zahlen und ihr Geld nicht im Ausland parken, nicht nur, dass sie mit den Mitarbeitern besser umgehen als früher, sie agieren auch ökologisch bewußter.

Ich wüsste kein Thema, das man unter die Überschrift „Ethik" packen könnte, wo die durchschnittliche Unternehmensführung nicht wesentlich besser geworden ist. Aber in den Talkshows wird das genaue Gegenteil vermittelt.

Die Ethik der Unternehmensführung ist besser geworden – außer im Umgang mit den Managergehältern

Doch jetzt kommt die große Ausnahme und die hängt mit der Bezahlung zusammen. Da ist etwas völlig außer Kontrolle geraten. Ich weiß auch ungefähr, wie diese Unsitte entstanden ist. Dabei rede ich zunächst nicht von den Bankern, dazu komme ich noch, sondern ich rede von der Industrie. Der Stein kam mit Jürgen Schrempp ins Rollen. Als er damals diese Chrysler-Übernahme durchführte und somit plötzlich Amerikaner im Vorstand waren, die viel mehr verdienten als er selbst, nahm er dies zum Anlass, die Gehälter der deutschen Vorstände enorm nach oben zu schrauben. Auf diese Weise wurde ein Teufelskreis in Gang gesetzt, dessen Mechanismen ich noch erklären werde. Wenn Sie heute die Bezahlung der Dax-Vorstände im Verhältnis zu den Durchschnittseinkommen in diesen Unternehmen setzen, dann sehen Sie, dass das bei einigen Unternehmen außer Kontrolle geraten ist. Das begann, wie gesagt, mit der Übernahme von Chrysler durch Daimler-Benz, die dann eben zu jenem Phänomen führte, das wir immer noch nicht im Griff haben.

Ich weiß, wie in den Aufsichtsräten und Gremien der Dax-Unternehmen argumentiert wird. Da kommt immer einer daher und sagt, dass das Gehalt, beispielsweise des Vorstandsvorsitzenden, sich im unteren Drittel oder sogar im unteren Zehntel verglichen mit den anderen DAX-Unternehmen bewegt – schließlich sind diese Gehälter alle veröffentlicht. Das ist dann ein Argument für den Aufsichtsratsvorsitzenden, um das Gehalt entsprechend anzuheben. Schließlich handelt es sich um ein stolzes Unternehmen, das viel leistet. Da kann es angeblich nicht sein, dass der Konkurrent viel mehr bekommt, schließlich ist der viel kleiner und auch weniger erfolgreich. Also muss unbedingt nachgelegt werden. Doch wenn das geschieht – das Gehalt war ja zuvor im unteren Drittel –, fällt nun ein anderes Unternehmen im Gehaltsranking nach unten, so dass dort wiederum Anpassungsbedarf besteht. So entsteht ein System, was dazu führt, dass mit mathematischer Konsequenz die Gehälter der Dax-Vorstände immer weiter angehoben werden, weil immer wieder andere glauben, nachziehen zu müssen. Das ist ein Teufelskreis, der mit freiem Markt nichts zu tun hat.

Früher habe ich die hohen (im Vergleich zu heute moderaten) Gehälter verteidigt, weil es mir widerstrebte, dass jemand einem Unternehmenseigentümer vorschreiben kann, wie er seine Leute bezahlt. Schließlich ist das doch sein Geld.

Ich kenne nur einen Deutschen, der jemals eine Spitzenposition in einem amerikanischen Unternehmen eingenommen hat. Er saß dort im Aufsichtsrat. Das Argument, das immer vorgebracht wird, dass man seine Leute verliert, wenn man ihnen nicht genug bezahlt, ist kompletter Unsinn. Ich kenne kein ausländisches Unternehmen, das deutsche Dax-Vorstände haben will. Die meisten sind schon 50 oder 60 Jahre alt. Die verlassen ihr Unternehmen schon deshalb nicht, weil die selten ein anderes haben will.

Deshalb ist für mich diese Gehaltsspirale Zeichen eines kollektiven Versagens der Aufsichtsräte. Teilweise liegt das auch daran, dass die Dax-Unternehmen jetzt gezwungen werden, die Gehälter zu veröffentlichen. Diese Transparenz hat gerade dazu geführt, dass das zuvor genannte Argument immer wieder auf den Tisch kommt. Man kann die absurden Gehaltssteigerungen in den letzten Jahren anhand vieler Statistiken beweisen: Zuwachsraten beim Top-Management im Verhältnis zu den normalen Gehältern oder über die Entwicklung der sogenannten „Multiples". Wie auch immer, es ist grotesk, das ist schlechter geworden, und mir fällt auch im Augenblick keine Lösung ein.

Dieses Phänomen manifestiert sich weltweit. Es begann in Amerika und schwappte dann rüber. Das wäre sicherlich auch ohne die Übernahme von Chrysler durch Daimler-Benz passiert, aber das war der auslösende Faktor. Man kann das durch Zahlen belegen: Mit dem Zeitpunkt dieser Übernahme ging die Gehaltssteigerungsspirale los. Dabei sind es nicht einmal die Vorstände selbst, die mehr Geld fordern. Ich hätte so jemanden sofort rausgeworfen, wenn ich so einen in meinen Reihen gehabt hätte. Wenn einer mehr Geld möchte, dann lautet mein Rat: Dann hole es dir doch woanders!

Die Entscheidung, dass jemand mehr Geld bekommt, geht vom Chef bzw. dem Aufsichtsrat aus (durch den bereits diskutierten Teufelskreis), aber nicht von den Führungskräften. Es ist nicht so, dass Letztere ständig etwas einfordern.

Die Corporate-Governance-Kultur ist aus Skandalen entstanden

Politik und Zeitgeist haben eigentlich einen positiven Einfluss auf die Unternehmensführung. Die weiter oben diskutierten Verbesserungen basieren schließlich auf internationalen Maßstäben. Die gesamte Corporate-Governance-Kultur kommt ursprünglich aus Amerika und ist durch eine Reihe dortiger Skandale entstanden. Das Verbot von „Geschenken", also Schmiergeldern, ist eine Folge des ITT-Skandals und einiger weiterer Skandale wie zum Beispiel bei Boeing. Daraufhin hat der amerikanische Gesetzgeber geradezu brutal zugeschlagen und einige Top-Manager landeten schließlich im Gefängnis. Diese gerechtfertigte harte Vorgehensweise schwappte dann zu uns rüber. Die Politik erfasste die moralische Schieflage und handelte entsprechend.

Ich habe Glück gehabt, in einem ethisch so gut organisierten Unternehmen wie IBM gearbeitet zu haben. Da war es völlig unmöglich, sich irgendwie unredlich zu verhalten. Dazu ein Beispiel: Ich war damals Europa-Chef der IBM, einem Unternehmen mit mehr als 90.000 Mitarbeitern und 30 Milliarden Umsatz. Einmal im Jahr kamen zwei Kollegen aus Amerika und befassten sich drei oder vier Tage mit meinen Spesenabrechnungen. Ich empfand das als sehr peinlich. Auf einer meiner Dienstreisen war mir in Kopenhagen Folgendes passiert: Ich kam abends ziemlich erschöpft mit der IBM-Maschine an, fuhr ins Hotel und hatte keine Lust mehr, mir was zu essen zu besorgen. Also nahm ich mir aus der Minibar eine Flasche Sprudel und ein paar Schachteln mit Nüssen. Später, bei der Überprüfung meiner Reisekostenabrechnung, wiesen mich die beiden amerikanischen Kollegen darauf hin, dass auf der Rechnung eine Position „Minibar" vorhanden war. Das war nicht zulässig! Ich musste dann die paar Kronen für die Nüsse zurückerstatten. Die IBM war schon immer so! Viele andere amerikanische Unternehmen folgten später diesem Beispiel und jetzt geht diese Kultur auch auf die deutschen Unternehmen über. Das ist ja auch richtig. Diese neue Führungskultur hat gegenüber Fehlverhalten, selbst wenn es sich um Kleinigkeiten handelt, weniger Toleranz. Wenn man dann erwischt wird, verursacht das natürlich einen unglaublichen Widerhall in den Medien.

Ein Unternehmen, das vor 30 Jahren im Dax war und heute noch drin ist, wirtschaftet nachhaltig

Nachhaltigkeit ist von großer Bedeutung, weil es einfach keinen Sinn macht, nur auf Umsatz zu wirtschaften und dann das Unternehmen zu verlassen, wenn man es ausgeplündert hat. Unternehmen, die über einen langen Zeitraum überleben und ihren Marktanteil halten, wirtschaften nachhaltig. Wenn man sich mal die heutige Liste der Dax-Unternehmen anschaut und mit der vor 30 Jahren vergleicht, dann fällt auf, dass nicht allzu viele Unternehmen auf beiden Listen stehen. Deshalb wirtschaften meiner Meinung nach alle Unternehmen, die vor 30 Jahren im Dax waren und heute noch drin sind, nachhaltig.

Nachhaltigkeit ist für monopolartige Unternehmen – die gibt es auch heute noch – quasi ein Selbstläufer. Nehmen wir zum Beispiel die Energieversorger. Bevor die mit der Kernkraft einen Dämpfer bekamen, waren die Unternehmen nach meiner Meinung praktisch kartellartig strukturiert. Unter solchen Umständen war es keine große Kunst, EON oder RWE zu führen. Ich habe es immer für unangemessen gehalten, dass die Chefs solcher Unternehmen auf die gleiche Stufe gestellt wurden mit solchen, die sich im freien Wettbewerb mit beispielsweise Japanern herumschlagen mussten. Da sollte man wirklich unterschiedliche Maßstäbe setzen. Heute ist das etwas anderes, weil die Energiewende die Geschäftsmodelle verändert hat.

Der Marktanteil ist für mich eine wichtige Messgröße des Erfolges. Wenn man erfolgreich ist, weil der Markt wächst, und man wächst nicht einmal so schnell wie der Wettbewerb, dann ist es meiner Meinung nach nicht besonders eindrucksvoll, sich feiern zu lassen. Mitarbeiterzufriedenheit hingegen ist ein Werkzeug zum Erreichen des Ziels (finanzieller Erfolg). Man kann das Ziel jedoch nicht erreichen, wenn man das Werkzeug nicht beherrscht. D. h., nur mit guter Mitarbeiterführung können Sie keinen finanziellen Erfolg erreichen.

Ich komme aus einer Branche, die sich mehrfach gehäutet hat. Konkurrenten, die es damals gab, die gibt es heute nicht mehr – nicht einen. Die Neuen waren nicht besser als die Alten und sie sind fast ausnahmslos deshalb entstanden, weil die Alten Fehler gemacht haben. Was SAP oder Microsoft gemacht haben, hätte auch eine IBM tun können. Allerdings ist nur die IBM als einziges Unternehmen in der Informatikbranche, das es damals schon gab und heute immer noch gibt, übrig geblieben. Früher waren DEC und Nixdorf, um zwei Beispiele zu nennen, eine Zeit lang hervorragende Unternehmen – beide verschwunden. Als Nächstes ist wahrscheinlich Hewlett-Packard dran. Die Einzigen, die es noch gibt, sind wir. Das führe ich auf unsere Ethik zurück. Davon ist nichts neu. Alles das, was jetzt gepredigt wird, geht auf die ethische Einstellung des Firmengründers zurück, die damals ziemlich ungewöhnlich war. Es ist schon unglaublich, wie weitsichtig er diese ethischen Prinzipien eingeführt hat. Natürlich hätten die Nachfolger bei der IBM auch beinahe mal Schiffbruch erlitten. Doch dieses ethische Gerüst hat sich als fantastisch stabil erwiesen.

Es gibt mehr Leute, als man denkt, die meinen Job machen könnten
Einer der wesentlichen Gründe für meinen Erfolg – und das sage ich jetzt nicht, weil ich kokettiere – war: Ich habe ordentlich Glück gehabt. Die Faktoren Glück und Zufall darf man bei diesen ganzen Erfolgsgeschichten nicht ausblenden. Es gibt viel mehr Leute, als man glaubt, die den Job von Henkel oder Winterkorn machen könnten. Oft wird man durch irgendwelche Zufälle nach oben gespült. Manche machen ihren Job gut, andere auch schlecht, aber es wird nach meiner Meinung viel zu viel hineininterpretiert – doch auch das hat sich gebessert.

Früher war es entscheidend für die Karriere, Beziehungen zu haben. Das ist heute lange nicht mehr so. In einer Kapitalgesellschaft kann es sich niemand mehr leisten, seinen Sohn oder seine Tochter an die Spitze zu setzen.

Das ist in Familienunternehmen anders, auch wenn mich diese Aussage nicht sehr populär macht. Es ist schon ziemlich erstaunlich, mit welcher Verklärung in Deutschland die Familienunternehmen betrachtet werden. Das ist unangemessen. Die Dax-Unternehmen, die Aktiengesellschaften, gelten als gierig und werden von Flaschen geführt, aber die Familienunternehmen – ja – die machen alles perfekt.

Dabei ist ein Punkt sicherlich richtig: Ein Familienunternehmen operiert langfristiger – das ist ein systemischer Nachteil der Kapitalgesellschaften. Es ist jedoch keine besondere Leistung, wenn man als Sohn oder als Tochter an die Spitze eines Unternehmens kommt. Es ist etwas ganz anderes, sich in einem harten Konkurrenzkampf in einem großen Unternehmen ohne die Hilfe von Vater und Mutter nach oben durcharbeiten zu müssen. Im letzteren Fall ist natürlich die Wahrscheinlichkeit größer, dass Kompetenz an die Spitze kommt. Schließlich ist es nicht das Blut, das entscheidet, ob Sie sich zur Unternehmensführung eignen oder nicht.

Aber, wie gesagt, im Punkt Nachhaltigkeit sind Familienunternehmen im Vorteil. Wir hatten bei der IBM mal einen Chefcontroller, der hat gar nichts dabei gefunden, wenige Tage vor Jahresende den Nach-Nach-Nach-Nachfolger von mir aufzufordern, das Firmengebäude am Ernst-Reuter-Platz zu verkaufen, um es dann zurückzuleasen, was dazu führte, dass das Quartal besser aussah. In der Folgezeit waren dann die monatlichen Belastungen natürlich höher. In der Zeit danach war er zwar immer noch verantwortlich, was ihm aber überhaupt nichts ausmachte.

Das sind natürlich Dinge, die in einem Familienunternehmen in der Regel nicht vorkommen, schließlich müssen die sich nicht mit den Analysten auseinandersetzen. Das ist wirklich ein Nachteil von Kapitalgesellschaften.

Mir hat auch geholfen, dass ich nicht naiv an die Dinge herangegangen bin. Deshalb habe ich 1993 auch das Angebot von BMW abgelehnt. Man wollte nach dem Vorbild Daimler unter Edzard Reuter auch aus BMW einen Technologiekonzern machen. Das war damals die große Mode. Deshalb wurden unter anderem ein Softwarehaus und die Rolls-Royce Motorenwerke gekauft. Man erzählte mir, dass man jemanden braucht, der gerade nicht aus der Automobilbranche kommt, also den nötigen Abstand hat. Die IBM hat meine Gespräche mit BMW natürlich mitbekommen. Um zu verhindern, dass ich ging, hat man mich dann noch besser behandelt. Ich bin schließlich geblieben.

Sechs Monate später hat BMW den Kauf von Rover bekannt gegeben. Offensichtlich war das vor den Gesprächen mit mir schon alles eingetütet gewesen. Das hatte man mir aber natürlich nicht erzählt. Und so ist dann Herr Pischetsrieder mit dem Rover-Kauf untergegangen und nicht ich. Ich hätte nicht den Mut gehabt, Rover zu kaufen, aber die Autorität, das abzulehnen, hätte ich auch nicht gehabt. Vielleicht wollten die auch deshalb jemanden, der nicht aus der Automobilbranche kommt. Wer bin ich denn, dass ich davon etwas verstünde? Aber ich, der Trottel Henkel, der von der Automobilindustrie nichts versteht, wäre dann derjenige gewesen, der mit dem Rover-Deal BMW fast in den Abgrund gefahren hätte.

Zu den Erfolgsfaktoren bei der Mitarbeiterführung gehört, dass Ziele klar definiert werden, um dann die Leute, die etwas davon verstehen, machen zu lassen. Ich war bei der IBM auch immer wieder umstritten, weil ich vielen Vorgesetzten mit Kritik an den Verhältnissen auf die Nerven gegangen bin. Ein weiterer wichtiger Punkt, wenn Sie gut führen und erfolgreich sein wollen, ist der, dass Sie drei oder vier Leute in Ihrem Team brauchen, die Ihren eigenen Job genauso gut machen können wie Sie selbst oder sogar besser. Wenn Sie so jemanden nicht präsentieren können, wird keiner das Risiko eingehen, Sie zu befördern. Ich wäre niemals IBM-Chef Europa geworden, wenn ich die Leute nicht davon überzeugt hätte, dass ich drei oder vier ausgezeichnete Nachfolgekandidaten hatte.

Heute muss man als Manager auch Politiker sein

Früher konnte man ein großes deutsches Unternehmen führen, ohne in die Öffentlichkeit treten zu müssen. Man musste nicht für jede Kleinigkeit eine Pressekonferenz abhalten. Ein Vorstandsvorsitzender hielt auch keine öffentlichen Reden, sondern er sprach im Allgemeinen nur innerbetrieblich. Wozu sollte man sich auch in die Politik einmischen?

Das hat sich geändert, weil die Gesetzgebung, auch auf europäischer Ebene – verglichen mit früher – viel mehr Einfluss auf die Struktur eines Unternehmens hat. Deshalb wird man, das habe ich auch an mir selbst festgestellt, neben dem Manager auch zum Politiker.

Das wurde mir erstmalig Ende der Achtzigerjahre bewusst. Wir hatten eine Chipfabrik bei Stuttgart. Chipproduktion ist ein kontinuierlicher, chemischer Prozess. Trotzdem war die IG Metall für uns zuständig und sie bestand darauf, dass wir, wie in der Metallverarbeitung üblich, die Maschinen am Freitagabend ausschalteten und erst am Montag wieder einschalteten. Das führte dazu, dass unsere Maschinen weniger ausgelastet waren als die der Konkurrenz, zum Beispiel aus Japan. Zusätzlich führte das Abschalten der Maschinen auch zu einem gewaltigen Ausschuss, denn wenn die angefahren wurden, dauerte es eine Zeit, bis wieder alles glatt lief. Deshalb konnte man die meisten Chips in dieser Anlaufphase gleich wieder wegschmeißen. Brauchbares produzierten wir erst ab Montagnachmittag.

Diese Situation war so nicht mehr zu halten. Also brauchten wir Sonntagsarbeit. Deshalb suchte ich Lothar Späth auf und erklärte ihm den Sachverhalt. Aber das war so ein Pietistenland, Sonntagsarbeit gab es in Stuttgart nicht. Kein Unternehmen machte das in Baden-Württemberg, mit Ausnahme der chemischen Industrie, weil man chemische Prozesse nicht einfach so unterbrechen kann und deshalb die Gesetze andere waren als in der Metallindustrie.

Dann habe ich mit dem Betriebsrat gesprochen. Der hat die Problematik sofort verstanden. Wir führten die Sonntagsarbeit erst einmal mit 600 Freiwilligen ein – die bekamen auch sofort entsprechend mehr Geld. Das Ergebnis war, dass viel mehr Leute sonntags arbeiten wollten, als wir brauchten. Daraufhin schickte mir Erwin Teufel einen Brief, in dem er fragte, wie ich dazu käme, Sonntagsarbeit einzuführen, das sei ja unmöglich.

Im Mai 1989 besuchte mich Helmut Kohl. Ich musste ihm erklären, wozu wir unbedingt Sonntagsarbeit brauchten, und er versuchte es mir auszureden. Zu jener Zeit haben wir als Erste in Europa den 1 MB Chip hergestellt. Ich bekam Ärger von allen Seiten – mit der Presse, mit der IG Metall, mit evangelischen und katholischen Pfarrern. Also musste ich öffentlich, sogar im Fernsehen, erklären, warum wir Sonntagsarbeit brauchen. So wurde dann aus einem Manager, der nie etwas mit der Öffentlichkeit und den Medien zu tun gehabt hatte, plötzlich jemand, der die Sonntagsarbeit öffentlich verteidigen musste. Das ist uns schließlich auch gelungen (mittlerweile wurde die Chipfabrik geschlossen, aber das hatte andere Gründe).

Ähnlich erging es mir, als wir die Heimarbeit für 200 Freiwillige einführten. Diese konnten mit ihren PCs zuhause arbeiten – ein Novum für die damalige Zeit. Die Heimarbeit war eigentlich für Behinderte oder Frauen mit kleinen Kindern vorgesehen. Wir mussten zu diesen Mitarbeitern Standleitungen legen, was nicht billig war. Fest davon überzeugt, das Richtige zu tun, habe wir das auch mit dem Umweltschutz begründet. Denn statt die Arbeitnehmer auf den Straßen reisen zu lassen, schickten wir die Bits und die Bytes auf die Datenautobahn. Die IG Metall war jedoch trotz allem dagegen.

Das Spiel begann von Neuem. Die IG Metall argumentierte, Heimarbeit würde zur Selbstausbeutung führen. Heute ist das undenkbar, aber die wollten allen Ernstes nicht, dass man Terminals zuhause hatte, um von dort zu arbeiten. Das war nicht nur ein Anliegen der IBM, sondern der gesamten Branche. Folglich mussten wir die Politik und die Öffentlichkeit davon überzeugen, dass Heimarbeit für alle Beteiligten von Vorteil ist.

Deshalb ist heute für einen Manager die Fähigkeit wichtig, die Dinge, die er machen will, auch zu kommunizieren. Eine kommunikative

Kompetenz und die Fähigkeit, sehr komplizierte Zusammenhänge einfach zu erklären, gehört heute zum Anforderungsprofil eines Managers in Spitzenpositionen. Damit ist nicht gemeint, dass man als Manager zum Politiker im Sinne von „überall seine Strippen ziehen" werden muss. Wenn Sie das tun, dann werden Sie in der Wirtschaft nicht erfolgreich sein.

Rückschläge hätte ich lieber nicht gehabt

Ich hatte laufend Rückschläge in meiner Karriere. Im Nachhinein kann ich nicht sagen, dass es gut war, dass ich die hatte. Ich hätte sie lieber nicht gehabt.

Dazu eine Geschichte: 1972 war ich 32 Jahre alt und galt bereits als möglicher Erfolgsträger bei der IBM. In unserer Organisation waren fünf Leute, die die Firma verlassen wollten. Der Hintergrund war folgender: Ich hatte in München eine Anwendung für die Kunden aus der Fertigungsindustrie entwickeln lassen, die die IBM aber nicht programmieren lassen und als Programmpaket vertreiben wollte, weil man der Ansicht war, dass jeder Kunde das selbst tun sollte. Diese fünf Mitarbeiter glaubten jedoch an den Erfolg der Anwendungssoftware. Ich hätte mitgehen sollen! Wissen Sie, wie die fünf hießen? Claus Wellenreuther, Hans-Werner Hector, Klaus Tschira, Dietmar Hopp und Hasso Plattner. Hier sehen Sie mal, welchen gigantischen Fehler ich gemacht habe. Doch ich habe dem nicht ein Leben lang nachgetrauert. Vielleicht hätte ich SAP ruiniert, vielleicht hätte ich das, was die Großartiges gemacht haben, blockiert und wir wären alle zusammen untergegangen.

Einen weiteren großen Fehler habe ich gemacht, als es um die Einführung des PCs ging. Ich war bei der IBM für dieses Thema in Europa verantwortlich. Damals besuchte mich Bill Gates, der zu jener Zeit noch wie ein kleiner Junge wirkte. Ich durchschaute nicht, dass er dieses Programm, heute heißt es Windows, damals hieß es anders, welches die IBM ihm für die neuen PCs lizensierte, gar nicht hatte. Wie ich später erfuhr, führte er gleichzeitig Verhandlungen mit einem kleinen Softwarebüro. Wir suchten jemand, der uns die Software zur Verfügung stellte, weil wir unser Geld mit der Hardware machten – das war der große Fehler der IBM. In dem Augenblick, als er den

Zuschlag von uns hatte, schloss er den Vertrag zur Entwicklung der Software mit dem anderen Unternehmen. Die hat er also nicht selbst entwickelt. Diejenigen, die seine Geschichte kennen, wissen das. Nachher hat er das alles verklärt. Nachdem die Bedeutung von Software erkannt und OS/2 von der IBM entwickelt worden war, haben wir das Betriebssystem sehr erfolgreich verkauft. Anfang der Neunziger besuchte mich Bill Gates erneut – er war zu jener Zeit schon ein paar 100 Millionen schwer. Er wollte mich davon überzeugen, OS/2 nicht länger in Deutschland zu verkaufen. Überall auf der Welt war die IBM sehr zurückhaltend mit dem Vertrieb dieses Betriebssystems. Trotzdem habe ich ihm gesagt, dass es überhaupt nicht infrage käme, OS/2 einzustellen. Wir haben es an die Deutsche Bank verkauft und an viele weitere große Kunden. Sie wollte damals OS/2, weil die große IBM dahinterstand. Herr Gates hingegen war nicht so erfolgreich bei den deutschen Firmen wie bei anderen. Er unterbreitete der IBM einige entsprechende Kooperationsangebote, die habe ich alle abgelehnt. Das war ein Riesenfehler, denn die Kunden wurden später von der Entscheidung der IBM überrascht, OS/2 aufzugeben. Diese Kunden saßen dann auf ihren Systemen, die alle auf OS/2 basierten. Natürlich hatten wir deshalb auch immer wieder Probleme mit dem einen oder anderen Kunden, doch das war nicht der Grund, warum ich dagegen gewesen war, OS/2 aufzugeben, sondern ich war damals davon überzeugt, dass es das bessere Betriebssystem war. Nur die IBM Corporation hatte ich leider nicht davon überzeugen können.

Zusätzlich machte ich noch den einen oder anderen Fehler auf meiner Karriereleiter bei der IBM. Um einen Manager bei der IBM Spanien habe ich mich offensichtlich nicht genug gekümmert. Ich hatte ihn als so einen selbstmotivierenden Typen eingeschätzt. Ab und zu schickte ich ihm mal eine E-Mail. Dabei, das muss ich sagen, behandelte ich ihn eher distanziert, weil mir seine Art nicht besonders gefiel. Um es vorsichtig auszudrücken: Ich habe ihn nicht sehr stark motiviert. Eines Tages hörte ich, dass er zur Konkurrenz gegangen ist. Da sah ich als Führungskraft natürlich schlecht aus und meine Bosse haben mich völlig zu Recht zur Rede gestellt. Den Schuh habe ich mir angezogen. Wäre ich doch ein paar Mal nach Madrid gefahren und hätte mit ihm zu Abend gegessen. Erst viel später habe ich erfahren, was er alles mit mir erlebt hat oder glaubte, mit mir erlebt zu haben. Das war mir alles nicht bewusst und das wäre ziemlich einfach in persönlichen Gesprächen zu klären gewesen – leider kam diese Erkenntnis zu spät. Doch durch dieses Ereignis ist mir klar geworden, dass man aufpassen muss, nicht abzuheben und die eigenen Leute auf dem Weg liegen zu lassen. Das war für mich eine wichtige Lektion, die ich gelernt habe.

5.6 Claus Hipp

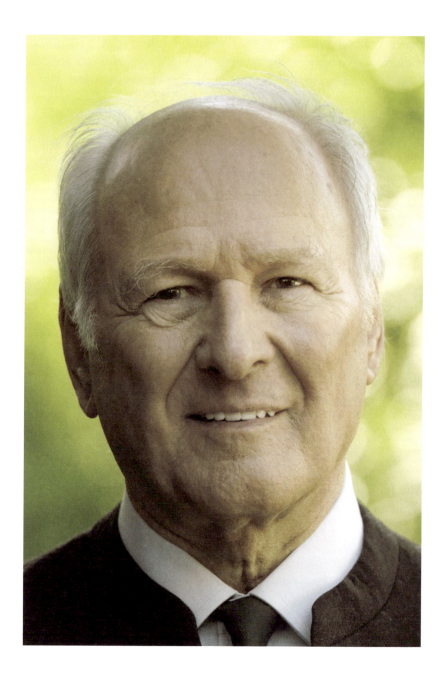

5.6 Claus Hipp

Kurzbiografie

Dr. Claus Hipp, geb. 1938 in München, als zweites von sieben Kindern, r. k., verheiratet, 5 Kinder
Ausbildung: Ludwigsgymnasium München (hum)
Jurastudium – Referendarexamen
Ausbildung an der staatl. anerkannten Malschule Heinrich Kropp in München Promotion Dr. jur.
Beruf: Neben dem Studium ab 1960 mit der Leitung eines landwirtschaftlichen Betriebes betraut, der bis heute bewirtschaftet wird.
1963 Eintritt in die väterliche Firma, die Säuglingsnahrungsmittel herstellt.
Seit 1968, nach dem Tode des Vaters, persönlich haftender Gesellschafter der Hipp-Betriebe.
Ehrenpräsident der Industrie- und Handelskammer für München und Oberbayern
Ehrenpräsident der Deutsch-Russischen Außenhandelskammer in Moskau
Ordentlicher Professor der Staatlichen Kunstakademie in Tiflis, Georgien
Professor an der Fakultät Betriebswirtschaft der Staatlichen Universität in Tiflis, Georgien
Honorarkonsul von Georgien für Bayern und Baden-Württemberg
Vorsitzender der Vereinigung der Deutschen Wirtschaft in Georgien.

Die Förderung der Potenziale jedes Einzelnen zählt zu den wichtigsten Führungsaufgaben

Ein Unternehmen zu führen bedeutet, vor allem Menschen und Mitarbeiter zu führen. In unserem Unternehmen war und ist das Führen von Menschen immer auch nach christlichen Grundsätzen ausgelegt, das heißt, dass jeder so behandelt wird, wie er selbst behandelt werden möchte und sich dann auch anderen gegenüber entsprechend verhält. Eine erfolgreiche Führungspersönlichkeit zeichnet sich durch Kompetenz und Fachwissen aus. Sie muss natürlich auch die Fähigkeit besitzen, Wissen weiterzugeben. Der Aufbau oder die Zusammenstellung eines Teams und die individuelle Förderung der Potenziale jedes Einzelnen zählen zu den wichtigsten Führungsaufgaben. Diese erfolgreich zu bewältigen, setzt Erfahrung und Menschenkenntnis voraus.

Von großer Bedeutung ist auch die Motivationsfähigkeit, denn ein motiviertes Team leistet mehr, während Streitigkeiten oder „innere Kündigung" zu Kräfteverschleiß bzw. Verlust von Ressourcen führen. Zahlreiche Experimente haben gezeigt, dass man Menschen am besten motivieren kann, indem man ihnen und ihrer Arbeit Vertrauen und eine hohe Erwartung entgegenbringt. Umgekehrt werde ich keine Erfolge erzielen, wenn ich Misstrauen gegenüber meinen Mitarbeitern ausstrahle und glaube, dass sie der Aufgabe nicht gewachsen sind.

Dem Einzelnen muss Raum gegeben werden, um seine Selbstständigkeit zu stärken: Je mehr Freiraum wir jedem Einzelnen gewähren, um sich zu entfalten, desto motivierter ist er. Lob ist wichtiger als Tadel, mit dem man sehr verantwortungsbewusst umgehen sollte. Eine Führungskraft muss selbst mit Kritik umgehen und Kritik in angemessener Weise weitergeben können. Voraussetzung für den Umgang mit den Mitarbeitern ist guter Wille und mehr Einfühlungsvermögen als Theorie.

Die Einführung eines Beurteilungssystems, in dem Führungskräfte Rückmeldungen von ihren Mitarbeitern bekommen, hat uns im Unternehmen geholfen, Schwachstellen zu erkennen und Verbesserungen in Angriff zu nehmen.

„Der Abt muss wissen, welch schwierige und mühevolle Aufgabe, Menschen zu führen und der Eigenart vieler zu dienen, er übernommen hat, muss er doch dem einen mit gewinnenden, dem andern mit tadelnden, dem Dritten mit überzeugenden Worten begegnen. Nach Eigenart und Fassungskraft jedes Einzelnen soll er sich auf alle einstellen und auf sie eingehen" (alte benediktinische Regel).

Der Abt hat sicher eine andere Autorität als ein Unternehmer, der seinen Mitarbeitern mehr Freiraum geben und natürlich auch für freie Meinungsäußerung sorgen muss.

5.6 Claus Hipp

Wichtig ist, Vertrauen in die eigene Autorität zu entwickeln

Ich bin sozusagen im Unternehmen groß geworden, bin mit vier Jahren da schon rumgelaufen und hatte das Glück, dass meine Eltern mich schon früh auf die Aufgabe hin erzogen haben. Zu Hause wurden immer Firmenprobleme besprochen und so bin ich von Anfang an in die Aufgaben einer Führungskraft hineingewachsen und habe gelernt, die Gefühle der Mitarbeiter zu verstehen und zu achten.

Das Bewusstsein, richtig und ethisch korrekt zu handeln, alles so gut wie möglich zu machen, gewährt viel mehr Kraft als eine verliehene oder sich selbst angeeignete Macht. Deshalb ist es als Führungskraft wichtig, Vertrauen in die eigene Autorität zu entwickeln.

Trotzdem ist jede Entscheidung, die zu Verletzungen von Menschen bzw. Mitarbeitern führt, eine sehr schwere Entscheidung. Da ist der Mitarbeiter, der zwar einen Diebstahl begangen hat, aber in einer schwierigen sozialen Situation steckt; der Alkoholiker, der etliche Male abgemahnt wurde, eine Entziehungskur hinter sich hat und doch wieder rückfällig geworden ist. Im Zweifel ist es sicher besser, sich in die Situation des Menschen einzufühlen und milde zu sein, als alle rechtlichen Möglichkeiten auszuschöpfen.

Unsere Ethik-Charta hat uns geholfen

In den letzten Jahren hat sich der Führungsstil gewandelt. Der klassische patriarchalische Unternehmer ist so gut wie ausgestorben. Mein Vater war Alleinherrscher im positiven Sinne: ein Mensch, der sich sehr viele Gedanken machte, der sich um seine Mitmenschen sorgte und der schnelle und gute Entscheidungen traf, die er mit seinem Gewissen verantworten konnte.

Heute wird oft lange diskutiert, bis man eine Entscheidung fällt. Wenn die Mitarbeiter die Sinnhaftigkeit einer Entscheidung verstehen, wird diese auch eher motivierend mitgetragen. Doch auch heute sollte einer an der Spitze stehen, der das letzte Wort hat und die Richtung vorgibt.

Wir waren vor mehr als zehn Jahren eines der ersten Unternehmen in Deutschland, das eine Ethik-Charta eingeführt hat. Hierin bekennen wir uns zu den Werten der christlichen Weltanschauung, nach denen wir leben und denen wir einen entsprechenden Raum einräumen wollen. Das menschliche Zusammenleben wird einfacher, wenn man auf bestehende Regeln zurückgreifen kann. Jeder Mitarbeiter, aber auch jeder unserer Partner, kennt so seine Rechte und Pflichten. Er kann nachlesen, was er vom Unternehmen erwarten kann, wie er geschützt ist und wie er zur Rechenschaft gezogen werden kann. Mit der Ethik-Charta haben wir eine Verbesserung im Umgang miteinander erzielt und werden das auch weiterhin. Außerdem wird durch die schriftlich festgehaltenen Gedanken und Grundsätze ein längerer Diskussionsbedarf bei Konflikten und Krisen häufig vermieden.

5.7 Roland Koch

Kurzbiografie

1958	Geboren in Frankfurt am Main
1983	Erstes Juristisches Staatsexamen
1985	Zweites Juristisches Staatsexamen, Zulassung als Rechtsanwalt
1986 – 1999	Arbeit als Rechtsanwalt, Spezialgebiet Wirtschafts- und Arbeitsrecht
1987 – 2010	Mitglied des Hessischen Landtages
1993 – 1999	Vorsitzender der CDU-Fraktion im hessischen Landtag
1999 – 2010	Ministerpräsident des Landes Hessen
2011 - 2014	Vorsitzender des Vorstands der Bilfinger SE
Ressorts	Strategie, Kommunikation, Personal, Recht, Compliance

Speziell in Deutschland ist ein Minister auch Manager

Zunächst einmal stellt sich die Frage, ob in Wirtschaft und Politik unterschiedlich geführt wird. In der Öffentlichkeit wird ein Politiker meist als jemand gesehen, der Reden hält, Kompromisse macht, Debatten führt. Zur deutschen Spezialität gehört, dass der Politiker in Regierungsverantwortung auch tatsächlich der Verwaltungsverantwortliche ist. Das ist zum Beispiel in Großbritannien und Japan anders. Auch in Amerika sind diese Dinge klar voneinander getrennt. Der „Secretary" ist nach unserem Verständnis eigentlich kein richtiger Politiker. Er führt die Verwaltung sehr direkt. Der Präsident oder ein Senator ist vergleichsweise weit von der Verwaltung entfernt.

In Deutschland sind diese beiden Bereiche jedoch immer enger zusammengewachsen. Ein Staatssekretär ist bei uns der Amtschef. Er bildet die Schnittstelle zwischen der Politik und den Verwaltungsbeamten. Dahinter steckt die Philosophie, dass der Minister die Richtung vorgibt und der Amtschef diese umsetzt. Doch so sieht heute längst nicht mehr die Wirklichkeit aus – zumindest dann nicht, wenn die Minister gut sind. In diesem Fall sind sie selbst Administratoren. Wenn man in den Kategorien der exekutiven Politik denkt, ist der Unterschied nicht mehr sehr groß. Somit wird die Arbeit eines Ministers zu einem normalen Managementjob und zwar mit allen Risiken.

Wenn beispielsweise ein Projekt wie die Drohnenentwicklung scheitert, dann werden dem Minister sofort die Fragen gestellt, warum er nicht rechtzeitig eingegriffen hat, den Vertrag nicht gekündigt hat und ob er überhaupt hinreichend informiert war. Die Arbeit des Ministers wird also in der Öffentlichkeit als Managementaufgabe wahrgenommen, weshalb er entsprechend in die Verantwortung genommen wird.

Die Reaktion auf unpopuläre Entscheidungen ist in der Wirtschaft geringer als in der Politik

Ich habe in der hessischen Landesverwaltung SAP/R3 implementieren lassen. Das Projekt war weder einfacher noch komplizierter als das, was ich heute hier bei Bilfinger mache. Das betrifft den administrativen Teil meiner Arbeit. Der andere Teil, die öffentliche Perzeption von allem, was man tut, erzeugt einen Druck, dem man an manchen Stellen nachgeben muss und der einen deshalb auch lenkt. Das ist in der Wirtschaft anders. Der Mut, eine unpopuläre Entscheidung zu treffen, ist dort weniger gefragt. Die Reaktion auf eine unpopuläre Entscheidung ist sehr viel geringer, weil sie in der Regel intern erfolgt.

Glaubwürdigkeit bedeutet auch, dass sich der Grad der Zielerreichung im Gehalt widerspiegelt

Bei der Führung von Mitarbeitern gelten in Politik und Wirtschaft die gleichen Grundsätze: Ziele müssen klar kommuniziert werden, man muss dafür sorgen, dass sich die Mitarbeiter zu diesen Zielen verpflichten, und man darf eben nicht den Eindruck erwecken, dass man diese Ziele selbst nicht ernst nimmt. Zusätzlich ist wichtig, dass man bei der Zieldefinition verständlich gemacht hat, warum man genau diese Ziele definiert hat, wobei die zugrunde liegenden Werte transparent gemacht werden müssen. Viele Unternehmen haben damit Schwierigkeiten aufgrund der Konflikte, die sich zwischen Kapitalmarkt, Arbeitsplatzqualität und Nachhaltigkeit im Gegensatz zu Kurzfristigkeit ergeben. Diese Dinge sind neben klassischen Führungsprinzipien, d. h. dem korrekten Umgang mit dem individuellen Mitarbeiter, von elementarer Bedeutung: eine klare Zieldefinition, eine hinreichende Glaubwürdigkeit, diese Ziele auch durchzusetzen, und anschließend eine transparente Analyse des Grades der Zielerreichung.

Nun ein paar Worte zur Abhängigkeit des Einkommens vom Grad dieser Zielerreichung. Was ich hier heute verdiene, ist der Standard für die mir übertragene Aufgabe. Das Geld ist es allerdings nicht, was mich motiviert, hier zu arbeiten. Schließlich habe ich es auch nicht als Problem empfunden, im öffentlichen Dienst zu arbeiten, wo man bekanntlich deutlich weniger verdient als in der Wirtschaft. Gleichzeitig bin ich auch im Aufsichtsrat einer Bank und musste feststellen, dass dort der monetäre Aspekt eine wesentlich größere Rolle spielt, als das für mich persönlich der Fall ist. Das ist im öffentlichen Dienst anders, weil dort nicht auf vergleichbare Weise incentiviert werden kann.

In der freien Wirtschaft bekomme ich hingegen schon recht schnell die Rückmeldung von meinen Führungskräften, dass sich meine Zielvorgaben im „Incentive Scheme" widerspiegeln müssen. Ansonsten wäre es nicht glaubwürdig, dass ich diese Vorgaben wirklich ernst meine. Deshalb gehört es aus Gründen der Glaubwürdigkeit zum Set-up meiner Führung, dass meine Erwartungen, die ich an meine Führungskräfte habe, in der individuellen Abbildung von Erfolg eine Rolle spielen. Das ist in diesem Unternehmen nicht ganz einfach, da es immer aus Teileinheiten heraus geführt wurde und ich, im Gegensatz dazu, ganzheitliche Konzepte verwirklichen will. Deshalb bekommen meine Leute auch Geld dafür, dass der Konzern insgesamt erfolgreich ist. Dadurch sind sie motiviert, ihren Blick auf den Erfolg des gesamten Unternehmens zu richten statt nur auf ihren schmalen Bereich.

Wenn man Führungskräften erklärt, warum etwas getan wird, sind sie mit vollem Einsatz dabei

Nach meiner Erfahrung haben Menschen dann Spaß an ihrer Arbeit, wenn sie verstehen, warum etwas so und nicht anders gemacht wird. Falls dies trotzdem nicht der Fall ist, sollte man sich andere Leute suchen, die sich für die Firmenphilosophie begeistern können. Neben dem monetären Teil gibt es also auch noch einen zweiten wichtigen Aspekt: die Faszination, die das Projekt ausübt. Je größer der Anteil von Standardarbeiten ist, die jemand verrichten muss, umso uninteressanter wird die Tätigkeit. Doch auch in diesem Fall kann die Zuwendung und das Verständnis des Chefs dazu führen, dass der Mitarbeiter nach wie vor Spaß an seiner Arbeit hat. Natürlich wissen die meisten Führungskräfte um die Fehlbarkeit dieser Struktur, doch wenn sie eingesehen haben, warum sie das machen, was sie tun, dann sind sie mit vollem Einsatz dabei. Hinzu kommt, dass man seine Führungskräfte einlädt, falls notwendig sogar nötigt, an den Zieldefinitionen mitzuarbeiten. Auf diese Weise erreicht man, dass sie sich damit identifizieren.

Im Gegensatz zur Politik ist die Feedback-Kultur in der Wirtschaft nicht besonders ausgeprägt

Dieses „Sich-Einbringen" ist in der Wirtschaft aus meiner Sicht ziemlich unterentwickelt. Genau das erlebe ich häufig in Telefonkonferenzen. Es scheint schwierig für meine Leute zu sein, zu verstehen, dass ein CEO sie besonders dann wertschätzt, wenn sie ihm widersprechen. Das hat mich am Anfang ziemlich verwirrt, denn das ist in der Politik völlig anders. Der iterative Führungsprozess ist für mich in meiner politischen Laufbahn deutlich leichter gewesen. Auch leitende Beamte scheuten sich nicht, zu mir zu kommen, um mich beispielsweise darauf hinzuweisen, dass sie ganz und gar nicht mit dem einverstanden waren, was ich zu Papier gebracht hatte. Ich halte das für sehr wichtig, weil es einen großen Einfluss auf die Motivation von Menschen hat, wenn sie die Dinge selbst mit beeinflussen können. Auf diese Weise erreicht man Commitment nicht durch Befehl, sondern durch Entwicklung. Das ist ein sehr zentrales Element meines Führungsverständnisses. Im Gegensatz zur Politik ist in der Wirtschaft der Eindruck, dass die eigene Karriere von der Fähigkeit abhängt, sich anzupassen, sehr ausgeprägt. Das hängt natürlich auch damit zusammen, dass man als Ministerialdirektor im Gegensatz zum Manager unkündbar ist. Früher war es in autoritär geführten Unternehmen auch tatsächlich so, dass jemand, der Kritik äußerte, ernsthafte Probleme bekam – und auch heute noch gibt es viele Führungskräfte, die immer noch auf diese Weise managen. Deshalb muss ich die Menschen im ersten Schritt davon überzeugen, dass mein Führungsstil ein anderer ist. Ich zwinge denjenigen, die damit umgehen können, sogar ein differenziertes Rollenverhalten auf. Andere haben damit Schwierigkeiten, sie erwarten, dass man ihnen die Richtung klar vorgibt.

Ich habe einmal einige Führungskräfte zu einem Glas Bier eingeladen mit dem Hinweis, sie sollten, wenn sie Lust hätten, zu einer bestimmten Zeit in das von mir vorgeschlagene Lokal kommen. Anschließend wurde ich von einem Kollegen darauf hingewiesen, dass ich das so nicht sagen konnte. Die Kollegen bräuchten schließlich klare Ansagen.

Wenn die Zahlen stimmen, ist noch lange nicht alles in Ordnung

Doch bei all diesen Überlegungen muss man berücksichtigen, dass der Unterschied zwischen am Kapitalmarkt gelisteten Unternehmen und mittelständischen Familienunternehmen deutlicher geworden ist. Bei Ersteren hat der Manager weniger Spielraum, die „Softfacts" zu gestalten. Das beginnt damit, was wir „Corporate Social Responsibility" nennen, und endet mit dem individuellen Umgang mit dem Arbeitnehmer. Dazu gehört auch das Thema Berufsehre, also das, was man letztlich bereit ist, für seinen guten Ruf zu tun. Spätestens seit dem Ackermann-Urteil des Bundesgerichtshofs, mit dem Credo „Wir sind nicht Gutsbesitzer, sondern Gutsverwalter", schwebt der Vorwurf der Untreue immer dann über einem Manager, wenn er eine Entscheidung trifft, die nicht im Detail mathematisch/rational nachvollziehbar ist. Dadurch wird das Führen eines Unternehmens nicht unbedingt erleichtert. Überspitzt formuliert, verfügt man am besten über ein Rechtsgutachten und den Stempel eines Wirtschaftsprüfers, bevor man eine Entscheidung trifft. Diese Kultur führt uns mehr in die reine Zahlenwelt, denn wenn die Zahlen stimmen, ist alles in Ordnung. Das ist natürlich eine Fehleinschätzung, denn wenn die Zahlen stimmen, ist das lediglich eine Voraussetzung, aber das heißt noch lange nicht, dass alles in Ordnung ist. Deshalb ist der pure Fokus auf die Zahlen, wie er von den kurzfristigen Interessen des Kapitalmarktes gefordert wird, umso gefährlicher. Vor diesem Hintergrund versuche ich trotzdem, wie ein Mittelständler zu entscheiden. Dabei hilft mir, dass ich ausgebildeter Jurist bin und daher beurteilen kann, an welchen Stellen ich mich auf dünnes Eis begebe.

Zeitgeist setzt sich heute schneller in Strukturen um

Zusätzlich beeinflusst der Zeitgeist das Führungsverhalten. Schließlich lesen auch Manager Zeitung, nehmen auch, Gott sei Dank, noch einigermaßen am gesellschaftlichen Leben teil und werden entsprechend davon beeinflusst. Der Zeitgeist setzt sich auch schneller in Strukturen um als früher. Investoren beschäftigen sich heute auch mit Sustainability. Was man für wünschenswert und gesellschaftlich erforderlich hält, bildet sich gegenwärtig durchaus auch in den Rahmenbedingungen des Wirtschaftens ab. Ein Unternehmer, der den Zeitgeist ignoriert, selbst wenn er kein Endkundengeschäft hat, wird in Schwierigkeiten geraten, weil diese Stimmungen und Moden oder auch gesellschaftliche Trends und Notwendigkeiten sein Umfeld prägen, von dem er schließlich abhängig ist.

Bei seinen Planungen sollte man nicht davon ausgehen, dass der Weg immer nur geradeaus führt

Erfolg bedeutet für mich, intrinsisch betrachtet, dass ich am Ende der Zeit, in der ich mich mit etwas beschäftigt habe, mit dem Erreichten zufrieden bin. In den ersten sechs Monaten hier im Unternehmen habe ich Kennzahlen bis zum Jahre 2016 vorgegeben. Spätestens dann werde ich wissen, ob ich erfolgreich war oder nicht. Die Ziele, die man sich selbst setzt, müssen realistisch sein, mit dem Risiko des Scheiterns, aber auch mit der Chance, dass sie erfüllt werden können.

Nach meiner Selbsteinschätzung war ein wesentlicher Faktor für meinen persönlichen Erfolg meine Berechenbarkeit. Sowohl meine Gegner als auch meine Befürworter waren sich ziemlich sicher, dass ich das, was ich sagte, auch tatsächlich umsetzte.

Rückschläge halte ich für normal. Ich hatte bei meinen Planungen niemals im Kopf, dass alles schnurstracks geradeaus läuft. In meinem bisherigen Leben hatte ich mit vielen Krisen zu kämpfen, und ich bin ganz normal damit umgegangen, dass von jemandem in meiner Position erwartet wird, dass er auch Krisen meistert und nicht nur Erfolge genüsslich entgegennimmt.

Die prägenden Persönlichkeiten in meinem Leben waren mein Vater, Helmut Kohl und der Dalai Lama

Mein Vater hat mich durch seine Kombination aus Kompromissfähigkeit und Klarheit geprägt, was mir im späteren Leben eine große Hilfe war. Zusätzlich hatte ich das Glück, die richtigen Persönlichkeiten an meiner Seite zu haben – dabei möchte ich Helmut Kohl besonders hervorheben – und das, was ich tun wollte, schon recht früh zu beginnen. So durfte ich bereits als Mittzwanziger ein großes Sanierungsprojekt in einem großen Handelsunternehmen durchführen. Ich verhandelte die Sozialpläne für die Standortschließungen. Durch die Vertretung der Interessen vieler amerikanischer Unternehmen sammelte ich reichhaltige Erfahrungen, die mir später eine große Hilfe waren. Diese Erfahrungen machte ich nicht als Zuschauer, sondern als hinreichend Betroffener, um das Gelernte zu verinnerlichen.

Speziell bei meiner Zusammenarbeit mit Helmut Kohl ging es immer um das Spannungsfeld zwischen pragmatischer Politik und visionären Zielsetzungen. 16 Jahre erfolgreiche Regierungszeit, aber eben auch der Traum vom geeinten Deutschland und dem geeinten Europa, der nicht nur geträumt, sondern konkret in die Wirklichkeit umgesetzt wurde, prägen diese Zeit. Mit der Zeit entwickelte sich ein persönlicher Zugang zu ihm, wodurch ich lernte, wie man Menschen führt und Ergebnisse erreicht. Manches, was ich heute an Durchsetzungskraft und Geduld mitbringe, ist sicherlich durch ihn geprägt worden.

Vor 25 Jahren habe ich mich mit dem Dalai Lama getroffen, eine Persönlichkeit, die mich sehr beeindruckt hat und von der ich auch viel gelernt habe. Seit dieser Zeit stehen wir in Kontakt und uns verbindet eine enge persönliche Beziehung. Deswegen habe ich natürlich nicht meinen Katholizismus aufgegeben, aber der Einfluss dieses Menschen, der auch hinter der öffentlichen Fassade eine ausgesprochen spannende Persönlichkeit ist, war und ist für mich sehr bedeutsam.

Um etwas leisten zu können, muss man sich wohlfühlen. Dazu brauche ich meine Familie, verlässliche Freunde, tägliche Freude bei der Beschäftigung und interessante Themen. Es war mir immer wichtig, dass mir meine Arbeit Spaß gemacht hat, vielleicht nicht jeden Tag und jede Stunde, aber doch so, dass sie das, was wir unter „Erfüllung" verstehen, weitgehend getragen hat. Ich bin heute in einem Alter, das mich glauben lässt, dass mir dies auch niemand mehr nehmen kann. Daraus ergibt sich eine wohltuende Unabhängigkeit.

5.8 Leo Lübke

Kurzbiografie

Geboren:	29. Oktober 1963 in Rheda
Familienstand:	verheiratet mit Ulrike Lübke, geborene Bolle (Graphikerin)
Kinder:	Ella (geb.: 21.3.1995), Frieda (geb.: 25.3.1999), Otto (geb. 22.06.2001)
Schule:	1983: Abitur
Lehre:	1983 – 1986: Banklehre bei der Dresdner Bank, Filiale Gütersloh
Bundeswehr:	1986: Grundwehrdienst in Northeim
Zivildienst:	1986 – 1987: im Pflegebereich der St. Elisabeth-Kinderklinik in Hamm
Studium:	1988 – 1994: Industrie-Design Studium mit Diplom-Abschluss an der Fachhochschule Kiel (Muthesius-Hochschule für Gestaltung) Schwerpunkt Möbel-Design bei Prof. Dieter Zimmer
Auslandssemester:	1990: Gast-Semester in Paris an der Design-Schule „Les Ateliers"
Beruf:	Seit Januar 1995 geschäftsführender Gesellschafter bei COR Sitzmöbel Helmut Lübke GmbH & Co. KG in Rheda-Wiedenbrück
	Seit Oktober 1997 geschäftsführender Gesellschafter bei Lübke Gebr. Lübke GmbH + Co. KG in Rheda-Wiedenbrück

Führungskräfte sind in der Regel in dem Unternehmen am besten, in dem sie gewachsen sind

In der amerikanischen Studie von Jim Collins (Der Weg zu den Besten) wurde die Herkunft der Top-Führungskräfte der erfolgreichsten im Dow-Jones gelisteten Unternehmen über einen Zeitraum von zehn Jahren untersucht. Dabei stellte sich unter anderem heraus, dass die besten Manager oftmals „Eigengewächse" der jeweiligen Unternehmen waren, weil sie sich sehr stark mit dem Unternehmen identifizierten. Damit wird die gängige These widerlegt, man könne den Erfolg eines Unternehmens steigern, indem man so genannte „Shootingstars" von außen einkauft.

Das Ergebnis dieser Studie kann ich aus eigener Erfahrung bestätigen. Die größten Schwierigkeiten hatten wir mit Führungskräften, die wir von außen einkauften. Ein Unternehmen ist wie ein Organismus mit einer eigenständigen DNA, in den jemand von außen wie ein Fremdkörper eindringt und sich zunächst einmal anpassen muss – und das hat, wie die auf amerikanische Unternehmen bezogene Studie zeigte, nichts mit einer ostwestfälischen Mentalität zu tun, der manchmal Sturheit nachgesagt wird.

Natürlich gibt es auch Ausnahmen. Schließlich gibt es das Sprichwort, dass neue Besen gut kehren. In Unternehmen mag das vorkommen, ist aber eher selten. Bei uns sind die Mitarbeiter eher bodenständig, kommen meist aus der Region und fühlen sich in unseren Unternehmen offensichtlich recht wohl, was unsere sehr niedrige Fluktuationsrate beweist.

Für die intrinsische Motivation sind die Identifikation, Freiräume sich entwickeln zu können, und die Sicherheit, Fehler machen zu dürfen, wichtiger als Incentivierung

COR und Interlübke werden durch flache Hierarchien geführt. Innerhalb des Führungskreises ist jeder gleichberechtigt. Ich selbst fühle mich als Geschäftsführer als Teil dieses Teams. Wenn beispielsweise jemand einen Mitarbeiter einstellt, werde ich darüber informiert, aber ich treffe nicht die Entscheidung. Jede Führungskraft verfügt in ihrem Bereich über einen breiten Handlungsspielraum, in den ich mich nur in absoluten Ausnahmefällen einmische.

Diese beiden Firmen, von denen ich geschäftsführender Gesellschafter bin, bieten sich kaum überschneidende Produkte an, d. h., sie agieren am Markt weitgehend komplementär. Trotzdem lassen sich in vielen Bereichen Synergien schöpfen: in der Verwaltung, dem Marketing und sogar im Vertrieb. Doch die dazu notwendige Zusammenarbeit kann man nicht erzwingen, sondern man muss dafür sorgen, dass sie gewollt wird.

Natürlich kann man Mitarbeiter durch Incentivierung motivieren. Doch davon halte ich nicht allzu viel, weil dieses Vorgehen nur kurzfristig wirkt. Stattdessen ist es viel wichtiger, dafür zu sorgen, dass sich die Mitarbeiter mit dem Unternehmen identifizieren, dass sie Freiräume haben, sich entwickeln können und sich wohlfühlen. Diese weichen Faktoren sind nach meiner Erfahrung wichtiger für den Unternehmenserfolg als die Ausschüttung von Prämien auf Basis harter Zahlen.

Wenn es mal schlecht läuft, wird gelegentlich an mich herangetragen, der Druck auf die Mitarbeiter müsse erhöht werden. In diesem Punkt bin ich gegenteiliger Meinung. Druck wirkt in der Regel kontraproduktiv. Stattdessen sehe ich es als meine Aufgabe an, die Potenziale der Führungskräfte zu koordinieren, ihnen Freiheiten einzuräumen und ihnen die Sicherheit zu vermitteln, dass Misserfolge nicht gleich sanktioniert werden. Genau diese Sicherheit genieße ich selber. Das ist ein großer Vorteil eines Familienunternehmens: Ich muss nicht gleich das Unternehmen verlassen, wenn ich mal einen Fehler mache. Den positiven Effekt, den diese Sicherheit auf meine eigene Arbeit hat, möchte ich auch für meine Führungskräfte nutzen. Auf diese Weise entsteht ein Klima der Solidarität.

Das Eingestehen von Schwächen erhöht die Glaubwürdigkeit enorm

Vor diesem Hintergrund versuche ich, offensiv mit meinen eigenen Schwächen umzugehen, und hoffe, dass sich dieses Selbstverständnis auch auf meine Mitarbeiter überträgt. Diese kritische Selbstreflexion ist eine der Grundlagen für den Erfolg eines Unternehmens. Hinzu kommt, dass das Eingestehen eigener Schwächen die Glaubwürdigkeit bei den Mitarbeitern enorm erhöht.

Der Führungsstil ist lockerer, etwas weniger korrekt und hektischer geworden

Insgesamt glaube ich, dass der Führungsstil im Vergleich zu früher lockerer geworden ist. Das Verhältnis der Führungskraft zum Mitarbeiter ist direkter, weniger steif. Speziell in der Möbelindustrie gilt dies auch im Verhältnis zum Kunden, weil wir Ästhetik, Schönheit und Kunst verkaufen. Deshalb wird von uns auch nicht unbedingt erwartet, einen Anzug zu tragen. Vor dem Hintergrund, dass Führung mehr ist als Mitarbeiterführung, sondern auch den Umgang mit Kunden und Lieferanten miteinbeziehst, kann man sagen, dass die Führung eines Unternehmens in der Möbelindustrie anders sein muss als beispielsweise die eines Maschinenbauunternehmens.

Heute geht es in den Unternehmen zumeist etwas weniger korrekt zu. Es wird weniger Wert auf Formalien gelegt. Das mag damit zusammenhängen, dass der Druck im Vergleich zu früher größer geworden ist, weil die Globalisierung und die elektronischen Medien die Prozesse komplexer gemacht und gleichzeitig beschleunigt haben. Wenn man jeden Tag mehrere Dutzend Mails bearbeiten muss, verkürzt dies zwangsläufig die Zeit, die für andere Dinge übrig bleibt. Man ist ständig erreichbar und muss schnell reagieren, was häufig Hektik und Nervosität verursacht. Im Gegensatz dazu ging es früher ruhiger zu, man hatte mehr Muße, um sich Gedanken zu machen.

Eine Führungskraft braucht heute viel Disziplin, um ein zu hohes Maß an Fremdsteuerung zu verhindern

Den häufig beschworenen allgemeinen Werteverfall sehe ich hingegen nicht. Es gibt Unternehmen, wo dies sicherlich der Fall ist, es gibt jedoch andere Unternehmen, deren Werte seit Jahrzehnten stabil sind. Ebenso wenig glaube ich, dass ein Werteverfall in der Gesellschaft stattfindet. Was sollte auch unser Vorbild aus der Vergangenheit sein? Das Dritte Reich wohl kaum. In den fünfziger Jahren ging es vielleicht – oberflächlich betrachtet – korrekter zu, aber es wurde eben auch vieles unter den Teppich gekehrt.

Um der zuvor erwähnten Hektik nicht zu erliegen, braucht man Disziplin. Man muss sich ganz bewusst Prioritäten setzen und darf ein zu hohes Maß an Fremdsteuerung nicht zulassen. Ansonsten reagiert man nur noch und agiert nicht mehr. Ich sehe es als ureigenste Aufgabe einer Führungskraft an, sich Freiräume zu schaffen, um Zeit zu finden, einfach in Ruhe über die Dinge nachzudenken.

Ein erfülltes Leben ist für mich, der zu sein, der man sein möchte, dass man in sich ruht und die Dinge so akzeptieren kann, wie sie sind.

5.9 Helmut Maucher

Kurzbiografie

Seine Karriere startete der 1927 im Allgäu geborene Maucher nach Abitur und kaufmännischer Lehre Ende der 40er Jahre beim Nestlé-Milchbetrieb in seinem Geburtsort Eisenharz. Anschließend wechselte Maucher zu Nestlé nach Frankfurt/M., wo er berufsbegleitend Betriebswirtschaft studierte und als Diplom-Kaufmann abschloss. Im Laufe seiner weiteren Karriere wurde er ab den 1960er Jahren zunehmend mit Aufgaben in leitendenden Positionen betraut und schließlich 1975 zum Generaldirektor der Nestlé AG in Deutschland ernannt. 1980 wurde er in die Konzernleitung nach Vevey (Schweiz) berufen und leitete dort 20 Jahre lang den Nestlé Konzern. Im Jahr 2000 beendete Maucher seine aktive Laufbahn als Verwaltungsratspräsident und wurde zum Ehrenpräsidenten ernannt. Helmut Maucher setzte sich stets auch für allgemeine Belange von Wirtschaft und Gesellschaft ein, sowohl in vielen Veröffentlichungen und Stellungnahmen als auch an maßgebenden Stellen in internationalen Verbänden. Für sein unternehmerisches Gespür und gesellschaftliches Engagement verlieh ihm u.a. die Konrad-Adenauer-Stiftung 2004 den „Preis Soziale Marktwirtschaft" und die Hanns Martin Schleyer-Stiftung 2013 den „Hanns Martin Schleyer-Preis für besondere Verdienste um die Festigung und Förderung der Grundlagen eines freiheitlichen Gemeinwesens". In zahlreichen Gremien sowie kulturellen und gesellschaftspolitisch tätigen Institutionen ist er weiterhin aktiv.

Es geht um Menschen, Systeme sind nur Hilfsmittel

Mit Werten führen kann nur derjenige, der diese Werte auch glaubwürdig verkörpert. Wenn Werte lediglich von der Personalabteilung propagiert werden, ohne dass der Vorgesetzte sie vorlebt, werden sie von den Mitarbeitern nicht angenommen.

Ein wichtiges Kriterium für erfolgreiche Führung ist die Persönlichkeit des Vorgesetzten, die man natürlich nur schwerlich ändern kann. Es gibt jedoch eine Reihe von Leitsätzen, die sich bei meiner Arbeit in den vergangenen Jahren als sinnvoll erwiesen haben. Im

Gegensatz zur eigenen Persönlichkeit kann man die Leitlinien, nach denen man führt, nachdem man sie eingesehen hat, auch ändern.

So habe ich mich immer für die Menschen selbst interessiert. Wenn man sich nicht um ihre Sorgen, Ängste und Nöte, aber auch um das, was sie glücklich macht und begeistert, kümmert – an dieser Stelle möchte ich das „große" Wort verwenden: wenn man sie nicht liebt –, dann wird man es schwer haben, Menschen zu führen. Aus diesem Grunde habe ich das Unternehmen menschen- und produktorientiert ausgerichtet und nicht systemorientiert. Das ist eine Frage der Prioritäten. Natürlich braucht jede große Firma Systeme. Das sind aber lediglich Hilfsmittel. Denn letztlich zählt, wie mit den Menschen umgegangen wird, denn davon hängt ab, wie sich die Mitarbeiter für das Unternehmen einsetzen. Zusätzlich ist natürlich wichtig, mit welchen Produkten man an den Markt geht. Ich sehe jedoch das Problem, dass sich heute ganze Stabsabteilungen mehr mit Processing und Systemen befassen. Diese Firmen manövrieren sich zwangsläufig in Schwierigkeiten.

Glaubwürdigkeit ist die wichtigste Eigenschaft einer Führungskraft

Ein weiterer wichtiger Punkt ist die Nachhaltigkeit. Je mehr ein Unternehmen unter dem Druck von Finanzanalysten, Wettbewerb und der Globalisierung steht, umso mehr werden die Manager nervös und richten ihre Strategien kurzfristig aus, was mittel- und langfristig nicht funktioniert. Deshalb benötigen wir vermehrt Leute an der Spitze, die Langfristigkeit auch in schwierigen Zeiten durchsetzen. Dazu braucht man natürlich Mut. Aus diesem Grunde gehören Mut und Gelassenheit für mich zu den wichtigsten Führungseigenschaften. Wer den Herausforderungen in schwierigen Zeiten nicht standhält, kann nicht führen und wird mittelfristig scheitern.

Über all diesen Dingen steht die Glaubwürdigkeit. Eine Führungskraft, die nicht glaubwürdig ist, bei der man sich nicht darauf verlassen kann, dass sie zu dem steht, was sie am Tage vorher gepredigt hat, ist verloren. Besonders in der heutigen anonymen Welt spielen Glaubwürdigkeit und das Vertrauen, das man damit schafft, eine ganz wesentliche Rolle.

Zusätzlich ist die Fähigkeit zu kommunizieren – sowohl nach innen als auch nach außen –, speziell vor dem Hintergrund der wachsenden Bedeutung der Medien, immer wichtiger geworden.

Eine wichtige Eigenschaft ist auch die Fähigkeit zur Schaffung eines innovativen Klimas. Man kann nicht alles selber erfinden, doch man kann die Mitarbeiter ermutigen, darüber nachzudenken, alte Wege zu verbessern oder gänzlich neue zu gehen. Dazu gehören die Fähigkeit des Zuhörens – die relativ selten geworden ist – und die Bereitschaft, Kritik zu akzeptieren. Wenn jemand eine neue Idee hat, muss man natürlich zwischen Querdenkern und Querköpfen unterscheiden. Letztere kann man nicht gebrauchen, Erstere sehr wohl.

Mit dieser Haltung haben viele Führungskräfte erhebliche Schwierigkeiten. Ich denke schon, dass einige der zuvor genannten Eigenschaften bei mir persönlich durchaus vorhanden waren. Schließlich war ich fast 40 Jahre lang bei Nestlé tätig, also wussten die Mitarbeiter und Kollegen ziemlich genau, was meine Stärken und Schwächen waren. Folglich hätte ich mich nicht so lange halten können, wenn ich mich nicht an obige Regeln, gehalten hätte.

Das persönliche Potenzial definiert die Grenze jedes Einzelnen

Bei diesen Betrachtungen sollte man jedoch Folgendes beachten: Es gibt eine ganze Reihe verschiedener Strömungen, wie zum Beispiel die Anthroposophen, die glauben, dass man alles aus einem Menschen machen kann, wenn man ihn nur richtig erzieht. Diesem Irrtum bin ich niemals aufgesessen. Man kann jemanden weiterbringen, ihn fördern, man muss jedoch auch wissen, wo die Grenze jedes Einzelnen ist, die durch sein persönliches Potenzial definiert wird. Wenn man da mit falschen, naiven Vorstellungen herangeht, kann man viel Schaden anrichten. Deshalb hängt viel von der Einschätzung ab – damit meine ich nicht unbedingt Assessment Center –, die ich von einem Mitarbeiter gewonnen und mit den Beurteilungen meiner Kollegen abgeglichen habe, um Objektivität sicherzustellen. Vor diesem Hintergrund habe ich meine Kritik gegenüber dem Assessment Center mit den Worten geäußert: „Look more into the eyes than into the files."

Ziele müssen klar kommuniziert werden, sollten aber nicht in formalisierter Form das Gehalt bestimmen

Belohnungen (Boni) müssen im Gegensatz zu dem in einem Geschäftsjahr gemachten Profit Nachhaltigkeit widerspiegeln. Das kann man zum Beispiel durch Stockoptions erreichen, die erst nach fünf Jahren fällig werden. Auf diese Weise kann man sicherstellen, dass eine langfristige Unternehmensstrategie verfolgt wird. Das Tagesgeschäft wird jedoch nicht von Belohnungen bestimmt, sondern vom Führen. Man muss den Mitarbeitern die eigenen Vorstellungen klar kommunizieren und ihnen umgekehrt zuhören, wie sie die Dinge sehen. Wenn man zum Beispiel die Frauenquote von X auf Y Prozent erhöhen möchte, so macht es keinen Sinn, dies in irgendwelchen Boni festzuschreiben, sondern ein solches Thema muss Teil der Führungsleitlinien sein.

Zusätzlich zu den Stockoptions habe ich auch Jahresboni eingeführt, die jedoch nicht ausgezahlt wurden, wenn jemand die gesteckten Ziele nur durch kurzfristig wirkende Maßnahmen erreichte. Ein Beispiel dafür wäre die Streichung oder Kürzung des Werbebudgets. Kurzfristig verbessert dies den Profit, langfristig ist das tödlich schädlich. Ein anderes Beispiel sind gewisse buchhalterische Tricks. Es läuft darauf hinaus, dass sich letztlich alles um Führung dreht. Die Mitarbeiter müssen wissen, was der Vorgesetzte will und dass sie ein Problem mit ihm bekommen, wenn sie Verstecken mit ihm spielen.

Ich verstehe natürlich, dass die Leute in den Personalabteilungen immer wieder auf Zielvorgaben pochen. Doch diese sinnvoll zu definieren, ist meiner Meinung nach sehr schwierig – außer bei Verkäufern. Es ist einerseits absolut sinnvoll, über Ziele zu sprechen, andererseits habe ich Zweifel daran, dass man einen variablen Gehaltsanteil an formalisierten Zielen festmachen sollte, denn auf diese Weise entsteht mehr Ungerechtigkeit als Motivation für die Mitarbeiter.

Überhöhte Managergehälter schaden der Glaubwürdigkeit

Überhöhte Managementgehälter lehne ich grundsätzlich ab. Wie soll sich jemand, der viele Millionen im Jahr verdient, glaubwürdig vor die Belegschaft stellen und verkünden, dass gespart werden muss? So jemand wird nur schwerlich akzeptiert. Das Problem ist, dass irgendwelche Salärkommissionen, wie Aufsichtsräte, „nett" zu den Vorständen sein wollen. Dies führt zu immer höheren Gehältern, weil ständig angeglichen wird. Im Gegensatz dazu habe ich meine Kollegen im Vorstand unterschiedlich bezahlt. Dabei war nicht transparent, wie viel jeder Einzelne verdiente, doch es war klar, dass die Gehälter unterschiedlich waren. Schließlich haben die verschiedenen Vorstandsjobs unterschiedliche Wertigkeit. Die heute herrschende Transparenz halte ich für falsch. Diejenigen, die sich berechtigterweise am unteren Ende der Gehaltsliste befinden, drängen aus Prestigegründen darauf, dass ihre Gehälter angeglichen werden. Auf diese Weise kommt dann eine Aufwärtsspirale in Gang.

Innerhalb des Gehaltspaketes habe ich dafür gesorgt, dass ein anständiges Grundeinkommen vorhanden war und dass Boni und Stockoptions nicht ins Uferlose anwuchsen, sondern dass die Proportionen vernünftig blieben. Die variablen Gehaltsanteile haben wir nicht gezahlt, damit sich unsere Manager mehr anstrengten, denn wenn sie nicht ohnehin schon taten, was sie konnten, passten sie ganz einfach nicht zu uns. Stattdessen war der Sinn der Boni, dass die Kollegen bis zum Ende ihres Berufslebens ein bescheidenes, anständiges Vermögen aufbauen konnten. In dieser Hinsicht war ich auch mir selbst gegenüber konsequent. Ich habe immer klar kommuniziert, dass ich ein Gehalt oberhalb einer bestimmten Summe nicht akzeptieren würde. Trotz der gleichen grundsätzlichen Unternehmenskultur, erhielt mein Nachfolger ein wesentlich höheres Gehalt. Ich war dagegen, obwohl wir mit diesem Gehalt noch lange nicht an der Spitze vergleichbarer Unternehmen waren. Bei einigen ist es zwar zu maßlosen Übertreibungen gekommen, doch lange nicht in dem Umfang, wie uns die Presse häufig glauben machen möchte. Bei großen Konzernen wie BASF oder Siemens hat es diese Übertreibungen nicht gegeben. Die ganze Diskussion, die ich selbst stark mit befeuert habe, hat dazu geführt, dass diese Dinge langsam wieder einen Rahmen finden und mehr auf Nachhaltigkeit abzielen. Es ist leider so, dass die gesamte Wirtschaft in Verruf gekommen ist, weil fünf oder sechs Firmen diese Übertreibungen zugelassen haben. Derartige Gehälter sind gesellschaftlich mit Recht nicht akzeptiert. Erstens braucht niemand so viel Geld und zweitens ergibt sich daraus das zuvor genannte Glaubwürdigkeitsproblem.

Führung muss Nachhaltigkeit und gesellschaftliche Verantwortung widerspiegeln

Vor einigen Jahren habe ich mich mit dem Hinweis auf die Allianz aus gegebenem Anlass an ein Unternehmen gewandt und zu Bedenken gegeben, dass man Mitarbeitern nicht betriebsbedingt kündigen darf, wenn man jedes Jahr Milliarden verdient. Wenn man trotz dieser Umstände meint, die Belegschaft reduzieren zu müssen, so ist dies auch durch sich über einige Jahre erstreckende Maßnahmen wie Frühpensionierungen, Fluktuationen oder Versetzungen möglich, also auf eine Art und Weise, die mit den Interessen der Mitarbeiter vereinbar ist. Ich habe einmal eine Fabrik verschenkt unter der Bedingung, dass mindestens zwei Drittel des Personals übernommen werden musste.

Einerseits bin ich immer dem Grundsatz gefolgt, dass man rationalisieren sollte, wo man kann, andererseits muss man das Ganze sozialverträglich gestalten, besonders dann, wenn man viel Geld verdient.

Ich würde heute nicht anders führen, als ich dies vor 30 Jahren tat

Was wir bisher besprochen haben, sind Regeln, die sowohl in der Vergangenheit als auch heute gültig sind. Was sich jedoch verändert hat, sind die Medien und die Computerisierung. Die Menschen hingegen sind die gleichen geblieben. Sie sind durch die Evolution entstanden, die über viel längere Zeiträume wirkt als unsere Geschichtsschreibung. Was sich jedoch immer wieder ändert, ist die Lebensphilosophie. Zu meiner Zeit gab es so etwas wie Work-Life-Balance noch nicht. Deshalb müssen heute viele Angebote im Zusammenhang mit der Arbeitswelt gemacht werden, die man früher nicht kannte. Auch wenn sich die Menschen nicht prinzipiell verändert haben, so sind sie heute doch erheblich stärker beeinflussbar durch die Medien, die Effekte der Globalisierung, durch Processing, durch Technokratie als früher. Um dem Rechnung zu tragen, lautet mein Motto in puncto Personalpolitik: „More attention to the people, less bureaucracy with people." Leider machen die meisten Personalabteilungen das genaue Gegenteil. Was die Führung anbelangt, galten die bislang diskutierten Regeln früher schon und tun es auch heute noch. Rückblickend kann ich sagen, dass ich heute nicht anders führen würde, als ich dies vor 30 Jahren tat. Doch weil viele Chefs sehr autokratisch geführt haben, haben sich glücklicherweise neue Führungskonzepte entwickelt. Dieser früher weitverbreitete Führungsstil wird heute nicht mehr akzeptiert. Die Rahmenbedingungen haben sich verändert, also mussten sich auch die Führungskräfte verändern. Die Medien verbreiten Fehlverhalten heute viel schneller als früher, Gewerkschaften und Betriebsräte haben eine höhere Bedeutung, weshalb ein unangemessener Stil zu Recht sofort in die Kritik gerät.

Der Einfluss des Zeitgeistes auf die Menschen ist heute größer als früher, weil sie weniger gefestigt sind. Früher waren die Menschen mehr durch die Religion oder das familiäre Umfeld gestärkt und folglich weniger anfällig für die Launen des Zeitgeistes, besonders dann, wenn es sich um unsinnige Trends handelte. Heute jedoch sickert der Zeitgeist überall ungefiltert ein, was nicht unbedingt zum Vorteil der Führungskräfte ist. Es gehört zur Kunst der Unternehmensleitung, echte Trends von schnell vorübergehenden Modeerscheinungen zu trennen.

Es geht letztlich darum, nachhaltig erfolgreich zu sein, und zwar unter Berücksichtigung der gesellschaftlichen Verantwortung. Diese Nachhaltigkeit erreicht man nur dann, wenn man nicht kurzfristig denkt. So war mir beispielsweise bei unserer Expansion nach China von vornherein klar, dass wir dort in den nächsten zehn Jahren kein Geld verdienen würden. Doch ebenso klar war mir, dass sich dieses Engagement langfristig rechnen würde. So etwas muss man eben durchhalten. Ähnliches gilt für Produkte wie Nespresso. Damit haben wir lange Zeit überhaupt kein Geld verdient, heute ist es eine Erfolgsstory ersten Ranges. Das hat zwar zehn Jahre gedauert, doch ich war von Anfang an vom Erfolg dieses Produktes überzeugt. Der Mitarbeiter, der das erfunden hat, war übrigens ziemlich unorganisiert, und ich habe ihn immer wieder darauf hingewiesen und konnte ihn so in die richtige Richtung lenken. Dies ist übrigens auch eine wichtige Aufgabe einer Führungskraft, nämlich den Mitarbeiter vor den eigenen Defiziten zu bewahren.

Intuition ist kreative Verarbeitung von Information

Einerseits muss man den Mut haben, langfristige Projekte durchzuhalten, andererseits muss man aber auch die Reißleine ziehen können, wenn man merkt, dass etwas trotz aller Anstrengungen nicht zum Erfolg zu führen ist – was nicht einfach ist. Meiner Meinung nach ist Intuition eine kreative Verarbeitung von Information. Manchen Leuten kann man eine Fülle an Informationen in Form von Marktstudien und Berechnungstabellen vorlegen und sie können trotzdem nicht abschätzen, was erfolgreich wird und was eben nicht. Das hat mit den Gefühlen zu tun, die das Denken bestimmen, wie es die Hirnforschung erst kürzlich herausgefunden hat, was einige jedoch schon seit Langem ahnten. So habe ich beispielsweise das Wassergeschäft für Nestlé erschlossen, obwohl viele der Meinung waren, dass damit kein Geld zu verdienen sei. Dabei war das eine wirklich einfache Sache, die mit Genialität überhaupt nichts zu tun hat. Schließlich weiß man aus der Ernährungsforschung, dass Menschen pro Tag mindestens zwei l Flüssigkeit zu sich nehmen sollten. Alkohol ist dazu natürlich nicht gut geeignet, besonders wenn man Auto fährt, Softdrinks sind auf dem Rückmarsch, wegen der Kalorien, was bleibt, ist also Wasser. Außerdem umgibt eine Quelle eine gewisse Mystik, weshalb sich Wasser auch für Markenartikler eignet. Hinzu kommt, dass das Wasser immer weiter sprudelt, wenn man eine Quelle einmal besitzt.

Erfolgreiche Führung bedeutet auch, den Markt und die Produkte zu kennen

Nennenswerte Rückschläge habe ich bei meinem Vorgehen nicht gehabt. Schließlich kannte ich die Firma, meine Mitarbeiter und den Markt sehr gut. Ich glaube nicht, dass man ein Unternehmen erfolgreich führen kann, wenn man von den Produkten keine Ahnung hat. Außerdem haben wir „nur" Lebensmittel verkauft. Die Komplexität dieses Geschäfts ist ganz anders als zum Beispiel bei Microsoft oder Apple. Ich bin froh, dass ich nicht ein solches Unternehmen führen musste, denn dabei kann man enorme Rückschläge erleiden, selbst als sehr guter Manager, weil der Markt kurzfristigen und oftmals dramatischen Veränderungen unterliegt.

Bei den Akquisitionen, die ich machte, wusste ich, dass ich mich nicht in ein unkalkulierbares Abenteuer stürzte. Ich wusste, was die Marke und das Produkt wert waren, habe die Mitarbeiter studiert und hatte eine Strategie für die Integration in den Konzern. Mit nicht mehr als zwei oder drei Kollegen habe ich ein übernommenes Unternehmen besucht und die Mitarbeiter dort motiviert, aber nicht die bestehenden Strukturen zerstört. Die meisten Akquisitionen in der Wirtschaft gehen schief, weil sie aus psychologischer Sicht schlecht durchgeführt werden. Deshalb habe ich den neuen Mitarbeitern Chancen geboten, schließlich waren sehr gute Leute darunter. Wenn ich ihnen dann kurze Zeit später neue, verantwortungsvollere Aufgaben gegeben habe, haben sie gemerkt, dass ich es ernst meine. Hier kommen wir wieder auf die zentralen Führungseigenschaften zurück: Glaubwürdigkeit und Vertrauen. Das sind so einfache Dinge, dass es mich wundert, dass diese immer wieder auf der Strecke bleiben.

5.10 Kathrin Menges

Kurzbiografie

Kathrin Menges ist seit Oktober 2011 Mitglied des Vorstands bei Henkel. Sie ist zuständig für den Unternehmensbereich Personal und Infrastruktur-Services.

Kathrin Menges verfügt über fast 25 Jahre internationale Erfahrung im Bereich Personal. Im Jahr 1999 trat sie ins Unternehmen ein und war von dort an in verschiedenen Managementfunktionen für Henkel tätig. Im Oktober 2011 wurde sie als Verantwortliche für den Unternehmensbereich Personal in den Vorstand berufen. Seit April 2012 ist sie als Mitglied des Vorstands zusätzlich für den Bereich Infrastruktur-Services zuständig.

Kathrin Menges wurde am 16. Oktober 1964 in Pritzwalk/Deutschland geboren und studierte Lehramt an der Pädagogischen Hochschule in Potsdam. Nach ihrem Studium war sie zunächst zwei Jahre lang als Lehrerin tätig. Ab 1990 hatte sie verschiedene Positionen in der Bankgesellschaft Berlin AG inne. Dort verantwortete Sie als Abteilungsdirektorin zuletzt den Bereich Personal.

Seit Oktober 2011 ist Menges Vorsitzende des Henkel Sustainability Council. Im Juni 2013 wurde sie vom Bundeskanzleramt in den Rat für Nachhaltige Entwicklung berufen. Seit Mai 2014 ist Menges Mitglied des Aufsichtsrats der Adidas AG.

Führen ist ein permanenter Lernprozess

In einem zunehmend komplexen und volatilen, globalen Markt zeigt sich immer mehr, dass es vor allem die Mitarbeiter sind, die hinter dem Unternehmenserfolg stehen. Das gilt auch für Henkel. Wir sind überzeugt: Kein Unternehmen kann sehr gute Leistungen erzielen, wenn nicht auch die Menschen, die das Unternehmen beschäftigt, sehr gut ausgebildet sind, als Team zusammenarbeiten und motiviert ihre Ziele verfolgen. Das erfordert starke Führungskräfte, die Mitarbeiter fordern und fördern und deren Leistung anerkennen. Damit wächst auch die Bedeutung der strategischen Personalarbeit, die die Führungskräfte bei dieser erfolgskritischen Aufgabe umfassend unterstützt und begleitet. Sie sollte messbar sein, also Zielvorgaben anstreben, und mit der gleichen Stringenz verfolgt und umgesetzt werden, die auch anderen Geschäftsbereichen im Unternehmen zu Teil wird. Ein klares Ziel unserer Personalarbeit bei Henkel: Eine starke Führungsmannschaft aufbauen, weiterentwickeln und stärken. Denn Führungskompetenz ist eine wichtige Grundlage für die erfolgreiche Umsetzung unserer Unternehmensstrategie.

Führungskompetenz als Erfolgsfaktor

Henkel nimmt mit seinen gut 47.000 Mitarbeitern weltweit und einem Jahresumsatz von rund 16,4 Milliarden Euro global führende Positionen in der Konsumgüter- und Industriebranche ein. Für die Zukunft haben wir eine klare Wachstumsstrategie mit anspruchsvollen Finanzzielen bis 2016 entwickelt. Wir profitieren dabei von den unterschiedlichen Erfahrungen und der Expertise unserer Führungsmannschaft. Unser globales Team ist heute vielfältiger denn je: Wir beschäftigen Mitarbeiter aus mehr als 120 Nationen mit unterschiedlichen kulturellen und persönlichen Hintergründen. Mehr als die Hälfte unserer Belegschaft arbeitet bereits in den aufstrebenden Wachstumsmärkten, darunter auch zunehmend Mitarbeiter in Forschung, Entwicklung und Management. Den Anteil von Frauen in Führungspositionen konnten wir von 2003 bis heute von knapp 22 % auf rund 32 % steigern. Diese Vielfalt stellt unsere Führungskräfte allerdings auch vor neue Herausforderungen. Führen ist anspruchsvoller geworden und wird zu einem permanenten Lern- und Entwicklungsprozess. Umso wichtiger ist für internationale Konzerne wie Henkel ein weltweit einheitliches und gemeinsames Verständnis von guter Führung.

In zunehmend wettbewerbsintensiven Märkten zeigt sich, dass ohne eine hervorragende Führungsmannschaft keine hervorragenden Geschäftsergebnisse erzielt werden können. Das heißt im Umkehrschluss aber nicht, dass gute Zahlen und Ergebnisse in einem Geschäftsjahr auf exzellente Führungskräfte schließen lassen. Es ist daher schon lange nicht mehr ausreichend, Manager allein an ihrem Erfolg bei Umsatz und Gewinn zu bewerten. Die Zeiten, in denen Führungskräfte trotz offensichtlicher Führungsschwächen erfolgreich sein konnten, sind lange vorüber.

Bei Henkel hat Führen – in einem umfassenden Anspruch verstanden – einen hohen Stellenwert. Um eine positive Gesamtbewertung zu erhalten, müssen unsere Manager entsprechende Führungskompetenz zeigen. Eine starke Führungskraft zeichnet sich vor allem dadurch aus, ein sehr gutes Team zusammenzustellen, das gemeinsam bestmögliche Ergebnisse erzielt. Hinter dieser zunächst recht allgemeinen Beschreibung stehen viele Herausforderungen, denen sich Führungskräfte in einer globalisierten Welt und angesichts der strukturellen und gesellschaftlichen Bedingungen, in denen wir heute leben, stellen müssen.

Erstens: Ein virtuelles Team zu führen, das über die ganze Welt verteilt ist, verlangt mehr, als alle Mitarbeiter vor Ort zu haben. Zweitens: Die Abläufe unserer Geschäftsprozesse haben sich stark verändert. Wir müssen heute schneller reagieren, entscheiden und die beschleunigte Kommunikation mittels der modernen digitalen Medien zu nutzen wissen. Drittens: Mit jeder neuen Generation, die in den Arbeitsmarkt hineinwächst – wir sprechen in Deutschland viel über die Generation Y – ergeben sich zusätzliche Anforderungen an die Führung. Junge Menschen haben heute sowohl an ihre Arbeit als auch an das Arbeitsumfeld hohe Erwartungen und bringen diese Ansprüche sehr klar zum Ausdruck. Sie sind selbstbewusste Mitarbeiter, die anspruchsvolle Aufgaben einfordern. Ein Thema, das in diesem Zusammenhang noch an Bedeutung gewinnen wird, ist die höhere Flexibilität in Arbeitszeitmodellen. Führungskräfte müssen dazu in einen offenen Austausch mit ihren Mitarbeitern treten, um deren Bedürfnisse und Erfordernisse zu kennen. Das erfordert von beiden Seiten eine transparente Kommunikation, um zu einer Lösung zu kommen, die betriebliche Erfordernisse und persönliche Ansprüche oder Bedürfnisse miteinander in Einklang bringt.

Die traditionellen Grundwerte von guter Führung sind hochaktuell

Bei allen Veränderungen und neuen Herausforderungen, auf die wir uns als Führungskräfte in globalen Unternehmen einstellen, gibt es gewisse Grundwerte guter Führung, die schon immer gültig waren und es auch weiterhin sein werden. Ein exzellentes Beispiel für gute Führung liefert uns der Arktisforscher Ernest Shackleton (1874 bis

1922), dessen Buch „Shackleton's Way – Leadership Lessons from the Great Antarctic Explorer" (Autoren: Margot Morrell und Stephanie Capparel) ich persönlich sehr schätze und jungen Führungskräften gerne empfehle. Seine Prinzipien guter Führung halte ich auch heute noch für relevant: Zunächst einmal hat er bewusst ein möglichst vielfältiges Team zusammengestellt. Er war davon überzeugt, dass Menschen mit unterschiedlichen Fähigkeiten gemeinsam bessere Ergebnisse erzielen können als eine homogene Gruppe. Er hat seinen Mitarbeitern klare Aufgaben zugeteilt und sie so eingesetzt, dass sie mit ihren unterschiedlichen Fähigkeiten Bestmöglichstes leisten konnten. Es bedarf sehr viel Einfühlungsvermögen und Geschick, einen Menschen nach seinen jeweiligen Stärken optimal einzusetzen. Shackleton gelang es außerdem stets, für ein gutes Miteinander im Team zu sorgen. Er stellte sicher, dass die Menschen miteinander arbeiteten und sich gegenseitig unterstützten. Für unbeliebte Aufgaben ließ er sie rotieren, wobei er sich selbst einschloss. Was er von anderen verlangte, das war er auch bereit, selbst zu tun – die Vorbildfunktion einer Führungskraft ist sehr wichtig. Richtig eingesetzt, überzeugt und motiviert sie Mitarbeiter sofort. Hinzu kommt, dass Shackleton eine optimistische Lebenshaltung vorlebte. Er strahlte Leidenschaft und positive Energie aus – und konnte so andere auch in schwierigen Lagen aufbauen und motivieren. Viele dieser Grundwerte der guten Führung finden sich auch in modernen Führungskonzepten wieder. Eine gute Führungskraft ist gleichzeitig Coach und guter Lehrer. Sie muss sicherstellen, dass die Mitarbeiter, die sehr unterschiedlich sind und deshalb auch unterschiedlich geführt werden müssen, optimal zusammenarbeiten. Das sind wichtige Voraussetzungen für eine erfolgreiche Führung.

Wen? Wie? Was? Drei Kompetenzfragen für Führungskräfte

Bei aller Unterschiedlichkeit unserer Mitarbeiter, Märkte und Geschäfte brauchen wir ein gemeinsames Verständnis darüber, was wir von unseren Führungskräften in einem komplexen, dynamischen und globalen Marktumfeld erwarten. Klare Führungsgrundsätze waren für Henkel schon immer wichtig. Im Laufe des Jahres 2013 haben wir unsere Führungsprinzipien zuletzt weiterentwickelt. Dazu hatten wir uns drei Leitfragen gestellt: *Wen* führe ich? *Wie* führe ich? *Was* führe ich?

Zunächst zur ersten Frage: *Wen* führe ich? Natürlich führt man seine Mitarbeiter, seine Abteilung, sein Team. Wir erwarten von unseren Führungskräften, ein starkes, vielfältiges Team aufzubauen und dieses weiterzuentwickeln. Wie bereits eingangs geschildert, sind wir überzeugt, dass Vielfalt für globale Unternehmen ein entscheidender Wettbewerbsvorteil ist. Denn nur dadurch können die verschiedenen Erfahrungen, Sichtweisen und Ideen der Mitarbeiter in einem gemeinsamen Entscheidungsprozess eingebracht werden. Doch als Führungskraft führe ich nicht nur mein Team, sondern habe auch die Verantwortung für meine eigene Weiterentwicklung. Darüber hinaus bin ich auch im ständigen Austausch mit verschiedenen Stakeholdern wie Kunden, Lieferanten, Geschäftspartnern oder Branchenexperten. Führungskräfte fungieren also als Schnittstelle innerhalb und außerhalb des Unternehmens. Es gehört deshalb zur Führungsaufgabe, erfolgreiche Partnerschaften mit verschiedenen Zielgruppen aufzubauen.

Die zweite Frage „*Wie* führe ich?" ist für uns vielleicht sogar die wichtigste. Die Antwort steckt in einem selbst: Jeder sollte sich über seine eigenen Führungsfähigkeiten im Klaren sein. Es gehört zu guter Führung, Werte zu leben und mit Überzeugung seine Aufgaben zu erfüllen. Wem es gelingt, neue Projekte mit persönlicher Leidenschaft umzusetzen, der wird auch seine Mitarbeiter erfolgreich motivieren können. Daher muss sich eine Führungskraft immer wieder selbst fragen: Wie gut habe ich heute geführt, was kann ich morgen möglicherweise besser machen?

Es geht aber nicht nur darum, wer geführt wird, sondern auch *was* geführt werden soll. In einem volatilen Umfeld müssen Führungskräfte die Fähigkeit besitzen, Veränderungen professionell umzusetzen. Sie müssen zukünftige Anforderungen antizipieren und bestehende Prozesse und Strukturen entsprechend anpassen. Sie müssen in der Lage sein, den Mitarbeitern zu erläutern, was sich verändert und warum wir uns verändern müssen. Henkel ist ein leistungsorientiertes Unternehmen mit anspruchsvollen Zielen. Um diese Ziele zu erreichen, brauchen wir eine Top-Führungsmannschaft, die Mitarbeiter zu hohen Leistungen motiviert und inspiriert. Die Voraussetzungen dafür sind Transparenz und Feedback. Wir brauchen also zum einen klar definierte und kommunizierte Ziele und zum anderen gute und regelmäßige Feedbackprozesse. Der Mitarbeiter muss wissen, wo er steht und welche Erwartungen an ihn gestellt werden. Auf diesem klaren Feedback basiert die Weiterentwicklung und Förderung des Mitarbeiters, auf die wir großen Wert legen.

Diese Führungsprinzipien bilden die Grundlage für die Umsetzung unserer Wachstumsstrategie und das Erreichen unserer strategischen Ziele. Um diese Prinzipien fest in unserer Führungsmannschaft zu verankern, haben wir für alle Führungskräfte weltweit Workshops zu dem Thema organisiert. Es ist uns wichtig, dass jeder weiß, wie sich diese Prinzipien auf den Alltag auswirken und welchen Einfluss sie auf die Leistungsbewertung jedes Managers haben. Damit haben wir ein deutliches Signal gesetzt und gezeigt, wie wichtig uns das Thema Führung ist.

Individuelle Führungskompetenz ist zentraler Aspekt der Leistungsbewertung

Um die Bedeutung der Führungskultur bei Henkel zu betonen und sie zu stärken, haben wir die Führungsprinzipien zum festen Bestandteil unseres globalen Talent Managements gemacht. Jede Führungskraft ist verantwortlich, diese Prinzipien täglich einzuhalten und umzusetzen. Wir haben in unserem Konzern einen weltweit einheitlichen und transparenten Bewertungsprozess, der ganzheitlich angelegt und eng mit einer leistungsorientierten Vergütung verzahnt ist.

Die individuelle Leistung bewerten wir dabei anhand weltweit einheitlicher Performancekriterien. Sie umfassen: Quantität und Qualität der Leistung, Teamwork, Kundenorientierung und Führung. Die individuelle Führungskompetenz ist damit ein zentraler Aspekt der Leistungsbewertung.

Neben der Beurteilung der Leistung, die sich auf das abgelaufene Geschäftsjahr bezieht, bewerten wir auch das zukünftige Potenzial unserer Führungskräfte auf der Basis des im abgelaufenen Jahr gezeigten Führungsverhaltens. Wir besprechen dabei, welche Möglichkeiten der Mitarbeiter hat, sich innerhalb des Unternehmens weiter zu entwickeln. So ergibt sich aus Leistung und Potenzial eine Jahresbewertung. Die Leistungsbewertung fließt in den variablen, erfolgsabhängigen Gehaltsteil ein, der sich aus mehreren Zielkomponenten zusammensetzt. Sie betreffen sowohl das Unternehmen als auch die einzelnen Teams. Hinter den klar formulierten Zielen stehen jeweils messbare Key Performance Indicators (KPIs).

Die Bewertung übernimmt dabei der Vorgesetzte nicht allein. Die Performance eines jeden Mitarbeiters wird in einer Gruppe von Vorgesetzten einer Management-Ebene intensiv in einem „Development Round Table" besprochen, um ein gesamthaftes und breiter abgestütztes Beurteilungsbild zu erhalten. Am Ende des Bewertungsprozesses erhält jeder Mitarbeiter in einem ausführlichen Dialog mit seinem Vorgesetzten konkretes Feedback. Er weiß dann, was im vergangenen Jahr gut oder sehr gut gelaufen ist und wo er sich noch verbessern sollte. Gleichzeitig werden konkrete Maßnahmen zur Weiterentwicklung des Mitarbeiters vereinbart, zum Beispiel erweiterte Aufgaben, Trainings oder ein Mentoring. Dieses Mitarbeiterbewertungssystem mit den Führungsprinzipien als festem Bestandteil hat sich bei Henkel sehr bewährt.

Um einzuschätzen, inwieweit Mitarbeiter für Positionen im höheren Management geeignet sind, haben wir ein spezielles Assessmentcenter eingeführt. Diese sind keine Auswahl-Assessments, sondern Entwicklungs-Assessments, die wir mit einem 360°-Beurteilungsverfahren kombinieren.

Alle diese Prozesse helfen uns in Summe, die Leistungen, die wir von unserer Führungsmannschaft erwarten, fair und transparent zu beurteilen – und hervorragende Führungskompetenz auch entsprechend zu würdigen und honorieren.

Mitarbeiter zu fördern und zu fordern und sie entsprechend ihrer Neigungen und Begabungen einzusetzen, ist als Aufgabe nicht zu unterschätzen. Schließlich sind die individuellen Stärken eines Menschen nicht immer offensichtlich. Daher setze ich auf transparente und gute Bewertungssysteme. Sie helfen, persönliche Stärken und Verbesserungspotenziale zu identifizieren. Aus meiner langjährigen persönlichen Erfahrung mit Feedbackgesprächen kann ich sagen:

Je besser eine Führungskraft die Mitarbeiter kennt, desto eher können diese ihre Potenziale nutzen. Verläuft ein Mitarbeiterprofil parallel zum Kompetenzprofil der zukünftigen Aufgabe, dann kann der Mitarbeiter dank Trainings oder Seminaren erfolgreich in die neuen Aufgaben hineinwachsen – selbst wenn es noch Erfahrungslücken zu schließen gilt.

Es ist unsere Aufgabe als Führungskräfte, Menschen entsprechend ihrer Fähigkeiten einzusetzen und ihre Stärken sorgfältig mit dem Jobprofil abzustimmen. So gibt es zum Beispiel Mitarbeiter, die sehr gut strategisch arbeiten können, aber Schwierigkeiten in der operativen Umsetzung haben – oder umgekehrt. Es ist unsere Pflicht, neben den Stärken auch die Schwächen klar anzusprechen. Nur so können Menschen erkennen, welche Richtung sie auf Basis ihrer Stärken einschlagen sollten.

Hohe Ziele motivieren zu Bestleistungen

Wie es bereits bei Shackleton anklingt, müssen Führungskräfte eine Vorbildrolle einnehmen – ob sie sich dessen bewusst sind oder nicht, das macht dabei den Unterschied. Erfolgreiche Führungskräfte stellen sich mit hochgesteckten Zielen einer echten Herausforderung und streben gemeinsam mit ihren Teams nach Bestleistung. Um ein konkretes Beispiel zu nennen: Vor gut drei Jahren haben wir als globale HR-Führungsmannschaft eine grundlegende Veränderung bei Henkel eingeführt. Wir haben uns dazu entschieden, auch im Human Resource Management für bestimmte Prozesse und Aufgaben so genannte Shared Services einzuführen und sie an vier Standorten weltweit zu bündeln – in anderen Bereichen des Unternehmens gab es diese bereits. Das Projekt war mit einigen Herausforderungen verbunden: Personalthemen sind sehr lokal ausgerichtet, so zum Beispiel das Arbeitsrecht, das sich von Land zu Land oft stark unterscheidet. Eine weitere Herausforderung war die hohe Komplexität, denn über die Jahre hatten sich an den verschiedenen Standorten unterschiedliche Regeln und Abläufe etabliert. Die Arbeit im Personalbereich basierte zudem häufig auf Expertenwissen Einzelner und dem persönlichen Kontakt mit dem HR-Manager im eigenen Land. Kern unseres neuen „Operating Models" war es, globale und einheitliche

Prozesse zu etablieren und eine global aufgestellte, wettbewerbsfähige HR-Organisation zu entwickeln. Im Laufe des Projekts wurden die standardisierten Aufgaben der lokalen HR-Mitarbeiter in Shared Service Center transferiert. Wir haben diese Transformation zügig, konsequent und sehr erfolgreich umgesetzt – mit der Unterstützung des gesamten globalen HR-Teams.

Was sich hier kurz zusammenfassen lässt, bedeutete für alle Beteiligten große Veränderungen und eine hohe Anpassungsfähigkeit. Die Umstellung stellte für die gesamte Organisation einen Veränderungsprozess dar und war für uns als HR-Führungsmannschaft eine große Herausforderung, zumal es im Vorfeld durchaus Skepsis gab. Wie bei jeder grundlegenden Veränderung ist es die Aufgabe und Verantwortung einer Führungskraft, klar zu kommunizieren, was das Ziel solcher Projekte ist und einen gemeinsamen Weg dorthin zu beschreiben.

Lebenslanges Lernen und Neugier als Motor des Wissens und Erfolgs

In einem sich ständig wandelnden Arbeitsumfeld ist es neben der Leidenschaft für bestimmte Themen auch die Neugier, die den Unterschied macht. Persönlich habe ich immer den Wunsch verspürt, mein Leben lang dazu zu lernen. Ich möchte Neues verstehen und hinterfragen. Ich bin im Laufe meiner Karriere stets flexibel und offen für Neues geblieben und habe anstehende Aufgaben mit Vertrauen in die eigenen Fähigkeiten in Angriff genommen. Das rate ich auch meinen Mitarbeitern: Neue Themen und Aufgaben offen anzunehmen, wie sie kommen. Nicht alles lässt sich am Reißbrett vorausplanen. Auch wenn man sich seiner Stärken und Schwächen bewusst ist und man entsprechend seiner Fähigkeiten eingesetzt wird, kann es zu Rückschlägen kommen. Diese Erfahrungen gehören zum Leben wie Erfolge.

Sich selbst führen: Die richtige Balance zwischen Beruf und Familie

Ein wichtiges Thema in der Diskussion um den Wandel der Arbeitswelt ist die Work-Life-Flexibility. Für die Mehrzahl der Menschen besteht ein erfülltes Leben aus einer stabilen familiären Beziehung, aber auch aus einer interessanten, herausfordernden beruflichen Tätigkeit. Diese Aspekte sind häufig eng miteinander verknüpft. Man kann beruflich erfolgreich sein, weil man den entsprechenden

Rückhalt in der Familie hat und dort auch die notwendige Regeneration bekommt. Die beiden Lebensbereiche beeinflussen sich gegenseitig und gehören für viele eng zusammen.

Persönlich achte ich darauf, meine private Freizeit bewusst mit meiner Familie zu verbringen. Zu einer sinnvollen Nutzung der modernen Kommunikationstechniken gehört auch Selbstverantwortung und Disziplin. Auch wenn ich grundsätzlich erreichbar bin, verzichte ich zum Beispiel am Wochenende in der Regel darauf, meinen Mitarbeitern E-Mails zu schreiben. Ich plane auch bewusst, Zeiten ohne E-Mails ein – in Notfällen bin ich dann telefonisch erreichbar.

Wir leben in einem Berufsumfeld, in dem man ohne Zeit- und Ortsgrenzen arbeiten kann. Ich halte daher nichts von starren betrieblichen oder gesetzlichen Regelungen. Vielmehr trägt jeder Einzelne die Verantwortung dafür, dass eine gesunde Balance zwischen Aktivität und Regeneration gefunden wird. Die richtigen Bedingungen dafür müssen allerdings die Unternehmensleitung und Führungskräfte schaffen. Bei Henkel bieten wir zum Beispiel Schulungen an, die Führungskräfte in die Lage versetzen, die Entstehung eines möglichen Ungleichgewichts rechtzeitig zu erkennen. Zusätzlich haben wir Trainings für die Mitarbeiter, die sich über ein gesundes Maß hinaus belastet fühlen. Auch gibt es bei Henkel einen aktiven werksärztlichen und sozialen Dienst. Beispielsweise steigt die Anzahl der Anfragen nach Hilfestellung bei der Pflege älterer Angehöriger. Wir vermitteln Pflegestellen und bieten Hilfe bei Behördengängen. Diese Unterstützung und persönliche Beratung durch unsere sogenannten Sozialen Dienste bieten wir seit mehr als 100 Jahren an.

Vertrauen durch Kommunikation

Gerade im Wettbewerb um internationale Spitzenkräfte und Talente zeigt sich, dass nachhaltiges Wirtschaften und eine gesellschaftlich verantwortliche Geschäftspolitik an Bedeutung gewinnen. Absolventen und Young Professionals möchten heute zum Erfolg eines Unternehmens beitragen, das eine Balance zwischen Gewinnstreben, Umwelt und Mensch schafft. Führungskräften kommt hier eine Schlüsselrolle zu. Denn eine starke, gut gelebte und wertschätzende Unternehmenskultur liegt ganz entscheidend in der Verantwortung der Führungsmannschaft. Sie sind Vorbilder – nicht nur für ihre Mitarbeiter und Kollegen, sondern auch als Repräsentanten des Unternehmens nach außen.

Gute Führungskräfte sichern nachhaltig unseren Geschäftserfolg. Denn auch die beste Organisation kann nicht funktionieren, wenn ihre Mitarbeiter nicht entsprechend angeleitet, gefördert und gewürdigt werden. Menschen und die Qualität ihrer Leistung machen am Ende den Unterschied, ob ein Team oder ein ganzes Unternehmen erfolgreich ist. Es ist daher die dringlichste Aufgabe für Führungskräfte, Vertrauen nicht nur zu Kunden und Aktionären, sondern vor allem zu den eigenen Mitarbeitern aufzubauen und dieses zu festigen. Denn Vertrauen ist die Grundlage menschlicher Führung. Das ist nicht immer leicht, doch ich bin überzeugt, dass es Führungskräften umso leichter gelingt, eine Atmosphäre des Vertrauens zu schaffen, je mehr sie in ihren Gesprächen und Entscheidungen transparent und berechenbar bleiben – und indem sie dazu einen Weg wählen: Kommunikation, diese so direkt und klar wie möglich und so oft wie nötig.

5.11 Jens Odewald

Kurzbiografie

Aktuelle Position	Gründer und Vorsitzender der Gesellschafterversammlung Odewald & Compagnie Gesellschaft für Beteiligungen gmbH
Ausbildung / Studium	Volljurist, Rechtsanwalt, Steuerberater Studium der Betriebswirtschaft
Berufliche Stationen	Finanzvorstand Kühne & Nagel Deutschland Finanzvorstand Kühne & Nagel International Holding, Schweiz Vorsitzender des Vorstandes Kaufhof Holding AG Vorsitzender des Verwaltungsrates Treuhandanstalt, Berlin (1990-1994)
Weitere Mandate	verschiedene Beirats- und Aufsichtsratsmandate

Eine Führungsposition bedeutet lebenslanges Lernen

Die Grundsätze meines Führungsstils waren Offenheit, Austausch, den anderen ernst nehmen und ihm zunächst einmal Gutes zu unterstellen. Man sollte nicht von vornherein davon ausgehen, dass der Kollege ein Intrigant oder Täuscher ist. Natürlich muss man diese positive Grundannahme permanent überprüfen, und wenn man feststellt, dass man sich geirrt hat, muss man sich entsprechend darauf einstellen. Meine Grundhaltung möchte ich als wertkonservativ bezeichnen. Ich habe nicht versucht, meine eigenen Vorstellungen sofort bei jedermann durchzusetzen. Gewisse Dinge brauchen Zeit und man muss zunächst lernen, bevor man handelt.

Als Neuer in ein Unternehmen hineinzukommen und gleich in den ersten 30 Tagen massenhaft Leute vor die Tür zu setzen, ist sicherlich der falsche Weg. Eine Führungsposition bedeutet lebenslanges Lernen, täglich neue Herausforderungen zu meistern, die man nicht primär als Risiko, sondern als große Chance sehen sollte. Daher mein Leitspruch „Jeder Tag als neue Chance", wobei man sich durch Rückschläge nicht irritieren lassen sollte.

Man muss sich als Führungskraft spürbar um die Weiterentwicklung des Mitarbeiters kümmern

Um Mitarbeiter zu motivieren, kann man als Führungskraft unterschiedliche Wege beschreiten. Man kann sich z. B. heraushalten und möglichst wenig sagen. In diesem Falle muss man mit Kritik jedoch sehr vorsichtig sein (wenn man wenig sagt, fällt das, was man sagt, besonders ins Gewicht). Übt man Kritik, so muss man sich umgekehrt auch die Zeit nehmen, Mitarbeiter zu loben und ihnen Incentives zukommen zu lassen. Das können Fortbildungskurse sein, aber auch das spürbare Bemühen der Führungskraft selbst, den Mitarbeiter in seiner Entwicklung zu unterstützen. Natürlich können diese Incentives auch aus finanziellen Anreizen bestehen. Voraussetzung für die Schaffung finanzieller Anreize ist die Messbarkeit. Dazu existieren vielfältige wirtschaftliche Kenngrößen. Doch mindestens ebenso wichtig ist es, sich persönlich, menschlich um den anderen zu kümmern.

Mir hat einmal ein bedeutender Politiker erzählt, dass er sich mit einem Parteifreund zerstritten hatte. Er suchte das Gespräch mit ihm und erwähnte, dass er auch gerne einmal die Familie des Parteifreundes kennenlernen wollte. Der lud ihn daraufhin zu sich nach Hause ein. Nach einem konstruktiven Gespräch in privater Atmosphäre befragte er zum Abschied die Ehefrau nach dem Befinden des Hundes, weil er vor einiger Zeit von ihrem Mann gehört hatte, dass das Tier erkrankt war. Mir gegenüber versicherte der Politiker, dass diese persönliche Anteilnahme dokumentierende Frage zu einem großen Teil ausschlaggebend für die Beilegung der Differenzen war.

Privatleben ist ein wichtiger Ausgleich zum Arbeitsleben

Diese persönlichen Dinge haben in den letzten Jahren zu Recht in den Unternehmen einen höheren Stellenwert bekommen. Es wird deutlich mehr Verständnis dafür aufgebracht, dass Mitarbeiter Familie und Beruf unter einen Hut bringen wollen. Dies kann ich mit einem persönlichen Beispiel sehr schön verdeutlichen: Meine standesamtliche Hochzeit fand um 12:00 Uhr mittags statt. Zu jener Zeit war ich bereits leitender Angestellter unterhalb des Vorstandes bei der Esso. Ich wäre überhaupt nicht auf die Idee gekommen, für meine Hochzeit einen oder gar mehrere Tage Urlaub zu fordern. Als ich dann um 13:30

Uhr wieder im Büro war, meldete sich der Finanzvorstand bei mir und bemerkte, dass er schon früher versucht hatte, mich zu erreichen. Ich ging zu ihm und er fragte mich, wo ich denn gewesen sei. Daraufhin sagte ich ihm, dass ich soeben geheiratet hatte. So etwas wäre heute undenkbar. Es wird viel stärker auf das Privatleben und die persönlichen Befindlichkeiten der Angestellten eines Unternehmens geachtet. Das ist auch gut so, weil der Stress größer geworden ist. Es gibt heute viel mehr Abiturienten und Studienabgänger als früher, weshalb der Wettbewerb stärker geworden ist. Hinzu kommen Effekte, die durch die Globalisierung und die neuen Kommunikationstechniken eingeforderte ständige Erreichbarkeit verursacht werden. Aus diesen Gründen hat die Bedeutung des Privatlebens als eine Art Gegengewicht zugenommen.

Deshalb halte ich es für grundsätzlich falsch, Mitarbeitern den Urlaub zu streichen. Abgesehen davon, dass dies bei den direkt Betroffenen nicht gut ankommt, würde man durch diese Maßnahme auch die Frau und die Kinder gegen das Unternehmen aufbringen, was sich auf die Demotivation verstärkend auswirkt und dem Erfolg des Unternehmens in hohem Maße abträglich ist. Schließlich ist die Basis von Erfolg das Erbringen überdurchschnittlicher Leistungen, wofür die Identifikation und Verbundenheit mit dem Unternehmen Voraussetzung sind.

Voraussetzung für den Erfolg ist ein Verständnis dafür, was im Kopf des anderen vorgeht

Für meinen persönlichen Erfolg waren nach meiner Selbsteinschätzung die folgenden Eigenschaften maßgeblich: Fleiß, mein ständiges Bemühen, die Dinge zu begreifen und zu bewältigen, aber auch mich in den entscheidenden Situationen immer wieder zu fragen, was im Kopf meines Gegenübers vorgeht, was ich dann bei meinem Bemühen, ihn zu überzeugen, berücksichtigte. Das hat mich davon abgehalten, abstruse Forderungen zu stellen, denn ich hätte es als persönliche Niederlage empfunden, wenn Verhandlungen aufgrund unangemessener Forderungen meinerseits gescheitert wären. Deshalb habe ich mich immer gefragt, was der andere akzeptieren kann und wem gegenüber er Rechenschaft schuldig ist. Faire Kompromisse zu finden, ist eine der Grundlagen des Erfolgs. Das gilt nicht nur für Verhandlungen, sondern auch für Mitarbeiterführung. Nur wenn man weiß, wie jemand denkt, versteht man, an welcher Stelle man ihn abholen muss, um ihn in eine bestimmte Richtung zu bewegen. Zusätzlich hat mir bei meinem wirtschaftlichen Handeln meine juristische Ausbildung sehr geholfen.

Meinen eigenen Führungskräften versuchte ich ein Vorbild zu sein, ohne jedoch direkt in ihre Führungsarbeit einzugreifen. Es ist besser, wenn sich Menschen Dinge abschauen, als dass man sie ihnen vorschreibt, damit sie sich nicht bevormundet und überrumpelt fühlen.

5.12 Uwe Rotermund

Kurzbiografie

Uwe Rotermund ist 1959 geboren und Unternehmer aus Leidenschaft. Vor seiner Unternehmerkarriere war er als angestellter IT-Manager 15 Jahre „in der Linie" tätig. Im Jahre 1993 wechselte er die Seiten und engagierte sich erst als angestellter IT-Berater, um drei Jahre später im Rahmen eines Management Buy-outs das Unternehmen noventum consulting zu gründen, an dem er bis heute die Mehrheitsanteile hält. Inzwischen ist das Unternehmen auf mehr als 100 fest angestellte Mitarbeiter angewachsen. Sein Unternehmen fokussiert sich auf IT-Managementberatung und ist international tätig. Mit noventum ist es Uwe Rotermund gelungen, in den Jahren 2010, 2011 und 2012 den ersten Platz des Great Place to Work Wettbewerbs „Deutschlands beste Arbeitgeber" in der Kategorie bis 500 Mitarbeiter zu gewinnen. Darüber hinaus zählt noventum zu den Top 3 der „European Workplaces". Heute genießt Uwe Rotermund den Status des Great Place to Work Botschafters und berät Unternehmen bei der Entwicklung einer vertrauensbasierten Unternehmenskultur.

Uwe Rotermund ist seit 31 Jahren verheiratet mit seiner Frau Marion, die beiden haben sieben Kinder im Alter von zehn bis 30 Jahren hat.

Ich führe mein Management auf Basis der Vertrauenskultur

Auch über die Anforderungen meines eigenen Unternehmens hinaus beschäftige ich mich intensiv mit dem Thema „Führungskultur im 21. Jahrhundert". Dazu bin ich mit sehr vielen Menschen in Kontakt. Speziell das Zukunfts-Institut von Matthias Horx und das Great-Place-to-Work-Institut haben mich in dieser Hinsicht sehr bereichert. Für Letzteres bin ich mit meinem Unternehmen als Botschafter tätig, um eine vertrauensvolle Unternehmenskultur in die Welt zu tragen. In diesem Zusammenhang interessiert es mich besonders, den Gencode zu analysieren, der ein Unternehmen zukunftsfähig macht, und dieses Wissen an andere weiterzugeben.

Mein Management führe ich auf Basis der Grundsätze der Vertrauenskultur. Bevor ich begann, mich intensiv mit dem Thema zu beschäftigen, richtete ich mich intuitiv nach den Grundsätzen dieses Führungsstils – wobei ich den Begriff „Vertrauenskultur" zu jenem Zeitpunkt noch gar nicht kannte. Bis zum Jahre 1993 war ich Manager im Angestelltenverhältnis in zwei mittelständischen Unternehmen. Dort stellte ich fest, dass massive Barrieren Menschen daran hindern, sich zu entfalten. Meine Vorgesetzten waren nicht bereit, angemessene Spielräume einzuräumen. Meiner Meinung nach erhöht Spielraum jedoch die Chancen eines Unternehmens, folglich nahm ich die Einschränkungen als eine Reduzierung der Produktivität wahr.

Wir stellen Leute ein, die uns durch ihre Persönlichkeit bereichern
Deshalb zog ich die Konsequenzen und betätigte mich als Berater. Ich baute zunächst eine Niederlassung in Münster auf, die dann in einem so hohen Maße selbstständig agierte, dass wir wenige Jahre später einen Management Buy-out durchführten, wobei ich die Mehrheitsanteile erwarb.

In dieser neu entstandenen GmbH habe ich die Grundsätze der Vertrauenskultur von Anfang an eingeführt. Den Mitarbeitern wurde ein großer Spielraum eingeräumt, sie hatten Gelegenheit, ihre Potenziale zu entfalten, und wir stellten Kollegen ein, die nicht unbedingt ins Portfolio passten, sondern uns durch ihre Persönlichkeit bereicherten.

Um zu verhindern, dass dieses System förmlich auseinanderplatzt, weil jeder macht, was er will, habe ich von vornherein Strukturen geschaffen. Dabei geht es insbesondere um ganz klare Visionen – ein Zielbild, das zunächst in meinem Kopf entsteht. Dieses teile ich dann mit meinen Mitarbeitern, es entwickelt sich weiter und adaptiert sich dann, so dass eine gemeinsame Vision daraus entsteht. Meine Aufgabe als Geschäftsführer ist es, die zur Erreichung dieser gemeinsamen Vision notwendigen Strukturen, Strategien und Taktiken zu entwickeln und zu implementieren, die richtigen Maßnahmen zu ergreifen und die passenden Leute einzustellen.

Vertrauen basiert auf Respekt, Empathie, Glaubwürdigkeit, Wertschätzung und Fairness
Während dieses Prozesses müssen alle darauf achten, dass das Verständnis der gemeinsamen Ziele nicht auseinanderklafft, was dazu

führt, dass sich jeder im Unternehmen damit identifiziert und mit Begeisterung und Herzblut dazu beiträgt, diese Ziele zu erreichen.

Der Schmierstoff, damit das Ganze funktioniert und allen Beteiligten Spaß macht, ist Vertrauen. Dazu gehören sehr viel Respekt, Empathie, die Fähigkeit zuzuhören, Glaubwürdigkeit, Wertschätzung und Fairness. Das bedeutet, dass man durchaus kritisch, aber eben offen und ehrlich miteinander umgeht.

Die Schwierigkeit besteht darin, dass dies nicht blanke Theorie bleibt, sondern in der Praxis umgesetzt wird, indem man die notwendigen Strukturen und Werkzeuge bereitstellt, um regelmäßig miteinander zu reden und zu verstehen, wie der andere tickt. Dabei ist es wichtig, immer wieder in einen Lernprozess einzutreten, wenn der andere einen nicht versteht, um zu analysieren, ob man nicht klar genug kommuniziert hat, ob man selbst nicht genug zugehört hat oder ob irgendwelche Nebeneffekte eine Rolle spielen, die man so nicht beabsichtigt hat. Das alles bedeutet hohe Investitionen in Kommunikation, die sich aber lohnen.

Unternehmenserfolg bedeutet, glückliche Mitarbeiter zu haben

Unsere Unternehmensziele sind zunächst einmal nicht rein wirtschaftlich. Wir haben uns im Managementteam überlegt, wie wir Erfolg definieren. Dabei sind wir zu folgendem Ergebnis gekommen: Erfolg bedeutet zunächst einmal, genug Geld zu verdienen, damit wir das Unternehmen entwickeln können. Das bedeutet jedoch nicht, dass es das oberste Ziel ist, möglichst viel Geld zu verdienen. Ein weiteres Kriterium für Erfolg ist es, glückliche Mitarbeiter als Selbstzweck zu haben, d. h. glücklich in dem Sinne, dass das Leben einfach mehr Spaß macht. Hinzu kommt, dass wir als Unternehmen einen gesellschaftlichen Beitrag zu leisten haben, den wir uns Geld kosten lassen. Und schließlich ist es für uns wichtig, durch unsere Dienstleistungen direkten Kundennutzen zu erzeugen.

In diesem Kontext bekommt Geld eine etwas andere Bedeutung. Es geht also weniger darum, Incentives zu setzen, damit Mitarbeiter möglichst viel Geld ins Unternehmen holen, sondern eher darum, dass sie vor dem Hintergrund der anderen Unternehmensziele angemessene Gewinne produzieren. Genau in diese Richtung wirken auch unsere Motivationssysteme. Dementsprechend gibt es bei uns nur wenige Mitarbeiter, die an ihrem Profitcenter-Erfolg gemessen werden. Zum Beispiel im Sales ist das in einigen Fällen so. Ich vertrete an dieser Stelle die Meinung von Sprenger, dass Geld durchaus dazu geeignet ist, Menschen zu entmündigen. Das ist meinen Mitarbeitern einfach nicht würdig. An einigen Ecken sind diese Relikte aus grauer Vorzeit noch vorhanden. Das hat sich einfach so entwickelt, und diese veraltete Philosophie umzubauen, ist uns noch nicht komplett gelungen.

Ich habe keine Angst, dass sich jemand auf die faule Haut legt, wenn sich seine individuelle Leistung nur geringfügig im Gehalt niederschlägt

Bei Mitarbeitern, die die Verantwortung für ein Profitcenter tragen (diesen Begriff verwenden wir eigentlich gar nicht), haben wir es so geregelt, dass maximal die Hälfte des Bonus vom Profitcenter-Ergebnis abhängt und der größte Teil durch das solidarische Unternehmensergebnis bestimmt wird. In Zahlen bedeutet dies, dass eine Führungskraft 80 % des Jahreseinkommens als Fixgehalt bekommt, 10 % in Abhängigkeit vom Profitcenter-Ergebnis und weitere 10 % vom Unternehmensergebnis. Dieses Zusammenspiel von individuellem Erfolg und solidarischem Unternehmenserfolg ist sehr ausgewogen. Wir werden auch in Zukunft den individuellen Anteil zugunsten des gemeinschaftlichen verringern, wobei ich keine Angst habe, dass sich die Leute deshalb auf die faule Haut legen. Dies wird durch soziale Kontrolle verhindert. Wenn sich jemand auf Kosten der anderen wenig anstrengt, gibt es viel wirkungsvollere Mechanismen als Geld, um diesen Zustand zu ändern. Das kann bedeuten, ihn dazu zu bewegen, das Team zu verlassen oder durch Einfluss der Kollegen einen Motivationsschub zu generieren.

Neben dem Unternehmensgewinn haben wir gleichwertige messbare Ziele: die Zeit, die für soziale Projekte oder die Mitarbeit in Verbänden aufgebracht wird, die Attraktivität des Unternehmens, die man über die Fluktuationsrate messen kann, oder die Kundenzufriedenheit. All diese Dinge sind in den Zielvorgaben vereinbart.

Wir steuern das Unternehmen nach dem EFQM-Modell
Ein geeignetes System zur Unternehmenssteuerung ist meiner Ansicht nach das EFQM-Modell (European Foundation for Quality Management), das die Ausgewogenheit der oben genannten Werte besser berücksichtigt. Im Gegensatz dazu läuft die Balanced Scorecard letztlich auf Gewinnmaximierung hinaus, während EFQM auf Nachhaltigkeit, Kreativität, Innovation, Mitarbeiter- und Kundenzufriedenheit setzt. Darauf haben wir unser Prozessmodell aufgebaut. Dieses besteht aus übergeordneten Unternehmensprozessen wie Finanzen, Marketing, HR, Sales und Qualitätsmanagement. Hinzu kommt die Entwicklung der Unternehmensmarke, im Sinne von Identität – nicht nur auf dem Kundenmarkt, sondern auch aus gesellschaftlicher Perspektive. Schließlich wird der eigentliche Wertschöpfungsprozess inklusive Mitarbeiterzuordnung und Projektabwicklung berücksichtigt. Diese Prozesse überwachen und überprüfen wir mit Kennzahlen anhand des EFQM-Modells und lernen daraus.

Sinnvoll wirtschaften ist mehr als Gewinne machen
Die Führungskulturen des vergangenen Jahrhunderts waren auf das Erzielen von Gewinnen ausgerichtet. Durch meine Beschäftigung mit dem Thema, speziell meinen Diskussionen mit Zukunftsforschern, habe ich erkannt, dass die Sinnsuche im Leben der Menschen eine immer größere Rolle spielt. Folglich erwarten sie diesen Sinn auch von ihrem Arbeitgeber. Das bedeutet: Sinnvoll wirtschaften ist mehr als Gewinne machen. Von finanziellen Gewinnen hat nur ein kleiner Teil der Menschen einen Nutzen und Gewinne sind wiederum nur ein Teil des Sinns. Deshalb ist es falsch, den Sinn eines Unternehmens auf diesen Teilaspekt zu reduzieren. Stattdessen sollte man den Unternehmenssinn darin sehen, die Welt ein bisschen besser zu machen – auch wenn dies banal klingen mag. Das kann man über Produkte erreichen. Unsere Beratungsprodukte sind nicht automatisch sinnstiftend, weil es darauf ankommt, was der Kunde daraus macht. Dies entzieht sich jedoch häufig unserem Einfluss. Die Art und Weise, wie wir unser Geschäft betreiben, ist jedoch durchaus sinnstiftend. Wir betrachten uns als ein Vorbild dafür, wie man mit einer Vertrauenskultur ein Unternehmen steuern kann. Dies betrifft auch alle unsere

Geschäftsbeziehungen. Das bedeutet, wir behandeln unsere Lieferanten, Kunden und auch unsere Wettbewerber respektvoll und fair. So funktioniert das gesamte Ecosystem, in dem wir uns bewegen. Wir handeln auf dieser Basis nicht nur, weil wir es für richtig halten, sondern auch, weil Mitarbeiter nach meiner Erfahrung erwarten, dass das Unternehmen, in dem sie arbeiten, ethisch funktioniert.

Natürlich muss man bei dieser Vorgehensweise darauf achten, nicht von Nehmern ausgebeutet zu werden. Ich persönlich habe ein Gespür dafür, Menschen als Nehmer zu identifizieren, und umgebe mich erst gar nicht mit ihnen. Um feststellen zu können, ob mein Geben bzw. das des Unternehmens, ausgewogen ist, benötige ich ein funktionierendes Managementsystem. Für einen Unternehmer drehen sich immer viele Teller gleichzeitig: Kunden, Lieferanten, Mitarbeiter, die Marke, Verbandsarbeit. Man muss ständig darauf achten, ob nicht einer dieser Teller aus dem Gleichgewicht gerät, um genau an dieser Stelle nachzujustieren. Dieses Ungleichgewicht bemerkt man allerdings nur, wenn man die entsprechenden Managementsysteme zur Verfügung hat.

Der Wandel zur Vertrauenskultur ist echte Knochenarbeit

Doch kommen wir auf den Teilaspekt Mitarbeiterführung zurück. In meinem erweiterten Umfeld stelle ich fest, dass sich immer mehr Unternehmen bemühen, eine auf Vertrauenskultur basierende Mitarbeiterführung zu etablieren. Doch es hapert oftmals an der praktischen Umsetzung, weil ein solcher Kulturwandel echte Knochenarbeit ist. Man muss eine Organisationsmaschinerie entwickeln, die mit allen relevanten Informationen gefüttert werden muss. Dazu sollte Klarheit innerhalb der Organisationen herrschen und diese mit den Kollegen geteilt werden. Eine Schwierigkeit besteht darin, dass jeder einerseits seine gesamte Persönlichkeit einbringen, d. h. er selbst bleiben muss, und dass auf der anderen Seite gemeinsame Visionen und Ziele definiert werden müssen.

Eine andere Schwierigkeit besteht in der Größe der zusammenarbeitenden Einheiten. Nach der Managementtheorie des Zukunftsforschers Matthias Horx fällt es Organisationen im Zeitalter der Individualisierung schwer, mehr als 150 Mitarbeiter gleichermaßen zu erreichen. Aus diesem Grunde sind 100 bis 150 Mitarbeiter die optimale Größe für mein Unternehmen. Konzerne, wie die Deutsche Telekom oder die Deutsche Bahn, können diese Größe durch entsprechende Segmentierung ihrer Bereiche erreichen. Man muss relativ unabhängige Einheiten kreieren, die eine klar definierte Aufgabenstellung haben. Redundanzen, die zwischen den unterschiedlichen Einheiten entstehen, sind weniger gefährlich als der Kontrollverlust, den man bei zu großen Einheiten durch Zentralisierung erleidet. Mit anderen Worten: Ich halte es für richtig, Organisationen in 150er-Blöcke zu zerschneiden, die dann weitgehend autark agieren. Die Unternehmensführung muss dieser Struktur jedoch eine gemeinsame Vision und ein gemeinsames Wertesystem überstülpen. Dieses Modell bezieht sich nicht auf eine Massenproduktion. Hier kann man durchaus mehr als 150 Menschen in einer Organisationseinheit zusammenfassen. Es gilt jedoch für Unternehmen der Wissensgesellschaft, deren Kernkompetenz die Verwertung von Informationen ist. Dieses Wissen kann nicht beliebig in einer Organisation verstreut werden, sondern es muss in überschaubaren Einheiten gebündelt werden. Ein anderes Beispiel dafür, dass das Modell nicht unbedingt gilt, sind Einheiten, in denen sich die Tätigkeiten weitgehend gleichen. Ein Beispiel dafür wäre der mehrere 1.000 Mann starke Personalbereich der Deutschen Telekom.

Idealerweise entwickelt sich die Vertrauenskultur nicht nur in Unternehmen, sondern in der gesamten Gesellschaft

Damit kommen wir zum Thema Outsourcing. Die Kernkompetenz, Märkte, Produkte und Mitarbeiter zu entwickeln, sollte in den kleinen 150 Mann starken Einheiten gebündelt sein. In diesen Einheiten braucht man jedoch beispielsweise nicht die Kompetenz, Gehälter auszuzahlen. Diese Arbeit kann man durchaus an einen Dienstleister outsourcen. Dieser Dienstleister kann natürlich ein Bereich der Muttergesellschaft sein.

Mir persönlich ist es ein Anliegen, meine Kunden, Lieferanten und Wettbewerber von diesem System der Vertrauenskultur zu überzeugen. Wenn immer mehr Unternehmen dieses Wertesystem übernehmen, wird dies deutliche Spuren in der gesamten Gesellschaft hinterlassen, weshalb sich diese Art und Weise des Miteinander-Umgehens auch außerhalb der Unternehmen verbreiten wird. Dies wäre für uns alle von großem Vorteil, weil die Transaktionskosten sinken, da man sich nicht mehr in alle Richtungen absichern muss. Deshalb sehe ich es als gesellschaftspolitischen Beitrag an, diese Werte in die Breite zu tragen.

Das Great-Place-to-Work-Institut analysiert die Stolpersteine eines Unternehmens auf dem Weg zur Vertrauenskultur

Genau das hat sich das Great-Place-to-Work-Institut zur Aufgabe gemacht. Die Idee entstand vor rund 20 Jahren, als die beiden Wirtschaftsjournalisten Robert Levering und Milton Moskowitz im Auftrag des „Fortune"-Magazin der Aufgabe nachgingen, die besten 100 Arbeitgeber Amerikas zu finden. Auf Basis anonymer Mitarbeiterbefragungen identifizierten sie diese Unternehmen und stellten folgende Gemeinsamkeiten fest: Die Mitarbeiter vertrauten ihren Chefs, sie waren stolz, für das Unternehmen tätig zu sein, und sie schätzten ihre Kollegen. Es ging also nicht um die Höhe des Gehaltes, um den Dienstwagen oder die Büroausstattung, es ging noch nicht einmal um die persönliche Entwicklung, sondern die wichtigen Faktoren waren Stolz, Teamgeist und Vertrauen. Zusammen mit Betriebspsychologen entwickelten die Journalisten einen Katalog von 60 Fragen, auf deren Basis das Empfinden der Personen analysiert wurde, was mit den Kulturinstrumenten der Unternehmen in Beziehung gesetzt wurde. Daraus konnte man ableiten, welches Instrument in welcher Weise wirkt. Dieses Evaluierungssystem wurde dann als Beratungsdienstleistung am Markt angeboten und anschließend im Rahmen eines Franchisemodells in andere Länder exportiert. Der Kern der Dienstleistung besteht darin zu analysieren, an welchen Stellen innerhalb des Unternehmens der Wandel hin zur Vertrauenskultur stockt und was man dagegen tun kann.

Speziell auf meine Branche bezogen, habe ich ebenfalls ein Franchisekonzept entwickelt: einen Bauplan, wie man ein IT-Beratungsunternehmen mit zufriedenen Mitarbeitern aufbaut.

5.13 Petra Roth

Kurzbiografie

Petra Roth wurde am 9. Mai 1944 in Bremen geboren und wohnt in Frankfurt am Main.

Seit 1972 ist sie Mitglied der CDU und war seit 1977 Stadtverordnete in Frankfurt am Main. Sie amtierte dort als Sozialbezirksvorsteherin und vom 1. April 1993 bis 31. März 1994 als Stadtverordnetenvorsteherin. Von 1987 bis 1995 war sie Mitglied des Hessischen Landtags.

Ab 1995 bis 2012 wurde Petra Roth dreimal direkt als Oberbürgermeisterin der Stadt Frankfurt am Main gewählt.

In der Zeit von 1997 bis 2011 nahm sie außerdem insgesamt neun Jahre die Aufgaben als Präsidentin des Deutschen Städtetags wahr und war Mitglied im Ausschuss der Regionen der Europäischen Union.

Heute ist Petra Roth Vorsitzende des Vorstandes der gemeinnützigen Stiftung Schloss Ettersburg – Gestaltung des demografischen Wandels, fungiert in verschiedenen wissenschaftlichen, kulturellen und anderen gemeinnützigen Einrichtungen im In- und Ausland und nimmt – zum Teil als Vorsitzende – eine Reihe von Mandaten in Aufsichtsrats- oder Beiratsgremien bedeutender wirtschaftlicher Unternehmen wahr. Daneben übt sie eine selbstständige Vortrags- und Beratertätigkeit aus.

2005 erhielt Petra Roth den Ehrendoktortitel der Universität Tel Aviv für ihre Förderung der akademischen und kulturellen Beziehungen zwischen den Partnerstädten Tel Aviv und Frankfurt am Main; 2010 erhielt sie den Ehrendoktor der Sookmyung Women's University in Seoul für ihr internationales politisches Wirken. Daneben ist sie Trägerin zahlreicher anderer in- und ausländischer Ehrungen und Auszeichnungen.

Diplomatie und Menschenführung waren unabdingbare Voraussetzungen dafür, eine Mehrheit für meine Vorstellungen zu bekommen

Meine Kandidatur für das Amt des Bürgermeisters der Stadt Frankfurt war sicherlich kein Spaziergang. Als Mitglied der CDU war sie eine mir auferlegte Pflicht. Mit der gewonnenen Wahl war ich direkt gewählte Oberbürgermeisterin – aber ohne persönliche Macht. Die hessische Magistratsverfassung sah und sieht vor, dass auch der von den Bürgerinnen und Bürgern direkt gewählte Oberbürgermeister für seine Politik die Mehrheit im Magistrat braucht. Für mich stellte sich also die Frage, wie ich Politik gestalten konnte, bei der für Bürgerinnen und Bürger nachvollziehbar war, dass ich zu dem stand, was ich vor der Wahl gesagt hatte. Das war 1995 viel schwieriger als heute. Diplomatie und Menschenführung waren unabdingbare Voraussetzungen dafür, eine Mehrheit für meine Vorstellungen zu bekommen.

Um Authentizität und Glaubwürdigkeit zu bewahren, galt es, politisch anders Denkende im Magistrat zu überzeugen. Es gelang mir, die Sozialdemokraten zu überzeugen, dass eine große Stadt wie Frankfurt zum Wohle der dort lebenden und arbeitenden Menschen nur mit Mehrheitsbeschlüssen auf breiter Basis zu führen ist. Damit will ich deutlich machen, dass die direkte Wahl zur Oberbürgermeisterin noch lange nicht bedeutet, die Stadt alleine führen zu können. Die notwendigen Mehrheiten bekommt man nur durch Anerkennung, Fleiß sowie Sach- und Fachkenntnis in der zu entscheidenden Angelegenheit. Das entsprechende politische Gespür hat man schon vorher, sonst kommt man nicht so weit.

Sach- und Fachkenntnis sowie Authentizität und Glaubwürdigkeit sind Ursachen – auch – meines Erfolges

Was nun im Einzelnen die Gründe für meinen persönlichen Erfolg waren und sind, ist schwer zu sagen. Ich gehe davon aus, dass es zum einen die Leidenschaft ist, mit der ich für eine Sache einstehe und wie ich sie beispielsweise in meinen Redebeiträgen zum Ausdruck bringe. Hinzu kommen mag das Vertrauen der Menschen, dass ich die Dinge, die ich für notwendig erachte und für die ich mich einsetze, auch wirklich umsetze, wenn man mir die entsprechenden Instrumente in die Hand gibt. Das muss man beweisen und das habe ich getan. Vor meiner Wahl war ich ein Mitglied im Parlament und konnte zum Beispiel die Sacharbeit als Vorsitzende in einem der Arbeitskreise leisten. Das dazu notwendige Interesse an der Sache und besonders die unverzichtbaren Detailkenntnisse halfen mir dann auch später als

Regierungschefin. Durch Sachkenntnis konnte ich überzeugen und war glaubwürdig, wenn ich genau darlegte, was nicht für mich, sondern für die jeweilige Sache notwendig war, um das angestrebte Ziel zum Wohl der Stadt und ihrer Menschen zu erreichen. So bekam ich die dazu notwendigen parlamentarischen Mehrheiten.

Als junge Frau beeindruckten mich die Führungsschichtpersönlichkeiten der Bonner Republik tief. Vorbilder waren sie jedoch für mich nicht. Ich wollte einfach das Gleiche erreichen, jedoch auf meine eigene Art. Ein Bürger, der selbst nicht in den entsprechenden Gremien sitzt, schenkt dem Politiker durch sein Kreuz auf dem Wahlzettel sein Vertrauen, dass die versprochenen Zielsetzungen und gegebenenfalls damit verbundene Veränderungen tatsächlich herbeigeführt werden. Dieses Vertrauens muss man sich würdig erweisen, indem man das Versprochene tatsächlich auch umsetzt. Nur so erlangt man Glaubwürdigkeit. In diesem Sinne habe ich mich immer als erster Dienstleister der Stadt empfunden und freue mich auch heute noch darüber, wenn mich Menschen auf der Straße ansprechen, um mir zu sagen, was ich aus ihrer Sicht besonders gut gemacht habe.

Im Amt hatte ich kaum Zeit, meine Erfolge zu genießen. Dazu war nicht nur der normale Arbeitstag zu voll mit terminlichen Verpflichtungen und zu erledigenden Aufgaben gefüllt. Trotzdem ging ich zu jeder Zeit aufs Neue mit Freude zur Arbeit. Und wenn mal etwas schiefging, analysierten wir die Ursachen, um zu verhindern, dass ein Fehler noch einmal vorkam.

Menschen arbeiten am besten, wenn sie frei von Ängsten sind

Wichtig ist, dass man sich als Entscheider in den betroffenen Menschen hineinversetzt und ihn in die Entscheidungsprozesse miteinbindet. Wenn man beispielsweise einen Baum fällen lässt, bedeutet das für den einen mehr Licht in seinem Wohnzimmer, der andere sieht darin einen Eingriff in die Natur. Derartige Standpunkte muss man sorgsam gegeneinander abwägen und mit den Bürgern gemeinsam diskutieren.

Doch zurück zum Thema Führen. Menschen arbeiten dann am besten, wenn sie frei von Ängsten und vom Vertrauen ihrer Vorgesetzten getragen sind. Dies ist die Voraussetzung dafür, dass sie motiviert und kreativ sind. Eine wesentliche Voraussetzung zur Verhinderung von Ängsten und Misstrauen ist das positive Gefühl der Verbundenheit mit der Arbeit. Dies möchte ich an meinen konkreten Erfahrungen erläutern. Mit dem Wegfall des Bürgermeisteramtes habe ich meine Mandate in der Kommunalwirtschaft aufgegeben. Dort existiert nach meinen bis dahin gewonnenen Erfahrungen eine deutlich ausgeprägtere Zuwendungs- und Betreuungsmentalität innerhalb des jeweiligen Unternehmens im Vergleich zur freien Wirtschaft. Dies mag auch damit zusammenhängen, dass in der Kommunalwirtschaft die Vorstände meistens über viele Jahre für die gleiche Firma arbeiten und so eine tiefere persönliche Beziehung zu den Produkten und zu den Mitarbeitern entsteht. Das ist in der schnelllebigen freien Wirtschaft oftmals anders. Dort wechseln die Manager manchmal so schnell, dass der Aufbau einer persönlichen Beziehung erst gar nicht möglich wird – die Menschlichkeit kommt zu kurz. Für diese Betrachtungen spielt auch die Internationalisierung eine Rolle. In den größeren Konzern weiß der Mitarbeiter nicht mehr, wer das eigentlich ist, der „da oben sitzt". Folglich hat sich auch in diese Richtung die Identifikation mit dem Unternehmen in den letzten Jahren eher negativ entwickelt. Das gilt natürlich nicht für ein mittelständisches Familienunternehmen, sondern in erster Linie für die großen Kapitalgesellschaften.

Menschen sind dann zufrieden, wenn sie mitmachen, gestalten und sich einbringen können. Ein zufriedener Mensch setzt Kräfte frei und kann kreativ sein. Für mich war es immer eine Aufgabe der Politik, die Kreativität der Menschen zu nutzen, die sich in die demokratischen Prozesse und Strukturen einbringen.

Ein guter Manager instrumentalisiert seine Mitarbeiter nicht
In dieser Hinsicht beeindruckte mich einer meiner Amtsvorgänger, Walter Wallmann, der die Menschen mit sachlichen Argumenten überzeugte. Er ging auf die Menschen zu, er hörte ihnen zu, er hatte aber auch feste Standpunkte. Wesentlich war dabei, dass die Menschen in seiner Umgebung das Gefühl hatten, sich einbringen zu können, dabei zu sein. Dazu eine kleine Anekdote, die von einem der zahlreichen Besuche von John F. Kennedy auf Cape Canaveral erzählt

wird[2]. Er habe dabei einmal einen Arbeiter angesprochen, der gerade eine Halle fegte. „Was ist Ihr Job?", fragte er ihn. Der Arbeiter antwortete: „Einen Menschen auf den Mond bringen, Mr. President." Genau diesen Geist brauchen wir auch hier in Deutschland, dass die Menschen sich mit Begeisterung als Teil von etwas Großem sehen. Ein Unternehmer, der das vermitteln kann, wird Erfolg haben. Ein guter Manager instrumentalisiert seine Mitarbeiter nicht, sondern er entwickelt eine persönliche Beziehung zu ihnen.

---

2 John F. Kennedy hat oft Cape Canaveral besucht. Es wird erzählt, er habe dabei einmal einen Arbeiter angesprochen, der gerade eine Halle fegte. „Was ist Ihr Job?", fragte er ihn. Der Arbeiter antwortete: „Einen Menschen auf den Mond bringen, Mr. President." Mancher mag darüber lächeln. Mich beeindruckt die Kraft, die hinter dieser Antwort steckt.
Siehe: http://www.bundespraesident.de/SharedDocs/Reden/DE/Horst-Koehler/Reden/2005/03/20050315_Rede.html

5.14 Thomas Rusche

Kurzbiografie

Thomas Rusche, geboren 1962 in Münster, ist alleiniger geschäftsführender Gesellschafter der SØR Rusche GmbH mit 60 Niederlassungen von Sylt bis Garmisch, Marktführer im Premiumsegment der deutschen Kleidungskultur. Er führt das Familienunternehmen in vierter Generation.

Thomas Rusche ist Vorsitzender des Hilfswerks Schwester Petra, Beirat und deutscher Koordinator der päpstlichen Stiftung „Centesimus Annus – Pro Pontifice", Vatikan; Beiratsmitglied der J. T. Ronnefeldt KG, Frankfurt/M.; Verwaltungsrat der Ludwig Görtz GmbH, Hamburg; Mitglied im Trägerverein des Kunsthauses am Waldsee, Berlin; Mitglied im Kuratorium des Westfälischen Friedenspreises, Münster, sowie Ritter vom Heiligen Grab zu Jerusalem. Thomas Rusche ist Kurator des Hans-Jonas Zentrums, FU Berlin, sowie Gründungsmitglied und Leiter der angeschlossenen Forschungsgruppe EWD (Ethik und Wirtschaft im Dialog). An der FU Berlin unterrichtet er Wirtschaftsethik, an der WHU Vallendar Unternehmensethik.

Thomas Rusche sammelt alte Meister und Zeitgenössische Kunst. Verheiratet ist er mit der Mailänder Ärztin Dr. Anna Flavia Arizzi-Rusche, gemeinsam haben sie vier Kinder.

Die wesentlichen Gründe für den Unternehmenserfolg finden sich nicht in der Bilanz

Im Internet kursiert die Begründung, ich hätte den Preis „Wissensmanager des Jahres 2005" im Zusammenhang mit dem Entlohnungssystem unserer Mitarbeiter gewonnen. Meiner Erinnerung nach war der tatsächliche Hintergrund jedoch die Eröffnung einer Wissensbilanz, aus der unter anderem auch Konsequenzen für die Mitarbeiterentlohnung gezogen werden können. Es ging darum, dieses bislang ungewöhnliche Instrument der Bilanzierung erstmals im Mittelstand einzusetzen.

Worum geht es bei einer Wissensbilanz? Wenn wir uns mit einem Banker über die Zukunftsprognose von SØR unterhalten würden, dann hätte er nicht nur die Aufgabe, die harten Fakten der Bilanz und der GuV[3] zu beurteilen, sondern auch die weichen Faktoren der Unternehmensführung. Die Herausforderung besteht darin, aussagekräftige Indikatoren zu finden. Der Banker lernt zumeist den Geschäftsführer oder den Finanzchef kennen und kann sich so ein Bild über die Managerqualitäten und die Führungskultur verschaffen, ohne jedoch über eindeutige Kriterien und Beurteilungsmethoden zu verfügen.

Als wir uns näher mit dem Thema Wissensbilanz beschäftigten, wurde klar, dass die wesentlichen Gründe für die erfolgreiche Fortführung unseres Unternehmens weder in der Bilanz noch in der GuV zu finden sind. Laut American Express befinden sich in unserer Adressdatenbank die meisten Platinum Karten Deutschlands. Die Adressanalyse ergibt, dass unsere Kunden in den besten Wohnlagen leben. SØR bedient die kaufkräftigste Kundschaft der Bundesrepublik. Dieser treue Kundenstamm ist für den zukünftigen Erfolg unseres Konsumunternehmens von größter Bedeutung. Ein weiteres Beispiel sind die erstklassigen Standorte unserer Geschäfte, die sich zumeist in 1-A- und teils in 1-B-Lagen befinden. Die Standortqualität ist für den Erfolg unseres Handelsunternehmens von großer Wichtigkeit. Die hohe Qualität unserer Standorte wird jedoch in keiner Bilanz aktiviert, sondern belastet als Mietkosten die GuV.

Die Wissensbilanz ergänzt die quantitative Bewertung eines Unternehmens um qualitative Faktoren

Laut unabhängigen Prüfern, die in unregelmäßigen Abständen unsere Läden aufsuchen, verfügt SØR über hoch qualifiziertes, serviceorientiertes Verkaufspersonal, entsprechend dem hohen Anspruch unserer Kunden. Die Beratungsqualität findet sich jedoch in keiner Bilanz, sondern nur als Personalkostenbelastung in der GuV. Zukunftsentscheidende Kriterien wie kaufkräftige Kunden, erstklassige Standorte und geschultes Personal tauchen wenn, dann nur als Belastungsfaktoren in der Erfolgsrechnung auf. Dies verführt zu Fehlschlüssen. Angesichts der im Quervergleich hohen Personalkosten scheint es nahezuliegen, diese zu reduzieren und Mitarbeiter freizustellen. Täten wir dies, würden wir jedoch am eigenen Ast

---

3 Gewinn- und Verlustrechnung

sägen. Wenn unsere Beratungsqualität nachließe, verlören wir unsere serviceverwöhnten Kunden.

Die Wissensbilanz antwortet auf die Frage, wie die quantitative Bewertung eines Unternehmens um qualitative Faktoren ergänzt werden kann. Dabei empfiehlt es sich, neben den Finanzkennziffern drei zusätzliche Kapitalgrößen zu untersuchen:

1. Das Strukturkapital umfasst neben den qualitativ hochwertigen Standorten insbesondere unser Warenwirtschaftssystem. Wir sind kein großes Unternehmen, aber mit 60 Läden von Sylt bis Garmisch stark verästelt. Deshalb ist es für uns von großer Bedeutung zu wissen, wo sich welche Ware befindet, welche Ware *rennt* und welche Ware *pennt*. Dazu brauchen wir hochentwickelte elektronische Warenwirtschaftssysteme, die natürlich zunächst einmal Geld kosten.

2. Das Beziehungskapital besteht vor allem aus unseren Kundenbeziehungen sowie aus unseren langjährigen Lieferantenbeziehungen. Mit einigen Geschäftspartnern arbeiten wir bereits seit meines Großvaters Zeiten vertrauensvoll zusammen. Wenn wir lange mit einem Lieferanten zusammenarbeiten, stärkt dies auch das Verhältnis zu unseren Kunden. Bei unseren Kundenbefragungen: „An welche anderen Marken denken Sie im Zusammenhang mit SØR?" wird immer wieder van Laack genannt. SØR steht beim Kunden seit über 50 Jahren für eine kompetente van Laack-Sortierung. Über Jahrzehnte gemeinsam zu wachsen, ist von beiderseitigem Vorteil und gibt dem Endverbraucher Orientierungssicherheit. Eine solche Partnerschaft durchlebt wie jede Ehe auch Hängepartien. Nicht immer stimmt die kurzfristige Performance. Trotzdem sollte man dann die Lieferantenbeziehung nicht gleich kappen, sondern an einer Verbesserung arbeiten. SØR geht mit seinen Lieferanten durch dick und dünn. Gemeinsam bestehen wir auch schwierige Zeiten. Wir haben das erlebt, als nach der Einführung von Basel II das System der Kreditfinanzierung neu justiert wurde. Da waren Lieferanten bereit, uns bei der kurzfristigen Warenfinanzierung zu unterstützen, wohl wissend, dass es mit SØR langfristig weitergehen wird. Hinzu kommt, dass diese Lieferanten *wollten*, dass es mit SØR weitergeht, weil wir für sie ein vertrauensvoller, verlässlicher Partner sind, mit dem sie gerne zusammenarbeiten. Das ist Beziehungskapital für beide Seiten.

3. Das Humankapital ist Ausdruck der sozialen und fachlichen Fähigkeiten der Menschen, die in unserem Unternehmen arbeiten. Zurückliegend wurde „Humankapital" als Unwort des Jahres diskutiert, weil der *Mensch* nicht mit *Kapital* gleichgesetzt werden darf. Mir scheinen jedoch die Potenziale eines Menschen ein hohes Gut und in diesem Sinne eine Kapitalie zu sein, mit der die Unternehmensführung sorgfältig umgehen sollte. Ein Fehler wäre es jedoch, den Menschen als Kapitalie zu verzwecken, d. h. ihn nur als Instrument für den Unternehmenserfolg, als Rädchen im Getriebe zu verstehen. Jeder Mensch ist vielmehr eine einmalige Person mit unverfügbarer Würde. Die Frage ist, wie sich ein Mensch in der Unternehmung sinnvoll einbringen kann, wie er zum Erfolg des Unternehmens durch die Entfaltung seiner Potenziale beitragen kann.

Menschen dort einsetzen, wo sie ihre Potenziale entfalten können

Eine gute Teamaufstellung schließt nicht aus, dass jemand auch in ungewohnter Position eingesetzt wird. Daraus ergibt sich für den Mitarbeiter die Möglichkeit, ganz neue Seiten an sich zu entdecken. Weitblickende Personalführung erkennt in einem Menschen nicht nur das, was er heute schon kann, sondern vielmehr seine zukünftigen Entwicklungsmöglichkeiten.

Von Aristoteles ist der folgende, interessante Gedankengang bekannt: Ein jeder von uns steht auf dem Pfad der Verwirklichung seiner Möglichkeiten heute in Position A. Wenn wir jedoch unsere Potenziale vollends entfalten würden, könnten wir nach B gelangen. Wenn ich diese Differenz zwischen A und B erkenne und mir bewusst werde, dass ich mit meinen Möglichkeiten, mit meinen genetischen Voraussetzungen und Sozialisierungserfahrungen durchaus in der Lage wäre, B zu erreichen, dann ergibt sich aus dieser Erkenntnis die Dynamik des Lebens.

Aristoteles benennt mit *Dynamis* diese Lebenskraft, die durch die Erkenntnis unserer noch zu verwirklichenden Potenziale entsteht und uns auf das in uns liegende Ziel B hintreibt. Wenn ich mich auf den Pfad der Verwirklichung meiner Möglichkeiten begebe, vermag ich Ziele zu erreichen, die für andere, Außenstehende schwierig erscheinen. Auf dem Weg zu mir selbst wird das scheinbar Schwierige leicht,

Widerstände überwinde ich, wie das Messer die Butter zerschneidet. Gute Unternehmensführung kann einen Beitrag dazu leisten, dass ein jeder Mitarbeiter seinen eigenen Weg findet, um sich zu entfalten und seine innewohnenden Potentiale zu verwirklichen. Schlechte Unternehmensführung verzweckt hingegen den Menschen und entfremdet ihn von sich selbst. Der Mitarbeiter wird ausgenutzt und ins Burn-out getrieben, er wird verheizt und verspielt sein Leben.

Kluge Führung hilft jedem Mitarbeiter, seinen eigenen Weg zu finden

Im Gegensatz dazu befinde ich mich in diesem Moment unseres Gesprächs in einem Zustand des *Mikroflows*. Ich fühle mich durch Ihre Fragen herausgefordert; die Aufgabenstellung liegt mir; es sprudelt nur so aus mir heraus. Die Kunst besteht darin, durch Selbstreflexion diese Mikroflows zu erkennen und zu befördern. Dies bedeutet zu verstehen, was mir hilft, meine Potentiale zu verwirklichen. Dann kann ich Aufgabenstellungen bewältigen, bei denen andere vielleicht anfangen würden zu stottern, weil es nicht ihr Weg, ihre Butter ist. Wie kann ich das eigene Leben so gestalten, dass aus vielen Mikroflows ein Makroflow wird? Wie kann ich meine Lebensthemen finden, die meinen Möglichkeiten entsprechen? Wie kann ich meinen ganz persönlichen Lebensweg entdecken, spüren, was mir gut tut, wo ich zu Hause bin? Zur Beantwortung dieser Fragen kann eine kluge Mitarbeiterführung einen erheblichen Beitrag leisten.

Die Unternehmensforschung zeigt gravierende Unterschiede zwischen dem asiatischen und angelsächsischen Verständnis von Zugehörigkeit zum Unternehmen. Insbesondere in Japan gibt es eine ausgeprägte Bereitschaft, (lebens)lang in einem Unternehmen zu bleiben, sich in diesem Umfeld zu entwickeln und zu wachsen. Im angelsächsischen Raum hingegen befindet sich der Mitarbeiter ständig auf der Jagd nach einer neuen Chance, um die nächste Stufe auf der Karriereleiter zu erklimmen. Wenn die Aussicht auf einen Karrieresprung nicht unmittelbar vorhanden ist, verlässt er lieber das Unternehmen und sucht sein Glück woanders. Daraus hat sich eine Kultur der Unruhe, des so genannten „Job-Hoppings", entwickelt.

Ich halte es für wichtig ein Umfeld zu schaffen, das den Mitarbeitern eine lebenslange Perspektive bietet

Diese angelsächsische (Un-)Kultur ist in den letzten 20 bis 30 Jahren zu uns hinübergeschwappt und dringt auch in die bedächtige ostwestfälische Unternehmenslandschaft ein. Hektisches Job-Hopping zu befördern, entspricht nicht meinem Verständnis von Unternehmensführung. Ich halte es stattdessen für wichtig, ein Umfeld zu schaffen, dass Mitarbeitern eine lebenslange Perspektive bietet. Die damit verbundene innere Ruhe und äußere Verlässlichkeit, das aufeinander Eingehen und miteinander Kooperieren ermöglichen eine gedeihliche Entwicklung von Mitarbeiter und Unternehmen. Eine solche langfristig orientierte Personalführung stimmt das Anforderungsprofil der Unternehmung mit der Lebensleistungskurve des Mitarbeiters ab. Im Alter mag die körperliche Fitness abnehmen, doch die Lebens- und Berufserfahrung nimmt weiter zu. So ändert sich das persönliche Fähigkeitsprofil eines Menschen kontinuierlich.

Jeder muss dazu beitragen, dass das Unternehmen gewinnt

Diese menschliche Ausprägung von Führung nützt nicht nur dem Mitarbeiter, sondern auch dem Unternehmen. Mitarbeiterorientierung und Leistungsorientierung können sich wechselseitig verstärken. Menschen wollen gefordert und gefördert werden: Jungen Kollegen Erfahrungen zu vermitteln und von den spezifischen Fähigkeiten dieser *Digital Natives* zu lernen, die ihrerseits vom Wissensschatz der langjährigen Kollegen zehren, sind die besten Voraussetzungen, um ein erfolgreiches Team aus *alten Hasen* und *jungen Füchsen* zu schmieden.

Ein jeder Mitarbeiter von SØR kann sich als Mitglied einer Fußballmannschaft verstehen: Wir wollen gemeinsam gewinnen! Es kommt darauf an, dass alle, die mitspielen, ihren spezifischen Beitrag zum Erfolg leisten. Der spezifische Beitrag setzt einen Abgleich aus den Fähigkeiten der Mitarbeiter und den Anforderungen der Unternehmenspraxis voraus. Jeder Mitarbeiter bedarf individueller Trainingseinheiten. Er muss seine Laufwege entsprechend der Mannschaftsaufstellung kennen, die von den Führungskräften vorgegeben werden. Dabei können wir ständig aus dem Spiel lernen, was gut und was schlecht läuft, um immer öfter zu gewinnen. Als Mannschaft wollen wir in der höchsten Klasse spielen, in der *Champions League* der Kleidungskultur. Um im Wettbewerb zu bestehen, müssen wir schneller und besser, das heißt kundenorientierter und qualitätsvoller sein. Dieser Wettbewerb macht Spaß. Wer würde sich an einem Fußballspiel erfreuen, bei dem es nicht ums Gewinnen ginge? Leistungsorientierung im Sinne von Gewinnen wollen schließt „Menschenorientierung" jedoch nicht aus. Ganz im Gegenteil: So wie die Kontrahenten auf dem Fußballplatz sich am Ende des Matches in die Arme nehmen und Trikots tauschen, dürfen auch die Mitarbeiter darauf vertrauen, dass der Erfolg im Unternehmensspiel von größter Bedeutung, die (Mit-) Menschlichkeit jedoch immer und unbedingt vorrangig ist.

***Intentio Directa* und *Intentio Reflexiva* bilden die Grundlagen unseres Handelns**

Das Leben ist wie ein Film, parallel zur Bildfolge verläuft die Tonspur. Die konkrete Bildfolge des aktiven Handelns und Tuns ist die *intentio directa*. Beim Fußballspiel bedeutet dies, alles zu tun, um den Ball mit Übersicht und Schnelligkeit sowie mit Körpereinsatz und Disziplin ins gegnerische Tor zu schießen. Die intentio directa von SØR ist Umsatz und Gewinn durch Kundenzufriedenheit dank erstklassiger Produkte und herausragendem SØRvice. Dies setzt zunächst voraus, Modetendenzen aufzuspüren, Produkte zu gestalten, Einkaufskonditionen zu verhandeln, Liefertermine zu vereinbaren und die qualitätsvollen Produkte in der vom Kunden erwarteten Sortierung in den SØR Häusern zu bevorraten. Unsere Zulieferanten mögen uns nicht deshalb, weil wir bequeme Partner sind; vielmehr sagen wir ganz klar, was wir wollen und was nicht. Wir sind Freunde der klaren Ansage und besprechen unzweideutig, was geht und was nicht. Darin besteht die Qualität einer Partnerschaft: Eindeutigkeit, klare Linie, Verlässlichkeit, keine schwammigen Aussagen, kein *Herumeiern*. Gerade wer viel einfordert, sollte jedoch zugleich fehlertolerant sein: Auf diese Weise wird das Aufdecken und Analysieren von Fehlern erheblich erleichtert und der Erfolg von Morgen vorbereitet.

Dazu bedarf es der zweiten Spur der *intentio reflexiva*: In einem reflexiven Seitwärtsblick auf das konkrete Handeln schauen und zu überlegen, was gut oder schlecht läuft. Ein jeder Mensch kann dies einüben. Der Abend eignet sich dazu in besonderer Weise. Was ist mir heute geglückt? Wie habe ich mich auf meinen Weg durch den Tag verhalten und gefühlt? Wo habe ich anderen Knüppel zwischen die Beine geworfen und Nackenschläge verteilt? Wem habe ich geholfen, seinen Weg zu finden und zu gehen? Führungskultur ermöglicht diese Reflexion auch im Unternehmen. Menschen sind allerdings unterschiedlich qualifiziert, bereit und ansprechbar, diesen Seitwärtsblick einzuüben. Manche sind so sehr im Hamsterrad des Erfolgsstrebens gefangen, dass ihnen jede Muße fehlt, um über das tägliche Tun nachzudenken. Der erfolgsorientierte Handlungsauftrag erfordert ihre ganze Kraft – und das jeden Tag. So dreht sich das Hamsterrad immer weiter, bis der Mensch entkräftet in sich zusammensackt und ausgebrannt aus dem Unternehmen in die Frühverrentung verabschiedet wird.

Eine Führungskraft muss bei der Leistungserwartung, die sie an den Mitarbeiter stellt, dessen Lebenssituation analysieren und berücksichtigen

Eine Führungskraft hat die Aufgabe, sich in den mentalen Momentzustand und die Lebenssituation des Mitarbeiters hineinzuversetzen. Ein 64-jähriger Mitarbeiter verursacht nicht die Fehler, die ein 23-jähriger macht. Der ältere hat mehr Erfahrung, der jüngere vermutlich mehr körperliche Kraft, der ältere ist routiniert in gewohnten Abläufen, aber Neuerungen gegenüber oftmals verschlossen. Der jüngere ist neugierig und motiviert, Veränderungsprozesse mitzugestalten, die den älteren Mitarbeiter verunsichern.

Der eine Mitarbeiter trennt sich vielleicht gerade von seinem Lebenspartner, dem anderen wurde möglicherweise eine schwere Krankheit diagnostiziert. Ist der Mitarbeiter heute vielleicht mit dem falschen Fuß aufgestanden und trägt den Streit vom Frühstückstisch an den Arbeitsplatz? Ist er von Verhandlungspartnern gedemütigt worden? Was empfindet und erleidet der Mitarbeiter, wenn er von den gemeinsam abgestimmten Verhandlungszielen rein gar nichts erreicht?

Den reflexiven Seitwärtsblick kann ich auf mich und auf andere richten. Aus der Reflexion ziehe ich als Führungskraft Schlüsse für mein Verhalten und für eine bessere, d. h. leistungs- und menschengerechtere Führung. Schließlich geht es darum, mich selbst im Spiegel des anderen zu sehen und einen *idealen Rollentausch* zu wagen. Nur wenn ich mich in den anderen hineinversetze, kann ich als Führungskraft die Frage beantworten, warum der Mitarbeiter gerade keine Tore schießt oder was ihm fehlt, um ein noch erfolgreicherer Torschütze zu werden. Wurde er auf der falschen Position eingesetzt? Ist er mit der falschen Taktik unterwegs? Die Suche nach den Antworten auf diese Fragen ist m. E. weitgehend identisch mit der Intention des Coachings.

Es bedarf eines dialogischen Führungsstils des Hinhörens und Hinsehens, besser: des Zuhörens. Beim Hören aufeinander lernen wir uns kennen, verstehen, was wichtig ist, und können so miteinander besprechen, welchen Weg wir im Unternehmen gemeinsam gehen wollen. Auf diese dialogische Weise wird die Unternehmung zu einem Ort des sozialen Lernens.

Ein erfolgreicher Kapitalist fragt sich, wem er nützlich sein kann

Eine wichtige Voraussetzung ist die Empathie. Der Ahnherr des Kapitalismus Adam Smith sagte dazu: Moralisches Mitfühlen ist die Voraussetzung, um ein guter und erfolgreicher Kapitalist zu sein. Als Mensch kann ich nur dann *gut* und als Unternehmer nur dann *erfolgreich* sein, wenn ich mich in den anderen Menschen hineinfühle. Auch im Kapitalismus geht es zunächst nicht um „Karriere und Kasse machen", sondern um die Frage, wie ich mich für andere nützlich machen kann. Wenn jemand in meiner textilen Branche die Läden in günstigere Gegenden verlegt und immer billigere Stoffe einkauft, mag er kurzfristig Kosten sparen, langfristig bedeutet dies jedoch das *Aus*. Warum? Weil er mit seinen Läden nicht dort ist, wo seine Kunden flanieren, und mit seinen billigen Stoffen nicht die hohen Qualitätsansprüche der Kunden erfüllt.

Werte müssen wohlbegründet sein

Diese für einen Unternehmer notwendige Fähigkeit der „reflexiven Nützlichkeit", d. h. des darüber Nachdenkens, wo ich wem wo auf welche Weise nützlich sein kann, hat sich seit Adam Smith nicht grundsätzlich geändert. Als Unternehmer kann ich mich nur dann nützlich machen, wenn ich meine Kunden, meine Geschäftspartner, neudeutsch: meine Stakeholder kenne, also all diejenigen, die in einer Interessenbeziehung zu meinem Unternehmen stehen. Spannend bleibt allerdings die Frage, ob wir mit Nützlichkeit alleine die Moral und Ethik des Wirtschaftslebens begründen können. Angelsächsische Unternehmen neigen dazu. Alles, was nützt, erscheint per se gerechtfertigt.

Kontinentaleuropäische Unternehmer stehen in einer anderen Tradition, die in der kantianischen und sozialethischen Überzeugung verwurzelt ist, dass der Mensch mehr ist als ein Rädchen im Getriebe der Erfolgsmaschine Unternehmung. Gerade im deutschen Mittelstand hat sich diese Wertschätzung des Menschen als Selbstzweck, im katholischen Münsterland sprechen wir vom Menschen als „Ebenbild Gottes", bis heute bewahrt und bewährt.

Vor diesem Hintergrund möchte ich nur bedingt in den Kanon einstimmen, es fände derzeit in den Unternehmen ein allgemeiner Verfall der Werte statt. Führungskräfte in der deutschen Wirtschaft sind heute nicht bestechlicher als vor 30 Jahren. Im Gegenteil – Geschenke und (Schmiergeld-)Zahlungen, die damals wichtigen Kunden gemacht wurden, waren bis vor wenigen Jahren sogar steuerlich abzugsfähig und allgemein akzeptiert. Heute wird viel genauer hingeschaut, strenger geurteilt und journalistisch ausgeschlachtet. Deshalb kommt mehr ans Licht der Öffentlichkeit, was den falschen Eindruck erweckt, Führungskräfte hätten früher moralischer gehandelt.

Um menschliches Handeln innerhalb und außerhalb der Unternehmung unabhängig von sich verändernden gesellschaftlichen Einschätzungen moralisch beurteilen zu können, müssten wir zunächst ethische Prinzipien begründen. Das ist ein mühsames philosophisches Geschäft, vor dem auch das deutsche Feuilleton zurückschreckt, denn ethische Grundfragen interessieren nun mal weniger Leser als moralisierende Skandalgeschichten. Bis in die Nachkriegszeit schien ein Wertekitt zu existieren, der die Gesellschaft zusammenhielt und auch von Führungspersönlichkeiten vertreten wurde, die bereits zur Zeit des Nationalsozialismus leitende Positionen innehatten. Diese von vielen als pseudomoralisch und freiheitsbegrenzend empfundenen

Werte wurden von der 68er-Bewegung infrage gestellt. Durch die heute vollzogene Auflösung des Wertekorsetts wurden wir alle zur Freiheit befreit, wobei wir uns jetzt fragen müssen, wie wir mit dieser neu gewonnenen Freiheit umgehen. Freiheit ist ein hohes Gut, eine notwendige, aber keine hinreichende Voraussetzung des gelingenden Lebens. Freiheit verlangt nach Verantwortung.

Auf Basis welcher ethischen Prinzipien wollen wir wofür Verantwortung übernehmen, um zum Beispiel unsere Umweltprobleme zu lösen und die drohende Umweltkatastrophe abzuwenden? Welche Prinzipien sind überhaupt begründbar und wie kann ich daraus orientierungsstiftende Wertvorstellungen ableiten, die auch für andere einsehbar sind? Wenn Werte nicht mehr vom Himmel fallen, weil ich an keine Gott gesetzte Werteordnung glauben will, liegt es nun allein an mir und dir, mit unserer Vernunft ethische Prinzipien zu begründen, die uns zur Verantwortungsübernahme anleiten und verpflichten. Wie kann dies für Wirtschaft und Gesellschaft, für die Lebens- und Unternehmensführung gelingen? Meines Erachtens nur im Dialog – durch Reflexion auf die Voraussetzung eines gelungenen Dialogs: Selbstübereinstimmung und Glaubwürdigkeit, Wahrhaftigkeit und Diskriminierungsfreiheit, kurz: soziale Zustimmungswürdigkeit in der konkreten Dialogpraxis, die hier und jetzt eingeübt werden kann – gerade auch in der Unternehmung.

5.15 Henning Scherf

Kurzbiografie

Dr. Henning Scherf wurde am 31. Oktober 1938 in Bremen geboren. Er ist seit 1960 verheiratet mit Luise Scherf. Drei Kinder, acht Enkelkinder.
Abitur, Studium der Rechts- und Sozialwissenschaften von 1958 – 1962 in Freiburg, Berlin und Hamburg.

1962 – 1964	Mitglied der Leitung des Evangelischen Studienwerkes Villigst.
	Erstes und Zweites Staatsexamen in Hamburg, Promotion zum Dr. jur. 1968.
1967 – 1971	Rechtsanwalt, Regierungsrat und Staatsanwalt.
1963	Eintritt in die SPD.
1972 – 1978	Landesvorsitzender der SPD Bremen.
Seit 1984	Mitglied des Bundesvorstandes der SPD.
Seit 1996	Vorsitzender des „Eine-Welt-Forums" der SPD.
Seit 1997	Mitglied des Präsidiums des Deutschen Evangelischen Kirchentages.
1971 – 1978	Mitglied der Bremischen Bürgerschaft.
Seit 1978	Mitglied des Senats der Freien Hansestadt Bremen, u.a. in folgenden Funktionen:

- 1978 – 1979 Senator für Finanzen
- 1979 – 1990 Senator für Soziales, Jugend und Sport
- 1985 – 1991 zusätzlich Bürgermeister und Stellvertreter des Präsidenten des Senats
- 1987 kommissarisch: Senator für Gesundheit
  1990 Senator für Bildung, Wissenschaft und Kunst
- 1991 – 1995 Senator für Bildung und Wissenschaft
- 1991 – 2005 Senator für Justiz und Verfassung
- 1995 – 2005 Bürgermeister und Präsident des Senats der Freien Hansestadt Bremen

Nach Ausscheiden aus politischen Ämtern seit 2005: Präsident des Deutschen Chorverbandes
Vorsitzender von „pan y arte"

Vorsitzender der Stiftung Gedenkstätte Reichspräsident Ebert, Heidelberg
Vorsitzender des Gustav-Heinemann-Bürgerpreises
Schirmherr von HelpAge-Deutschland und weiterer Organisationen

Menschen zu führen, war bei mir ein langwieriger Lernprozess

Mein Führungsstil hat sich durch praktische Erfahrung entwickelt, die ich in den verschiedenen Rollen, die ich im Laufe meines Lebens eingenommen habe, sammeln konnte. Selbst heute noch, nachdem ich ausgeschieden bin, sind mir meine Kenntnisse im Bereich Führung immer noch nützlich.

Menschen zu führen, war bei mir ein langwieriger Lernprozess. Zunächst hatte ich in dieser Hinsicht speziell zuhause eher ein negatives Vorbild. Mein Vater war Drogist. Er hatte keine Ahnung, wie man Mitarbeiter führt. Ihm war überhaupt nicht klar, dass es eine spezielle Qualifikation erfordert, Auszubildende und Angestellte zu leiten. Im Prinzip verließ er sich dabei auf sein Gottvertrauen. Er war sehr fromm, war Mitglied in der Bekennenden Kirche und dafür während der Nazizeit im Gefängnis gewesen, weshalb sein Glaube darin unerschütterlich war, dass ihn der liebe Gott schon nicht alleine lassen würde.

Zusätzlich haben mich die Überlebenden des Zweiten Weltkrieges geprägt. Als sie heimkehrten, erzählten sie von ihren vielfältigen Katastrophenerfahrungen. Mein Grundschullehrer, den ich sehr geschätzt habe, hatte eine schwere Schädelverletzung davongetragen, wodurch er zeitweilig seine Sprache verloren hatte. Als Mitglied unserer Kirchengemeinde beteten wir für ihn – zu jener Zeit wusste ich noch nicht, dass er einmal mein Klassenlehrer werden würde. Er schaffte es tatsächlich, wieder gesund zu werden!

Mein Grundschullehrer führte über Faszination

In der Schule tat er dann später das genaue Gegenteil von dem, was er beim Militär erlebt hatte. Er brüllte nicht, schlug nicht, kommandierte nicht herum und er bestrafte auch nicht. Dies war zu jener Zeit ganz unüblich. Wir waren damals 56 Kinder in einer Klasse und er brachte es sogar fertig, zwei Klassen in unterschiedlichen Räumen zu unterrichten, wobei wir in seiner Abwesenheit nicht über Tische und Bänke gingen. Er kontrollierte uns über Faszination, indem er uns sehr spannende pädagogische Projekte anbot (wobei wir natürlich nicht wussten, dass es sich um ein pädagogisches Angebot handelte). Es machte einfach Spaß und war höchst interessant für uns, bei diesen Aufgabenstellungen mitzudenken und mitzumachen. Aus unserer Klasse kam rund ein Drittel später aufs Gymnasium. Auch das war ungewöhnlich. Zu jener Zeit schafften das durchschnittlich nur ein bis zwei Schüler je Grundschulklasse.

Der Stil unseres Klassenlehrers begünstigte, dass die guten Schüler die weniger guten mitzogen. Wir hatten große Lust, zur Schule zu gehen, nicht zuletzt, weil wir merkten, dass unser Lehrer uns mit sehr viel Empathie begleitete. Bis zu seinem Tode hielt ich Kontakt zu ihm. Obwohl er über 80 Jahre alt war, konnte er sich noch sehr gut an jeden einzelnen Schüler erinnern. Er wusste über die Klasse, in der ich gewesen war, mehr als ich selbst. Trotz der langen Zeit, die in der Zwischenzeit vergangen war, konnte er immer noch herrliche Nachkriegsgeschichten über seine Schüler erzählen.

Ich habe gespürt, dass es ihm ein großes Anliegen war, nach der furchtbaren Kriegszeit etwas Grundsätzliches zu ändern. Nach all diesen Gräueln, all dem Leid und den unsäglichen Verlusten wollte er seinen Schülern vermitteln, wieder Lust auf die Zukunft zu haben. Wir lernten nicht wegen guter Noten oder weil wir kommandiert wurden, sondern weil wir ganz einfach Spaß an der Sache hatten.

Von meinen beiden Lehrern lernte ich, wie man Menschen führt und sie begeistert

Auf dem Gymnasium hatte ich ebenfalls einen wunderbaren Lehrer bis zum Abitur, der später einen Physiklehrstuhl an einer Universität innehatte. Er konnte mich zu Lernen begeistern. Das hätte ich mir manchmal von meinem Vater gewünscht. Er war dazu aber wegen seines eher schlichten Weltbildes nicht in der Lage. Dieser Physiklehrer hatte sich im Krieg freiwillig gemeldet und war zur Luftwaffe gegangen. Er hatte mehrere Abschüsse zu verzeichnen und war auch selber abgeschossen worden – Ereignisse, die sicherlich dazu anregten, über die Sinnhaftigkeit seines Tuns nachzudenken. Erst nach dem Krieg begann er mit seinem Physikstudium. Ähnlich wie mein Grundschullehrer begeisterte er uns ohne Leistungsdruck, ohne Ausspielen seiner Autorität und nicht durch Bestrafung und Belohnung.

Das ging so weit, dass wir als Schüler in benachbarten Schulen neue physikalische Geräte vorführen konnten, wobei die dortigen Lehrer zuschauten, weil das auch für sie neu war. Ich kann mich noch gut daran erinnern, eine Wilsonsche Nebelkammer demonstriert zu haben, und habe ihre Funktionsweise bis heute nicht vergessen.

Unser Lehrer unterrichtete uns in Mathematik, Physik und Chemie. Durch seinen begeisternden Stil zogen mich diese Fächer stark in ihren Bann. Enttäuschend war es für meinen Lehrer dann allerdings, dass ich nicht Physik, sondern Rechtswissenschaften studierte.

Diese beiden Lehrer vermittelten mir schon in meinen Kinder- und Jugendjahren einen ersten Eindruck davon, wie man Menschen führt und sie für etwas begeistert.

Durch einen autoritären Führungsstil kann man die Welt zerstören, aber nicht wieder aufbauen

Später, während meines Studiums, war ich Stipendiat des Evangelischen Studienwerks Villigst. Es war damals üblich, dass wir Stipendiaten in sogenannten Werkssemestern ein halbes Jahr in der Industrie arbeiten mussten. Ich arbeitete als Kettenschweißer. Dort lernte ich Helmut Keusen, den Theologen Töpf und Klaus von Bismarck kennen. Im Kriege war Helmut Keusen Generalstabsoffizier im Nachschub, Töpf war Ritterkreuzträger und Klaus von Bismarck wurde später WDR-Intendant. Nach dem Krieg hatten sie sich vorgenommen, etwas für die jungen Leute zu tun. Diese drei sowohl psychisch als auch physisch Verwundeten haben mir beigebracht, wie man hochintelligente Leute, die meist höchst individuelle Vorstellungen haben, mit der Arbeiterschaft in der Industrie vertraut machen kann. Wir mussten wirklich hart arbeiten, lernten aber auch speziell über Klaus von Bismarck die Spitzen der Ruhrindustrie kennen. Als Mitglied des Präsidiums des Deutschen Evangelischen Kirchentages lud er regelmäßig Spitzengewerkschafter, Betriebsräte und Geschäftsführer ein. Für uns Studenten war es natürlich höchst interessant zu sehen, wie diese unterschiedlichen Parteien miteinander umgehen. Die Frage war, ob es ausschließlich um Machtkämpfe geht oder ob diese Leute wirklich miteinander kommunizieren und voneinander lernen konnten. Würden sie zugeben, dass sie auch einmal Fehler machen und daraus lernen können? Diese Dinge waren für mich sehr aufschlussreich. Hinzu kam, dass wir in den Semesterferien ausgezeichnet betreut wurden. Für jeden Stipendiaten stand eins zu eins ein Professor zur Verfügung. Zu jener Zeit wurde ich sehr stark geprägt und habe auch viel von Vorbildern gelernt. Helmut Keusen beispielsweise war in der Vergangenheit als Offizier eine autoritäre Führungspersönlichkeit. Diese Haltung hatte er komplett verworfen, weil er verstanden hat, dass man auf diese Weise die Welt zerstören, aber nicht wieder aufbauen kann. Es war beeindruckend zu sehen, wie er auf seinen autoritären, patriarchalischen Führungsstil folgend etwas Neues aufbaute, etwas, das auf Kommunikation basierte, das den anderen mitnimmt, auf das Miteinander, auf das Vermitteln der Bedeutung jedes Einzelnen mit seinen unterschiedlichen Begabungen.

Wir hatten eine harte Auswahl hinter uns und waren so etwas wie die vorweggenommene Studentenbewegung, obwohl die erst zehn Jahre später erfolgte. Unser Selbstverständnis war damals schon, dass wir uns nichts mehr gefallen lassen. Wir waren aufsässig und keinesfalls fromm.

Wie bekommt man solche jungen, widerspenstigen Leute dazu, sich auf die Gesellschaft einzulassen? Wie schafft man es, dass diese Leute lernen, wie eine vernünftige Kommunikation zwischen Unternehmensleitung und Arbeiterschaft entwickelt werden kann? Der Hintergedanke war der: Wie macht man uns zu intelligenten und qualifizierten Nachwuchskräften?

Mit Korpsgeist erreicht man gar nichts
Nach meinem Studium habe ich früh geheiratet. Entsprechend wichtig war für mich die Berufsperspektive, weshalb ich mich wieder nach Vorbildern umgeschaut habe. So begann ich meine Arbeit in einem wunderbaren Anwaltsbüro. Die Stelle hatte ich nur wegen meines guten Examens bekommen.

Der Seniorchef war mit Hermann Josef Abs (Deutsche Bank) befreundet, der damals Aufsichtsrat einer großen

Schifffahrtsgesellschaft war und den ich so ebenfalls kennenlernte. Abs bot mir einen lukrativen Posten in jener Firma an, was ich jedoch mit der Begründung ablehnte, dann auf der falschen Seite zu arbeiten. Er entgegnete, das würde sich mit der Zeit schon legen, da ich ja letztlich nicht für eine Seite, sondern für die Gesellschaft arbeiten würde. In seinem Umfeld hatte man ihm sogar davon abgeraten, mir ein solches Angebot zu machen. Mit einem „Sozi" könne er schließlich nichts anfangen. Er hatte jedoch entgegnet, genau so einen wolle er haben. Hermann Josef Abs war ein sehr gebildeter, intelligenter Mann und großer Kunstsammler. Politisch war er ein echter Liberaler, also ganz anders, als bei uns Linken üblicherweise ein solcher „Mann des Kapitalismus" karikiert wurde. Von Leuten wie ihm habe ich gelernt, dass man mit Korpsgeist gar nichts erreicht. Man muss stattdessen selbstständig denken, sich trauen, gegen den Strom zu schwimmen, sich einlassen auf andere, auch auf völlig unkonventionelle Menschen. Abs war extrem fleißig, wobei er nicht ans Geldverdienen dachte, sondern von seiner Arbeit fasziniert war.

Streitigkeiten müssen auf eine Weise beigelegt werden, dass beide Parteien anschließend wieder zusammenarbeiten können

Mein damaliger Chef hielt einmal auf dem Deutschen Anwaltstag eine Festrede mit dem Titel „Die Kunst, Prozesse zu verhüten". Sein Credo war es, seine Klienten so zu beraten, dass sie überhaupt nicht in die Verlegenheit kommen, vor Gericht gehen zu müssen. Er gestaltete Verträge so, dass Streitigkeiten praktisch von vornherein ausgeschlossen wurden. Wenn es dann doch einmal zu Differenzen kam, war ihm daran gelegen, dass diese auf eine Weise beigelegt wurden, dass beide Parteien anschließend weiter zusammenarbeiten konnten. Diese Vorgehensweise war unabhängig von der kulturellen Herkunft der Vertragsparteien. Wir schafften das mit Amerikanern, Kanadiern, Chinesen und Europäern. So vertraten wir einmal den Staat Indonesien gegen die Forderungen der Niederländer, die eine Entschädigung für die in der postkolonialen Zeit verstaatlichten Betriebe einklagen wollten. Wir haben mit zehn Anwälten an diesem Fall gearbeitet, schließlich ging es um einen Streitwert in Milliardenhöhe. Unsere

Schriftsätze waren in mehreren Sprachen formulierte regelrechte Kunstwerke und wir haben schließlich gewonnen.

Man kann sich vielleicht vorstellen, was ich dabei alles gelernt habe! Eine wichtige Lektion war es, dass man sich in einem Bereich, in dem man Verantwortung trägt, mit allem, was man hat, für eine Sache einsetzen muss. Das stand natürlich oberflächlich betrachtet im krassen Widerspruch zu meinen damaligen Forderungen als Gewerkschafter, die Arbeitszeit zu verkürzen. Für einen Industriearbeiter ist das sicherlich richtig, für einen Juristen mit Klienten in der Wirtschaft jedoch unmöglich. Ich lernte damals: Wer in diesem Job zu einer festgelegten Zeit den Griffel fallen lässt, kann gleich nachhause gehen.

Durch die Nazizeit schwer belastete Menschen wieder zu integrieren und Hunderttausende verzweifelte Menschen zu motivieren, war eine besonders anspruchsvolle Führungsaufgabe

Als ich später für Behörden und in der Politik tätig wurde, hatte ich auch Vorbilder, speziell was das Thema „Führung" anbelangt. Eine davon war Wilhelm Kaisen. Er war bis 1933 Mitglied des Senats der Freien Hansestadt Bremen, wurde dann aber als Sozialdemokrat von den Nazis rausgeschmissen. 1945, als die Engländer uns befreiten, wurde er von ihnen, obwohl noch gekämpft wurde, in die Verwaltung geholt. In den Folgejahren konnte er immer wieder fantastische Wahlergebnisse vorweisen. Wilhelm Kaisen war ein ganz einfacher Mann aus Hamburg, der, obwohl seine Lehrer das befürwortet hatten, keine weiterführende Schule besucht hatte, weil seine Eltern recht arm waren. Er war ein klassischer Autodidakt, der sich alles nebenbei aneignete und eine wirklich große Persönlichkeit entwickelte. Von Helmut Schmidt ist bekannt, dass er sagte, Wilhelm Kaisen sei so ziemlich der Einzige, den er neben seinem Vater respektiert habe.

Wilhelm Kaisen wusste ganz genau, was er wollte, und konnte sich auch entsprechend durchsetzen. Er distanzierte sich sogar teilweise von seinen Parteifreunden, weil er die Westintegration Adenauers für politisch richtig hielt und nicht torpedieren, sondern mittragen wollte. Man kann ihn also durchaus als „politisch eckig" bezeichnen. Er war hochintelligent und hatte aufgrund seiner Englischkenntnisse ein sehr gutes Verhältnis zu den Amerikanern, die nach den Engländern als

Besatzungsmacht kamen. Sein Referent war übrigens Karl Carstens, der spätere Bundespräsident.

Im zerstörten Bremen, in dem es jede Menge Nazis gab, von denen natürlich keiner einer gewesen sein wollte, sorgte er für Einigkeit beim Wiederaufbau. Er beschwor die Menschen, auf Rachefeldzüge zu verzichten und stattdessen gemeinsam anzupacken. Er schaffte es auch, durch die Vergangenheit schwer belastete Leute zu integrieren, was ihm viele, unter anderem ich, damals vorgeworfen haben. Zusätzlich bewältigte er die große Aufgabe, Hunderttausende entmutigte und ziellose Menschen wieder zu motivieren.

Der Nächste, von dem ich viel gelernt habe, war Hans Koschnick. Er war ebenfalls Bürgermeister von Bremen und Präsident des Deutschen Städtetags. Koschnick kam aus einer kommunistischen Familie. Trotz dieser politisch damals ungünstigen Ausgangsposition schaffte er es, durch viel Arbeit und Mitdenken in diese Positionen zu gelangen. Er war keiner, der mit der Faust auf den Tisch gehauen hat, wenn ihm etwas nicht passte – das war eher der Stil von Schröder oder Schmidt. Koschnick hingegen versuchte immer, die Gegenseite zu verstehen und die Menschen in alle Prozesse mit einzubeziehen. In besonderer Weise hat er das dann ja auch in den 90er Jahren als EU Administrator in Mostar gezeigt.

Ebenfalls wichtig für mich war Gustav Heinemann. Ihn kannte ich seit der Kriegszeit, schließlich war auch er Mitglied der Bekennenden Kirche. Ich bin auch mit seinem Sohn Peter Heinemann eng befreundet, der heute der Gustav-Heinemann-Stiftung vorsitzt.

Heinemann arbeitete bei Rheinmetall, also in der Kriegsindustrie, woraus er nie – speziell nicht innerhalb der Bekennenden Kirche – einen Hehl gemacht hatte. Dass er es geschafft hatte, die Nazizeit zu überstehen, grenzt für mich an ein Wunder: In der Rüstungsindustrie hatte er eine leitende Position inne und in der Kirche vertrat er systemkritische Positionen.

Als Innenminister unter Adenauer trat er wegen der Wiederbewaffnung der Bundesrepublik zurück. Ich wirkte zunächst in der von ihm anschließend gegründeten GVP (Gesamtdeutsche Volkspartei) mit und folgte ihm danach in die SPD. Besonders beeindruckt hat mich, dass es ihm gelang, zur Zeit der Studentenunruhen mit diesen jungen Leuten, die sehr systemkritisch und geradezu revolutionärer eingestellt waren, einen Dialog herzustellen. Als Bundespräsident war er immer gesprächsbereit selbst mit Leuten, die den Staat infrage stellten. Er hätte sich ja auch hinter seinem Amt verstecken können. Doch das tat er nicht. Auf eine wunderbare Art und Weise hielt er das Land zusammen.

Kritisch habe ich mich hingegen mit Helmut Schmidt auseinandergesetzt. Eine gewisse Harmonie stellte sich zwischen uns erst ein, nachdem ich in Bremen Regierungschef geworden war und eine große Koalition zustande gebracht hatte. Vorher haben wir uns nur gestritten und voneinander abgegrenzt. Heute stehen wir immer noch über gemeinsame Freunde miteinander in Kontakt.

Es gibt immer noch Unternehmer, die hinter jedem Beschäftigten eine Familie sehen

Doch zurück zur Wirtschaft. Es gibt in Deutschland viele Familienunternehmen, die von Menschen geleitet werden, die auch heute noch für etwas stehen. Es handelt sich dabei eben nicht um Funktionäre oder rein profitorientierte Manager, wie es in den Medien oft dargestellt wird, sondern um Unternehmenslenker, die hinter jedem einzelnen Beschäftigten eine Familie sehen, für die sie sich mitverantwortlich fühlen. Das Persönlichkeitsprofil dieses Unternehmertyps ist nicht das eines Selbstdarstellers. Er ist eher bescheiden, weshalb man ihn auch nicht in den Schlagzeilen findet.

Im Gegensatz dazu hat sich bei vielen angestellten Vorständen, die bizarr hohe Gehälter einstreichen, nach amerikanischem Muster eine Form der Führung durchgesetzt, die mir völlig fremd ist. Dieser Führungsstil wird dadurch gerechtfertigt, dass diese Unternehmen an der Börse gehandelt werden und sich Erfolg unmittelbar im Aktienkurs widerspiegelt. Ich verstehe natürlich, dass das etwas ganz anderes ist, als ein Familienunternehmen zu führen. Doch dabei darf man nicht vergessen, dass auch diese börsennotierten Unternehmen die Verantwortung für zig Tausend Familien haben. Die gängige Mentalität, dass der Größere den Kleineren frisst, hat nichts mit risikobewusstem Abwägen und verantwortungsbewusstem Handeln zu tun.

25 % Rendite sind für die Realwirtschaft vollkommen utopisch
Die Spitze dieser Unkultur bildeten diejenigen, die 2008 an der Wall Street die gesamte Weltwirtschaft bedrohten. Sie haben es mit ihrer Verantwortungslosigkeit so weit getrieben, dass zum ersten Mal in der Geschichte alle zusammenarbeiten mussten, inklusive der Russen und Chinesen, um den totalen Zusammenbruch der Finanzsysteme abzuwenden. Die Leute, die dies verursacht hatten, taten das wahrscheinlich noch nicht einmal bewusst. Aus ihrer Sicht agierten sie lediglich zum Besten ihrer Shareholder. Der Bankensektor agierte völlig wahnsinnig. Ackermann beispielsweise forderte 25 % Rendite. So etwas ist für die Realwirtschaft vollkommen utopisch. Das ist eine sich nicht mehr vor den Menschen zu rechtfertigende, testosteronkranke Egomanie. Diese Leute scheinen jede Bodenhaftung verloren zu haben. Das Ergebnis ist, dass man andere nur als Objekte sieht und jedes Gefühl dafür verliert, dass der andere auch leben muss: Die Gedanken drehen sich nur um einen selbst. Dafür gibt es ein neues Wort, das ich zuvor nicht kannte: Ichlinge. Es reicht nicht, wenn man vor solchen gemeingefährlichen Leuten nur warnt. Nein, wir brauchen international etablierte Strukturen, die uns vor diesen Durchgeknallten schützen. Das muss ein breites Bündnis von Politikern, Unternehmern und Bankern sein. Gerade Letztere haben sich an das untere Ende der Ansehensskala katapultiert. Deshalb ist es so wichtig, dass sich die Banker in Zukunft bescheiden zeigen und durch eine ganze Reihe vertrauensbildender Maßnahmen ihre verloren gegangene Reputation zurückerlangen. Gerade in ihrem Geschäft ist es besonders wichtig, dass der Kunde Vertrauen hat. Ansonsten sind nur kurzfristige Deals, aber keine langfristigen Geschäftsbeziehungen möglich.

Wenn man sich an der amerikanischen Wildwest-Führungskultur orientiert, verliert man letztlich Geld
Eine weitere interessante Lektion zum Thema Unternehmenskultur habe ich im Zuge des Daimler-Chrysler-Desasters gelernt. Ich habe damals die Fusion von Daimler und Chrysler sehr genau mitverfolgt. Herrn Schrempp kannte ich, ebenso wie seine Vorgänger, recht gut. Mit Herrn Reuter bin ich sogar befreundet. Schrempp hatte jedoch

die amerikanische Führungskultur falsch eingeschätzt und war der Meinung, für viel Geld auch viel Substanz einzukaufen. Schließlich war Chrysler ein klangvoller Name.

Daimler hat nach meiner Einschätzung eine hervorragende Führungskultur. Die Mitarbeiter werden mitgenommen, man kann vom Werkzeugmechaniker bis zum Vorstand aufsteigen, man bietet den Menschen dort wirklich eine Perspektive. Man hat es jedoch nicht geschafft, diese Kultur auf Chrysler zu übertragen, was dazu führte, dass man das Unternehmen mit großem Verlust wieder abstoßen musste. Dabei habe ich gesehen, wie leicht man sein Geld verlieren kann, wenn man sich auf diese amerikanische Wildwestkultur einlässt.

Ein weiterer kritischer Punkt ist das Investmentbanking, das eine echte Gefahr für Qualitätsunternehmen darstellt. Da werden Strukturen, die über Jahrzehnte, manchmal über mehr als 100 Jahre, gewachsen sind und Qualität sowie Vertrauen bedeuten, auseinandergerissen. Teile werden mit anderen Unternehmen zusammengefügt und das alles nur deshalb, weil man sich dann beim Verkauf einen größeren Profit verspricht. Es ist für mich völlig unverständlich, dass diese Investmentbanker sogar gefeiert werden, obwohl sie genau das zerstören, was wesentlich ist: der Zusammenhalt der Belegschaft und die Identifikation mit dem Unternehmen, was in einem jahrzehntelangen vertrauensbildenden und auf gegenseitigem Respekt beruhenden Prozess gewachsen ist. Das alles wird ausgeblendet und stattdessen wird nur im Sinne der Shareholder spekuliert.

Mittelständische Unternehmer tragen entscheidend dazu bei, dass Deutschland Exportweltmeister ist

Trotz all dieser Auswüchse muss man sich vergegenwärtigen, dass Deutschland nach wie vor ein fantastischer Wirtschaftsstandort ist. Wir sind Exportweltmeister, obwohl wir eher teurere Produkte herstellen, weil deren Qualität überall in der Welt geachtet ist. Dazu tragen die Unternehmen entscheidend bei, deren Lenker eben nicht in der Presse zu finden sind. Diese Unternehmen wirtschaften nachhaltig, umsichtig und innovativ. Das ist Realwirtschaft. Es ist schon unglaublich, wie viele mittelständische Unternehmen beispielsweise in Schwaben es in den vergangenen 65 Jahren geschafft haben,

Weltmarktführer zu werden. Diese Unternehmer sind keine Selbstdarsteller. Für mich sind sie echte Vorbilder, die uns zeigen, wie man Mitarbeiter mitnimmt, ein funktionierendes Umfeld schafft und sorgfältig plant. Wenn ein solcher Unternehmer einmal stirbt, wird die Firma nicht gleich zusammenbrechen, weil er die Beteiligungen, die Nachfolge und die notwendigen Strukturen zuvor verantwortungsvoll geregelt hat. Ein solches Unternehmen bietet eine Lebensperspektive für viele Menschen und nicht etwa nur einen Job, den man heute hier und morgen dort macht.

Ich habe mit Mediationen so gute Erfahrungen gemacht, dass ich Ihnen dies als wirklich positive Botschaft für Ihr Buch mitgeben möchte.

Zum Abschluss möchte ich noch gerne etwas aus meiner persönlichen Führungspraxis erzählen. Als ich hier in Bremen Regierungschef war, glaubten viele, dass ich die Große Koalition nicht zusammenhalten könnte. Schließlich war man der Meinung, dass ich für die CDU ein „rotes" Tuch sei. Das genaue Gegenteil war der Fall, weil wir uns gegenseitig in den jeweils anderen hineingedacht haben. Wir überlegten, welche Erfolge der andere braucht, damit es ein gemeinsamer Erfolg wird, wo die Schwierigkeiten liegen und warum der andere sich bei dem einen oder anderen Thema sogar öffentlich verweigern muss. Diese Fähigkeit, sich in den anderen hineinzuversetzen, habe ich zu jener Zeit gelernt. Doch dann entwickelte sich hier im Rathaus ein ernsthafter Streit zwischen mir und dem Staatssekretär, der für mich der wichtigste Mitarbeiter war. Wir setzten uns zusammen und suchten nach Wegen, um das Zerwürfnis beizulegen. Wir einigten uns darauf, mit unserem privaten Geld einen Mediator einzuschalten. Wir entschieden uns für eine Psychologieprofessorin, die das professionell machte. Sie sortierte unseren Konflikt und balancierte uns beide und die Mitarbeiter in unserem Umfeld wunderbar wieder aus. Das hat bis zuletzt getragen. Dieser Staatssekretär und ich sind gemeinsam aus Altersgründen ausgeschieden. Dabei habe ich die sehr positive Erfahrungen gemacht, dass eine Mediationsberatung, die von außen kommt und keine eigenen Interessen verfolgt, die entscheidende Möglichkeit liefert, um schwierige Situationen, die ansonsten zu einem endgültigen Zerwürfnis führen würden, von außen zu reflektieren, die eigenen Schwächen zu identifizieren und den anderen verstehen zu lernen. Dabei darf man keine Angst empfinden, von anderen als entscheidungsschwach beurteilt zu werden. Wenn man sich darauf einlässt, erkennt man, wie groß der Nutzen einer solchen Mediation ist, und man kann wirklich schwierige, komplexe Streitigkeiten beilegen. Ich bin davon überzeugt, dass wir einen gewaltigen Schritt in die richtige Richtung tun, wenn sich die hohe Effizienz von Mediationen bei Führungskräften und Unternehmern herumspricht. Mediatoren sind keine Consulter, die irgendwelche Konzepte verkaufen. Stattdessen identifizieren sie Kommunikationsstörungen, wobei sie nicht als Sparringspartner wirken und nicht darauf hinweisen, was richtig und was falsch ist, sondern den streitenden Parteien dabei helfen, selbst das Problem zu erkennen und einander zu verstehen.

Man muss dabei bedenken, dass ein großer Schaden entsteht, wenn durch den Streit von zwei Führungspersönlichkeiten, die beide am Erfolg des Unternehmens mitgewirkt haben, einer von beiden entlassen wird. Viel sinnvoller ist es, stattdessen eine Mediation durchzuführen und beide Mitarbeiter, die sich schließlich als wertvoll erwiesen haben, zu halten. Ich habe damit so gute Erfahrungen gemacht, dass ich Ihnen dies als wirklich positive Botschaft für Ihr Buch mitgeben möchte.

5.16 Carl-Heiner Schmid

Kurzbiografie

Geboren 27. Juni 1941
Verheiratet, 4 Kinder
Leidenschaften: Forschung + Entwicklung, Bildende Kunst, Sport

1966 Diplom-Kaufmann, LMU München
1967 Staatlicher Ski-Lehrer, Sporthochschule, München
1980 Meisterbrief im Maler- und Lackiererhandwerk, Stuttgart
1984 Gesellschafter der Firmengruppe Heinrich Schmid
1994 Dr. rer. pol., Universität Stuttgart
2008 Gesellschafter Max Holder GmbH (Traktoren), Metzingen
2011 Übertrag Gesellschafteranteile der Unternehmensgruppe Heinrich Schmid auf seine drei Söhne (Heinrich, Max und Carlo)

Carl-Heiner Schmid ist Senior-Gesellschafter der Unternehmensgruppe Heinrich Schmid, ein Handwerksbetrieb im Ausbaugewerbe, mit mehr als 3500 eigenen Mitarbeitern. Die Gruppe ist europaweit unterwegs mit 100 Standorten in Deutschland, der Schweiz, Österreich, Frankreich und Spanien. Kern des Wachstums ist Aus- und Weiterbildung, Motor eine eigene Führungsakademie.

Das Unternehmen wurde vom Großvater und Namensgeber Heinrich Schmid 1914 in Metzingen gegründet. Begonnen hat alles mit einem Malermeister und zwei Gesellen. Vater Heinrich beschäftigte bereits 200 Mitarbeiter mit Eintritt seines Sohnes Carl-Heiner. 1984 übernimmt der Junior im Rahmen der Erbfolge das Unternehmen und formt daraus die heutige Unternehmensgruppe.

Der einstige Malerbetrieb ist inzwischen ein Komplettanbieter im Ausbaubereich. Der nächste innerfamiliäre Generationswechsel steht an, und die Begleitmaßnahmen laufen auf Hochtouren. „Weiteres Wachstum" heißt die Vorgabe, „Grow or Go" die Devise.

Begeistern enthält das Wort Geist

Damit Führung überhaupt erfolgreich sein kann, braucht man ein cooles Hirn, ein warmes Herz und zupackende Hände – und zwar auf beiden Seiten. Denn Führen heißt, dem Fahren (Bewegen) eine Richtung geben. Einen Grundlagenkatalog (Kochbuch, man nehme ...) kann man nicht schreiben und wird man auch nie schreiben können. Denn alles was schriftlich vorliegt, ist Vergangenheit. Zukunft kommt jedoch oftmals anders daher.

Als an mich selbst gerichtete Frage formuliert: Carl-Heiner, was redest du denn da eigentlich? Erfolgreiches Führen im absoluten Sinne ist so etwas wie die Quadratur des Kreises. Der Beobachter soll sich beim Handeln selbst beobachten. Das ist so gut wie unmöglich.

Wenn es einer Führungskraft gelingt, Begeisterung zu erzeugen, wird natürlich vieles leichter. Begeistern enthält das Wort Geist. Also muss man sich zunächst einmal fragen: Welcher Geist ist in einer Firma zuhause? Vertrauen oder Misstrauen? Werden Fehler verziehen oder gleich bestraft? Wer an Menschen glaubt und dies durch Handlungsfreiräume des Einzelnen dokumentiert, ist gut unterwegs. Wer sich zu sehr anpassen, also verbiegen muss, wird andere abpassen, d. h. aufhalten, weil er suboptimal arbeitet. Mich selbst sehe ich als Fehler verzeihend, angstfrei und respektvoll dem anderen gegenüber. Ehre den Unterschied! (Verlange nicht, dass andere so sind wie du.)

Augenhöhe – nicht Hühneraugenhöhe

Für die Identifikation der Mitarbeiter mit dem Unternehmen gilt die folgende Faustregel: 15 % einer Belegschaft werden sich mit einem Unternehmen identifizieren, die anderen 15 % haben innerlich gekündigt. Der Rest läuft mehr oder weniger positiv mit. Eine klassische Glockenkurve also. Letztendlich sind zwei Dinge für Menschen besonders wichtig (Ich weiß, als „terrible simplificateur" vereinfache ich stark.): Geld und Zukunft. Das Geld muss stimmen und die „gefühlte Zukunft" ist entscheidend für Gehen oder Bleiben.

Wie genau die oben beschriebene Glockenkurve für ein Unternehmen aussieht, hängt neben Geld und Zukunft auch vom Umgang miteinander ab. Als Imperativ formuliert: Hierarchie muss sein. Doch auch da gilt im Umgang miteinander: Augenhöhe – nicht

Hühneraugenhöhe. Wollte man einen Katalog „Führungsfehler" aufstellen, so wäre dieser mehrseitig und im entscheidenden Moment in seiner Vielfalt nicht abrufbar, denn im Moment der Führung bist du allein.

In den vergangenen Jahrzehnten wurde aus „Führen durch Information" ein „Führen durch Kommunikation". Nur Sinn generiert Zustimmung. Zustimmung heißt aber noch lange nicht Gefolgschaft. Anders als in früheren Zeiten müssen heute nicht mehr allzu viele Menschen wegen des Geldes widerspruchsfrei arbeiten, damit sie ihre Familie ernähren können. Deshalb verlangt Führen heute mehr denn je das Einbinden des Mitarbeiters in Entscheidungen.

Gefragt sind Bessermacher, nicht Besserwisser, Querdenker, nicht Querköpfe

Gut funktionierende Führungsgrundsätze kann man beim Militär beobachten, unabhängig wie man dazu steht, denn gelegentlich verfügt das deutsche Militär über fantastische bildhafte Erfahrungsschätze. Es ist der deutsche Unteroffizier, der weltweit großes Ansehen genießt. Er ist derjenige, der aus dem Schützengraben springt und seiner Mannschaft zuruft: „Mir nach." Oder anders ausgedrückt: Gefragt sind Bessermacher, nicht Besserwisser, Querdenker nicht Querköpfe.

Nicht nur Mitarbeiter müssen geführt werden, sondern auch Kunden, Lieferanten und die Öffentlichkeit. Alle vier Kategorien bestehen aus Menschen. Und jeder von uns wünscht sich doch Anerkennung. Das heißt Umgang auf Augenhöhe und das ist nicht gleichbedeutend mit Lob. Ein aktives und einladendes Zugehen auf alle vier Parteien für eine gemeinsame Reise in die Zukunft wird von Menschen privat und öffentlich immer honoriert werden.

Glück und Unglück sind Illusionen

Zur erfolgreichen Führung gehört auch, Rückschläge wegstecken zu können. Dabei ist es nützlich, sich zu vergegenwärtigen, dass sowohl Glück als auch Unglück nur von kurzer Dauer und darüber hinaus Illusionen sind. Die französische Sprache spiegelt dies präziser wider: „Malheur" bedeutet „die schlechte Stunde (Unglück)", „Bonheur" „die gute Stunde (Glück)". Erfolge erfolgen, dafür werde ich bezahlt und dafür folgen mir auch die anderen der Erkenntnis

„folgend": Gemeinsam leisten wir mehr und Größeres. Rückschläge schenken mir Realität, zeigen mir, dass ich mich getäuscht habe (Ent-Täuschung) und alltagspraktisch zu spät dran bin.

Wenn ich einen Vortrag halte, frage ich am Schluss mein Publikum in Anlehnung an das Kinderspiel „König, wie viel Schritte gibst du mir?": „Liebe Zuhörer, von hundert zu vergebenden Punkten, wie viele Punkte gebt ihr mir?"

Jenseits der 80 Punkte (im Durchschnitt) sagte ich in den vergangenen Jahren zu mir selbst (auch als Ausdruck meiner Selbstzufriedenheit): „Wow, Carl-Heiner, du bist gut."

Heute sage ich zum Publikum, wenn's mehr als 80 Punkte sind: „Schade, ich darf nichts mehr dazulernen. Denn nur unterhalb von 80 Punkten gibt's was abzuholen. Denn dann fehlt etwas, dann gibt's Verbesserungspotenzial."

Das größte Risiko für ein Unternehmen ist es, kein Risiko einzugehen

Wenn Menschen zusammenkommen und über etwas diskutieren (das gilt auch für Führungsethik), wird immer etwas fehlen, und es muss auch immer etwas fehlen. Ansonsten könnte nichts verbessert werden. Diese Fehlstelle hat aber noch eine viel wichtigere Aufgabe. Ohne sie kämen Menschen nicht zusammen.

Als Führungskraft sollte man sich bewusst machen, was einen antreibt. Sigmund Freud lässt grüßen. Für mich mache ich das fest an dem Begriff Treiben. In seiner passiven Ausprägung sind es die Gene meiner Vorfahren, die mir auf meine Lebensreise mitgegeben wurden. Der Wunsch, ein wenig an der Evolution mitzuwirken (Als Unternehmer im Handwerk tue ich das.) Doch unter dieser Passiv-Sicht muss es heißen: Nicht ich denke, sondern es denkt. Nicht ich gebe, sondern es gibt.

Bei aktiver Sichtweise, und hier sei an Immanuel Kant erinnert, wird unter Menschen gedacht, was gedacht werden kann, und gemacht, was gemacht werden kann. Das führt auch zu dem evolutionären Ereignis, das da heißt: Shit happens (es passiert). Handlungslogik ist immer erst im Nachhinein zu erkennen. Anders formuliert: Das größte Risiko für ein Unternehmen ist es, kein Risiko einzugehen.

Das Tätigkeitswort „treiben" ist verwandt mit dem Wort „reiben". Nur wenn sich Menschen aneinander reiben, wird Neues erzeugt. Reibung setzt Energie frei (Was hat der andere, was ich nicht habe, und was habe ich, was der andere nicht hat?). Eine Minute kann ich nur einmal verbrauchen und zudem lebe ich nur einmal. Das Leben findet nur am Rande in den Grenzbereichen statt. Alle Routine ist versäumtes Leben. Diese Erkenntnis treibt mich an.

5.17 Gunter Thielen

Kurzbiografie

Prof. Dr. Gunter Thielen ist Vorstandsvorsitzender der Walter Blüchert Stiftung mit Sitz in Gütersloh.

Gunter Thielen wurde am 4. August 1942 im Saarland geboren. Nach dem Abitur studierte er Maschinenbau und Wirtschaftswissenschaften an der TH in Aachen. Der Promotion zum Dr. Ing. folgten verschiedene Führungspositionen in der BASF-Gruppe, zuletzt die technische Leitung der Wintershall-Raffinerie in Kassel.

1980 startete Gunter Thielen als Geschäftsführer der Druckereien Maul und Belser bei Bertelsmann. 1985 wurde er als Chef der „Druck- und Industriebetriebe" – später arvato AG – in den Bertelsmann Vorstand berufen.

Der Aufsichtsrat der Bertelsmann AG benannte Thielen 2002 zum Vorstandsvorsitzenden. Er leitete das Unternehmen bis 2008. Anschließend übernahm er den Vorsitz des Aufsichtsrates der Bertelsmann AG und den Vorstandsvorsitz der Bertelsmann Stiftung bis zu seinem satzungsgemäßen Ausscheiden 2012. Seither leitet Thielen die Walter Blüchert Stiftung, deren Ziel es ist, Menschen bei der Überwindung gesellschaftlicher Barrieren zu unterstützen.

Im November 2011 wurde Dr. Gunter Thielen zum Professor der Universität Witten/Herdecke ernannt. Als Vorsitzender des Kuratoriums des Reinhard-Mohn-Instituts für Unternehmensführung und Corporate Governance sowie Vorsitzender des Beirats des Reinhard-Mohn-Stiftungslehrstuhls für Unternehmensführung, Wirtschaftsethik und gesellschaftlichen Wandel ist eine auf Partnerschaftlichkeit und Dezentralität ausgerichtete Führungskultur ein wesentlicher Teil seiner Lehre.

Geld oder Respekt: Was Mitarbeiter wirklich motiviert

Die Grundlage für erfolgreiches Führen ist für mich ohne Frage Partizipation. Ich bin der Überzeugung, dass sie als wesentlicher Bestandteil einer erfolgreichen Unternehmenskultur gleichzeitig die Basis für jeden langfristigen unternehmerischen Erfolg ist.

Ich habe die Erfahrung gemacht, dass die Menschen, die vor Ort tätig sind, auch den besten Überblick über ihren Arbeitsbereich haben. Sie haben das Know-how und sollten deshalb auch mitentscheiden können, wie man die Arbeit operativ umsetzt oder Prozesse optimiert.

Diese Sichtweise resultiert in einer sehr dezentralen Führung mit einer weitgehenden Delegation von Verantwortung an die Basis – also dorthin, wo die Arbeit wirklich gemacht wird.

Nehmen wir als Beispiel Bertelsmann. In der Zentrale in Gütersloh hat das Management – geprägt vom Leitbild des langjährigen Firmenchefs Reinhard Mohn – seine Mitarbeiter ebenfalls nicht als Angestellte, sondern als Partner betrachtet: Dieses Denken hat die Unternehmenskultur bei Bertelsmann nachhaltig geprägt.

Ich glaube, dass diese Art partnerschaftlicher Unternehmenskultur – so, wie sie mir schon immer wichtig war und wie sie auch heute noch bei Bertelsmann umgesetzt wird – für die meisten Menschen von großer Bedeutung ist. Durch diese Kultur erkennen sie, dass sie wertgeschätzt, gebraucht und gehört werden – und dass nicht nur geredet, sondern auch entsprechend gehandelt wird.

Um bei Bertelsmann zu bleiben: Wir haben schon früh Erfahrungen durch Mitarbeiterbefragungen gesammelt. Dabei hat sich sehr deutlich gezeigt, was den Menschen wirklich wichtig ist – nämlich an erster Stelle, dass man sie respektiert. Die Höhe des Gehaltes rangiert deutlich dahinter.

Wenn Mitarbeiter das Gefühl haben, dass sie gebraucht werden, dass ihre Leistung anerkannt und ihre Meinung von Kollegen und Vorgesetzten geschätzt wird, dann sind sie zufrieden. Damit wird ein zutiefst menschliches Bedürfnisse nach Sinngebung befriedigt. Und dann können sie notfalls auch in alten Büros arbeiten oder – wenn es die Umstände erfordern – auf ein Weihnachtsgeld verzichten oder Kurzarbeit zustimmen.

Wer sich von seinen Vorgesetzten respektiert und wertgeschätzt fühlt, der respektiert und schätzt im Umkehrschluss auch seine Führungskräfte und die eigenen Mitarbeiter – und das ist Führungskultur. Wenn Sie einem Menschen Respekt vermitteln, dann ist er auch bereit, zuzuhören und Entscheidungen mitzutragen.

Wertschätzung ist demnach ein Schlüsselfaktor für den Unternehmenserfolg. Wenn Sie, basierend auf dieser Wertschätzung, glaubhaft überzeugen können, dann finden sich viele, die bereit sind, am gleichen Strang zu ziehen. Wenn Sie authentisch kommunizieren, warum ein bestimmter Weg vernünftig und nötig ist, um ein Unternehmen erfolgreich von A nach B zu bewegen, und warum es wichtig ist, dieses Ziel zu erreichen, dann können Sie die Menschen dafür gewinnen. Das ist eine erklärende, sinngebende, partizipative Führung. Und dieser Führungsstil schlägt sich eben nicht nur in einem angenehmen Betriebsklima, sondern nachweislich auch in höheren Renditen und Wachstumsraten nieder.

Führen ist Geben und Nehmen

Vertreter eines eher hierarchischen Führungsstils argumentieren häufig, dass man sich in unserer durchgetakteten globalen Arbeitswelt nicht leisten kann, Zeit mit Sachdiskussionen zu verbringen.

So mancher Manager glaubt daher, durch die widerspruchsfreie Umsetzung von nicht weiter begründeten Anweisungen an seine Mitarbeiter Zeit zu sparen.

Aber Manager verfügen oftmals nicht über ausschlaggebende Detailinformationen oder kleinteiliges, aber wesentliches Hintergrundwissen. Die Folge ist ein mühseliger Prozess, in dem der Mitarbeiter belegen muss, warum es so nicht geht.

Dieses durch real existierende Zeitnot hervorgerufene „Management im Zeitraffer" führt letztlich aber dazu, dass wesentlich mehr Zeit gebraucht wird, als wenn man die Mitarbeiter von Anfang an miteinbezogen hätte.

Ich habe immer wieder beobachten können, dass Einzelkämpfer, die versuchen, gegen alle Widerstände etwas durchzusetzen, es viel schwieriger haben als diejenigen, die sich am Anfang die Zeit nehmen, die Mitarbeiter zu informieren und miteinzubeziehen. Dann brauchen Sie nämlich keine Zeit damit zu verbringen, Mitarbeiter wieder einzufangen – sie bewegen sich ganz von selbst und eigenmotiviert in die richtige Richtung.

Ein weiterer wichtiger Aspekt ist, dass auch Manager – wie alle Menschen – Fehler machen. Auch ich habe oft Fehler gemacht und dabei gelernt: Wenn die Mitarbeiter sich eingebunden fühlen, dann sind sie auch bereit zu unterstützen. Wenn man als Manager etwas falsch macht, sagen sie dann nicht: „Schau mal, was er da für einen Blödsinn verzapft hat", sondern: „Das kriegen wir gemeinsam schon wieder hin." Das ist ein ganz einfaches Geben und Nehmen, aber die meisten verstehen das nicht.

Führungsethik versus Quartalsgewinne: Ein partnerschaftliches Miteinander macht selten Schlagzeilen

Eine geringere, aber natürlich nicht unbedeutende Rolle bei der Motivation von Mitarbeitern spielt das Einkommen. Dabei sollte darauf geachtet werden, dass ein gewisser Anteil leistungsabhängig gezahlt wird, wobei die Höhe dieses Anteils davon abhängen sollte, auf welchem Gehaltsniveau sich der Mitarbeiter bewegt.

Die folgenden Richtlinien haben sich als sinnvoll erwiesen: Bei einem Jahresgehalt bis 100.000 Euro sollte der variable, leistungsabhängige Anteil 20 % betragen, bis 500.000 Euro 40 % und bis zwei Millionen Euro 70 %.

Als Kriterien für die Zielerreichung können sowohl harte als auch weiche Faktoren herangezogen werden. Ich persönlich würde die harten Faktoren in der Regel in den Vordergrund stellen, weil sie für ein Unternehmen von großer Wichtigkeit sind.

Um zu verhindern, dass Manager nur den kurzfristigen Profit im Blick haben, kann vereinbart werden, einen Teil des variablen Gehaltes erst nach drei oder vier Jahren zu zahlen. Ausschlaggebend sollte sein, wie nachhaltig das Betriebsergebnis ist. Auf diese Weise wird die Gefahr reduziert, dass ein Geschäftsführer bzw. Unternehmer das Betriebsergebnis durch schnelles oder langsames Abschreiben oder das Einbuchen von Rechnungen noch kurz vor oder erst nach dem Jahresabschluss manipuliert.

Das bringt uns zur Frage der Führungsethik und wie sie sich im Laufe der Zeit verändert hat. Ich bin überzeugt, dass es immer noch erheblich mehr Unternehmen gibt, die nach den Werten des partnerschaftlichen Miteinanders handeln, als viele denken. Schließlich steht ein Unternehmen meistens wegen eines Misserfolgs, eines Coups oder eines spektakulären Managementwechsels in der Zeitung und nicht, weil alles optimal funktioniert. Deshalb hört man von der partizipativen Führung bei den Unternehmen, die erfolgreich sind, relativ wenig.

Natürlich entsteht durch die Börse oder Anteilseigner ein erheblicher Druck, bei der Quartalsberichterstattung möglichst schnell Erfolge zu zeigen. Doch jeder, der etwas länger unternehmerisch tätig ist, weiß: Das führt vielleicht zu einer guten Schlagzeile. Aber dann folgen vier schlechte.

Ein wirklich verantwortungsvoller Geschäftsführer oder Unternehmer macht nicht kurzfristige Profite – auch heute nicht. Ich glaube nicht, dass sich die Führungsgrundsätze in dieser Hinsicht geändert haben. Es gibt natürlich junges, fachlich hervorragend ausgebildetes Führungspersonal, das alles ganz schnell umsetzen will und sehr ehrgeizig ist. Dass diese Manager am Anfang ein bisschen forscher agieren und dabei vergessen, die Menschen mitzunehmen, kommt natürlich vor. Aber wenn diese Nachwuchskräfte dann einmal vor die sprichwörtliche Wand gelaufen sind, werden sie sich in Zukunft anders verhalten. Auch hier gilt die alte Weisheit: Jeder Mensch darf Fehler machen – nur nicht immer die gleichen.

Politik schafft Handlungsrahmen

Die Politik kann einen großen Einfluss darauf haben, eine partnerschaftliche, mitarbeiterfreundliche Führungskultur zu fördern. Dazu ein Beispiel: Die Wirtschaftskrise im Jahre 2008 hat dazu geführt, dass die staatliche Unterstützung der Kurzarbeitszeit befristet verlängert wurde. Damals herrschte in fast allen produzierenden Betrieben Kurzarbeit, weil die Aufträge ausblieben. Der damalige Arbeitsminister Olaf Scholz hatte durchgesetzt, dass der staatliche Anteil am Kurzarbeitergeld nicht nur ein halbes oder ein Jahr, sondern zwei Jahre bezahlt wurde. Durch diese staatliche Unterstützung mussten die Unternehmen ihren guten Leuten nicht kündigen, sondern konnten sie halten.

Nachdem die Talsohle der Krise überwunden war, konnten diese Unternehmen schnell wieder durchstarten – denn ihre guten Leute waren noch da. Das haben weder die USA noch ein anderes Land in Europa geschafft. Dementsprechend groß war der Erfolg für Deutschland.

Eine Regierung macht entweder eine wirtschaftsfreundliche oder -unfreundliche Politik. So wären nach meiner Überzeugung die im Bundestagswahlkampf 2013 propagierten Steuererhöhungen auf Leistungen der Betriebe und des Kapitals Gift für die deutsche Wirtschaft gewesen. Manche lernen einfach nicht aus der Vergangenheit und machen immer wieder die gleichen Fehler. Der Einfluss der Politik auf das Umfeld, in dem Unternehmen mehr oder weniger gut gedeihen können, ist daher nicht zu unterschätzen.

Zankapfel Managergehälter: Boni statt gesellschaftlicher Akzeptanz?

Erfolg ist das Erreichen von Zielen. Diese müssen nicht unbedingt materieller Natur sein, wie zum Beispiel Marktanteile. Es kann auch um Zufriedenheit oder gesellschaftliche Anerkennung gehen.

Ein Unternehmen ist ein Organismus, der in einem gesellschaftlichen Gesamtgebilde operiert und dementsprechend anerkannt werden will und muss. Diese Anerkennung ist wichtig für die sogenannte „Social Licence to Operate", das heißt die gesellschaftliche Akzeptanz des Unternehmens durch die Art seiner Geschäftsausübung vor Ort.

Entsprechend groß ist der Schaden hoher Managergehälter ohne entsprechende Gegenleistung: Sie vermittelt den Menschen den Eindruck, dass es sich bei vielen Unternehmenschefs schlicht um Absahner handelt.

In Gang gesetzt wurde diese Diskussion durch den damaligen Daimler-Chef Jürgen Schrempp. Vor der Fusion mit Chrysler 1998 verdiente er zwei oder drei Millionen Euro im Jahr, während Chrysler-CEO Bob Eaton rund 15 Millionen Euro bezog. Jürgen Schrempp vertrat anscheinend die Auffassung, dass man sich bei den Gehältern etwas annähern müsse. Doch anstatt die Bezüge von Bob Eaton und den Chrysler-Vorständen zu senken, erhöhte der Aufsichtsrat die Bezüge des Daimler-Managements im gemeinsamen neuen Vorstand drastisch.

So mancher hat Jürgen Schrempp seither unterstellt, dass die Erhöhung der Managementgehälter der eigentliche Antrieb für den Merger zur DaimlerChrysler AG gewesen sei. Wenn das wahr ist, wäre das allerdings schrecklich. Es hätte sich dann nicht um eine unternehmerische Entscheidung gehandelt, sondern schlicht um Sicherstellung des persönlichen Wohlergehens.

Aus meiner Sicht sind aber die meisten dieser Gehaltsdebatten Neiddebatten. Menschen, die viel Geld verdienen, arbeiten in der Regel auch sehr hart. Ob Manager 400 mal so viel arbeiten wie Facharbeiter, sei dahingestellt – sicher nicht. Ihre Wirkung auf den Unternehmenserfolg kann aber durchaus 400 mal so groß sein. Deshalb vertrete ich die Auffassung, dass man Manager gut bezahlen sollte – allerdings sollten diese Bezüge streng erfolgsabhängig sein.

Bei vielen Banken ist die erfolgsabhängige Gestaltung von Bezügen allerdings keine Maßgabe. Sie haben Schrottpapiere zusammengestellt und verkauft und sich dafür exzellent bezahlen lassen. Was sie damit angerichtet haben, hat die Welt in eine Krise gestützt, und die Banken und insbesondere ihre Manager mussten und müssen für den entstandenen Schaden noch nicht einmal selber geradestehen. Das halte ich für fatal. So etwas ist kein Erfolg, für den man auch noch bezahlt werden sollte.

Das Verhalten der Banken ist in der Tat ein Negativbeispiel. Aber es wird auch gerne aufgebauscht und glauben gemacht, diese Einstellung gelte überall in der Wirtschaft. Insbesondere die Boulevard-Presse fördert diese Neiddebatten: Geschichten über gierige Manager werden als Aufreger gern gelesen und steigern die Auflage. Dabei verdienen auch Zeitungs-Manager ganz gut.

Andererseits: Dass die Bankenmanager großen Schaden angerichtet haben und ihnen dann auch noch Millionen sprichwörtlich hinterhergeworfen werden, ist wirklich nicht zu vermitteln. Die Handhabung der Abfindungen ist daher meines Erachtens dringend korrekturbedürftig. Jemand, der nicht viel geleistet hat und das Unternehmen verlässt, sollte auch keine Boni erhalten.

Unternehmenserfolg: Dem Glück durch kluges Handeln den Boden bereiten

Glück spielt bei persönlichem Erfolg mit Sicherheit eine Rolle. Man kann nicht alles voraussehen und entsprechend planen – aber man kann dem Glück die Türen öffnen und Umstände schaffen, die das Eintreten von Glück wahrscheinlich machen. Deshalb ist Glück für eine erfolgreiche Karriere, die sich über einen Zeitraum von 40 Jahren erstreckt, keine Erklärung.

Wenn Sie unternehmerischen Erfolg haben wollen, dann müssen Sie dafür sorgen, dass alle an diesen Erfolg glauben. Sie müssen dafür sorgen, dass der Weg dahin vermittelt wird und dass ihn auch alle mitgehen. Sonst werden Sie auch keinen persönlichen Erfolg erzielen.

Dazu müssen Sie zwischenmenschliche Beziehungen pflegen, Verlässlichkeit unter Beweis stellen und Vertrauen schaffen. Ohne diese interpersonellen Kompetenzen oder Soft Skills geht es nirgendwo, und sie sind manchmal sogar wichtiger als überdurchschnittliche Fähigkeiten auf der Sachebene.

Ein weiterer wichtiger Faktor für den Unternehmenserfolg sind gute Produkte. Ein guter Manager sorgt dafür, dass Produkte fortlaufend optimiert, neu entwickelt oder im Zweifel abgeschafft werden. Dieses Umsteuern nach den Erfordernissen des Marktes ist ein ganz wichtiger Bestandteil von Führung.

Kunden bringen heute sehr rasch in Erfahrung, ob sie gleichwertige oder ähnliche Produkte bei einem anderen Anbieter schneller, besser oder günstiger bekommen können. Ein guter Manager analysiert so bald wie möglich die Gründe dafür und beginnt umzusteuern. Das gestaltet sich in der Praxis häufig sehr schwierig, denn wenn Sie 3.000 Produkte herstellen, ist es nicht einfach zu prognostizieren, ob und wie sich das einzelne Produkt in drei Jahren bewähren wird.

Dies gilt insbesondere für schnelllebige Bereiche wie Mobile Devices, in dem komplette Produktfamilien im Handumdrehen kommen oder gehen und über Gedeih und Verderb von Unternehmen wie z. B Nokia entscheiden können. Manager können – basierend auf ihren Erfahrungen – nur die aktuell vorliegenden Zahlen, die Entwicklungen im Markt und Trends analysieren und entsprechend entscheiden. Alles Weitere wird erst die Zukunft zeigen.

Die gemeinsame Zukunft im Blick: Fairness als Grundlage für Führungserfolg

Von Haus aus bin ich Techniker und war deshalb schon immer sehr an technischen Abläufen interessiert. Im Jahre 1980 wurde mir deshalb von Bertelsmann die Leitung des Tiefdruckunternehmens Maul-Belser in Nürnberg übertragen. Als ich nach Süddeutschland kam, musste ich feststellen, dass dort sehr häufig gestreikt wurde. Bei jeder Gelegenheit standen die Mitarbeiter vor dem Tor. Irgendwann habe ich mich dann zu ihnen gesellt. Sie gaben mir klar zu verstehen, dass sie sich ungerecht behandelt fühlten. Ich forderte sie daraufhin auf, sich mit mir an einen Tisch zu setzen, um gemeinsam eine Lösung zu finden.

Ich habe dann sehr schnell ein Angebot formuliert: „Wenn ihr nicht mehr streikt, dann sorge ich dafür, dass ihr eine Gewinnbeteiligung bekommt: Solange das Unternehmen gut läuft, sollt ihr eine ordentliche Prämie erhalten. Wir legen einen Prozentsatz fest und setzen einen entsprechenden Vertrag auf. Außerdem verspreche ich euch, niemanden betriebsbedingt zu entlassen. Wir im Management trauen uns zu, das Unternehmen so zu steuern, dass wir über Maßnahmen wie Veränderungen in der Produktpalette und die normalen Fluktuationen Entlassungen vermeiden können. Wenn ihr unter der Bedingung, dass diese beiden Dinge eintreten, zusagt, nicht mehr zu streiken, dann machen wir das jetzt fest." Ich wusste, dass ich zu meinem Wort stehen konnte. Und diese Belegschaft hat nie wieder gestreikt.

Partnerschaftliches Krisenmanagement: Wandel gemeinsam gestalten

Ein weiterer wichtiger Aspekt des Führens ist der Umgang mit Rückschlägen. In schwierigen Zeiten muss man die Menschen mitnehmen anstatt sie zu entlassen. Das garantiert den sozialen Frieden.

Vor kurzem habe ich mit einem französischen Manager gesprochen. Er sagte, er brauche für die Lösung seiner Probleme einen Mediator. Es sei in Frankreich unüblich, dass ein Directeur Général direkt mit den Mitarbeitern redet. Dort gebe es keine Mitarbeiterversammlungen, bei denen die Manager den Mitarbeitern ihre Pläne und Vorhaben erklären könnten.

Stattdessen werde ein Mediator engagiert, dessen Aufgabe es sei, die Vorhaben mit den Gewerkschaften zu diskutieren und zu verhandeln. Der Graben zwischen Management und Mitarbeitern sei inzwischen so groß, dass man nicht einmal mehr „dieselbe Sprache spreche". Das ist wirklich schlimm.

Dieses System hat lange funktioniert, aber jetzt haben die Franzosen ernsthafte wirtschaftliche Probleme. Die Gründe sind vielfältig.

Zunächst einmal ist das Arbeitsverhältnis innerhalb französischer Unternehmen nicht vertrauensvoll. In dieser Hinsicht sind wir für Frankreich ein Vorbild. Präsident Nicolas Sarkozy hatte versucht, eine ähnlich vertrauensvolle Herangehensweise an das Verhältnis zwischen Management und Mitarbeitern zu etablieren wie bei uns – mit mäßigem Erfolg. Doch irgendwann werden die Franzosen tatsächlich unserem Vorbild folgen müssen, denn die wirtschaftliche Schieflage hält an.

In Frankreich sind Wettbewerbsfähigkeit und Attraktivität für Investitionen auch als Folge der genannten Strukturen, der restriktiven Arbeitsrechts-Verordnungen und hoher Sozialabgaben gesunken. Das Resultat: Die exportorientierte Industrie ist geschrumpft und hat ein systemisches Handelsdefizit und wachsende Arbeitslosigkeit verursacht.

Die Stimmung im Unternehmen und das allgemeine wirtschaftliche Klima haben wiederum Auswirkungen auf die Produkte. Nehmen Sie als Beispiel die Autoindustrie. Die französischen Automobilbauer waren einmal sehr gut, aber im Vergleich zu den deutschen haben sie seither einiges versäumt.

Anfang der 2000er Jahre befand sich die deutsche Automobilindustrie in der Krise. Die Autobauer mussten etwas tun. Sie schickten Experten nach Japan und haben sich Produktionssysteme wie die legendäre Toyota-Methode angesehen. Dann verbesserten sie zum Beispiel das bereits bewährte, von Ferdinand Piëch eingeführte Plattform-Rezept – das heißt technisch weitgehend identische Innenleben aus simplifizierten Bausätzen für die verschiedenen Modelle und Marken.

Volkswagen hat damit inzwischen weltweit eine Vorreiterrolle einnehmen und beeindruckende Gewinne einfahren können. Dabei können Sie davon ausgehen, dass Ferdinand Piëch und der aktuelle VW-Vorstandschef Martin Winterkorn diese Konzepte nicht alleine erarbeitet haben – sie haben sie gemeinsam mit ihren Teams entwickelt.

Burn-out: Die Globalisierung fordert ihren Tribut auch im Management

Ich persönlich bin froh, dass ich meine bisherige Karriere ohne einen Herzinfarkt oder ein anderes schwerwiegendes gesundheitliches Problem durchlaufen konnte. Schließlich entstehen bei vielen Menschen, die permanent unter Druck stehen, ernsthafte physische und psychische Schwierigkeiten. Es wird immer mehr in immer kürzerer Zeit verlangt, und eine immer größere Zahl verschiedener Aufgaben ist zu erledigen: Es besteht fortlaufender Rationalisierungsdruck sieben Tage in der Woche rund um die Uhr.

Viel Arbeit macht zwar müde, sie verursacht aber keinen Stress. Der entsteht erst durch Ängste: wenig Rückhalt in der Führung, übermäßige Kritik oder mangelnde Wertschätzung. Wenn man dann abends im Bett liegt und darüber nachdenken muss, wie das alles zu schaffen ist oder ob schon die Entlassung droht, ist an Entspannung nicht mehr zu denken. Nicht ohne Grund ist die Anzahl der Burn-out-Fälle in den letzten Jahren dramatisch gestiegen.

Dabei taucht ein Problem immer wieder auf: Die Führung gibt den Druck in die Organisation weiter, anstatt ihn abzuhalten – obwohl genau das eine klassische Aufgabe des Managements ist.

Die Ursache des Rationalisierungsdrucks ist der globale Wettbewerb. Wir sind ein Hochlohnland, und alles, was wir herstellen, wird durch höhere Lohnkosten belastet als in anderen Ländern. Deshalb müssen wir darauf achten, dass die Lohnkosten einigermaßen im Rahmen bleiben. Auf den Punkt gebracht heißt das ganz einfach: Bei höheren Löhnen dürfen wir weniger Zeit für den Herstellungsprozess verwenden.

Der Zeitdruck ist demzufolge ein ernsthaftes Thema, für das Lösungen gefunden werden müssen. Aktuell leiden bereits 30 bis 40 % der

Manager unter Depressionen und Versagensängsten, was weder das Betriebsklima verbessert noch die Produktivität steigert.

Ruhestand: Eine Vergeudung von Ressourcen

Ich freue mich sehr, dass ich mich mit dem Ende der einen Karriere bei Bertelsmann nun einer zweiten als Chef der Walter Blüchert Stiftung widmen kann und so die Möglichkeit habe, noch vieles zu gestalten und auf den Weg zu bringen.

Ich bin dankbar dafür, mich geistig und körperlich noch langfristig in einer Verfassung zu sehen, die es mir ermöglicht, die Ziele der Stiftung umzusetzen und ihre Wirkung zu erleben.

Andere sind nicht in so einer glücklichen Lage – sie müssen mit dem Erreichen eines bestimmten Alters in den Ruhestand gehen, obwohl sie noch viel zu geben hätten und das auch gerne wollen. Meiner Meinung nach ist der Ruhestand daher oft eine unglaubliche Vergeudung von Ressourcen. Unsere Gesellschaft kümmert sich viel zu wenig darum, Menschen nach dem Ausscheiden aus dem Beruf sinnvoll zu beschäftigen.

Allein die demografische Entwicklung in unserem Land wird es aber schon bald zwingend notwendig machen, die Menschen so spät wie möglich in den Ruhestand zu entlassen und ihre Fähigkeiten und Erfahrungen so lange wie möglich für die Gesellschaft zu nutzen.

Themen, mit denen wir uns in der Walter Blüchert Stiftung beschäftigen, sind daher sowohl lebenslanges Lernen als auch die Gestaltung von gesellschaftlich barrierefreien Übergängen zwischen Schule und Ausbildung, Beruf und erwerbsfreien Zeiten. Hier möchte ich meine Erfahrungen weitergeben.

Deshalb habe ich mir vorgenommen, mit der Walter Blüchert Stiftung effektive Modellprojekte nicht nur zu unterstützen, sondern auch weiterzuentwickeln und zu verbreiten. Damit möchte ich machbare Wege zur Gestaltung von gesellschaftlichen Übergängen aufzeigen. Ein erklärtes Ziel der Walter Blüchert Stiftung ist daher auch, möglichst viele Mitstreiter in Politik und Wirtschaft zu gewinnen. Ich bin überzeugt davon: So können wir noch einiges bewegen!

5.18 Ulrich Weber

Kurzbiografie

Ulrich Weber wurde am 14. März 1950 in Krefeld geboren.

Nach seinem Jurastudium arbeitete Ulrich Weber zunächst als Rechtsanwalt in Krefeld. Von 1984 bis 1987 war er für die Ruhrkohle AG in Essen tätig. Von 1987 bis 1990 arbeitete er für die Westfälische Berggewerkschaftskasse, deren Geschäftsführer er 1989 wurde. Zugleich war er 1987/88 Kanzler der Fachhochschule Bergbau in Bochum. 1990 wechselte er zur Deutschen Montan Technologie GmbH Bochum/Essen, wo er bis 1993 als Geschäftsführer tätig war.

Zwischen 1993 und 1998 arbeitete Ulrich Weber als Mitglied des Vorstandes und Arbeitsdirektor für die Cubis AG in Essen, ab 1997 als deren Stellvertretender Vorstandsvorsitzender. Von 1998 bis 2001 war Weber Mitglied des Vorstandes und Arbeitsdirektor der RWE Rheinbraun AG in Köln. 2001 wurde Ulrich Weber zum Mitglied des Vorstandes und Arbeitsdirektor der RAG Aktiengesellschaft in Essen berufen, seit 2006 hatte er diese Funktion im Nachfolgeunternehmen Evonik Industries AG inne. Außerdem war er von 2007 bis 2009 Mitglied des Vorstandes der RAG-Stiftung.

Seit 1. Juli 2009 ist Ulrich Weber Vorstand Personal der Deutschen Bahn AG und der DB Mobility Logistics AG.

Mitbestimmung ist ein Segen, kein Fluch

Als ausgebildeter Jurist kam ich erstmalig im Jahre 1987 mit dem Thema Personalführung in Berührung. Seit jener Zeit hat sich viel geändert, sei es durch den Wettbewerb, durch die Globalisierung, Internationalisierung, Liberalisierung, Deregulierung oder wieder Regulierung. Dabei wurde mir klar, dass man diese ständigen Veränderungen in einem Unternehmen nur mit einem gemeinsamen Verständnis bewerkstelligen kann. Das bedeutet, dass wir die Möglichkeiten der Organisation und jedes Einzelnen auf dem Weg zur Erreichung unserer Ziele ausloten, Überforderungen verhindern und die Balance immer wieder herstellen müssen zwischen den Interessen und Notwendigkeiten auf der Unternehmensseite und den Möglichkeiten und Begrenzungen auf der Führungskräfte- und Mitarbeiterseite.

Hinzu kommt, dass ich als Personalvorstand Sozialisation in Unternehmen erfahren habe, die stark von Mitbestimmung geprägt waren. Das ist ein Vehikel, welches diese Idee von Führung formalisiert und institutionalisiert. Dies wird meiner Meinung nach häufig falsch eingeschätzt, weil Mitbestimmung oft als formale Übung, Zwangsläufigkeit und Behinderung empfunden wird. Andersherum wird ein Schuh daraus, wenn man zur Mitbestimmung eine andere innere Einstellung hat und erkennt, wie wichtig Gewerkschaften und Betriebsräte sind. Bei der Bahn arbeiten 300.000 Menschen, so dass es unmöglich ist, mit allen zu kommunizieren, und dass es Ausprägungen gibt, die mir nicht gefallen, ist auch klar. Doch im Kern können wir nur dann nachhaltig erfolgreich sein, wenn es uns gelingt, dieses Thema Führung, miteinander arbeiten, miteinander reden, beteiligen, als selbstverständliches Modell zu etablieren – und dafür brauchen wir die Zustimmung der Belegschaft.

Der Umbau der Deutschen Bahn hat Irritationen und Verletzungen zurückgelassen

Wie man dies im Detail machen muss, ist natürlich sehr stark von der Historie des Unternehmens abhängig. Der Bahnkonzern selbst ist noch jung, obwohl die Eisenbahn 75 Jahre alt ist. Als Aktiengesellschaft besteht das Unternehmen jedoch erst seit 19 Jahren. Es wurde 1994 im Zuge der Bahnreform mit dem Auftrag gegründet, das Thema „Eisenbahn" unternehmerisch auszurichten. Mit großen Anstrengungen hat man versucht, dieses Ziel durch formale, ideale Strukturen wie eben der einer Aktiengesellschaft und durch die Sortierung und Segmentierung der Geschäfte, verbunden mit einem massiven Personalabbau, zu erreichen. Natürlich haben diese Anstrengungen Irritationen und Verletzungen zurückgelassen.

Gewisse Ereignisse führten dazu, dass wir im Jahre 2009 als neue Vorstände antraten – Herr Grube löste Herrn Mehdorn ab. Bei diesen Ereignissen handelte es sich um den Börsengang, der nicht funktioniert hat, um eine interne Datenaffäre im Umgang mit Kunden- und Mitarbeiterdaten, die zu einer Diskussion führte, ob das Vorgehen der vorherigen Geschäftsleitung zulässig war oder nicht, und natürlich um die Begleiterscheinungen der Wirtschaftskrise. Nach dem

Wechsel haben wir versucht, ein Gefühl dafür zu bekommen, wo das Unternehmen wirtschaftlich und kulturell steht. Dazu suchten wir die verschiedenen Geschäftsbereiche auf und hörten einfach zu, um ein Bild von der Stimmung im Unternehmen zu erhalten. Wir stellten durchgängig eine gewisse Orientierungslosigkeit und Frustration als Folge der vergangenen Ereignisse fest.

Kern unserer Strategie ist ein Dreiklang aus Ökologie, Ökonomie und Sozialem

Unser Eindruck wurde durch eine Unternehmenskulturanalyse eines externen Dienstleisters hinterlegt. Es herrschte eine deutliche Diskrepanz zwischen den Vorstellungen des Vorstands und der Top-Führungskräfte auf der einen Seite und der Sehnsucht vieler nach den alten Zeiten. Wir gingen diese Problematik aktiv an, indem wir Veranstaltungen organisierten, zunächst von Führungskräften, später aber auch unter Beteiligung von Betriebsräten und Mitarbeitern, um ihnen Gelegenheit zu geben, ihre Wünsche, Bedenken und Einschätzungen zu äußern. Damit stießen wir einen Prozess an, den wir „Kulturentwicklungsprozess" nannten. In diesem Rahmen diskutierten wir Kommunikation, Zusammenarbeit und Beteiligung neu. Parallel dazu begannen wir unseren Strategieprozess, der der Frage nachging, wo wir als Gesamtkonzern hin wollten. Anfang 2012 entwickelten wir die DB2020-Strategie, in der wir detailliert festlegten, wie wir unser Ziel, der weltweit größte Mobilitäts- und Logistikanbieter zu werden, nachhaltig erreichen können. Dabei möchten wir den Dreiklang zwischen Ökologie, Ökonomie und Sozialem verwirklichen und dem Vorwurf entgegentreten, wir würden nur auf die Zahlen schauen, wobei die Qualität, die Kundenzufriedenheit und auch die Mitarbeiterzufriedenheit auf der Strecke bleiben würden.

Diese drei Dimensionen stehen nebeneinander und es gilt, sie immer wieder aufs Neue bei jeder unternehmerischen Entscheidung in Einklang zu bringen. Aus Sicht des Personalbereiches ist es ein besonders begrüßenswerter Schritt, durch diese Strategie den Kulturwandel und die Mitarbeiterzufriedenheit zu einem der wichtigsten Ziele gemacht zu haben – neben Qualität und Kundenzufriedenheit.

Damit stehen diese Themen unverrückbar auf der Agenda, so dass sich diesem Ziel niemand auf Dauer verweigern kann.

Führung, die nicht nur den Profit im Fokus hat, ist deutlich komplexer

Im Zuge dieser Diskussion stellten wir die Frage, ob wir ein einheitliches Führungsverständnis hatten. Dabei erkannten wir, dass Führung im Zuge unserer neuen Strategie und dem damit verbundenen Dreiklang deutlich komplexer wird. Folglich begannen wir, uns intensiv mit dem Thema Mitarbeiterführung auseinanderzusetzen. Zusammen mit unserem rund 230 Top-Führungskräften beleuchteten wir das notwendige Menschenbild und die Rolle einer Führungskraft ausführlich und fassten unsere Ergebnisse in dem Begriffspaar „transaktional" und „transformational" zusammen. Dabei spannten wir in der Überzeugung, dass dies ein unverzichtbarer Beitrag zum unternehmerischen Erfolg ist, den Bogen zu den Dingen, die unsere Führungskräfte bereits kannten: 360-Grad-Feedback, Mitarbeiterbefragungen und Leadership-Forum. Auf diesem Weg brachten wir die Organisation nach vorne, indem wir ein gemeinsames Verständnis erreichten.

An diesem Punkt sind wir heute angekommen, wobei die Situation immer noch labil ist. Im vergangenen Jahr hatte sich bereits angedeutet und in diesem Jahr ist klar, dass wir unsere Ziele nicht ganz erreichen werden. Speziell das Fehlen von Fahrdienstleitern, das in das öffentliche Bewusstsein gerückt ist, war für uns erneut Anlass, genau hinzuschauen, wie weit wir mit den Themen Verantwortung, Kommunikation, Transparenz, Offenheit, Umgang miteinander, Eskalationen und Vertrauen gekommen sind. In der nächsten Woche werden diese Betrachtungen ihre Fortsetzung finden, wenn unsere 230 Top-Führungskräfte außer der Reihe erneut zusammenkommen, um über diese Themen weiter zu diskutieren.

Ausschließlich transformational zu führen, war nie unser Ziel

Für einen Dienstleister bedingen sich Mitarbeiterzufriedenheit und Kundenzufriedenheit gegenseitig. Deshalb gilt es, unseren Leuten Freude an der Arbeit zu vermitteln in dem Sinne, dass sie wissen, warum sie es tun und dass sie das, was sie können, auch einbringen können, dass sie Unterstützung erfahren, aber auch gleichzeitig den Freiraum erhalten, den sie brauchen. Dabei muss man berücksichtigen, dass mit dem Eisenbahngeschäft bestimmte Randbedingungen verknüpft sind: Sicherheit und Zuverlässigkeit. Dies alles unter einen Hut zu bringen, ist eine besondere Herausforderung. Alleine schon aufgrund unserer Größe benötigt dies viel Energie und vor allem viel Zeit.

Ich halte es für einen großen Fortschritt, dass wir über diese Dinge so intensiv miteinander reden und erkannt haben, dass es sich dabei um einen erfolgskritischen Faktor handelt.

Akzeptanzprobleme hat es bei diesem Kulturwandelprozess nicht gegeben. Verständnisprobleme in der Form „Wie geht das?" und „Geht das überhaupt?" traten hingegen sehr wohl auf. Unsere Strategie wurde auch als „nur noch transformational" übersetzt, was wir jedoch nie gesagt haben. Es fehlte gelegentlich an einem differenzierten Umgang mit dem Thema. Schließlich verfügten die meisten noch nicht über positive Erfahrungen mit diesem Führungsstil. Deshalb war es wichtig, ihnen die Überzeugung zu vermitteln, dass diese Art der Führung ihnen die Arbeit erleichtert.

Bestehende Haltungen ändern wir durch persönliche Coachings und permanentes Üben

Trotzdem werden wir immer noch gefragt, ob wir es mit diesem strategischen Ansatz des Dreiklangs und dem Kulturwandel ernst meinen. Dabei muss man bedenken, dass wir aus einem Staatskonzern hervorgegangen sind, in dem immer noch 40.000 Beamte arbeiten. Es stellt sich die Frage, wie ein solches Unternehmen unternehmerisch zu führen ist und inwieweit die Mitarbeiter bereit sind, bestehende Haltungen durch neue zu ersetzen. Dies versuchen wir, durch persönliche Coachings und durch ständiges Einüben der neuen Kultur zu erreichen. Dies ist ein kontinuierlicher Prozess, dessen Ende nicht absehbar ist. Dabei geht es um den Umgang mit Mitarbeiterbefragungen, um die Aufforderung an die Führungskräfte, mit ihren Mitarbeitern über die Ergebnisse und ihre Veränderungsmöglichkeiten zu reden, um die Besetzungen im Auswahlverfahren, wobei es uns nicht nur um die fachlichen Fähigkeiten, sondern auch um die Persönlichkeit, um Empathie und Kommunikationsfähigkeiten geht. Dabei versuchen wir, einen gesunden Mix aus internem Aufstieg und Neueinstellungen im Sinne von Bereicherungen und neuen Sichtweisen herzustellen.

Führen bedeutet auch, Lust auf Verantwortung zu haben

Ein weiteres wichtiges Element des Kulturwandels ist das Delegieren von Verantwortung. Führungskräfte, die einen Bereich mit mehreren 100 Millionen Umsatz leiteten, konnten eigenständig praktisch nichts entscheiden. Das haben wir geändert, auch durch formale Anpassung der Richtlinien und Genehmigungsgrenzen. Wir erleben jedoch, dass es dem einen oder anderen schwerfällt, von dieser neu gewonnenen Freiheit verantwortungsbewusst Gebrauch zu machen. Führen bedeutet jedoch, Lust auf Verantwortung zu haben. Es geht also nicht darum, jemanden zu befördern, weil er an der Reihe ist, sondern diejenigen auszuwählen, die sich der Führungsaufgabe mit allen Konsequenzen stellen. Vor diesem Hintergrund haben wir beispielsweise vor Kurzem den Vorstandsvorsitzenden einer größeren Gesellschaft entlassen, obwohl die Zahlen zunächst einmal stimmten. In dem Bereich Führungskultur und der daraus resultierenden Mitarbeiterzufriedenheit waren jedoch deutliche Defizite vorhanden. Deshalb wuchs bei uns die Erkenntnis, dass es dieser Kollege mit seiner Art zu führen nicht schaffen würde. Auch dies ist ein deutliches Signal, dass wir es mit dem Kulturwandel wirklich ernst meinen. In ähnlicher Weise haben wir im Bereich Fernverkehr drei Kollegen ausgewechselt. Ein weiterer Aspekt, den wir berücksichtigen, ist die Auswahl von Führungskräften im Hinblick auf die Kooperation untereinander. Wir prüfen sehr genau, ob ein Kandidat in die bestehende Mannschaft passt, um ein Team zu formen, das sich wechselseitig nach vorne bringt.

Auf den unterschiedlichen Hierarchieebenen ist der Wille zur Veränderung unterschiedlich stark ausgeprägt

Unsere Mitarbeiter sind selbstbewusst und engagiert, mit einem hohen Maß an Loyalität zum Unternehmen. In den Mitarbeiterbefragungen wurde deutlich, dass sie sich entsprechend ihren Fähigkeiten mehr einbringen möchten und sich mehr Beteiligung wünschen. Deshalb rennen wir mit unseren Konzepten offene Türen ein. Demgegenüber steht eine gewisse Skepsis, ob sie dem Braten wirklich trauen können oder ob es sich um eine Modeerscheinung handelt. Damit müssen wir umgehen. Deshalb haben wir für 120.000 Mitarbeiter Workshops angeordnet, was natürlich wenig transformational, aber notwendig ist. Diese Leute haben mit ihren jeweiligen Chefs einen halben Tag zusammengesessen, um über die Ergebnisse der Mitarbeiterbefragung aus ihrem Bereich zu sprechen und sich zu überlegen, was wir anders machen können. Überschlägig haben wir damit in Deutschland ungefähr jeden zweiten Beschäftigten erreicht, der bereits etwas von unserer Strategie als äußerem Zeichen unseres Willens mitbekommen hat. Die Skepsis bleibt natürlich trotzdem, nicht zuletzt, weil es auf den unterschiedlichen Hierarchieebenen unterschiedliche Ausprägungen dieses Willens zur Veränderung gibt.

5.19 Christiane Woopen

© Reiner Zensen

Kurzbiografie

Geboren 1962, verheiratet, 4 Kinder

Christiane Woopen hat Humanmedizin und Philosophie studiert. Sie ist seit 2009 Professorin für Ethik und Theorie der Medizin an der Medizinischen Fakultät der Universität zu Köln, an der sie die Forschungsstelle Ethik leitet, sowie Prodekanin für Akademische Entwicklung und Gender ist. Zudem ist sie Direktorin von **ceres** (Cologne Center for Ethics, Rights, Economics und Social Sciences of Health), das Ende 2013 von fünf Fakultäten an der Universität zu Köln gegründet wurde.

Seit 2012 ist sie Vorsitzende des Deutschen Ethikrates, dem sie seit dessen Einrichtung im Jahre 2008 angehört. Für die Periode 2014 bis 2016 ist sie Präsidentin des Global Summit of National Ethics Committees. Darüber hinaus ist sie Mitglied der Internationalen Bioethik-Kommission der Unesco sowie Mitglied in mehreren wissenschaftlichen Gremien auf nationaler und europäischer Ebene.

Ihre Arbeitsschwerpunkte zu ethischen Fragen liegen im Bereich der Reproduktionsmedizin, der Pränataldiagnostik, der Personalisierten Medizin, der Neurowissenschaften sowie der Gesundheitskompetenz und der Gestaltung des Gesundheitswesens.

Führung ist eine Frage der Grundhaltung

Die Werte, die für mich bei der Führung von Mitarbeitern wichtig sind, folgen aus einer Grundhaltung, aus der heraus meines Erachtens eine Führungskraft handeln sollte. Letztlich bilden Wertorientierung und Wertschätzung die Quellen, aus denen die wesentlichen Tugenden eines Managers fließen, wie Ehrlichkeit, Authentizität, Offenheit, freiheitliches Denken, Zielorientierung, Klarheit, Glaubwürdigkeit und Teamorientierung. Man kann sich viele Führungstechniken aneignen. So lange sie aber nicht aus einer inneren Überzeugung heraus angewendet werden, bleiben sie merkwürdig stumpf und unlebendig.

Vieles von dem, was für eine gute Führung wichtig ist, habe ich als Mutter gelernt. Aus diesem Grunde stelle ich auch sehr gerne Mütter oder Väter ein. Die Erfahrungen, die man in der Erziehung sammelt, die geforderte Flexibilität sich ständig auf neue Situationen einzustellen, sowie die emotionale Souveränität sind ideale Voraussetzungen, um mit anderen Menschen und mit komplexen Situationen umgehen zu können.

Führen heißt, Menschen zu sich selbst zu führen

Eine grundsätzliche Aufgabe des Führens ist es, Menschen zu sich selbst zu führen, d. h. sie dabei zu unterstützen ihre persönlichen Fähigkeiten und Stärken zu entfalten. Dies ist in einer Universität besonders gut möglich, weil es um geistige Freiheit und wissenschaftlichen Fortschritt geht. Ich muss darauf achten Mitarbeiter auszusuchen, deren Leidenschaft genau zur Aufgabenstellung und zum Ziel der Institution passt. Die wenigen Bewerber, die sich primär deshalb melden, um einfach irgendeine Stelle zu bekommen, kann man meist bereits im Anschreiben oder im ersten Gespräch leicht erkennen.

Eine ausschließlich arbeitsbezogene Führung reicht aber meines Erachtens noch nicht aus. Man muss letztlich die ganze Person berücksichtigen und mitdenken, dass diese Person außerhalb der Arbeit auch noch ihre Aufgaben, Belastungen, Neigungen, Lebensbereiche hat. Das bedeutet natürlich nicht, dass es keine Privatsphäre gibt. Es bedeutet aber, dass jeder Einzelne – so weit er das möchte – als ganzer Mensch wahrgenommen und akzeptiert wird, mit allen Höhen und Tiefen, die dann eben auch mal im Team mitgelebt und -getragen werden können. Vor allem der Mensch, der bei sich ist, kann dann auch mit anderen sein und gemeinsam zum Erfolg beitragen.

Man darf nicht versuchen, Menschen in Formen zu pressen

Die Art und Weise, wie man führt, ist dann auch von der jeweiligen Persönlichkeit des Mitarbeiters abhängig. Manche arbeiten beispielsweise gerne alleine und sprechen nur Zwischenergebnisse ab, andere entwickeln Ergebnisse lieber im Team. Man muss vermeiden, jemanden in eine bestimmte Form pressen zu wollen, folglich muss auch die Form der Führung für diese beiden Typen unterschiedlich sein. Wichtig ist, dass Klarheit über die Ziele im Team herrscht und wer welchen Beitrag zur Erreichung dieses Ziels leisten kann und soll.

Von strikt hierarchischen Führungsstrukturen halte ich nicht viel. Mit der Verteilung von Verantwortlichkeiten entstehen automatisch

Führungsaufgaben und damit immer auch hierarchische Elemente. Ich glaube jedoch nicht, dass man sie betonen muss. Wenn eine Person erst einmal an der richtigen Stelle ist, braucht sie nicht eng geführt zu werden. Dann besteht die Aufgabe der Führungskraft im Wesentlichen in Motivation, in strategischer Entwicklung und in der Prävention und Bewältigung von Konflikten.

Aus ethischen Gründen kann man durchaus auch einmal auf finanzielle Vorteile verzichten

Eine besondere Herausforderung stellen an einer Universität – und nicht nur da – die ökonomischen und formalen Rahmenbedingungen dar. Man ist enormen wirtschaftlichen Zwängen ausgesetzt und muss aufpassen, dass man sie weder ignoriert noch zum alles überragenden Wert seines Handelns macht. Man muss einerseits verantwortungsvoll mit den Finanzen umgehen, was schließlich auch dazu beiträgt, Arbeitsplätze zu schaffen und zu erhalten. Andererseits können ethische Gründe durchaus dazu führen, dass man unter bestimmten Bedingungen auf finanzielle Vorteile verzichtet. Dies ist beispielsweise dann der Fall, wenn man die Bedeutung von Mitarbeiterzufriedenheit und -entwicklung höher einschätzt als kurzfristigen Profit. Oder wenn man seinen Forschungsinteressen treu bleibt, anstatt sich zu modernen Themen hinreißen zu lassen, die einen eigentlich gar nicht interessieren.

Zu enge Kontrolle behindert Kreativität und damit Fortschritt

Prinzipiell ist Führen in den vergangenen Jahrzehnten auch durch das immer dichter werdende Regelwerk schwieriger geworden. Um missbräuchlichem Führungsverhalten vorzubeugen, ist der Handlungsspielraum von Führungskräften immer weiter eingeengt worden, was die „Anständigen" einen erheblichen Teil ihrer Freiheit kostet, die sie ansonsten zum Wohle aller einsetzen würden. Speziell in der Forschung macht überschießendes Controlling wenig Sinn. Es ist ein immanentes Merkmal von Forschung, dass man das Ergebnis im Vorhinein nicht kennt. Oft wird jedoch verlangt, dass man die angestrebten Forschungsergebnisse schon am Anfang im Detail konkretisiert und in relativ kurzen Zeitabständen berichtet, wo man steht. Wenn man jedoch zu unerwarteten Ergebnissen kommt und sich deshalb das

Forschungsdesign ändern muss, können sich ernsthafte Probleme wie zum Beispiel die Kürzung der Forschungsmittel ergeben. Bedeutende Entdeckungen sind jedoch häufig völlig unerwartet, quasi per Zufall, gemacht worden. Die Freiheit, auf der Basis von Zwischenergebnissen die Zielrichtung zu ändern, auch einmal unkonventionelle Wege zu beschreiten und ausreichend Zeit für den kreativen Prozess zu haben, wird durch das enge Controlling leider weitgehend beschnitten.

Schwarze Schafe beschädigen die Glaubwürdigkeit von Führungskräften

Es gibt auch Beispiele, wie sich ein Manager nicht verhalten sollte. Im spekulativen Bereich des Finanzsektors kann so mancher Millionenprämien einstreichen, doch wenn er es aus Gier in Kauf nimmt, dass abertausende Menschen und ganze Unternehmen in den Abgrund gerissen werden, wird er dafür allzu oft nicht zur Verantwortung gezogen. Das birgt ein hohes Maß an sozialem Sprengstoff. Ebenso hat die Schere zwischen niedrigen und hohen Gehältern bzw. Prämien ein Ausmaß angenommen, das kaum mehr vermittelbar ist. Das kann sich im öffentlichen Bewusstsein mit erheblichen schädlichen Folgen zu einer Vertrauenskrise gegenüber Führungskräften im Allgemeinen ausweiten.

Was mir speziell in großen Unternehmen zuweilen negativ aufgefallen ist, betrifft die Kommunikation. Die Mitarbeiter haben trotz Zielvereinbarungen oftmals keine klaren Ziele und Zuständigkeiten, für die sie sich persönlich wirklich einsetzen sollen, und sie wissen auch nicht, ob sie demnächst noch einen Arbeitsplatz haben. Da werden Leute auf beschämende Art auf die Straße gesetzt, die viele Jahre engagiert im Unternehmen gearbeitet haben. Der Schaden, der auf diese Weise bei den betroffenen Menschen und in der Wirtschaft im Allgemeinen angerichtet wird, ist immens. Von Mitarbeitern unter solchen Umständen Loyalität zu erwarten, ist geradezu absurd.

Erfolgreiches Management basiert auf Wertorientierung und Wertschätzung

Aus meiner Sicht wird Management dann erfolgreich sein, wenn es – wie am Anfang schon betont – auf Wertorientierung und Wertschätzung basiert. Das bedeutet für den Chef eines großen

Unternehmens auch mal ans Fließband zu gehen, um zu sehen, wie es seinen Mitarbeitern dort geht. Das eigene Vorleben von Werten trägt zur Glaubwürdigkeit der Führungskraft bei, und daraus resultiert Verlässlichkeit. Ich halte es für wichtig, dass man als Vorgesetzter für den Mitarbeiter grundsätzlich verstehbar und auch verlässlich ist. Andernfalls entstehen Unsicherheiten und im Extremfall Ängste.

Wenn man mit einer solchen Grundhaltung die Menschen entsprechend ihren Fähigkeiten und Neigungen einsetzt, haben sie automatisch auch Freude an ihrer Arbeit, d. h. sie müssen nicht aufwendig inspiriert oder gar begeistert werden. Sie können ihre Motivationen entfalten und erfahren Wertschätzung, die wiederum schon an sich motiviert. So kann man gemeinsam ein großes Ziel erreichen, Erfolg haben – und als schöne Beigabe wird auch der Weg dorthin schon als sinnvoll erlebt.

Theorie im Praxistest – Unser Führungsmodell und die Aussagen von Führungspersönlichkeiten

6

Wie bereits in der Einleitung zu Kapitel 5 erwähnt, vermieden wir eine Beeinflussung unserer Gesprächspartner, indem wir ihnen unser Modell der Transkooptionalen Führung nicht erläuterten.

Nach dem Erstellen der Interviewtexte identifizierten wir die Kernaussagen und stellten sie den entsprechenden Abschnitten als fett gedruckte Überschriften voran. Die für das Thema Führen besonders relevanten Kernaussagen ordnen wir nun den fünf Säulen unseres Modells sowie der Transformation von der *Nehmer-* zur *Geber*-Kultur zu, wobei einige Aussagen zu mehr als einer Säule passten. Den Kontext jeder Aussage kann der Leser bei Bedarf im Interviewtext nachvollziehen.

6.1   Vertrauen

Die vier Aspekte des Führens: Ziele klar definieren, Mitarbeiter einbinden, Erfolgskontrolle und ein Klima des Vertrauens schaffen – *Roland Berger*

Führen wird im Wesentlichen vom Überspringen von Begeisterung getragen – *Titus Dittmann*
Anm.: Begeisterung ➔ Sinnhaftigkeit ➔ Vertrauen

Der Mensch braucht Instrumente, die ihm helfen, Selbstwirksamkeit zu erfahren – *Titus Dittmann*
Anm.: Selbstwirksamkeit ➔ Selbstvertrauen ➔ Vertrauen

Skateboardfahren stiftet Selbstwirksamkeit, Selbstbewusstsein, Identifikation und Sinnhaftigkeit – *Titus Dittmann*

Wichtig ist, Vertrauen in die eigene Autorität zu entwickeln – *Claus Hipp*

Wenn man Führungskräften erklärt, warum etwas getan wird, sind sie mit vollem Einsatz dabei – *Roland Koch*
Anm.: Transparenz ➔ Sinnhaftigkeit ➔ Vertrauen

Für die intrinsische Motivation sind die Identifikation, Freiräume sich entwickeln zu können, und die Sicherheit, Fehler machen zu dürfen, wichtiger als Incentivierung – *Leo Lübke*

Zufriedenheit im Beruf wirkt sich positiv auf die Familie aus – und umgekehrt – *Kathrin Menges*
Anm.: Glück (innere Zufriedenheit) ➔ Verbundenheit – Vertrauen

Hohe Ziele motivieren zu Bestleistungen – *Kathrin Menges*
Anm.: Daraus entsteht Selbstvertrauen, eine der drei Säulen des Vertrauens.

Vertrauen durch Kommunikation – *Kathrin Menges*

Ich führe mein Management auf Basis der Vertrauenskultur – *Uwe Rotermund*

Vertrauen basiert auf Respekt, Empathie, Glaubwürdigkeit, Wertschätzung und Fairness – *Uwe Rotermund*

Menschen arbeiten am besten, wenn sie frei von Ängsten sind – *Petra Roth*
Anm.: Angst ist das Gegenteil von Vertrauen.

Mein Grundschullehrer führte über Faszination – *Henning Scherf*
Anm.: Faszination (Begeisterung) ➔ Sinnhaftigkeit ➔ Vertrauen

Von meinen beiden Lehrern lernte ich, wie man Menschen führt und sie begeistert – *Henning Scherf*
Anm.: Begeisterung ➔ Sinnhaftigkeit ➔ Vertrauen

Begeistern enthält das Wort Geist – *Carl-Heiner Schmid*

Geld oder Respekt: was Mitarbeiter wirklich motiviert – *Gunter Thielen*
Anm.: Respekt ➔ Verbundenheit ➔ Vertrauen

Führungsethik versus Quartalsgewinne: Ein partnerschaftliches Miteinander macht selten Schlagzeilen – *Gunter Thielen*

6.2 Sicherheit

Führungskräfte sind in der Regel in dem Unternehmen am besten, in dem sie gewachsen sind – *Leo Lübke*

Ich halte es für wichtig ein Umfeld zu schaffen, das den Mitarbeitern eine lebenslange Perspektive bietet – *Thomas Rusche*

Die gemeinsame Zukunft im Blick: Fairness als Grundlage für Führungserfolg – *Gunter Thielen*

6.3 Organisation

Wen? Wie? Was? Drei Kompetenzfragen für Führungskräfte – *Kathrin Menges*
Anm.: Speziell beim Was diskutiert Frau Menges die permanente Anpassung von Prozessen und Strukturen in einem sich ständig verändernden Umfeld.

Zu enge Kontrolle behindert Kreativität und damit Fortschritt – *Christiane Woopen*

6.4 Coaching

Mit einer Botschaft kann man nur diejenigen erreichen, die auf der Wellenlänge empfangen, auf der man sendet – *Titus Dittmann*

Die Förderung der Potenziale jedes Einzelnen zählt zu den wichtigsten Führungsaufgaben – *Claus Hipp*

Das persönliche Potenzial definiert die Grenze jedes Einzelnen – *Helmut Maucher*

Man muss sich als Führungskraft spürbar um die Weiterentwicklung des Mitarbeiters kümmern – *Jens Odewald*

Menschen dort einsetzen, wo sie ihre Potenziale entfalten können – *Thomas Rusche*

Kluge Führung hilft jedem Mitarbeiter, seinen eigenen Weg zu finden – *Thomas Rusche*

Bestehende Haltungen hinterfragen wir in persönlichen Coachings und durch permanentes Üben – *Ulrich Weber*

Führen heißt, Menschen zu sich selbst zu führen – *Christiane Woopen*

6.5 Transparenz

Die vier Aspekte des Führens: Ziele klar definieren, Mitarbeiter einbinden, Erfolgskontrolle und ein Klima des Vertrauens schaffen – *Roland Berger*

Das Wichtigste ist, mit den Mitarbeitern auf allen Ebenen zu reden – *Heinz Dürr*
Anm: Transparenz ➔ Einbindung von Mitarbeitern

Glaubwürdigkeit bedeutet auch, dass sich der Grad der Zielerreichung im Gehalt widerspiegelt – *Roland Koch*

Wenn man Führungskräften erklärt, warum etwas getan wird, sind sie mit vollem Einsatz dabei – *Roland Koch*
Anm.: Transparenz ➜ Sinnhaftigkeit ➜ Vertrauen

Das Eingestehen von Schwächen erhöht die Glaubwürdigkeit enorm – *Leo Lübke*

Glaubwürdigkeit ist die wichtigste Eigenschaft einer Führungskraft – *Helmut Maucher*

Ziele müssen klar kommuniziert werden, sollten aber nicht in formalisierter Form das Gehalt bestimmen – *Helmut Maucher*

Führung muss Nachhaltigkeit und gesellschaftliche Verantwortung widerspiegeln – *Helmut Maucher*
Anm.: Altruismus

Jeder Manager durchläuft einmal im Jahr einen globalen Bewertungsprozess – *Kathrin Menges*

Partnerschaftliches Krisenmanagement: Wandel gemeinsam gestalten – *Gunter Thielen*
Anm.: Transparenz ➜ Mitarbeitereinbindung

Unsere Mitarbeiter möchten mehr Gestaltungsraum einnehmen – *Ulrich Weber*
Anm.: Transparenz ➜ Mitarbeitereinbindung

6.6 Transformation von der *Nehmer-* zur *Geber*-Kultur

Erfolg misst sich auch daran, wie glücklich mein Umfeld mit dem ist, was ich tue – *Roland Berger*
Anm.: Altruismus (*Geber*)

Ein Unternehmer muss einen messbaren Beitrag für die Gesellschaft leisten – *Roland Berger*
Anm.: Altruismus (*Geber*)

Gewinn zu machen, ist nicht der Existenzzweck eines Unternehmens – *Heinz Dürr*
Anm: Kooperation ➔ Mitarbeiter, Produkte, Geschäftsbeziehungen ➔ Gewinn (Abbildung 4.1)

Ich habe geführt, wie ich selbst gerne geführt werden wollte – *Hans-Olaf Henkel*

Die Corporate-Governance-Kultur ist aus Skandalen entstanden – *Hans-Olaf Henkel*
Anm.: *Nehmer*-Kulturen

Wenn die Zahlen stimmen, ist noch lange nicht alles in Ordnung – *Roland Koch*
Anm: Kooperation ➔ Mitarbeiter, Produkte, Geschäftsbeziehungen ➔ Gewinn (Abbildung 4.1)

Voraussetzung für den Erfolg ist ein Verständnis dafür, was im Kopf des anderen vorgeht – *Jens Odewald*
Anm.: Empathie fördert Kooperation, siehe Abschnitt 3.4

Unternehmenserfolg bedeutet, glückliche Mitarbeiter zu haben – *Uwe Rotermund*
Anm.: Gewinn ist nicht der primäre Unternehmenszweck.

Ein guter Manager instrumentalisiert seine Mitarbeiter nicht – *Petra Roth*
Anm.: Menschen zu instrumentalisieren, ist *Nehmer*-Mentalität.

Die wesentlichen Gründe für den Unternehmenserfolg finden sich nicht in der Bilanz – *Thomas Rusche*
Anm.: Gewinn ist nicht der primäre Unternehmenszweck.

Eine Führungskraft muss bei der Leistungserwartung, die sie an den Mitarbeiter stellt, dessen Lebenssituation analysieren und berücksichtigen – *Thomas Rusche*
Anm.: Menschen als Subjekt, nicht als Objekt sehen, d. h. sie nicht zu instrumentalisieren.

Ein erfolgreicher Kapitalist fragt sich, wem er nützlich sein kann – *Thomas Rusche*
Anm.: Die *Geber* sind erfolgreicher.

6.6 Transformation von der Nehmer- zur Geber-Kultur

Durch einen autoritären Führungsstil kann man die Welt zerstören, aber nicht wieder aufbauen – *Henning Scherf*
Anm: *Nehmer*-Kulturen sind eher destruktiv, Aufbauen erfordert jedoch Kooperation.

Streitigkeiten müssen auf eine Weise beigelegt werden, dass beide Parteien anschließend wieder zusammenarbeiten können –
Henning Scherf
Anm.: „Tit for Tat" bedeutet, nicht nachtragend zu sein, d. h. nach einem Streit (Defektion) sofort wieder Kooperation zu erwidern.

Durch die Nazizeit schwer belastete Menschen wieder zu integrieren und Hunderttausende verzweifelte Menschen zu motivieren, war eine besonders anspruchsvolle Führungsaufgabe – *Henning Scherf*
Anm.: Angst verhindert Kooperation.

Es gibt immer noch Unternehmer, die hinter jedem Beschäftigten eine Familie sehen – *Henning Scherf*
Anm.: Menschen als Subjekt, nicht als Objekt sehen → nicht instrumentalisieren.

Wenn man sich an der amerikanischen Wildwest-Führungskultur orientiert, verliert man letztlich Geld – *Henning Scherf*
Anm.: *Nehmer*-Kulturen sind letztlich nicht erfolgreich.

Burn-out: Die Globalisierung fordert ihren Tribut auch im Management – *Gunter Thielen*
Anm.: Globalisierung → *Nehmer*-Kulturen nach amerikanischem Muster → Versagensängste → Burn-out

Der Kulturentwicklungsprozess beleuchtete Kommunikation, Zusammenarbeit und Beteiligung neu – *Ulrich Weber*
Anm.: Transformation von Unternehmenskulturen mit Fokus auf Kooperation.

Man darf nicht versuchen, Menschen in Formen zu pressen –
Christiane Woopen
Anm.: Menschen als Subjekt, nicht als Objekt sehen → nicht instrumentalisieren.

6.7 Fazit

Unsere Ergebnisse zeigen eindeutig zwei Schwerpunkte bei den Kernaussagen der von uns befragten Führungskräfte. Die Bildung einer Vertrauenskultur – in unserem Modell eine Facette der *Geber*-Kultur – stand eindeutig im Vordergrund. Zusätzlich thematisierten die Befragten intuitiv die für den Unternehmenserfolg notwendige Transformation von der *Nehmer*- zur *Geber*-Kultur (natürlich ohne diese Begriffe zu verwenden, weil wir vorab unser Modell nicht vorgestellt hatten). Dieser Schwerpunkt der Aussagen unserer Interviewpartner stellt unseres Erachtens einen deutlichen Hinweis auf die Validität unseres Modells dar.

Die Statements zu den Bereichen „Coaching" und „Transparenz" lagen im Mittelfeld, während den Themen „Sicherheit" und „Organisation" nur wenig Beachtung geschenkt wurde. Eine Voraussetzung dafür, dass sich ein Mitarbeiter sicher fühlt, ist eine hinreichende Transparenz im Unternehmen, so dass diese beiden Themen sich vermischten, nur schwer zu trennen waren und von uns mit dem Schwerpunkt „Transparenz" eingeordnet werden.

Das Thema „Organisation" (Teams und Prozesse) gehört für die meisten Führungskräfte ganz offensichtlich mit einem Höchstmaß an Selbstverständlichkeit zu den Führungsaufgaben, weshalb dieser Bereich kaum angesprochen wurde.

Literaturverzeichnis

Avolio, B. J. and Bass, B. M., *Multifactor Leadership Questionnaire*, Manual, Third Edition, Lincoln (2004)

Axelrod, Robert, Hamilton, William D., *The Evolution of Cooperation*, Science 211, S. 1390-1396 (1981)

Axelrod, Robert, *Die Evolution der Kooperation*, 7. Auflage, R. Oldenbourg Verlag, München (2009)

Babiak, Paul, Hare, Robert D., *Menschenschinder oder Manager: Psychopathen bei der Arbeit*, Carl Hanser Verlag, München (2007)

Barker, Anthony T. et al., *Non-Invasive Magnetic Stimulation of Human Motor Cortex*, Lancet 325, Nr. 8437, S. 1106f (1985)

Book, Angela, Quinsey, Vernon L., *Criminal Justice and Behavior 20*, Nr. 10, S. 1-21 (2006)

Boyer, P., Bergstrom, B., *Evolutionary Perspectives on Religion*, Annual Review of Anthropology 37, S. 111-130 (2008)

Burns, J. M., Leadership, New York (1978)

Carter, Rita, *Das Gehirn*, Dorling Kindersley Verlag, München (2010)

Dalberg-Acton, J. E. E.: *Historical Essays and Studies*, herausgegeben von John Neville Figgis und Reginald Vere Laurence. Macmillan, S. 504 (1907).

Darwin, C., R., *The Origin of Species*, John Murray (1859)

Dawkins, Richard, *Universal Darwinism*, in: *Evolution from Molecules to Men*, Cambridge University Press (1983), S. 403 – 425

Dawkins, Richard, *Das egoistische Gen*, 3. Auflage, Rowohlt Taschenbuch Verlag (2001)

Dawkins, Richard, *Der erweiterte Phänotyp: Der lange Arm der Gene*, Spektrum Akademischer Verlag, Heidelberg (2010)

Dunbar, R. I. M., Shultz, S., *Evolution in the Social Brain*, Science 317, S. 1344-1347 (2007)

Dutton, Kevin, *Psychopathen – Was man von Heiligen, Anwälten und Serienmördern lernen kann*, 6. Auflage, Deutscher Taschenbuchverlag (2014)

Ernst, Heiko, *Warum positive Gefühle so wichtig sind*, Psychologie Heute, Nr. 1 (2006)

Fast, N. J., *The destructive nature of power without status*, Journal of Experimental Social Psychology 1, S. 391-394 (2012)

Fischer, E. A., *The Relationship Between Mating System and Simultaneous Hermaphroditism in the Coral Reef Fish*, Hypoplectrus nigricans (Serranidae). Animal Behaviour 28 (1980)

Fredrickson, Barbara, *Positivity*, Crown Publishers (2009)

Grant, A., *Geben und Nehmen*, Droemer Verlag (2013)

Green, Joshua D. et al., *An fMRI Investigation of Emotional Engagement in Moral Judgement*, Science 293, Nr. 5537, S. 2105-2108 (2001)

Grove, Andrew S., *Nur die Paranoiden überleben: Strategische Wendepunkte vorzeitig erkennen*, Campus Verlag, Frankfurt am Main (1997)

Gruenfeld, D. H., Inesi, M. E., Magee, J. C., Galinsky, A. D., *Power and the objectification of social targets*, Journal of Personality and Social Psychology 95, S. 111-127 (2008)

Häkkänen-Nyholm, Helinä, Hare, Robert D., *Psychopathy, Homicide and the Courts: Working the System*, Criminal Justice and Behaviour 36, Nr. 8, S. 761-777 (2009)

Hare, Robert, D., *The Hare Psychopathy Checklist – Revised: Technical Manual* (1991)

Hauser, M. D., *Moral Minds: How Nature Designed Our Universal Sense of Right and Wrong*, Harper & Collins (2006)

Hüther, Gerald, *Die Biologie der Angst*, 11. Auflage, Vandenhoeck & Ruprecht (2012)

Hüther, Gerald, *Was wir sind und was wir sein könnten*, 3. Auflage, Fischer Taschenbuch (2013a)

Hüther, Gerald, Krens, Inge, *Das Geheimnis der ersten neun Monate*, 5. Auflage, Patmos Verlag (2013b)

Humphrey, N. K., *The Social Function of Intellect*, in Bateson, P. P. G., Hinde, R. A. (Herausgeber), *Growing Points in Ethology*, Cambridge University Press (1976)

Kandel, Eric, *Auf der Suche nach dem Gedächtnis – Die Entstehung einer neuen Wissenschaft des Geistes*, 4. Auflage, Siedler Verlag (2006)

Kant, I., Ausgabe der Preußischen Akademie der Wissenschaften, Berlin (1900)

Keysers, C., Spiegel-Gespräch: *Eine fast mystische Verbindung*, Der Spiegel 29 (2013)a

Keysers, C., *Unser empathisches Gehirn: Warum wir verstehen, was andere fühlen*, C. Bertelsmann (2013)b

Köhler, W., *Intelligenzprüfungen an Menschenaffen*, Springer, Neudruck, Heidelberg (1963)

6.7 Literaturverzeichnis

Mikhail, J, *Universal Moral Grammer: Therory, evidence and the future*, Trends in Cognitive Science, 11, S. 143-152 (2007)

Miles, E. W., Hartfield, J. D., und Huseman, R. C., *The Equity Sensitivity Construct: Potential Implications for Worker Performance*, Journal of Management 15, S. 581-588 (1989)

Paulus, Jochen, *Psychopathen: Geborene Ausbeuter?*, Psychologie Heute, Nr. 10 (2009)

Reinker, Susanne, *Rache am Chef: Die unterschätzte Macht der Mitarbeiter*, Econ (2007)

Rieck, Christian, *Spieltheorie: Eine Einführung*, 11. Auflage, Christian Rieck Verlag (2012)

Robertson, Ian, *Macht: Wie Erfolge uns verändern*, Deutscher Taschenbuch Verlag (2013)

Roth, Gerhard, *Fühlen, Denken, Handeln*, , Suhrkamp Verlag (2003)

Shenk, Joshua, W., *Was das Leben gelingen lässt*, Psychologie Heute, Nr. 11 (2009)

Vescio, T. K., Snyder, M., Butz, D. A., *Power in stereotypically masculine domains: A social influence strategy X sterotype match model*, Journal of Personality and Social Psychology 85, S. 658-672 und S. 1062-1078 (2003)

Voland, Eckard, *Soziobiologie*, 4. Auflage, Springer Verlag, Heidelberg (2013)

Wilkinson, G. S. *Reciprocal Food-Sharing in the Vampire Bat*, Nature 308, S. 398-411 (1984)

Die Autoren

Nach seinem Studium zum Betriebswirt des Deutschen Textileinzelhandels war **Thomas Kottmann** 13 Jahre Assistent der Geschäftsleitung in führenden Häusern des Textileinzelhandels. Anschließend studierte er in Paderborn Betriebswirtschaftslehre und gründete im Jahre 1989 das Trainings- und Beratungsunternehmen Kottmann & Partner. Die Schwerpunkte seiner Arbeit als Trainer und Coach liegen in den Bereichen Persönlichkeitsentwicklung, Führung und Konflikt- und Teammanagement. Er ist Co-Autor des Buchs „about coaching" (2010).

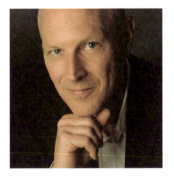

Nach seinem Studium der Physik promovierte Dr. **Kurt Smit** am Max-Planck-Institut für Strahlenchemie. Ab 1993 entwarf und implementierte er Rechnernetze für die Bertelsmann AG. 1995 war er Gründungsmitglied des Internet Service Providers media Ways (später Telefonica Deutschland) und verantwortete fortan den Bereich

Technologie. Bis 2009 war er Mitglied der Geschäftsleitung mehrerer Bertelsmann-Unternehmen und Berater des Vorstandes. Seit 2010 ist Dr. Smit im Unternehmen Kottmann & Partner tätig. Hier liegen seine Schwerpunkte in den Bereichen Führungskräfteentwicklung, Unternehmensethik und Unternehmensorganisation.

Printing: Ten Brink, Meppel, The Netherlands
Binding: Stürtz, Würzburg, Germany